한번에 이해되는

AVR ATmega128 마이크로컨트롤러

한번에 이해되는

AVR ATmega128 마이크로컨트롤러

| 최한호 · 서계원 · 김재경 공저 |

INFINITYBOOKS
인피니티북스

머리말

2011년 6월 22일 현재 구글을 통해 'microcontroller(마이크로컨트롤러)'를 검색하면 약 1천 8백3십만 건의 검색결과를 얻을 수 있고, 미국의 유명 인터넷서점 아마존닷컴에서는 3,362개의 문건들이, 한국의 인터넷서점 예스이십사에서는 92종의 도서들이 검색될 정도로 마이크로컨트롤러 관련 서적이 넘쳐나고 있습니다. 하지만 많은 독자들로부터 기존 마이크로컨트롤러 관련 국내 서적의 마이컴 프로그램들이 오타나 편집의 실수 등 여러 가지 원인으로 인한 오류가 적지 않다는 불평을 들어 왔습니다. 또한 이와 관련하여 어느 부분이 잘못된 것인지 어떻게 정정해야 되는지 등을 우리 CISL(Cybernetics & Information Systems Lab.) 연구원들에게 문의하는 경우가 많았습니다. 물론 마이컴 관련 국내 서적들에 주어진 프로그램의 오류들 가운데 어느 정도 수준이 되는 대부분의 사람들은 헛된 시간과 노력을 들이지 않고 쉽게 정정할 수 있어 용인될 수도 있습니다. 하지만, 초보자들의 경우에는 잘못된 부분을 찾고 정정하는데 매우 많은 시간과 노력이 투여되어 공부하겠다는 의욕을 반감시키고, 심지어는 그만두게 하는 경우도 많이 보아 왔기 때문에 이렇게 용기를 내서 책을 출간하게 되었습니다.

본서는 "마이콤 기초와 응용 강의노트(ATmega128 시스템)"를 근간으로 하여 CISL 연구원들이 새로이 내용을 다듬고 다시 작성하였습니다. 그러면서 CISL 연구원들은 처음 마이크로프로세서에 대하여 공부하던 때를 떠올려보고 내용의 오류로 인해 책에 대한 신뢰가 떨어지게 되면 학습 효과와 의욕이 감소되는 것을 가장 염두에 두었습니다. 초보자들이 혼자서도 많은 돈과 시간을 들이지 않고 쉽게 배울 수 있도록 주변에서 마이컴을 공부하는 학생들의 피드백을 받으면서 책을 작성했습니다. 우리 CISL 연구원들은 이 책이 마이컴을 공부하시는 분들에게 커다란 도움을 줄 수 있을 것이라 상상하며 즐겁게 작성하여 왔습니다. 부디 마이컴을 공부하시는 분들의 실력 향상에 아주 조금이라도 도움이 된다면 커다란 보람으로 느낄 것입니다.

끝으로 좋은 책이 되기 위해 성심성의껏 도움을 준 학생들과 이 책을 출간할 수 있도록 애써주신 인피니티북스 여러분들께 감사의 인사를 전합니다.

저자 일동

차례

CHAPTER 01 서론

학습목차

학습개요

최근 첨단 IT 기술을 활용하는 제품들의 기술발전 속도는 매우 크다. 스마트폰, 네비게이션, 테블릿 PC의 등장은 기존의 가전제품 냉장고, 세탁기, TV 등과 산업 전반에 사용되고 있는 마이크로컨트롤러유닛의 개발영역의 확장을 가져오고 있다. 본 장에서는 교재의 전체적인 내용을 공부하기 앞서 MCU에 대한 전반적인 사항들에 대하여 소개하기로 한다.

1 프로세서

프로세서는 프로그램의 명령어를 처리하기 위한 장치이다. 많은 반도체 생산 기업에서 제품들을 판매하며, 연산 단위에 의하여 8, 16, 32, 64비트 등 많은 종류로 나뉘어 질 수 있다. 그리고 프로세서는 '마이크로프로세서(MPU: Micro Processor Unit)' 와 '마이크로컨트롤러유닛(MCU : Micro Controller Unit)' 두 가지로 분류할 수 있다.

2 마이크로컨트롤러유닛 vs 마이크로프로세서

우리는 컴퓨터의 두뇌를 흔히들 CPU라고 알고 있다. 그리고 이 CPU는 마이크로프로세서이고(엄밀히 따지면 마이크로프로세서와 CPU도 구분할 수 있다) 이 마이크로프로세서에 메모리 및 필요한 기능을 집적시킨 구조를 갖는 IC칩을 마이크로컨트롤러유닛이라 칭한다. 마이크로컨트롤러유닛은 줄여서 마이크로콘트롤러 혹은 마이컴이라 불리운다. 최근 많이 보급된 스마트폰 및 네비게이션 등의 최첨단 IT 기기에는 모두 이 마이크로컨트롤러유닛이 들어가게 된다. 크기를 줄이면서 필요한 용도의 기능을 집적시켜 매우 효율적이기 때문이다.

그림 1-1 • 마이컴 Atmega128

3 마이컴의 특성

마이컴은 아래와 같은 특성을 갖기 때문에 모든 산업 전반에 걸쳐 다양하게 응용되고 있다.

- **소형화와 경량화 :** [그림 1-1]처럼 다양한 기능을 VLSI기술에 의해 단일 칩에 집적시켜 구현했기 때문에 제품 제작시 소형화와 경량화를 실현할 수 있다.
- **쉽고 편리한 개발 :** 입출력, 인터럽트 처리, 비트 조작 명령어가 많아 프로그램 작성이 수월하여 개발을 빨리할 수 있다.
- **저가격 :** 개발비, 부품비와 제작비를 감소시켜 제품의 가격을 저렴하게 할 수 있다.

- **융통성 :** 프로그램 변경만으로 기능을 변경하거나 확장시키는 것을 짧은 시간 내에 수월하게 할 수 있다.
- **신뢰성 :** 마이크로컴퓨터의 기능이 VLSI기술에 의해 단일 칩에 집적되어 있기 때문에 제품의 부품수를 줄일 수 있어 제품의 구성을 간단하게 하고 고장발생률을 줄일 수 있으며 고장 시 유지보수가 쉽다.

4 마이컴의 간략한 역사

마이컴의 시초는 인텔사가 1971년 2300여개의 트랜지스터를 집적하여 46개의 명령어, 12개의 주소선, 16개의 내부 4비트 범용레지스터를 사양으로 108kHz의 발진주파수에서 동작하도록 만든 4비트 마이컴 4004이다. 그 후 인텔은 1972년에는 4004를 개선한 8008 8비트 마이크로프로세서를, 1973년에는 8008을 개선한 8080 8비트 프로세서를 발표하였다. 1975년에는 TI에서 중앙처리장치와, 메모리, 입출력장치를 단일 칩에 내장한 TMS1000 시리즈를 출시하여 마이컴의 시대를 열었고, 이후 마이크로프로세서의 개발은 연산용 프로세서와 제어용 마이컴으로 분화되었다. 1976년에는 8비트 마이컴 8048, 8748, 8035가 포함된 MCS48 시리즈를 인텔사에서 출시하고 그 상위 버전인 MCS51시리즈의 8051을 1981년에 출시한 이 후 여러 회사에서 계속적으로 향상된 기능의 마이컴을 출시하고 있다.

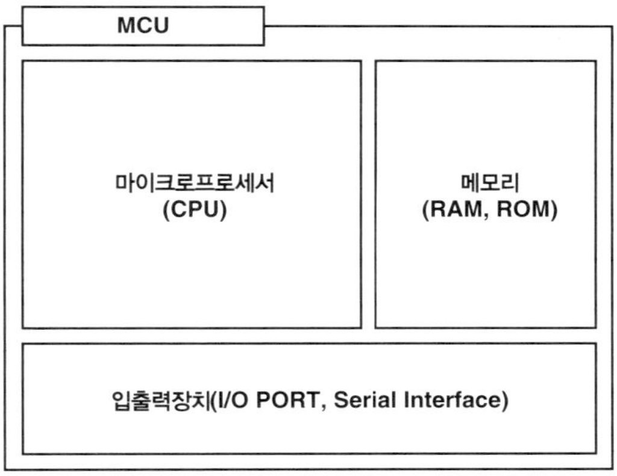

그림 1-2 • 마이컴의 일반적인 블록선도

NOTE 마이크로프로세서 & 마이크로컨트롤러

마이크로프로세서

인텔에 의해 1971년 세계 최초로 개발이 되었다. 그 이후 많은 개발업체(모토롤라, Zilog 등)에서 마이크로프로세서들을 개발하였다. 이렇게 개발되어 온 것들이 우리가 PC에서 CPU(Central Processing Unit)라고 지칭하는 마이크로프로세서이다. 특징으로는 기억소자인 레지스터를 활용하여 산술 및 논리연산을 빠르게 처리하게 된다. (예 : Z80, 8086, 80286, 80386, 80486, 80586, 팬티엄, I코어)

마이크로컨트롤러

마이크로콘트롤러유닛은 [그림 1-2]처럼 CPU와 메모리, I/O 포트, 시리얼 인터페이스 등을 하나의 IC로 집적하여 구현한 단일 칩 마이크로컴퓨터를 지칭하는 말로, 줄여서 마이크로콘트롤러 혹은 마이컴이라고도 부른다. 마이크로프로세서는 그 자신만으로는 역할을 수행해낼 수 없지만, 마이크로컨트롤러유닛은 많은 주변장치들을 집적하였기 때문에 그 자신만으로 하나의 완벽한 기능을 수행해 낼 수 있다. 이를 활용하여 많은 제어 시스템에서 사용되고 있으며, 최신 가전제품 또한 그 혜택을 누리고 있다. 최근의 스마트폰과 태블릿 PC, 네비게이션 등은 모두 이 마이크로컨트롤러유닛 기술을 활용한 가전제품이다. (예 : AVR, 8051, PIC, ARM코어, ATmega128)

5 마이컴의 구성

마이컴은 [그림 1-2]처럼 CPU와 메모리, I/O 포트, 시리얼 인터페이스 등을 하나의 IC로 집적하였다.

5.1 CPU

CPU (Central Processing Unit)은 마이크로컨트롤러유닛의 연산을 담당한다.

논리회로의 집합체

CPU는 논리회로의 집합체로 볼 수 있다. 각각의 논리회로는 단순한 연산을 하는데 이용되고, 그 논리회로가 집합을 이루어 CPU를 이룬다.

CPU 내부

CPU의 안에는 [그림 1-3]에 보여진 것처럼 제어장치 CU, 연산장치 ALU, 저장공간 레지스터로 구성되어 있다.

- CU는 명령어를 해석하여 레지스터 또는 ALU의 동작을 제어한다.

- ALU는 산술연산을 담당하며 CU의 제어를 받도록 되어있다.
- 레지스터는 제어와 관련한 결과 등을 임시저장하는 공간이다.

즉, CPU는 제어와 관련된 논리회로의 집합이며, ALU는 산술연산과 관련한 논리회로의 집합, 레지스터는 기억과 관련한 논리회로의 집합이라 볼 수 있다.

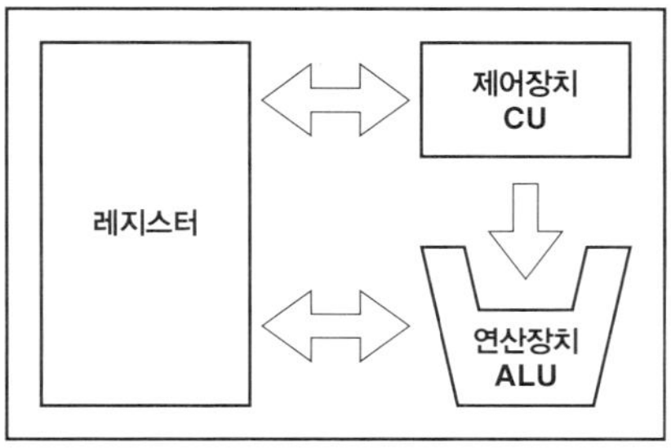

그림 1-3 • CPU의 블록선도

▌레지스터 (Register)

레지스터는 Flip-Flop(1bit의 정보를 저장하는 논리회로)의 집합체이다. 즉, n-bit Register 는 n개의 Flip-Flop으로 이루어져있는 집합체를 의미하며 비트 단위로 정보를 빠르게 저장 또는 수정할 수 있으며 CPU 내부에서 쓰이는 작은 규모의 고속 기억회로라고 생각하면 된다. 레지스터는 이러한 특성 때문에 CPU 내부 공간에서의 저장용도뿐만 아니라 I/O 레지스터로도 사용되고 있다. I/O 레지스터는 I/O를 콘트롤 할 경우 이용하며, 그 이용 방법에 대하여는 이 책의 포트 설명부분에서 자세히 다룰 것이다.

5.2 메모리

메모리는 데이터를 기록하거나 읽기 위한 저장공간이다. 마이크로컨트롤러유닛을 구성하는 요소 가운데 하나이다. 데이터를 읽고 쓸 수 있는 구조를 가지며 기록속도와 읽기속도가 같은 RAM(Random Access Memory)과 읽는 속도에 비해 기록하는 속도가 현저히 느린 ROM(Read Only Memory)으로 분류할 수 있다.

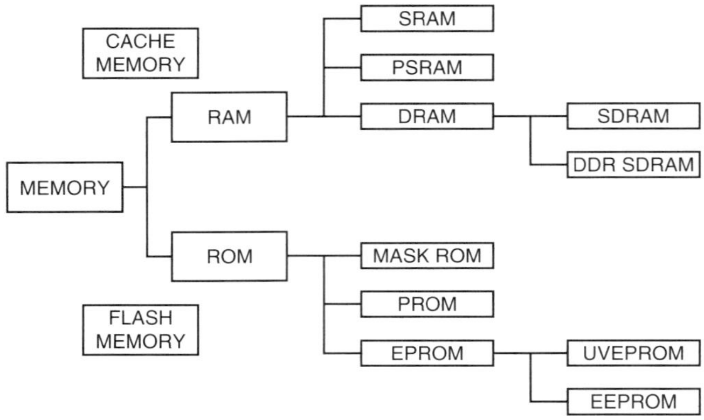

그림 1-4 • 메모리의 분류

RAM

RAM은 휘발성 메모리로서 공급되는 전원이 차단될 경우, 기존의 기억되어있는 데이터들이 소멸되는 특징이 있다.

- **SRAM (Static RAM) :** 메모리의 사용이 비교적 단순하다. 데이터 저장시 사용되는 각각의 비트들이 다수의 트랜지스터와 인버터에 사용되어 IC 집적 시 용량의 한계가 있다. 다수의 반도체 소자에 이용되기 때문에 가격이 가장 비싸지만 속도가 빠르다.
- **DRAM (Dynamic RAM) :** 데이터를 기억하는데 이용되는 소자는 비트당 캐패시터 하나를 이용한다. 이러한 이유로 IC 집적도가 SRAM과 비교했을 때 높기 때문에 대용량 메모리에 많이 사용되며 가격이 싸다. 전원이 연결된 상태에서 시간이 경과하게 될 경우 캐패시터에 축전되어 있던 전자가 점점 누설된다. 즉, 저장된 데이터가 시간이 흐를수록 유실된다. 이러한 데이터 유실을 막기 위하여 DRAM은 지속적으로 데이터, 달리 말하자면 전하를 충전해줄 회로가 따로 필요하게 된다. SRAM에 비교하여 속도가 느리다.
- **PSRAM (Pseudo SRAM) :** SRAM과 DRAM의 장점을 모두 지닌 RAM으로 DRAM의 일종이지만 DRAM의 단점인 전하충전회로가 내장되어 있다. 따라서 주기적으로 전하충전이 자동으로 이루어지기 때문에 사용자는 SRAM처럼 사용할 수 있다.
- **SDRAM (Synchronous DRAM) :** DRAM의 일종으로서 시스템 클럭에 동기화(Synchronous)하여 동작할 수 있다. 즉, 시스템에서 공급되는 클럭에 동기화되어 (보통 CPU 클럭) 데이터를 처리하기 때문에 시스템 입장에서 보자면 최고의 효율로 동작하는 RAM이다. CPU가 작동하는 박자가 있다면 그 박자에 맞추어 RAM이 데이터를 처리하는 것이다.
- **DDR SDRAM (Double Data Rate SDRAM) :** SDRAM의 특징을 동일하게 지니고 있으며

시스템 버스 클럭의 상승엣지(rising edge)와 하강엣지(falling edge) 모두 동작하여 데이터를 처리하게 된다. 따라서 데이터를 동일한 단위시간 내에 두 배로 처리하게 되어 전송속도가 빠르다. 최근 PC에서 많이 쓰이는 램의 종류이다.

ROM

ROM은 비휘발성 메모리로서, 공급되는 전원이 차단되어도 기존에 기억하고 있는 데이터가 그대로 보존되는 특징을 갖고 있다. RAM의 경우 읽는 속도와 기록하는 속도의 차이가 없는데 반하여 ROM은 플래쉬 메모리에서 보듯이 데이터를 기록하는 속도가 읽는 속도에 비하여 현저히 느리다.

- **MASK ROM :** 제조사가 ROM 제조시 데이터 내용을 미리 저장을 시켜두는 메모리이다. 따라서 사용자는 그 내용을 변경할 수 없으며 읽는 것만 가능하다. 주로 프린터 및 PC VGA 카드의 폰트를 저장할 때 사용된다.
- **PROM (Programmable ROM) :** 1회에 한해서 새로운 내용을 기록할 수 있는 ROM이다. 모든 메모리 비트에 전기적으로 퓨즈(FUSE)가 연결되어 있어 외부에서 데이터를 기록하게 되면 물리적으로 퓨즈가 끊어지게 되어 더 이상의 데이터 수정이 불가능하다. 데이터의 보존 신뢰성이 높으며 값이 싸다.
- **EPROM (Erasable PROM) :** 메모리 속에 저장된 내용을 지우고 재사용할 수 있는 ROM이다. 기존 데이터를 지우는 방법으로는 UVERPOM과 EEPROM 으로 분류된다.
- **UVEPROM (Ultra-Violet EPROM) :** 자외선을 이용하여 기록된 데이터를 지울 수 있는 특징을 가지는 EPROM이다. Floating-gate 트랜지스터에 12V의 비교적 고전압으로 전하를 주입해 데이터를 기록한다. 이 트랜지스터는 절연되어 있어 전원의 공급이 차단되어도 데이터를 보존하게 된다. 하지만 여기에 햇빛을 포함한 강한 자외선에 노출시키면 전하는 트랜지스터의 절연막을 통과하여 데이터가 지워지게 된다. 따라서 메모리의 패키지에 창이 있는데 보통 이 창을 차광씰을 붙여서 자외선으로 보호한다. 데이터 보존은 10년 정도 가능하다.
- **EEPROM (Electrically Erasable PROM) :** 정상전압보다 높은 고전압을 이용하여 데이터를 지울 수 있는 특징을 가지는 EPROM이다. EEPROM은 1바이트씩 기존의 데이터를 지울 수 있기 때문에 플래쉬메모리와 비교하면 매우 느리다. 데이터 기록횟수에도 제한이 있으며 그 횟수는 약 10만회이다.

캐쉬메모리 (CACHE MEMORY)

캐쉬메모리는 앞서 언급한 SRAM으로 구성된 메모리로 그 가격이 상당히 비싸다. 그러나 SRAM으로 이루어져 있기 때문에 상당히 빠른 속도가 특징이다. 캐쉬메모리는 [그림 1-5]처럼 마이크로컨트롤러유닛(MCU) 안에서 처리속도가 빠른 마이크로프로세서와 상대적으로 처리속도가 느린 외부의 주메모리 또는 보조기억장치에서 발생되는 데이터 처리속도의 손실을 줄이고자 할 때 사용된다.

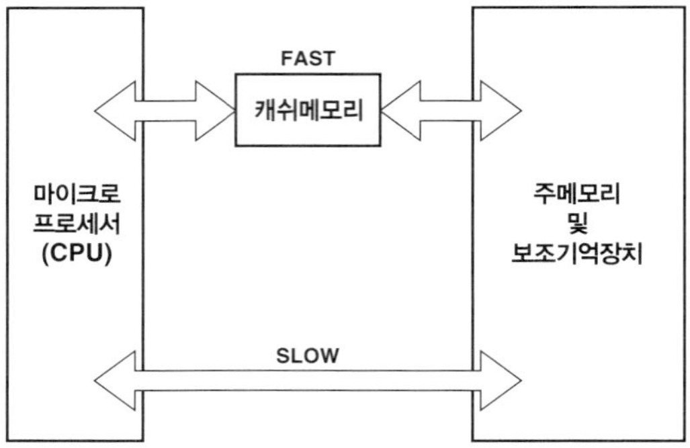

그림 1-5 • 캐쉬메모리의 역할

플래쉬메모리 (FLASH MEMORY)

플래쉬메모리는 간단하게 전원이 끊겨도 저장된 정보가 지워지지 않는 기억장치이다. 이러한 특성은 우리가 앞서 언급한 ROM의 특징과 동일하다. 이러한 비휘발성 때문에 플래쉬메모리는 ROM으로서 널리 사용되고, 데이터를 지울 수도 있고 다시 프로그램할 수 있기 때문에 휴대용 장치인 MP3 player, 디지털카메라, 스마트폰 등에 많이 사용되고 있다. 플래쉬메모리는 크게 NAND와 NOR로 분류할 수 있으며, NAND는 고집적이 가능하여 데이터가 큰 저장형 메모리로 사용되고 있다. 또한 NOR는 빠른 코드 저장형 메모리의 특징을 갖는다.

6 프로그래밍 언어(Programming Language)

인간과 인간이 의사소통을 하기 위해서는 서로 같은 국적의 언어를 사용한다. 그렇다면 인간이 원하는 목적을 컴퓨터에게 전달하기 위해서는 기계에 맞는 기계어를 사용하여야 한다. 따라서 [그림 1-6]처럼 우리는 프로그래밍 언어를 통해 소프트웨어를 제작하고 이를 통해 마이컴을 제어할 수 있다.

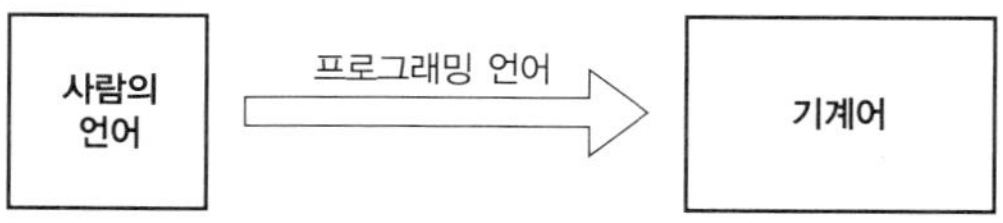

그림 1-6 • 프로그래밍 언어의 역할

저급언어 및 고급언어

프로그래밍 언어를 분류하는 기준으로는 기계에게 더욱 친숙한가 사람에게 더욱 친숙한가를 기준으로 분류할 수 있으며, 그 기준에 따라 나뉘어지는 것이 저급언어와 고급언어이다. 저급언어는 기계어와 어셈블리어가 있으며, 기계에 친숙한 언어이기 때문에 하드웨어에 대한 강한 제어를 할 수 있으나, 사용자가 익히기 어려운 제한이 따른다. 반면, 고급언어의 경우 사용자와 친숙한 언어로서 포트란, 베이직, 코볼, 파스칼, C, C++, JAVA 등 많은 종류의 언어가 있으며, 사용자가 중심적인 언어로 구성되어 있다.

기계어

기계어란 0과 1로 표현되는 프로그래밍 언어로서 기계가 직접 이해할 수 있는 유일한 언어이다. 기계어는 컴퓨터 하드웨어가 사용하는데 지장이 없는 언어이기 때문에 하드웨어를 제어하는데 매우 뛰어나다. 하지만 0과 1로만 구성된 기계의 언어이기 때문에 인간이 프로그래밍하는 것은 상당히 어렵다. 이를 보완하기 위하여 고급언어가 등장하게 된다.

어셈블리어

어셈블리어는 기계어의 연산코드와 연산자를 사용자가 사용하기 쉽도록 기호 형태로 일대일 대응시킨 언어로서, 기계어에 비하여 프로그래밍의 방법이 쉬우며 기계어와 일대일 대응이 되었기 때문에 여전히 강력한 하드웨어 제어능력을 보이는 언어이다. 하지만 이 또한 사용자가 사용하기 어려운 언어이다. 이 책에서 조금 더 자세히 다룰 예정이다.

C

C는 1972년 UNIX의 운영체제 작성을 위한 시스템 프로그래밍 언어로 설계된 언어이다. 현재까지도 많이 사용되고 있으며 수많은 프로그램이 C로 작성되었다. 프로그램의 이식성이 매우 뛰어난 범용 프로그래밍 언어로 알려져있다.

7 책의 구성

인텔의 80960, 모토로라의 68332, ST 마이크로의 ST40이나 STR7, 삼성전자의 KS32 등 32비트의 고성능 마이컴도 있지만 아직 8비트 마이컴이 가전제품(TV/VCR, CD, 카메라, 리모콘, 전자레인지, 공기청정기 등) , 사무기기(모니터, 마우스, 키보드, 스캐너, 프린터, 복사기, 팩스, PC LAN시스템, 바코드리더, 탁상계산기, 하드디스크등), 통신기기(전화기, 자동응답기, 모뎀, 발신자 확인기 등), 자동차(ABS, 속도측정기, Power seat, 운항제어, 자동경보기, 온도제어, 연료제어, Air bag 센서, Sun roof 제어 등), 계측기, CCTV, 자동차 주행시험장의 점수 계산장치, PLC, 신용카드리더, 공정 제어 등 산업 전반에 걸쳐 다양하게 응용되고 있다. 그리고 인텔의 8051, 모토로라의 68HC11, ST 마이크로의 ST7시리즈, Microchip의 PIC시리즈, Zilog의 Z88C00, Atmel의 AVR 등의 8비트 마이컴들 가운데에서 Atmel의 AVR은 교육로봇(www.drkimrobot.com), US Technology(www.us-technology.co.kr), 로보블록(www.roboblock.co.kr), 마이컴월드(www.micomworld.co.kr) 등 국내 여러 회사에서 10만원 이하의 값싼 키트를 공급하고 있고, AVR이 플래쉬롬을 내장하여 값싸고 쉽게 프로그래밍이 가능한 이점을 갖고 있어 초보자들이 쉽게 구현해 볼 수 있으므로 이 책에서는 AVR 가운데 ATmega128 시스템 개발의 기초와 응용을 다룬다. [그림 1-7]은 초보자들이 쉽게 AVR 시스템을 학습할 수 있는 US Technology사의 Breadboard 부착형 학습용 보드를 보여준다.

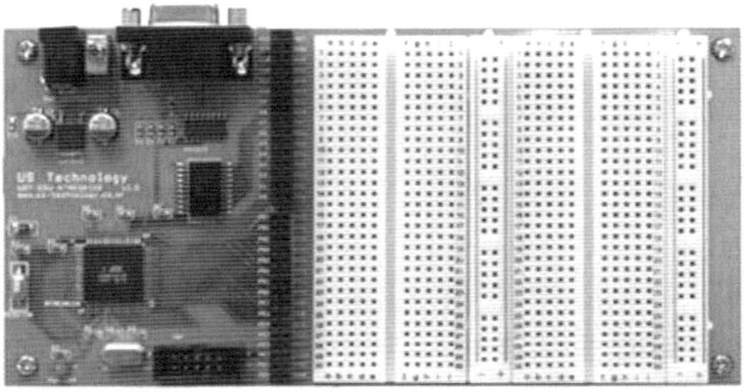

그림 1-7 • US Technology사의 Breadboard 부착형 학습용 보드

2장에서는 ATmega128의 구조와 기능에 대하여 설명하고 3장에서는 AVR 시스템 개발을 위한 환경을 꾸미는 방법과 어셈블리어와 C언어에 대한 설명을 한다. 4장에서는 기초적인 프로그램과 단순 입출력을 위한 프로그램 작성과 실습을 다루고 5장에서는 인터럽트를 사용한 프로그램 작성과 실습을 다룬다. 6장에서는 타이머를 사용한 프로그램 작성과 실습을 다룬다. 7 ~ 10장에서는 응용실험으로 마이컴 시스템의 고기능화를 위해 사용되는 FND, 키보드, D/A와 A/D 변환, 모터, 스피커, LCD 등 다양한 주변장치에 대한 설명과 이들을 이용한 응용 시스템을 위한 프로그램 작성과 실습을 다룬다.

CHAPTER 02

AVR 개요

학습목차

학습개요

우선 AVR의 종류와 특징에 대하여 알아볼 것이다. 그리고 대표적인 AVR 마이컴인 ATmega128의 주요 스펙 및 작동 원리에 대하여 알아보고, 그 특이 사항을 알아본다. ATmega128의 주요 핀과 그 기능에 대하여 세부적으로 학습하며, 또한 각 핀의 특수 기능 또한 익혀볼 것이다.

1 AVR의 일반적 특징

AVR은 Atmel사의 저가의 고기능 마이컴으로 다음과 같은 특성을 갖고 있다.

유사 RISC (Reduced Instruction Set Code) 구조

명령어가 많고 복잡하며 주소지정 방식도 다양한 CISC (Complex Instruction Set Code) 방식이 사용된 8051에 비해 명령어와 주소지정 방식이 적지 않지만 유사 RISC 구조로 연산 및 전송이 레지스터간에 직접 이루어진다. 또한 명령어의 길이가 16비트 1워드로 고정적이어서 디코딩이 쉬운 특징을 갖고 있으며 발진 주파수를 분주해서 내부 클록으로 사용하는 8051과 달리 발진주파수와 같은 내부 클록을 사용하며, 대부분 1기계 사이클에 명령어가 실행되어 보통 1MHz당 1MIPS의 처리 속도를 보인다. 결국 통상적인 RISC처럼 명령어와 주소지정 방식이 적지 않아 어셈블리어 프로그램 작성에서 불리하지도 않으면서도 통상적인 RISC처럼 속도가 매우 빠른 유사 RISC의 특성을 갖고 있다.

하바드 구조의 메모리 구성

Z80처럼 프로그램 메모리와 데이터 메모리가 구분되지 않은 폰노이만 방식이 아니고 TMS320과 같이 프로그램 메모리와 데이터 메모리가 분리되어 있는 하바드 구조를 채택하였다.

저전력 소모

CMOS 기술을 채택하고 있어 소비전력이 매우 적고 동작전압이 1.8 ~ 5.5 V로 큰 장점이 있다. 다양한 동작 모드를 제공해 저전력 동작을 지원한다.

큰 잡음 여유와 입력 임피던스

CMOS 기술을 채택하고 있어 잡음 여유와 입력 임피던스가 큰 장점이 있으나 정전기 및 과전압에 의한 파손 위험이 큰 단점도 있다.

고집적도

CMOS기술에 의해 1K ~ 256 Kbyte 플래시롬 메모리와 변수 저장을 위한 EEPROM 및 SRAM이 작은 칩 하나에 내장되어 있다.

빠른 속도

유사 RISC 구조와 32개의 레지스터 사용과 고집적으로 대부분 1기계사이클에 명령어가 실행되어 보통 1 MHz당 1 MIPS의 처리속도를 보인다.

NOTE CISC 및 RISC 구조는 무엇인가?

CISC 구조

CISC(Complex Instruction Set Computer)는 어셈블리 프로그래머의 프로그래밍이 편리하도록 하기 위해 강력한 명령어를 명령어 집합에 많이 추가했는데, 이것이 제어장치를 복잡하게 하여 현재에 와서는 많이 사용되지 않고 있다. 대표적인 예로 VAX가 있다. 일반적으로 CISC가 가지는 특징은 다음과 같다.

1. 명령어의 수가 많다(보통 120 ~ 350개)
2. 명령어 중에는 특별한 일을 하는 것도 있다.
3. 주소지정 방식이 다양하다(8 ~ 24)
4. 명령어의 길이가 가변적이다.
5. 명령어 중에는 기억장치 내의 피연산자를 처리하는 것도 있다.

RISC 구조

RISC(Reduced Instructino Set Computer)는 명령어의 수와 주소지정 방식을 최소화하여 제어장치의 구조를 간단하게 구성한 프로세서 구조이다. 예를들어 CISC 구조가 ADD10이라는 10번 더하는 명령어가 있다고 가정해보자. 이를 RISC 구조에서는 ADD라는 명령어를 10번 사용하게 한다. 따라서 RISC의 경우 동일한 명령의 반복 사용에 따른 프로그램 크기는 증가한다. 하지만 프로그램에서 거의 사용하지 않는 ADD10이라는 명령어의 구현을 위한 프로세서 내의 명령어 디코더에 대한 설계의 부담을 생각하면 CISC 보다 훨씬 효율적이다. 따라서 1980년대 이후에 생성된 모든 프로세서는 RISC 구조를 사용한다. 특징은 다음과 같다.

1. 명령어 수를 최소화하여 시스템을 작고 빠르게 한다.
2. 명령어와 주소지정 방식을 최소화하여 제어장치의 구조를 간단하게 구현한다.
3. 명령어의 길이가 고정되어 해독하기 쉽고 파이프라인 구성이 쉽다.
4. Load/Store 구조
   - 기억장치에 대한 접근은 Load/Store 명령에 의해 제한된다.
   - Load/Store 명령을 제외한 모든 연산은 중앙처리장치 내의 레지스터에서 수행되어 한 사이클에 처리된다.

레지스터 사이의 연산만 실행하여 메모리 접근은 세이브, 로드 등 명령어 몇 개로 제한한다. 이로써 회로가 단순해지고 필요 없는 메모리 접근을 줄일 수 있다.

효율적인 프로그래밍

C언어를 고려하여 설계하였으며 32개의 레지스터와 C와 유사한 주소지정 방식를 사용하고 있으며 16비트와 32비트의 산술연산을 지원하여 효율적으로 최적의 프로그램을 가능하게 한다.

NOTE **하바드 구조와 폰노이만 구조**

폰노이만 구조
데이터 메모리와 프로그램 메모리가 구분되어 있지 않고 하나의 버스를 가지고 있는 구조

폰노이만 구조의 장점
하나의 버스와 메모리 덕분에 CPU 코어에서의 공간을 많이 차지하지 않는다.

폰노이만 구조의 단점
하나의 버스를 활용하여 하나의 인스트럭션을 실행하는 동안에 다음 인스트럭션을 준비하는 동작을 할수 없다. 또한 프로그램 메모리와 데이터 메모리가 같은 곳에 존재하여 메모리를 분류해주어야 하는 등 불편함이 있다.

하바드 구조
데이터 메모리와 프로그램 메모리가 분리되어 각각의 주소와 데이터 버스를 가지고 있는 구조

하바드 구조의 장점
두 개의 버스가 독립되어 있어서 한 인스트럭션을 실행하는 동안 다음 인스트럭션을 불러와 준비할 수 있다.

하바드 구조의 단점
두 개의 버스와 메모리를 가지게 되어 CPU 코어에서 공간을 많이 차지한다.

다양하고 값싼 개발 도구

공짜의 개발 도구인 AVR Studio와 값싼 평가보드 또는 Starter 키트를 이용할 수 있다.

다양한 사양 지원

8핀에서 100핀의 외형과 이에 상응하는 메모리와 기능을 갖는 다양한 시리즈의 제품이 존재하여 적절한 응용에 대응하여 제어기를 개발할 수 있다.

ISP (In System Program) 지원

내부에 롬라이터와 같은 기능을 하는 부분이 내장되어 있어 내부 플래시롬을 롬라이터 없이 읽고 쓰기가 가능하여, 따로 값 비싼 롬라이터를 이용하지 않고도 PCB 기판 상에 마이컴을 설치할 수 있다. 또한 전원과 클럭이 공급되는 상태에서 프로그래밍이 가능한 ISP 기능이 제공된다.

2 AVR의 종류

Atmel사의 8비트 마이컴 AVR은 크게 Tiny, AT90, Mega 시리즈로 나뉠 수 있다. 표 2-1은 AVR의 사양을 보여준다.

표 2-1 • AVR 시리즈의 사양

Tiny 시리즈	핀수가 8 ~ 24핀 정도의 작은 외형으로 대부분 외부 시스템 버스가 없고 내부에 1 ~ 2 Kbyte 정도의 플래시 메모리를 가지고 있어 용량도 작은 편이다. UART를 지원하지 않고 RTC 타이머가 없으며 16비트 타이머가 없고 8비트 타이머만 1 ~ 2개 있는 등 기능이나 성능이 비교적 낮지만 가격이 저렴하여 소형제어기에 적당하다.
Mega 시리즈	28 ~ 100핀 정도의 외형을 갖고 내부에 8 ~ 256 Kbyte 정도의 플래시 메모리와 256 byte ~ 4 Kbyte 정도의 EEPROM과 512 byte ~ 4 Kbyte의 SRAM을 내장하고 있다. 20 MHz의 클럭에서 20 MIPS의 속도를 갖는 등 성능과 기능이 높으나 가격도 높다.
AT90 시리즈	중간 정도 사양을 가진 시리즈로 AT90S의 경우에는 사양화되었다.

3 ATmega128의 특징

이번 장에서는 ATmega128의 세부 특징을 간략하게 알아본다. 추후에 각 특징에 대하여 더욱 자세히 다룰 것이다. [그림 2-1]은 ATmega128의 블록선도로 다음과 같은 특징을 갖는다.

유사 RISC 구조

한 클럭에 동작하는 133개의 명령어을 갖고 있고, 32개의 8비트 범용 레지스터가 존재하며, 16MHz에서16MIPS의 성능을 내며, 2사이클에서 실행되는 내장 곱셈 장치를 갖고 있다.

6개의 슬립(Sleep) 모드

슬립 모드를 활용하여 저전력으로 사용이 가능하다. 그리고 idle, ADC noise reduction, power save, power down, standb, extended standby 모드를 지원한다.

메모리

128K byte의 10000번까지 ISP를 이용해 쓰고 지울 수 있는 플래시롬을 내장하고 있으며 부트 코드 영역으로 사용 가능하다. 십만 번까지 지울 수 있는 4K 바이트의 EEPROM 내장 하고 있고, 4K 바이트의 SRAM을 내장하고 있다. 최대 64K 바이트의 외부 데이터 메모리를 추가로 장착할 수 있고 소프트웨어의 보안을 위한 프로그램 잠금 기능도 제공한다.

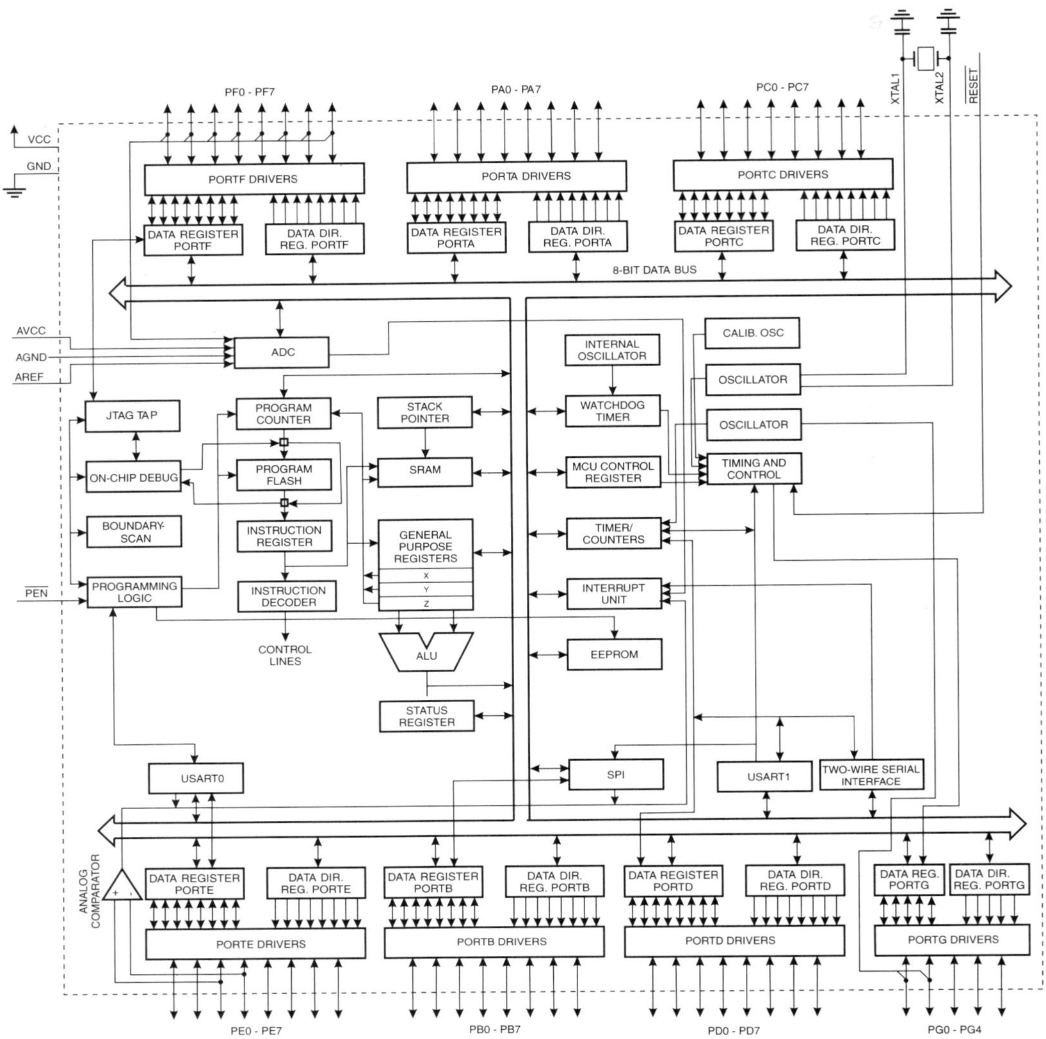

그림 2-1 • ATmega128의 블록선도 (출처:ATMEL)

NOTE I/O 포트

I/O 포트는 프로세서와 외부와의 통로

각각의 프로세서들은 주변에 발과 같은 핀(PIN)을 갖고 있다. 이 책에서 살펴보는 ATmega128 의 경우 64 개의 핀을 볼수 있으며, 각각의 핀은 고유의 기능으로 동작하는 핀들이 존재한다.(예 : GND, ADC 등등)

하지만 이 고유의 기능을 갖고 있는 핀외에도 프로세서의 입력과 출력 신호를 담당하는 기능을 갖는 일반 핀들이 존재한다. 이 핀들은 신호를 입력받거나 출력시킬 수 있어 외부 장치의 신호 송수신을 담당하게 된다.

(물론 고유 기능을 가진 핀들도 일반 입출력 기능을 사용할 수 있다.)

ALU (Arithmetic Logic Unit : 산술연산장치)

32개의 범용 레지스터와 직접 연결되어 수학연산, 논리연산, 비트연산을 보통 한 개의 시스템 클럭 안에서 수행한다.

워치독 타이머 (Watchdog Timer)

프로세서가 안정적으로 동작하는지 감시하는 기능을 수행한다. 프로세서에 이상이 생겨 일정 시간마다 워치독 타이머가 리셋되지 않게 되는 경우 시스템에 인터럽트를 발생시켜 프로세서를 초기화 시키는 동작이 이루어지게 하여 안정적인 동작을 보장할 수 있다.

입출력(I/O) 포트

6개의 8비트 병렬 I/O 포트와 1개의 5비트 병렬 I/O 포트로 총 53개의 프로그램 가능한 입출력선을 갖고 있다.

타이머/카운터

2개의 8비트 타이머(타이머0와 2)와 2개의 16비트 타이머(타이머1과 2)를 가지고 있다. 이들은 2개의 8비트 PWM 출력, 2-16비트 PWM 출력, 출력비교 단자 등과 관련되어 동작한다.

AD 변환기

8채널의 10비트 AD 변환기를 제공한다.

이들은 8개의 단일 입력 혹은 7개의 차동 입력 채널로 사용 가능하며, 8개 중 프로그램이 가능한 입력 게인(1x, 10x, 200x)을 갖는 2개의 채널이 존재한다.

비교기

아날로그 비교기를 1개 내장하고 있다.

발진기

RC 발진기를 내장하고 있으며 외부에서 크리스탈을 접속해 정확한 클럭소스를 사용할 수도 있다.

직렬 통신 포트 (Serial Port)

동시 양방향 전송이 가능한 범용 동기/비동기 직렬 통신(USART) 기능을 제공하는 직렬 통신포트를 2개 존재하여 쉽게 RS232C 통신을 구현할 수 있다.

인터럽트

리셋과 8개의 외부 인터럽트를 포함하여 총 35개의 인터럽트 벡터를 가지고 있다.

표 2-2 • AVR의 종류와 사양

Device	Flash (K)	EEPROM (K)	SRAM (byte)	Max I/O	F.max (MHz)	Vcc (V)	16-bit Timers	8-bit Timer	PWM (채널)	UART	TWI	A/D (채널)	인터럽트
AT90PWM1	8	0.5	512	19	16	2.7 ~ 5.5	1	1	7	No	–	11	26
AT90PWM2	8	0.5	512	19	16	2.7 ~ 5.5	1	1	7	Yes	–	11	29
AT90PWM216	16	0.5	1024	19	16	2.7 ~ 5.5	1	1	10	Yes	–	11	29
AT90PWM3	8	0.5	512	27	16	2.7 ~ 5.5	1	1	10	Yes	–	11	29
AT90PWM316	16	0.5	1024	27	16	2.7 ~ 5.5	1	1	10	Yes	–	11	29
ATmega128	128	4	4096	53	16	2.7 ~ 5.5	2	2	8	2	Yes	8	34
ATmega1280	128	4	8192	86	16	1.8 ~ 5.5	4	2	16	4	Yes	–	57
ATmega1281	128	4	8192	54	16	1.8 ~ 5.5	4	2	9	2	Yes	–	48
ATmega128RZAV	128	4	8192	54	16	1.8 ~ 5.5	4	2	9	2	Yes	–	48
ATmega128RZBV	128	4	8192	86	16	1.8 ~ 5.5	4	2	16	4	Yes	–	57
ATmega16	16	0.5	1024	32	16	2.7 ~ 5.5	1	2	4	1	Yes	–	20
ATmega162	16	0.5	1024	35	16	1.8 ~ 5.5	2	2	6	2	–	–	28
ATmega164P	16	0.5	1024	32	20	1.8 ~ 5.5	1	2	6	2	Yes	8	31
ATmega165	16	0.5	1024	54	16	1.8 ~ 5.5	1	2	4	1	USI	–	23
ATmega165P	16	0.5	1024	54	16	1.8 ~ 5.5	1	2	4	1	USI	–	23
ATmega168	16	0.5	1024	23	20	1.8 ~ 5.5	1	2	6	1	Yes	6/8	26
ATmega168P	16	0.5	1024	23	20	1.8 ~ 5.5	1	2	6	1	Yes	8	26
ATmega169	16	0.5	1024	54	16	1.8 ~ 5.5	1	2	4	1	USI	–	23
ATmega169P	16	0.5	1024	54	16	1.8 ~ 5.5	1	2	4	1	USI	–	23
ATmega2560	256	4	8192	86	16	1.8 ~ 5.5	4	2	16	4	Yes	–	57
ATmega2561	256	4	8192	54	16	1.8 ~ 5.5	4	2	9	2	Yes	–	48
ATmega256RZAV	256	4	8192	54	16	1.8 ~ 5.5	4	2	9	2	Yes	–	48
ATmega256RZBV	256	4	8192	86	16	1.8 ~ 5.5	4	2	16	4	Yes	–	57
ATmega32	32	1	2048	32	16	2.7 ~ 5.5	1	2	4	1	Yes	–	19
ATmega324P	32	1	2048	32	20	1.8 ~ 5.5	1	2	6	2	Yes	–	31
ATmega325	32	1	2048	54	16	1.8 ~ 5.5	1	2	4	1	USI	–	23
ATmega3250	32	1	2048	69	16	1.8 ~ 5.5	1	2	4	1	USI	–	32
ATmega3250P	32	1	2048	69	20	1.8 ~ 5.5	1	2	4	1	USI	–	32
ATmega325P	32	1	2048	54	20	1.8 ~ 5.5	1	2	4	1	USI	–	23
ATmega328P	32	1	2048	23	20	1.8 ~ 5.5	1	2	6	1	Yes	8	26
ATmega329	32	1	2048	54	16	1.8 ~ 5.5	1	2	4	1	USI	–	25
ATmega3290	32	1	2048	69	16	1.8 ~ 5.5	1	2	4	1	USI	–	25
ATmega3290P	32	1	2048	69	20	1.8 ~ 5.5	1	2	4	1	USI	–	25
ATmega329P	32	1	2048	54	20	1.8 ~ 5.5	1	2	4	1	USI	–	25
ATmega406	40	0.5	2048	18	1	4.0 ~ 25	1	1	1	–	Yes	–	23
ATmega48	4	0.25	512	23	20	1.8 ~ 5.5	1	2	6	1	Yes	6/8	26
ATmega48P	4	0.25	512	23	20	1.8 ~ 5.5	1	2	6	1	Yes	6/8	26
ATmega64	64	2	4096	54	16	2.7 ~ 5.5	2	2	8	2	Yes	–	34
ATmega640	64	4	8192	86	16	1.8 ~ 5.5	4	2	16	4	Yes	–	57
ATmega644	64	2	4096	32	20	1.8 ~ 5.5	1	2	6	1	Yes	–	31
ATmega644P	64	2	4096	32	20	1.8 ~ 5.5	1	2	6	2	Yes	–	31
ATmega645	64	2	4096	54	16	1.8 ~ 5.5	1	2	4	1	USI	–	23
ATmega6450	64	2	4096	69	16	1.8 ~ 5.5	1	2	4	1	USI	–	32
ATmega649	64	2	4096	54	16	1.8 ~ 5.5	1	2	4	1	USI	–	25
ATmega6490	64	2	4096	69	16	1.8 ~ 5.5	1	2	4	1	USI	–	25
ATmega64RZAPV	64	2	4096	32	20	1.8 ~ 5.5	1	2	6	2	Yes	–	31
ATmega64RZAV	64	2	4096	32	20	1.8 ~ 5.5	1	2	6	1	Yes	–	31
ATmega8	8	0.5	1024	23	16	2.7 ~ 5.5	1	2	3	1	Yes	6/8	18
ATmega8515	8	0.5	512	35	16	2.7 ~ 5.5	1	1	3	1	–	–	16
ATmega8535	8	0.5	512	32	16	2.7 ~ 5.5	1	2	4	1	Yes	–	20
ATmega88	8	0.5	1024	23	20	1.8 ~ 5.5	1	2	6	1	Yes	6/8	26
ATmega88P	8	0.5	1024	23	20	1.8 ~ 5.5	1	2	6	1	Yes	8	26
ATtiny11	1	–	–	6	6	2.7 ~ 5.5	–	1	–	–	–	–	4
ATtiny12	1	0.0625	–	6	8	1.8 ~ 5.5	–	1	–	–	–	–	5
ATtiny15L	1	0.0625	–	6	1.6	2.7 ~ 5.5	–	2	1	–	–	4	8
ATtiny2313	2	0.125	128	18	20	1.8 ~ 5.5	1	1	4	1	USI	–	8
ATtiny24	2	0.125	128	12	20	1.8 ~ 5.5	1	1	4	–	USI	8	17
ATtiny25	2	0.125	128	6	20	1.8 ~ 5.5	–	2	4	–	USI	4	15
ATtiny26	2	0.125	128	16	16	2.7 ~ 5.5	–	2	2	–	USI	11	11
ATtiny261	2	0.125	128	16	20	1.8 ~ 5.5	1	2	2	–	USI	11	19
ATtiny28L	2	–	32	11	4	1.8 ~ 5.5	–	1	–	–	–	–	5
ATtiny44	4	0.25	256	12	20	1.8 ~ 5.5	1	1	4	–	USI	8	17
ATtiny45	4	0.25	256	6	20	1.8 ~ 5.5	–	2	4	–	USI	4	15
ATtiny461	4	0.25	256	16	20	1.8 ~ 5.5	1	2	2	–	USI	11	19
ATtiny84	8	0.5	512	12	20	1.8 ~ 5.5	1	1	4	–	USI	8	17
ATtiny85	8	0.5	512	6	20	1.8 ~ 5.5	–	2	4	–	USI	4	15
ATtiny861	8	0.5	512	16	20	1.8 ~ 5.5	1	2	2	–	USI	11	19

JTAG 인터페이스

JTAG 인터페이스로 플래시, EEPROM, 퓨즈, Lock 비트를 프로그램할 수 있으며, 내장된 상태에서 디버그를 가능하게 한다.

SPI (Serial Peripheral Interface) 인터페이스

SPI는 오직 3라인을 이용한 통신 방법으로 MOSI (Master Out Slave In), MISO (Master In Slave Out), SCK (Serial ClocK) 신호를 이용한다. SPI는 Motolora에서 개발되었으며 Master와 Slave가 SCK에 동기하여 데이터를 교환하는 방식으로 마이컴의 RST(리셋) 핀을 4 0으로 한 상태에서 앞의 세 시그널을 이용하여 메모리의 데이터를 읽고 쓰기가 가능하다. 즉 내부에 롬라이터와 같은 기능을 하는 부분이 내장되어 있어 내부 플래시롬을 롬라이터없이 읽고 쓰기가 가능하므로 SPI가 지원되면 따로 롬라이터를 이용하지 않고도 PCB 기판 상에 마이컴을 설치하고 전원과 클럭이 공급되는 상태에서 프로그래밍이 가능한 ISP(In System Programming) 기능을 제공한다.

동작 범위

정상적인 동작의 경우 5.5mA, idle 모드의 경우 1.6mA, 파워다운 모드의 경우 1A 이하를 소비한다. −40 ~ 85도 사이에서 동작 가능하고, ATmega128L의 경우 2.7 ~ 5.5 V에서 최대 8MHz에서 동작 가능하다. ATmega128의 경우 4.5 ~ 5.5 V에서 최대 12 MHz에서 동작 가능하다.

4 외형과 핀 기능

ATmega128은 [그림 2-2]와 같이 64핀을 갖는 TQFP(Thin Quad Flat Pack)형과 MLF(Micro Lead Frame)형이 있다.

- **RESET(핀20) :** 입력 단자로 1레벨이 입력되면 리셋되어 PC(Program Counter)는 일반적으로 0번지를 가르키고 0번지부터 프로그램이 시작된다(1장 5.9절 참조). 리셋 시 대부분의 레지스터는 0이 된다.
- **XTAL1, XTAL2 (핀 24, 23) :** 발진용 증폭기 입력 및 출력 단자.
- **Vcc (핀 21, 51) :** 전원 입력 단자.
- **GND (핀 22, 53, 63) :** 그라운드 입력 단자.
- **AVCC (핀 64) :** AD 변환기 및 포트F에 대한 공급 전압. AD 변환기를 사용하지 않을 경우는 VCC에 연결하고, AD 변환기를 사용할 경우는 필터를 거쳐서 VCC에 연결.

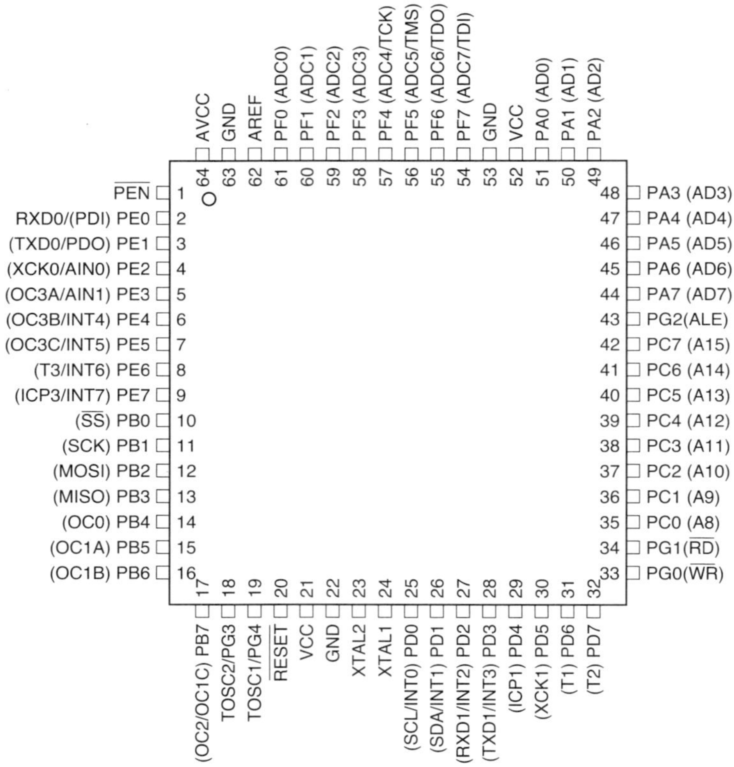

그림 2-2 • ATmega128의 핀 배치 (출처:ATMEL)

- **AREF (핀 62) :** ADC 참조 전압
- **PEN (핀 1) :** SPI를 활성화시키는 단자로 일반적인 동작 모드에서는 사용하지 않고 파워온 리셋 시 0상태로 유지해 SPI를 허용하게 한다

포트A (PA7 ~ PA0 : 핀 44-51)

내부 풀업저항이 있는 8비트 양방향 입출력 단자. 외부 메모리를 둘 경우에는 주소 버스(A7 ~ A0)와 데이터버스(D7 ~ D0)로 사용된다([표 2-3] 참조).

표 2-3 • 포트A의 다른 기능 설명

포트 핀	다른 특수 기능
PA7(핀 44)	AD7 : 외부 메모리 주소/데이터 비트 7
PA6(핀 45)	AD6 : 외부 메모리 주소/데이터 비트 6
PA5(핀 46)	AD5 : 외부 메모리 주소/데이터 비트 5
PA4(핀 47)	AD4 : 외부 메모리 주소/데이터 비트 4
PA3(핀 48)	AD3 : 외부 메모리 주소/데이터 비트 3
PA2(핀 49)	AD2 : 외부 메모리 주소/데이터 비트 2
PA1(핀 50)	AD1 : 외부 메모리 주소/데이터 비트 1
PA0(핀 51)	AD0 : 외부 메모리 주소/데이터 비트 0

포트B (PB7 ~ PB0 : 핀 10-17)

내부 풀업저항이 있는 8비트 양방향 입출력 단자. SPI용 단자 혹은 PWM 단자로도 사용된다([표 2-4] 참조).

표 2-4 • 포트B의 다른 기능 설명

포트 핀	다른 특수 기능
PB7(핀 17)	OC2, OC1C : 타이머 2용의 비교신호 출력 혹은 타이머 1용의 비교신호C 출력
PB6(핀 16)	OC1B : 타이머 1용의 비교신호B 출력
PB5(핀 15)	OC1A : 타이머 1용의 비교신호A 출력
PB4(핀 14)	OC0 : 타이머0 용의 비교신호 출력
PB3(핀 13)	MISO : SPI 채널의 마스터 데이터 입력 혹은 슬레이브 데이터 출력 신호 단자
PB2(핀 12)	MOSI : SPI 채널의 마스터 데이터 출력 혹은 슬레이브 데이터 입력 신호 단자
PB1(핀 11)	SCK : SPI 채널의 마스터 클럭 출력 혹은 슬레이브 클럭 입력 신호 단자
PB0(핀 10)	SS : SPI 태널의 슬레이브 선택 입력 신호 단자
* OC1C는 ATmega103 호환 모드에서는 사용할 수 없다.	

포트C (PC7 ~ PC0 : 핀 35-42)

내부 풀업저항이 있는 8비트 양방향 입출력 단자. 외부 메모리를 둘 경우에는 주소 버스 (A15-A8)로 사용된다. ATmega128은 처음 ATmega103 호환 모드로 설정되어 있으며, ATmega103 호환 모드를 동작 불가능으로 설정할 때 까지 포트C는 출력 포트로 동작한다.

표 2-5 • 포트C의 다른 기능 설명

포트 핀	다른 특수 기능
PC7(핀 42)	A15 : 외부 메모리 주소 비트 15
PC6(핀 41)	A14 : 외부 메모리 주소 비트 14
PC5(핀 40)	A13 : 외부 메모리 주소 비트 13
PC4(핀 39)	A12 : 외부 메모리 주소 비트 12
PC3(핀 38)	A11 : 외부 메모리 주소 비트 11
PC2(핀 37)	A10 : 외부 메모리 주소 비트 10
PC1(핀 36)	A9 : 외부 메모리 주소 비트 9
PC0(핀 35)	A8 : 외부 메모리 주소 비트 8

포트D (PD7 ~ PD0 : 핀 25-32)

내부 풀업저항이 있는 8비트 양방향 입출력 단자. 타이머용 단자 혹은 외부 인터럽트용 단자로도 사용된다(표 2-6 참조).

표 2-6 • 포트D의 다른 기능 설명

포트 핀	다른 특수 기능
PD7(핀 25)	T2 : 타이머 2 클럭 입력
PD6(핀 26)	T1 : 타이머 1 클럭 입력
PD5(핀 27)	XCK : USART1 외부 클럭 입출력
PD4(핀 28)	ICP1 : 타이머 1 입력 캡춰
PD3(핀 29)	INT3/TXD1 : 외부 인터럽트 3 혹은 USART1 송신
PD2(핀 30)	INT2/RXD1 : 외부 인터럽트 2 혹은 USART1 수신
PD1(핀 31)	INT1/SDA : 외부 인터럽트 1 혹은 2선 방식의 직렬 인터페이스용 데이터 단자
PD0(핀 32)	INT0/SCL : 외부 인터럽트 0 혹은 2선 방식의 직렬 인터페이스용 클록 단자
* XCK1, TXD1, RXD1, SDA, SCL은 ATmega103 호환 모드에서는 사용할 수 없다.	

포트E (PE7 ~ PE0 : 핀 2-9)

내부 풀업저항이 있는 8비트 양방향 입출력 단자. 타이머용 단자, 외부 인터럽트, 아날로그 비교기, USART용 단자로도 사용된다([표 2-7] 참조).

표 2-7 • 포트E의 다른 기능 설명

포트 핀	다른 특수 기능
PE7(핀 2)	INT7/ICP3 : 외부 인터럽트 7 혹은 타이머 3 입력 캡춰
PE6(핀 3)	INT6/T3 : 외부 인터럽트 6 혹은 타이머 3 클럭 입력
PE5(핀 4)	INT5/OC3C : 외부 인터럽트 5 혹은 타이머 3용의 비교신호 C 출력
PE4(핀 5)	INT4/OC3B : 외부 인터럽트 4 혹은 타이머 3용의 비교신호 B 출력
PE3(핀 6)	AIN1/OC3A : 비교기 − 입력 혹은 타이머 3용의 비교신호 A 출력
PE2(핀 7)	AIN0/XCK0 : 비교기 + 입력 혹은 USART0 외부 클럭 입출력
PE1(핀 8)	PDO/TXD0 : 프로그램 데이터 출력(ISP 케이블의 MISO와 연결) 혹은 USART0 송신
PE0(핀 9)	PDI/RXD0 : 프로그램 데이터 입력(ISP 케이블의 MOSI와 연결) 혹은 USART0 수신

* ICP3, T3, OC3C, OC3B, OC3A, XCK0은 ATmega103 호환 모드에서는 사용할 수 없다.

포트F (PF7 ~ PF0 : 핀 54-61)

내부 풀업저항이 있는 5비트 양방향 입출력 단자. AD 변환기 혹은 JTAG 인터페이스용 단자로도 사용된다([표 2-8]참조).

표 2-8 • 포트F의 다른 기능 설명

포트 핀	다른 특수 기능
PF7(핀54)	ADC7/TDI : ADC 입력 채널 7 혹은 JTAG 테스트용 데이터 입력 단자
PF6(핀55)	ADC6/TDO : ADC 입력 채널 6 혹은 JTAG 테스트용 데이터 출력 단자
PF5(핀56)	ADC5/TMS : ADC 입력 채널 5 혹은 JTAG 테스트용 모드 선택 단자
PF4(핀57)	ADC4/TCK : ADC 입력 채널 4 혹은 JTAG 테스트용 클럭 단자
PF3(핀58)	ADC3 : ADC 입력 채널 3
PF2(핀59)	ADC2 : ADC 입력 채널 2
PF1(핀60)	ADC1 : ADC 입력 채널 1
PF0(핀61)	ADC0 : ADC 입력 채널 0

* JTAG 인터페이스가 동작하면, PF7(TDI), PF5(TMS), PF4(TCK) 풀업저항이 활성화되고, TDO는 시프트 클럭이 없으면 HI-Z(하이임피던스) 상태가 된다.
* ATmega103 호환 모드에서는 포트 F는 입력만 된다.

포트G (PG4 ~ PE0 : 핀 19, 18, 43, 34, 33)

내부 풀업저항이 있는 8비트 양방향 입출력 단자. 외부 메모리 접속을 위한 스트로브 신호용, RTC(Real Time Counter) 타이머용 발진기 단자로도 사용된다([표 2-9]참조).

표 2-9 • 포트G의 다른 기능 설명

포트 핀	다른 특수 기능
PG4(핀 19)	TOSC1 : 타이머 0의 RTC 기능 사용시 클럭 발생을 위한 수정 발진자 접속 단자
PG3(핀 18)	TOSC2 : 타이머 0의 RTC 기능 사용시 클럭 발생을 위한 수정 발진자 접속 단자
PG2(핀 43)	ALE : 외부 메모리에 접근할 때 하위 주소값을 래치하도록 신호를 출력
PG1(핀 34)	RD : 외부 데이터 메모리를 읽을 때 사용되는 스트로브 신호 출력 단자로 사용
PG0(핀 33)	WR : 외부 데이터 메모리에 쓸 때 사용되는 스트로브 신호 출력 단자로 사용

* ATmega103 호환 모드에서는 포트 G의 기능은 RTC 오실레이터 입력 혹은 외부 메모리 제어 신호로만 사용할 수 있다.

5 ATmega128의 메모리

ATmega128의 메모리는 프로그램 메모리와 데이터 메모리가 분리된 하바드 구조로 프로그램 메모리는 128K 바이트의 크기로 ISP가 가능한 플래쉬롬이 내장되어 있다(메모리맵은 [그림 2-3]의 좌측 참조). 데이터메모리는 램과 EEPROM으로 나뉠 수 있는데 [그림 2-3]의 우측은 데이터 메모리 램의 2가지 메모리 맵 구조를 보여준다.

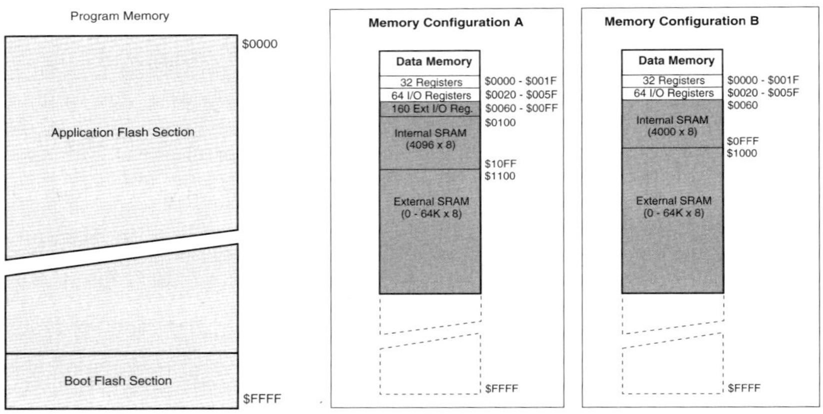

그림 2-3 • ATmega128의 메모리 맵 (출처:ATMEL)

- **플래시 프로그램 메모리 :** [그림 2-3]의 좌측에 보여진 것처럼 16비트 단위로 접근 가능한 64K바이트의 주소공간(0000번지에서 FFFF번지)을 갖는 플래시롬이 프로그램 메모리로 내장되어 있다.
- **데이터 메모리 :** 데이터 메모리는 크게 램과 롬으로 나뉠 수 있다. 램은 [그림 2-3]의 우측에 보여진 것처럼 32바이트의 범용 레지스터(0000번지에서 001F번지), 64바이트의 I/O 레

지스터, 그리고 4K의 SRAM이 내장되어 있고 롬은 EEPROM으로 10만 번 쓰기가 가능한 4K 바이트가 내장되어 있다. [그림 2-3]의 우측에 보여진 것처럼 이전의 구형 ATmega103 모델과의 호환성을 유지하기 위하여(4K – 100)바이트의 맵을 사용하는 configuration B와 내장된 4K 바이트 전부를 사용하는 configuration A 모드(노말 모드)를 지원한다. [그림 2-3]의 우측에 보여진 것처럼 60K 바이트까지 외부 램과 연결할 수 있다.

5.1 프로그램 메모리

- **구성 :** 128K 바이트의 십만 번까지 쓰기가 가능한 플래시롬으로 [그림 2-3]의 좌측에 보여진 것처럼 16비트 단위로 접근 가능한 64K 바이트의 주소공간(0000번지에서 FFFF번지)을 갖는다. 부트로더 섹션과 응용 프로그램 섹션으로 나뉠 수 있다.
- **역할 :** 16비트 또는 32비트 구조로 되어 있는 각 명령어가 프로그램 메모리에 1 ~ 2개의 번지를 차지하며 저장된다.
- **프로그래밍 :** SPI 통신 방식을 이용한 ISP에 의하여 프로그램을 쓰거나, JTAG 에뮬레이터를 사용하거나 병렬 프로그래밍 모드를 이용하여 프로그램을 쓸 수 있다.

5.2 데이터 메모리 : 범용 레지스터

- **구성 :** [그림 2-3]과 [그림 2-4]와 같이 32바이트로 내부 메모리의 00번지에서 1F번지를 차지한다.

7 0	Addr.	
R0	\$00	
R1	\$01	
R2	\$02	
…		
R13	\$0D	
R14	\$0E	
R15	\$0F	
R16	\$10	
R17	\$11	
…		
R26	\$1A	X-register Low Byte
R27	\$1B	X-register High Byte
R28	\$1C	Y-register Low Byte
R29	\$1D	Y-register High Byte
R30	\$1E	Z-register Low Byte
R31	\$1F	Z-register High Byte

그림 2-4 • 범용 레지스터 (출처:ATMEL)

- **역할 :** 8051의 A 레지스터와 같은 ALU가 따로 있지 않고 32개가 모두 ALU 역할을 하여 기본적인 사칙연산을 수행하고 일부의 상수 데이터를 사용하는 연산 명령은 R16 ~ R31에서 수행한다.

▍X,Y,Z 레지스터

[그림 2-4, 2-5]와 같이 R26 ~ R31은 각각 2개씩 합쳐져서 3개의 16비트 레지스터인 X, Y, Z 레지스터로 사용될 수 있다. 이들은 데이터 메모리의 16비트 주소를 간접 지정하는 포인터로 사용되며 Z 레지스터(R30, R31의 쌍)는 LPM, ELPM, SPM 명령에서 메모리값에 접근할 때 사용한다.

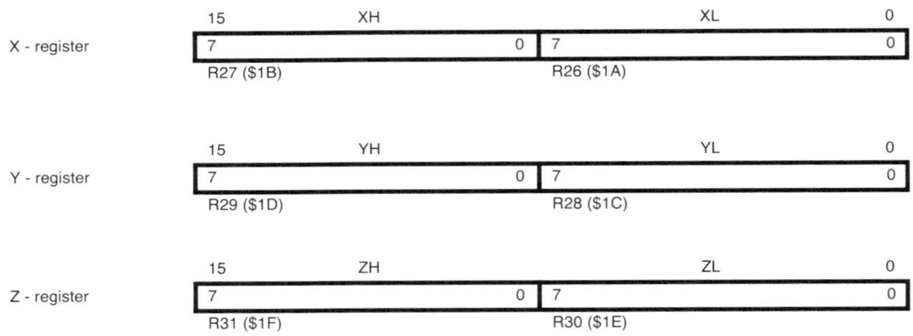

그림 2-5 • XYZ 레지스터 (출처:ATMEL)

5.3 데이터 메모리 : I/O 레지스터

[그림 2-3, 2-6]에서처럼 64바이트로 구성되며 내장된 각종 I/O 장치를 제어하기 위한 레지스터로 IN, OUT 명령을 사용하여 입출력 장치에 접근한다. 이들은 [그림 2-6]의 괄호에 표시한 것처럼 0x20번지에서 0x5F번지까지 존재하지만 IN, OUT 명령을 사용할 때는 0x00에서 0x3F로 지칭해야 한다. 0x00(0x20)번지에서 0x1F(0x3F)번지에 위치하는 32개의 레지스터는 CBI, SBI, SBIC, SBIS 명령을 사용하여 비트 어드레싱이 가능하다.

▍상태 레지스터(SREG)

상태 레지스터(SREG:Status REGister)는 ALU의 연산 후 상태와 결과를 표시하는 레지스터로 8051의 PSW에 해당한다.

- **비트7(I : Global Interrupt Enable) :** 전체 인터럽트를 허용하도록 설정하는 비트로 SEI 및 CLI 명령으로 이 비트를 제어할 수 있다.인터럽트 처리가 시작되면 자동적으로 클리어되고 RETI 명령을 만나면 원래 상태로 복구된다. 개별 인터럽트의 허용은 인터럽트 마스크 레지스터로 설정한다.

Address	Name	Bit 7	Bit 6	Bit 5	Bit 4	Bit 3	Bit 2	Bit 1	Bit 0
$3F ($5F)	SREG	I	T	H	S	V	N	Z	C
$3E ($5E)	SPH	SP15	SP14	SP13	SP12	SP11	SP10	SP9	SP8
$3D ($5D)	SPL	SP7	SP6	SP5	SP4	SP3	SP2	SP1	SP0
$3C ($5C)	XDIV	XDIVEN	XDIV6	XDIV5	XDIV4	XDIV3	XDIV2	XDIV1	XDIV0
$3B ($5B)	RAMPZ	–	–	–	–	–	–	–	RAMPZ0
$3A ($5A)	EICRB	ISC71	ISC70	ISC61	ISC60	ISC51	ISC50	ISC41	ISC40
$39 ($59)	EIMSK	INT7	INT6	INT5	INT4	INT3	INT2	INT1	INT0
$38 ($58)	EIFR	INTF7	INTF6	INTF5	INTF4	INTF3	INTF	INTF1	INTF0
$37 ($57)	TIMSK	OCIE2	TOIE2	TICIE1	OCIE1A	OCIE1B	TOIE1	OCIE0	TOIE0
$36 ($56)	TIFR	OCF2	TOV2	ICF1	OCF1A	OCF1B	TOV1	OCF0	TOV0
$35 ($55)	MCUCR	SRE	SRW10	SE	SM1	SM0	SM2	IVSEL	IVCE
$34 ($54)	MCUCSR	JTD	–	–	JTRF	WDRF	BORF	EXTRF	PORF
$33 ($53)	TCCR0	FOC0	WGM00	COM01	COM00	WGM01	CS02	CS01	CS00
$32 ($52)	TCNT0	Timer/Counter0 (8 Bit)							
$31 ($51)	OCR0	Timer/Counter0 Output Compare Register							
$30 ($50)	ASSR	–	–	–	–	AS0	TCN0UB	OCR0UB	TCR0UB
$2F ($4F)	TCCR1A	COM1A1	COM1A0	COM1B1	COM1B0	COM1C1	COM1C0	WGM11	WGM10
$2E ($4E)	TCCR1B	ICNC1	ICES1	–	WGM13	WGM12	CS12	CS11	CS10
$2D ($4D)	TCNT1H	Timer/Counter1 – Counter Register High Byte							
$2C ($4C)	TCNT1L	Timer/Counter1 – Counter Register Low Byte							
$2B ($4B)	OCR1AH	Timer/Counter1 – Output Compare Register A High Byte							
$2A ($4A)	OCR1AL	Timer/Counter1 – Output Compare Register A Low Byte							
$29 ($49)	OCR1BH	Timer/Counter1 – Output Compare Register B High Byte							
$28 ($48)	OCR1BL	Timer/Counter1 – Output Compare Register B Low Byte							
$27 ($47)	ICR1H	Timer/Counter1 – Input Capture Register High Byte							
$26 ($46)	ICR1L	Timer/Counter1 – Input Capture Register Low Byte							
$25 ($45)	TCCR2	FOC2	WGM20	COM21	COM20	WGM21	CS22	CS21	CS20
$24 ($44)	TCNT2	Timer/Counter2 (8 Bit)							
$23 ($43)	OCR2	Timer/Counter2 Output Compare Register							
$22 ($42)	OCDR	IDRD/OCDR7	OCDR6	OCDR5	OCDR4	OCDR3	OCDR2	OCDR1	OCDR0
$21 ($41)	WDTCR	–	–	–	WDCE	WDE	WDP2	WDP1	WDP0
$20 ($40)	SFIOR	TSM	–	–	–	ACME	PUD	PSR0	PSR32
$1F ($3F)	EEARH	–	–	–	–	EEPROM Address Register High			
$1E ($3E)	EEARL	EEPROM Address Register Low Byte							
$1D ($3D)	EEDR	EEPROM Data Register2							
$1C ($3C)	EECR	–	–	–	–	EERIE	EEMWE	EEWE	EERE
$1B ($3B)	PORTA	PORTA7	PORTA6	PORTA5	PORTA4	PORTA3	PORTA2	PORTA1	PORTA0
$1A ($3A)	DDRA	DDA7	DDA6	DDA5	DDA4	DDA3	DDA2	DDA1	DDA0
$19 ($39)	PINA	PINA7	PINA6	PINA5	PINA4	PINA3	PINA2	PINA1	PINA0
$18 ($38)	PORTB	PORTB7	PORTB6	PORTB5	PORTB4	PORTB3	PORTB2	PORTB1	PORTB0
$17 ($37)	DDRB	DDB7	DDB6	DDB5	DDB4	DDB3	DDB2	DDB1	DDB0
$16 ($36)	PINB	PINB7	PINB6	PINB5	PINB4	PINB3	PINB2	PINB1	PINB0
$15 ($35)	PORTC	PORTC7	PORTC6	PORTC5	PORTC4	PORTC3	PORTC2	PORTC1	PORTC0
$14 ($34)	DDRC	DDC7	DDC6	DDC5	DDC4	DDC3	DDC2	DDC1	DDC0
$13 ($33)	PINC	PINC7	PINC6	PINC5	PINC4	PINC3	PINC2	PINC1	PINC0
$12 ($32)	PORTD	PORTD7	PORTD6	PORTD5	PORTD4	PORTD3	PORTD2	PORTD1	PORTD0
$11 ($31)	DDRD	DDD7	DDD6	DDD5	DDD4	DDD3	DDD2	DDD1	DDD0
$10 ($30)	PIND	PIND7	PIND6	PIND5	PIND4	PIND3	PIND2	PIND1	PIND0
$0F ($2F)	SPDR	SPI Data Register							
$0E ($2E)	SPSR	SPIF	WCOL	–	–	–	–	–	SPI2X
$0D ($2D)	SPCR	SPIE	SPE	DORD	MSTR	CPOL	CPHA	SPR1	SPR0
$0C ($2C)	UDR0	USART0 I/O Data Register							
$0B ($2B)	UCSR0A	RXC0	TXC0	UDRE0	FE0	DOR0	UPE0	U2X0	MPCM0
$0A ($2A)	UCSR0B	RXCIE0	TXCIE0	UDRIE0	RXEN0	TXEN0	UCSZ02	RXB80	TXB80
$09 ($29)	UBRR0L	USART0 Baud Rate Register Low							
$08 ($28)	ACSR	ACD	ACBG	ACO	ACI	ACIE	ACIC	ACIS1	ACIS0
$07 ($27)	ADMUX	REFS1	REFS0	ADLAR	MUX4	MUX3	MUX2	MUX1	MUX0
$06 ($26)	ADCSRA	ADEN	ADSC	ADFR	ADIF	ADIE	ADPS2	ADPS1	ADPS0
$05 ($25)	ADCH	ADC Data Register High Byte							
$04 ($24)	ADCL	ADC Data Register Low Byte							
$03 ($23)	PORTE	PORTE7	PORTE6	PORTE5	PORTE4	PORTE3	PORTE2	PORTE1	PORTE0
$02 ($22)	DDRE	DDE7	DDE6	DDE5	DDE4	DDE3	DDE2	DDE1	DDE0

그림 2-6 • ATmega128의 I/O 레지스터 (출처:ATMEL)

- **비트6(T : Bit Copy Storage) :** BLD, BST 명령을 사용하여 어느 레지스터의 한 비트값의 복사가 가능하다.

- **비트5(H : Half Carry Flag) :** 산술연산의 가감산에서 비트3에서 올림수가 발생하면 1로 세트, BCD 연산에 사용하며 8051 PSW레지스터의 AC에 해당한다.
- **비트4(S : Sign Bit) :** 플랙 N과 V의 XOR(eXclusive OR)값으로 정수들의 크기를 판단할 때 사용한다.
- **비트3(V : 2's Complement Overflow Flag) :** 2의 보수연산에서 오버플로를 표시한다.
- **비트2(N : Negative Flag) :** 연산 결과값의 최상위 비트가 1로되어 2의 보수표현을 사용하는 경우 연산 결과가 음수임을 표시한다.
- **비트1(Z : Zero Flag) :** 연산 결과값이 0이 되었음을 표시한다.
- **비트0(C : Carry Flag) :** 연산으로 자리올림이나 자리내림이 발생하면 1로 세트된다. 8051 PSW 레지스터의 CY에 해당한다.

스택 포인터(SP)

- 서브루틴이나 인터럽트 호출 시 이들을 처리하고 다시 본래 위치로 되돌아오기 위한 복귀 주소인 프로그램카운터(PC)값의 SRAM 내의 스택 위치, push 또는 pop할 SRAM 내의 스택 위치를 표시한다. C 프로그램에서 지역변수를 저장하거나 어셈블리 프로그램에서 임시 데이터를 저장하는 용도로도 사용한다.
- 초기값은 0x0000인데 사용자 프로그램에서 SP의 초기값은 적어도 0x0100번지 이상의 값으로 설정한다.
- PC값이 저장될 때는 SP값이 1만큼 증가하고 증가된 SP값이 가리키는 내부 램에 하위바이트(PCL)가 먼저 저장되고 다시 SP값이 1만큼 증가하고 증가된 SP값이 가리키는 내부 램에 상위바이트(PCH)가 저장된다.
- push와 pop은 1바이트 데이터만이 대상이 되는데 push 명령이 내려지면 1바이트 데이터를 저장하기 전에 먼저 SP값이 1만큼 증가한다. 증가된 SP값이 가리키는 SRAM내에 데이터가 저장되고, pop 명령이 내려지면 현재 SP값이 가리키는 내부 램에서 1바이트 데이터를 꺼낸 후에 SP값이 1만큼 감소한다.

RAMPZ(RAM Page Z select) 레지스터

- Z 레지스터(R30, R31의 쌍)로 LPM, ELPM, SPM 명령을 사용해 메모리값에 접근할 때 RAMPZ0 = 1로 하면 0x8000에서 0xffff에 접근하고, RAMPZ0 = 0로 하면 0x0000에서 0x7fff에 접근할 수 있다.

5.4 데이터 메모리 : 확장 I/O 레지스터

ATmega128에 추가된 각종 I/O를 제어하기 위한 레지스터로 160바이트(0x60에서 0xff번지)로 I/O 레지스터처럼 IN, OUT 명령을 사용할 수 없고 LD, LDS, LDD, ST, STS, STD 명령어로 접근해야 한다(그림 2-7 참조).

5.5 데이터 메모리 : 내부 SRAM

- **구성 :** ATmega128은 4K의 SRAM이 내장되어 있다. [그림 2-3]의 우측에 보여진 것처럼 이전의 구형 ATmega103 모델과의 호환성을 유지하기 위하여 (4 K − 100) 바이트의 맵을 사용하는 configuration B와 내장된 4K 바이트 전부를 사용하는 configuration A 모드(노말 모드)를 지원한다. 노말 모드의 경우 0x0100에서 0x10ff번지를 점유한다.
- **접근법 :** LS, LDS, LDD 또는 ST, STS, STD의 명령을 사용하여 16비트 직접 데이터에 의한 주소값을 지정하여 접근하거나 X, Y, Z 레지스터를 사용하여 간접지정으로 접근한다.
- **역할 :** 프로그램에서 사용되는 사용자 변수의 저장 영역이나 스택 영역으로 사용된다.

5.6 데이터 메모리 : EEPROM

- ATmega128은 EEPROM으로 10만 번 쓰기가 가능한 4K 바이트가 내장되어 있는데 내부램, I/O, 확장 I/O 레지스터와는 별개의 주소가 할당되어 있어 EEPROM용 주소 레지스터(EEARH, EEARL), 데이터 레지스터(EEDR), 제어 레지스터(EECR)를 이용해 접근한다.

EEAR 레지스터

- **EEAR의 비트12 ~ 비트15 :** 항상 0으로 읽히며 향후 버젼을 위해 유보되어 있는 비트들이다.
- **EEAR의 비트11(EEAR11) ~ 비트0(EEAR0) :** 읽고 쓸 EEPROM의 4K 바이트의 주소지정에 사용된다. 초기값은 부여되지 않고 임의의 값이 될 수 있다. 항상 EEPROM에 접근하기 전에 주소값을 지정하도록 한다.

EEDR 레지스터

- 쓰기의 경우에는 EEAR의 주소에 쓰여질 값을 임시로 저장하거나 읽기의 경우에는 읽힌 값을 저장한다. 초기값은 0x00이다.

Address	Name	Bit 7	Bit 6	Bit 5	Bit 4	Bit 3	Bit 2	Bit 1	Bit 0
($FF)	Reserved	–	–	–	–	–	–	–	–
..	Reserved	–	–	–	–	–	–	–	–
($9E)	Reserved	–	–	–	–	–	–	–	–
($9D)	UCSR1C	–	UMSEL1	UPM11	UPM10	USBS1	UCSZ11	UCSZ10	UCPOL1
($9C)	UDR1	USART1 I/O Data Register							
($9B)	UCSR1A	RXC1	TXC1	UDRE1	FE1	DOR1	UPE1	U2X1	MPCM1
($9A)	UCSR1B	RXCIE1	TXCIE1	UDRIE1	RXEN1	TXEN1	UCSZ12	RXB81	TXB81
($99)	UBRR1L	USART1 Baud Rate Register Low							
($98)	UBRR1H	–	–	–	–	USART1 Baud Rate Register High			
($97)	Reserved	–	–	–	–	–	–	–	–
($96)	Reserved	–	–	–	–	–	–	–	–
($95)	UCSR0C	–	UMSEL0	UPM01	UPM00	USBS0	UCSZ01	UCSZ00	UCPOL0
($94)	Reserved	–	–	–	–	–	–	–	–
($93)	Reserved	–	–	–	–	–	–	–	–
($92)	Reserved	–	–	–	–	–	–	–	–
($91)	Reserved	–	–	–	–	–	–	–	–
($90)	UBRR0H	–	–	–	–	USART0 Baud Rate Register High			
($8F)	Reserved	–	–	–	–	–	–	–	–
($8E)	Reserved	–	–	–	–	–	–	–	–
($8D)	Reserved	–	–	–	–	–	–	–	–
($8C)	TCCR3C	FOC3A	FOC3B	FOC3C	–	–	–	–	–
($8B)	TCCR3A	COM3A1	COM3A0	COM3B1	COM3B0	COM3C1	COM3C0	WGM31	WGM30
($8A)	TCCR3B	ICNC3	ICES3	–	WGM33	WGM32	CS32	CS31	CS30
($89)	TCNT3H	Timer/Counter3 – Counter Register High Byte							
($88)	TCNT3L	Timer/Counter3 – Counter Register Low Byte							
($87)	OCR3AH	Timer/Counter3 – Output Compare Register A High Byte							
($86)	OCR3AL	Timer/Counter3 – Output Compare Register A Low Byte							
($85)	OCR3BH	Timer/Counter3 – Output Compare Register B High Byte							
($84)	OCR3BL	Timer/Counter3 – Output Compare Register B Low Byte							
($83)	OCR3CH	Timer/Counter3 – Output Compare Register C High Byte							
($82)	OCR3CL	Timer/Counter3 – Output Compare Register C Low Byte							
($81)	ICR3H	Timer/Counter3 – Input Capture Register High Byte							
($80)	ICR3L	Timer/Counter3 – Input Capture Register Low Byte							
($7F)	Reserved	–	–	–	–	–	–	–	–
($7E)	Reserved	–	–	–	–	–	–	–	–
($7D)	ETIMSK	–	–	TICIE3	OCIE3A	OCIE3B	TOIE3	OCIE3C	OCIE1C
($7C)	ETIFR	–	–	ICF3	OCF3A	OCF3B	TOV3	OCF3C	OCF1C
($7B)	Reserved	–	–	–	–	–	–	–	–
($7A)	TCCR1C	FOC1A	FOC1B	FOC1C	–	–	–	–	–
($79)	OCR1CH	Timer/Counter1 – Output Compare Register C High Byte							
($78)	OCR1CL	Timer/Counter1 – Output Compare Register C Low Byte							
($77)	Reserved	–	–	–	–	–	–	–	–
($76)	Reserved	–	–	–	–	–	–	–	–
($75)	Reserved	–	–	–	–	–	–	–	–
($74)	TWCR	TWINT	TWEA	TWSTA	TWSTO	TWWC	TWEN	–	TWIE
($73)	TWDR	Two-wire Serial Interface Data Register							
($72)	TWAR	TWA6	TWA5	TWA4	TWA3	TWA2	TWA1	TWA0	TWGCE
($71)	TWSR	TWS7	TWS6	TWS5	TWS4	TWS3	–	TWPS1	TWPS0
($70)	TWBR	Two-wire Serial Interface Bit Rate Register							
($6F)	OSCCAL	Oscillator Calibration Register							
($6E)	Reserved	–	–	–	–	–	–	–	–
($6D)	XMCRA	–	SRL2	SRL1	SRL0	SRW01	SRW00	SRW11	
($6C)	XMCRB	XMBK	–	–	–	–	XMM2	XMM1	XMM0
($6B)	Reserved	–	–	–	–	–	–	–	–
($6A)	EICRA	ISC31	ISC30	ISC21	ISC20	ISC11	ISC10	ISC01	ISC00
($69)	Reserved	–	–	–	–	–	–	–	–
($68)	SPMCSR	SPMIE	RWWSB	–	RWWSRE	BLBSET	PGWRT	PGERS	SPMEN
($67)	Reserved	–	–	–	–	–	–	–	–
($66)	Reserved	–	–	–	–	–	–	–	–
($65)	PORTG	–	–	–	PORTG4	PORTG3	PORTG2	PORTG1	PORTG0
($64)	DDRG	–	–	–	DDG4	DDG3	DDG2	DDG1	DDG0
($63)	PING	–	–	–	PING4	PING3	PING2	PING1	PING0
($62)	PORTF	PORTF7	PORTF6	PORTF5	PORTF4	PORTF3	PORTF2	PORTF1	PORTF0
($61)	DDRF	DDF7	DDF 6	DDF5	DDF4	DDF3	DDF2	DDF1	DDF0
($60)	Reserved	–	–	–	–	–	–	–	–

그림 2-7 • ATmega128의 확장 I/O 레지스터 (출처:ATMEL)

EECR 레지스터

- **비트7 ~ 비트4 :** 유보된 비트들이다.
- **비트3(EERIE : EEPROM Ready Interrupt Enable) :** 1로 설정하면 EEWE 비트가 0이 될때 EEPROM Ready 인터럽트를 발생하는 기능을 가진다.
- **비트2(EEMWE : EEPROM Master Write Enable) :** EEWE를 1로 설정할때 EEPROM에 쓰기가 가능하도록 허용할지 여부를 결정한다.
- **비트1(EEWE : EEPROM Write Enable) :** EEMWE가 1로 설정되면 EEWE가 1이 되고 나서 4클록 사이클 이내에 EEDR의 데이터를 EEAR이 가리키는 EEPROM의 주소에 쓴다. 쓰기가 완료되면 EEMWE는 자동적으로 0이 된다.
- **비트0(EERE : EEPROM Read Enable) :** EEPROM의 읽기 스트로브로서 EEAR 레지스터에 적절한 주소값이 부여된 경우 EERE를 1로 해야 EEPROM 읽기가 시작될 수 있다.

EEPROM 쓰기과정

- 다음의 과정을 거쳐 쓰기가 이루어진다. 쓰기가 수행되고 나면 CPU는 다음 명령을 실행하기 전에 2클럭 동안 멈춘다. EEPROM 쓰기는 CPU가 플래시 메모리에 쓰기를 할 때는 불가능하다.

  ❶ EEWE가 0일 될 때까지 기다린다.

  ❷ SPMCSR 레지스터의 SPMEN 비트가 0이 될 때까지 기다린다.

  ❸ 쓰기할 EEPROM주소를 EEAR 레지스터에 저장한다.

  ❹ 쓰기할 EEPROM 데이터를 EEDR 레지스터에 저장한다.

  ❺ EECR 레지스터의 EEMWE는 1로 EEWE는 0으로 설정한다.

  ❻ 4클럭 사이클 이내에 EEWE를 1로 설정한다. 그리고 쓰기가 수행된다.

- 위의 쓰기 과정에서 ❸, ❹는 순서가 바뀌어도 상관없다. ❺, ❻ 과정 중에 인터럽트가 발생되면 EEMWE의 동작 제한시간이 초과되어 쓰기 동작이 실패하게 되므로 이를 방지하기 위해 ❸ ~ ❻ 과정 동안에는 상태레지스터 SREG의 I비트를 0으로 설정하여 인터럽트 발생을 금지시켜야 한다.
- EEPROM 쓰기 과정 중에 파워다운 슬립 모드에 진입하면 파워다운 슬립 모드에 제대로 진입하지 못하게 되므로 파워다운 모드에 진입하려면 EEPROM 쓰기가 완료되었는지를 확인해야 한다.

- 전원 전압이 낮은 동안에는 EEPROM 데이터가 손상될 수 있다. 이를 방지하기 위해 내부 Brown-out 감지기를 작동하게 하고 전원 전압이 낮아지면 리셋되도록 하드웨어를 구성하는 것도 괜찮다.

| EEPROM 읽기 과정

❶ EEWE가 0일 될 때까지 기다린다.

❷ 읽기할 EEPROM 주소를 EEAR 레지스터에 저장한다.

❸ EECR 레지스터의 EERE를 1로 설정한다.

❹ EEPROM 데이터를 EEDR 레지스터로부터 읽는다.

5.7 외부 데이터 메모리

ATmega128은 노말 모드에서 0x1100-0xffff번지에 외부 데이터 메모리로 사용 가능하며 이들은 외부 램, 외부 플래쉬롬 또는 LCD나 AD 변환기와 같은 주변 장치의 인터페이스용으로 사용할 수 있다. 이를 위해 다음과 같은 기능이 제공된다.

❶ 주변 장치와 적절한 인터페이스를 위한 0 ~ 3의 대기 사이클을 지정할 수 있다.

❷ 2개의 섹터로 외부 데이터 메모리를 분할하고 이들에 독립적인 대기 사이클을 지정할 수 있다.

❸ 16비트 주소의 상위 바이트에 중 필요한 갯수의 비트만을 주소 버스로 동작하게 할 수 있다.

❹ 데이터 버스의 신호들이 동작할 때 전류 소비량이 감소되도록 Bus-keeper 기능을 설정할 수 있다.

| 외부 메모리 인터페이스

- **외부 램 연결을 위한 핀 :** MCUSR 레지스터를 이용해서 설정한다.

❶ **PA7 ~ PA0(핀44 ~ 핀 51) :** 8051의 포트0처럼 하위 주소와 데이터 버스로 사용된다.

❷ **PC7 ~ PC0(핀 35 ~ 핀 42) :** 8051의 포트2처럼 상위 주소 버스로 사용된다.

❸ **ALE(Address Latch Enable, PG2, 핀 43) :** 외부 메모리에 접근할 때 PA에서 출력되는 하위 주소값을 래치할 수 있도록 CPU에서 1레벨값을 출력해준다.

❹ **RD(PG1, 핀 34) :** 외부 데이터 메모리를 읽을 때 사용되는 스트로브 신호 출력 단자로 사용

❺ **WR(PG0, 핀 33) :** 외부 데이터 메모리에 쓸 때 사용되는 스트로브 신호 출력 단자로 사용

- **외부램 연결 블록선도 :** [그림 2-8]은 외부 램과의 연결을 보여준다.

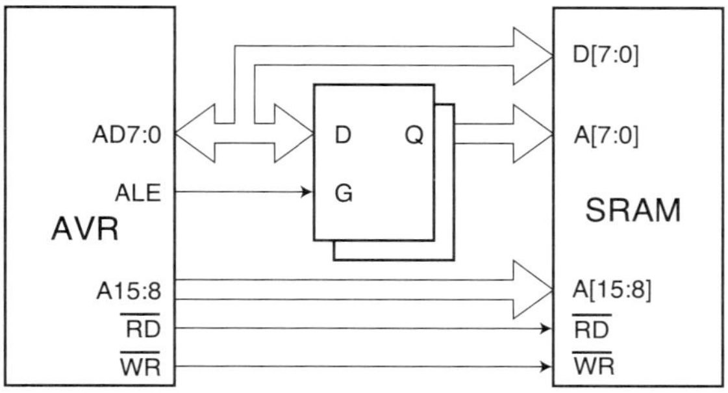

그림 2-8 • 외부 램의 연결 (출처:ATMEL)

- **외부램 읽기(쓰기) 과정 :**

❶ 외부 램 읽기 명령이 내려지면 ALE 신호가 1레벨이 되고 Port A(AD7:0)는 하위 주소 버스로 하위 주소 값을 내보내고 포트C(A15:8)는 상위 주소 버스로 페이지값을 출력시킨다.

❷ ALE가 1레벨인 동안 하위 주소값은 래치되어 ALE가 0레벨이 된 후에도 래치에 값이 보존된다.

❸ 읽기 신호 RD(쓰기 신호 WR)가 0레벨로 변하여 활성 상태로 되면,

❹ 외부 램의 Output Enable(혹은 Write Enable)이 활성화되고 외부 램의 데이터 값이 포트A를 통해 CPU로 읽혀지도록(램에 쓰여지도록) 한다(외부램과의 인터페이스는 기본적으로 3클럭 사이클에 수행되나, 소프트웨어적으로 1 ~ 3개의 여분의 대기 사이클을 줄 수도 있다).

MCUCR 레지스터

MCUCR(MCU Control Register) 레지스터는 CPU의 전체적인 기능을 설정하는데 비트7과 6을 사용해서 외부 데이터의 메모리 영역을 설정할 수 있다.

- **비트7(SRE:external SRAM/XMEM Enable) :** 1로 세트하면 PA7-PA0(핀 44 ~ 핀 51), PC7 ~ PC0(핀 35 ~ 핀 42), ALE(PG2, 핀 43), RD(PG1, 핀 34), WR(PG0, 핀 33) 핀들을 외부 메모리와 인터페이스를 위한 핀들로 설정하게 되고 0으로 하면 병렬 포트로 동작하도록 한다.

- **비트6(SRW10:Wait-state Select Bit for Upper Sector) :** 외부 데이터 메모리 영역을 액세스 할 때 외부 데이터의 Upper 섹터에 부여하는 여분의 대기 사이클의 수를 XMCRA 레지스

터의 SRW11비트와 조합되어 설정한다. [SRW11:SRW10] = 00일 때 대기 사이클은 0개, 01일때 1개, 10일때 2개, 11일때 3개를 준다.

XMCRA 레지스터

XMCRA(eXternal Memory Control Register A) 레지스터는 외부 데이터의 메모리 영역을 분할하거나 대기 사이클의 수를 설정할 수 있다.

SRL2	SRL1	SRL0	Sector Limits
0	0	0	Lower sector = N/A Upper sector = 0x1100 - 0xFFFF
0	0	1	Lower sector = 0x1100 - 0x1FFF Upper sector = 0x2000 - 0xFFFF
0	1	0	Lower sector = 0x1100 - 0x3FFF Upper sector = 0x4000 - 0xFFFF
0	1	1	Lower sector = 0x1100 - 0x5FFF Upper sector = 0x6000 - 0xFFFF
1	0	0	Lower sector = 0x1100 - 0x7FFF Upper sector = 0x8000 - 0xFFFF
1	0	1	Lower sector = 0x1100 - 0x9FFF Upper sector = 0xA000 - 0xFFFF
1	1	0	Lower sector = 0x1100 - 0xBFFF Upper sector = 0xC000 - 0xFFFF
1	1	1	Lower sector = 0x1100 - 0xDFFF Upper sector = 0xE000 - 0xFFFF

그림 2-9 • SRL2 ~ SRL0를 이용한 메모리 분할 (출처:ATMEL)

- **비트6(SRL2) ~ 비트4(SRL0) :** 외부 데이터 메모리 영역을 Lower와 Upper 2개의 섹터로 분할하여 각 섹터에 별도로 대기 사이클의 수를 설정할 수 있도록 한다.
- **비트3 ~ 비트2(SRW01 ~ SRW00 : Wait-state Select Bit for Lower Sector) :** 외부 메모리와 인터페이스 할 때 외부 데이터의 Lower 섹터에 부여하는 여분의 대기 사이클의 수를 설정한다. [SRW01:SRW00]=00일때 대기 사이클은 0개, 01일 때 1개, 10일 때 2개, 11일 때 3개를 준다.
- **비트1(SRW11 : Wait-state Select Bit for Upper Sector) :** 외부 데이터의 Upper 섹터에 부여하는 여분의 대기 사이클의 수를 XMCRA레지스터의 SRW11비트와 MCUCR의 SRW10비트가 조합되어 설정한다. [SRW11:SRW10] = 00일 때 대기 사이클은 0개, 01일 때 1개, 10일 때 2개, 11일 때 3개를 준다.

XMCRB 레지스터

XMCRB(External Memory Control Register B) 레지스터는 버스 키퍼 기능을 설정하고 외부 메모리 주소의 상위 바이트에서 어느 부분까지가 주소지정에 사용되는지를 설정한다.

- **비트7(XMBK : eXternal Memory Bus-Keeper enable) :** 1로 세팅되면 PA7 ~ PA0(핀44 ~ 핀51)의 값들이 보존되는 버스 키퍼 기능을 활성화시킨다.
- **비트6 ~ 비트4 :** 유보된 비트들이다.
- **비트2 ~ 비트0(XMM2 ~ 0 : eXternal Memory high Mask) :** 60K이하의 외부 메모리를 사용하는 경우 상위 주소 버스로 사용되는 포트 C의 일부분만이 주소 버스로 사용되도록 하고 나머지는 입출력 포트로 설정하는데 사용된다. 만약 [XMM2 : XMM1:XMM0] = 111로 하면 포트C 모두를 입출력 포트로 설정하고, 110이면 PC0와 PC1만을 주소 버스로 설정하고, 101이면 PC0 ~ PC2, 100이면 PC0 ~ PC3, 011이면 PC0 ~ PC4, 010이면 PC0 ~ PC5, 001이면 PC0 ~ PC6, 000이면 포트C 모두를 주소버스로 설정한다.

5.8 메모리 lock 비트

메모리의 보호를 위해 설정하는데 사용하는 1바이트 구조의 비트로 디폴트로 비트값이 1로 되어 있고 프로그램하면 0으로 설정되고 chip erase 명령에 의해 1로 환원된다. [그림 2-10]은 lock 비트의 구성을 보여준다. 그리고 [그림 2-11]은 lock 비트값에 따른 모드 설정값과 각 모드에 따른 메모리 보호 기능을 보여준다.

Lock Bit Byte	Bit No.	Description	Default Value
	7	–	1 (unprogrammed)
	6	–	1 (unprogrammed)
BLB12	5	Boot lock bit	1 (unprogrammed)
BLB11	4	Boot lock bit	1 (unprogrammed)
BLB02	3	Boot lock bit	1 (unprogrammed)
BLB01	2	Boot lock bit	1 (unprogrammed)
LB2	1	Lock bit	1 (unprogrammed)
LB1	0	Lock bit	1 (unprogrammed)

그림 2-10 • Lock bit의 구성 (출처:ATMEL)

Memory Lock Bits			Protection Type
LB mode	**LB2**	**LB1**	
1	1	1	No memory lock features enabled.
2	1	0	Further programming of the Flash and EEPROM is disabled in Parallel and SPI/JTAG Serial Programming mode. The Fuse bits are locked in both Serial and Parallel Programming mode.(1)
3	0	0	Further programming and verification of the Flash and EEPROM is disabled in Parallel and SPI/JTAG Serial Programming mode. The Fuse bits are locked in both Serial and Parallel Programming mode.(1)
BLB0 mode	**BLB02**	**BLB01**	
1	1	1	No restrictions for SPM or (E)LPM accessing the Application section.
2	1	0	SPM is not allowed to write to the Application section.
3	0	0	SPM is not allowed to write to the Application section, and (E)LPM executing from the Boot Loader section is not allowed to read from the Application section. If interrupt vectors are placed in the Boot Loader section, interrupts are disabled while executing from the Application section.
4	0	1	(E)LPM executing from the Boot Loader section is not allowed to read from the Application section. If interrupt vectors are placed in the Boot Loader section, interrupts are disabled while executing from the Application section.
BLB1 mode	**BLB12**	**BLB11**	
1	1	1	No restrictions for SPM or (E)LPM accessing the Boot Loader section.
2	1	0	SPM is not allowed to write to the Boot Loader section.
3	0	0	SPM is not allowed to write to the Boot Loader section, and (E)LPM executing from the Application section is not allowed to read from the Boot Loader section. If interrupt vectors are placed in the Application section, interrupts are disabled while executing from the Boot Loader section.
4	0	1	(E)LPM executing from the Application section is not allowed to read from the Boot Loader section. If interrupt vectors are placed in the Application section, interrupts are disabled while executing from the Boot Loader section.

그림 2-11 • Lock bit 설정에 따른 기능 (출처:ATMEL)

5.9 퓨즈 비트

ATmega128의 기본적인 설정용으로 사용되며 Extended Fuse, Fuse High, Fuse Low 바이트로 모두 3개의 바이트로 구성되어 있다. 디폴트로 비트값이 1로 되어 있고 프로그램하면 0으로 설정된다. chip erase 명령에 의해 영향을 받지 않으므로 메모리 Lock비트의 LB1을 0으로 하여 퓨즈 비트를 변경할 수 없도록 할 수 있다. 퓨즈 비트를 먼저 설정하고 메모리 Lock비트를 설정해야 한다.

Extended Fuse Byte

비트1 ~ 0만 사용하여 ATnega103과 호환 모드의 설정, 워치독 타이머 동작의 설정에 사용한다.

- **비트1(M103C) :** 디폴트 상태는 0으로 설정되어 ATmega13과 호환 모드로 되어 있다. 1로 프로그램하면 노말 모드로 ATmega128의 고유 기능을 전부 활용할 수 있다.
- **비트0(WDTON: WatchDog Timer ON) :** 디폴트 상태는 1로 설정되어 워치독 타이머 기능이 동작하도록 한다.

Fuse High Byte

- **비트7(OCDEN : On Chip Debug eNable) :** 디폴트 상태는 1로 설정되어 On chip debug를 허용한다.
- **비트6(JTAGEN : JTAG ENable) :** 디폴트 상태는 1로 설정되어 JTAG를 허용한다.
- **비트5(SPIEN : SPI Enable) :** 디폴트 상태는 1로 설정되어 SPI를 통한 직렬 프로그래밍을 허용한다.
- **비트4(CKOPT) :** 클럭 옵션을 설정한다(1장 6절 참조).
- **비트3(EESAVE) :** 디폴트 상태는 1로 설정되어 Chip Erase할 때 EEPROM의 내용을 보호한다.
- **비트2 ~ 1(BOOTSZ1 ~ 0) :** 부트 사이즈를 선택하는데 사용한다(그림 2-12 참조).
- **비트0(BOOTRST) :** Reset vector를 선택하는데 사용한다. 디폴트 상태는 1로 설정되어 0x0000번지를 리셋 주소로 하고 0이면 [그림 2-12]에 주어진 값을 리셋 주소로 사용한다.

BOOTSZ1	BOOTSZ0	Boot Size	Pages	Application Flash Section	Boot Loader Flash Section	End Application section	Boot Reset Address (start Boot Loader Section)
1	1	512 words	4	$0000 - $FDFF	$FE00 - $FFFF	$FDFF	$FE00
1	0	1024 words	8	$0000 - $FBFF	$FC00 - $FFFF	$FBFF	$FC00
0	1	2048 words	16	$0000 - $F7FF	$F800 - $FFFF	$F7FF	$F800
0	0	4096 words	32	$0000 - $EFFF	$F000 - $FFFF	$EFFF	$F000

그림 2-12 • 부트 사이즈의 선택 (출처:ATMEL)

Fuse Low Byte

- **비트7(BODLEVEL) :** 디폴트 상태는 1로 설정되어 Brown Out Detector의 기능을 레벨값에 따라 트리거되도록 설정한다.
- **비트6(BODEN : Brown Out Detector ENable) :** 디폴트 상태는 1로 설정되어 Brown Out Detector의 기능을 허용한다.
- **비트5 ~ 4(SUT 1 ~ 0) :** Start up 시간을 설정한다(1장 6 ~ 7절 참조). 디폴트 상태는 10의 값을 갖는다.
- **비트3 ~ 0(CKSEL 3 ~ 0) :** 클럭 소스를 설정한다(1.6절 참조). 디폴트 상태는 0001의 값을 갖고 있어 디폴트 상태로는 1MHz의 내부 RC 발진기를 통한 클록을 사용하도록 설정되어 있다.

6 시스템 클록과 슬립 모드

6.1 클록 분배

[그림 2-13]에 보여진 것처럼 ATmega128은 다양한 소스에 의해 클록을 발생시키고 분배가 가능하다. 또한 내부의 각 부분은 모두 동시에 클록이 필요치 않아 소비 전력을 절약시키기 위해 개별적으로 공급을 차단할 수도 있다.

- **CPU 클록(clk_{CPU}) :** 범용 레지스터, 상태 레지스터, 데이터 메모리와 같은 AVR 핵심적인 동작과 관련된 클록으로 공급을 차단하면 이들의 동작을 멈추게 한다.
- **I/O 클록($clk_{I/O}$) :** 타이머, SPI, USART 등 I/O 모듈 대부분에서 사용되는 클록이다. 외부 인터럽트 모듈에서도 사용되나 일부 외부 인터럽트는 I/O 클록의 공급이 차단되어도 인터럽트 처리가 된다.
- **플래쉬 클록(clk_{FLASH}) :** 플래쉬롬과의 인터페이스를 제어하며 보통 CPU 클록과 동시에 사용된다.
- **비동기 타이머 클록(clk_{ASY}) :** 외부 32 kHz 수정 발진기를 소스로 하는 비동기 타이머용 클록이다.
- **AD 변환기 클록(clk_{ADC}) :** AD 변환기용 클록으로 CPU와 I/O 클록을 정지시키고 AD 변환을 이루어지도록 하여 노이즈를 줄일 수 있도록 한다.

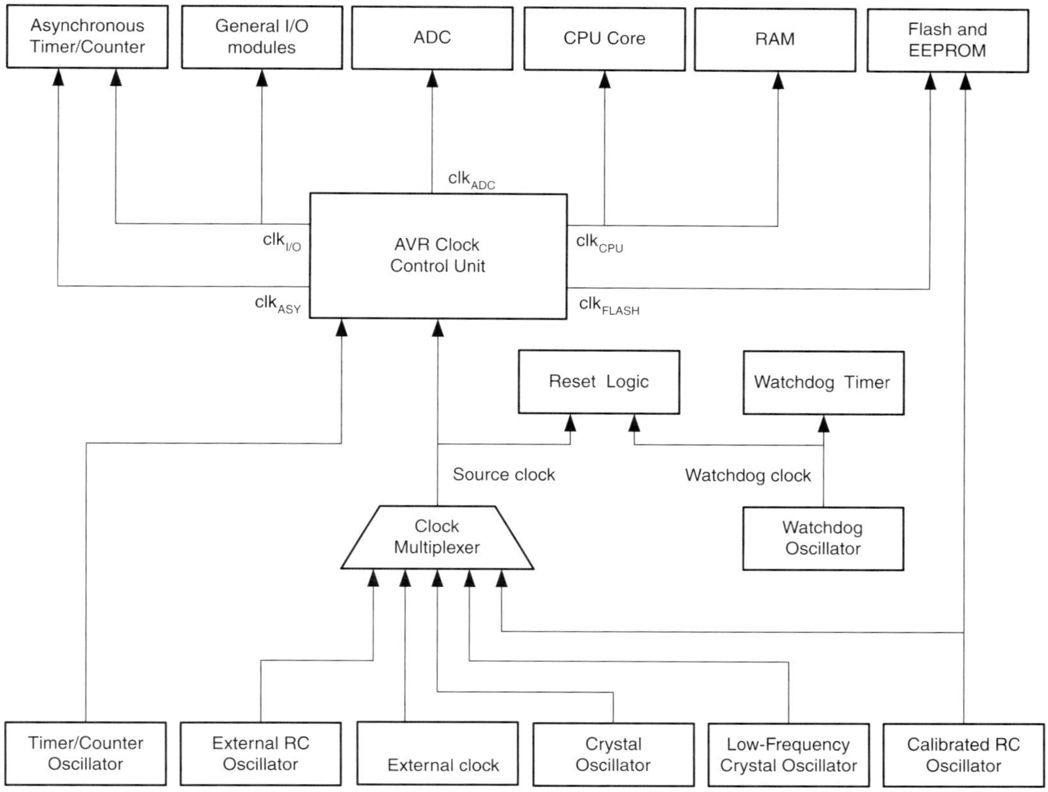

그림 2-13 • ATmega128의 클록 분배 (출처:ATMEL)

6.2 클록 발생과 선택

5가지의 클록 발생원이 존재하며 CKSEL3 ~ 0와 SUT1 ~ 0, XDIV레지스터를 이용하여 클록 발생원과 주파수를 설정한다.

내부 RC(디폴트 클록) 발진기

- **XTAL1, XTAL2 단자의 연결 :** 내부 발진기를 사용하므로 XTAL1, XTAL2에는 아무것도 연결하지 않는다.
- **CKOPT의 설정 :** 퓨즈 하이 바이트의 비트4 CKOPT를 1로 설정해야 한다.
- **CKSEL3 ~ 0의 설정 :** 퓨즈 로우 바이트의 비트3 ~ 0(CKSEL3 ~ 0)의 값들을 0001로 하면 1 MHz, 0010으로 하면 2 MHz, 0011로 하면 4 MHz, 0100으로 하면 8 MHz의 클록을 사용한다. 디폴트 상태로는 0001의 값을 갖고 있어 디폴트 상태로는 1 MHz의 내부 RC 발진기를 통한 클록을 사용하도록 설정되어 있다.

- **SUT 1 ~ 0의 설정 :** 퓨즈 로우 바이트의 비트5 ~ 4(SUT 1 ~ 0)의 값들을 11로 설정하는 것은 유보되어 있고 나머지 값들(00, 01, 10)으로 하면 기동 시간이 6클럭으로 설정된다. 또한 00로의 설정은 BOD(Brown Out Detector) 사용에 권장되고, 01로 하면 리셋의 경우 추가적으로 4.1ms의 지연이 발생하고 Fast rising power 사용에 권장되고, 10로 하면 리셋의 경우 추가적으로 65 ms의 지연이 발생하고 slowly rising power 사용에 권장된다.
- 내부 발진기를 통해 발생되는 클럭은 주파수가 부정확하므로 확장된 I/O 레지스터인 OSC-CAL(OSCillator CALibration) 레지스터를 조정해서 사용한다. OSCCAL의 값이 0x00이면 CKSEL 3 ~ 0으로 설정한 값의 50 ~ 100 %의 주파수값이 클록으로 사용되며, 0x7F이면 75 ~ 150 %, 0xFF이면 100 ~ 200 %의 주파수값이 클록으로 사용된다.

외부 RC 발진기

- XTAL1, XTAL2 단자의 연결 : [그림 2-14]와 같이 연결하고 커패시터의 값은 적어도 22pF 이상으로 한다.

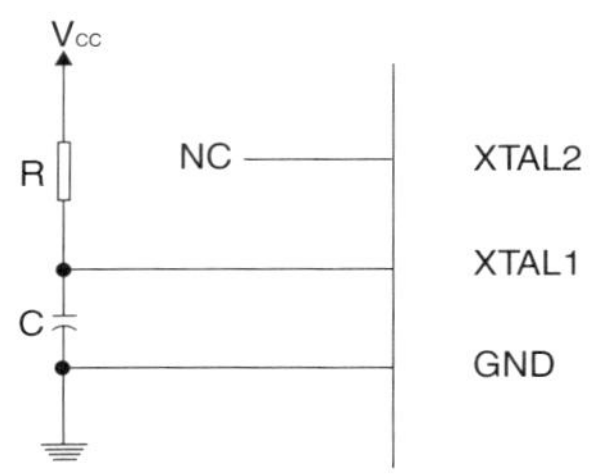

그림 2-14 • 외부 RC 발진기의 연결 (출처:ATMEL)

- **발진주파수 :** 클럭의 주파수값은 $f = 1/3RC$로 결정된다.
- **CKOPT의 설정 :** 0으로 설정하면 내부의 36pF 커패시터가 사용되므로 [그림 2-18]의 커패시터C를 연결하면 안된다.
- **CKSEL3 ~ 0의 설정 :** [그림 2-15]참조

CKSEL3~0	Frequency Range (MHz)
0101	0.1 - 0.9
0110	0.9 - 3.0
0111	3.0 - 8.0
1000	8.0 - 12.0

그림 2-15 • 외부 RC 발진기 동작 모드 (출처:ATMEL)

• **SUT 1 ~ 0의 설정 :** [그림 2-16]참조.

SUT1..0	Start-up Time from Power-down and Power-save	Additional Delay from Reset (V_{CC} = 5.0V)	Recommended Usage
00	18 CK	–	BOD enabled
01	18 CK	4.1ms	Fast rising power
10	18 CK	65ms	Slowly rising power
11	6 CK[1]	4.1ms	Fast rising power or BOD enabled

Note: 1. This option should not be used when operating close to the maximum frequency of the device.

그림 2-16 • 외부 RC 발진기의 기동 시간 선택 (출처:ATMEL)

▌외부 수정발진기

XTAL1, XTAL2에 수정이나 세라믹 resonator를 연결하여 사용하는 경우이다.

• **XTAL1, XTAL2 단자의 연결 :** [그림 2-17]과 같이 연결하고 커패시터의 값은 [그림 2-18]을 참조한다.

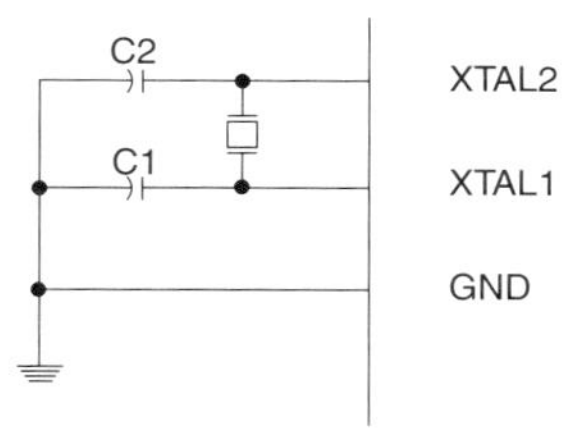

그림 2-17 • 외부 수정 발진기의 연결 (출처:ATMEL)

• **CKOPT의 설정 :** [그림 2-18]참조.

CKOPT	CKSEL3..1	Frequency Range (MHz)	Recommended Range for Capacitors C1 and C2 for Use with Crystals
1	101[1]	0.4 - 0.9	–
1	110	0.9 - 3.0	12 - 22pF
1	111	3.0 - 8.0	12 - 22pF
0	101, 110, 111	1.0 -	12 - 22pF

Note: 1. This option should not be used with crystals, only with ceramic resonators.

그림 2-18 • 외부 수정 발진기 동작 모드 (출처:ATMEL)

- **CKSEL3 ~ 0의 설정 :** [그림 2-16, 2-19] 참조

CKSEL0	SUT1..0	Start-up Time from Power-down and Power-save	Additional Delay from Reset (V_{CC} = 5.0V)	Recommended Usage
0	00	258 CK[1]	4.1ms	Ceramic resonator, fast rising power
0	01	258 CK[1]	65ms	Ceramic resonator, slowly rising power
0	10	1K CK[2]	–	Ceramic resonator, BOD enabled
0	11	1K CK[2]	4.0ms	Ceramic resonator, fast rising power
1	00	1K CK[2]	65ms	Ceramic resonator, slowly rising power
1	01	16K CK	–	Crystal Oscillator, BOD enabled
1	10	16K CK	4.1ms	Crystal Oscillator, fast rising power
1	11	16K CK	65ms	Crystal Oscillator, slowly rising power

Notes: 1. These options should only be used when not operating close to the maximum frequency of thedevice, and only if frequency stability at start-up is not important for the application. Theseoptions are not suitable for crystals.
2. These options are intended for use with ceramic resonators and will ensure frequency stabilityat start-up. They can also be used with crystals when not operating close to the maximum fre-quency of the device, and if frequency stability at start-up is not important for the application.

그림 2-19 • 수정 발진기의 기동 시간 선택 (출처:ATMEL)

- **SUT1 ~ 0의 설정 :** [그림 2-19]참조.

▌저주파 수정 발진기

XTAL1, XTAL2에 저주파수 수정을 연결하여 사용하는 경우이다.

- **XTAL1, XTAL2 단자의 연결 :** [그림 2-17]과 같이 연결하고 수정은 32.768 kHz를 사용한다.
- **CKOPT의 설정 :** 0으로 설정하면 내부의 36 pF 커패시터가 사용되므로 [그림 2-14]의 커패시터들을 연결하면 안된다.
- **CKSEL3 ~ 0의 설정 :** 1001로 설정한다.
- **SUT1 ~ 0의 설정 :** [그림 2-20]참조.

SUT1..0	Start-up Time from Power-down and Power-save	Additional Delay from Reset (V_{CC} = 5.0V)	Recommended Usage
00	1K CK(1)	4.1ms	Fast rising power or BOD enabled
01	1K CK(1)	65ms	Slowly rising power
10	32K CK	65ms	Stable frequency at start-up
11	Reserved		

Note: 1. Theseoptions should only be used if frequency stability at start-up is not important for the application.

그림 2-20 ◦ 저주파 수정 발진기의 기동 시간 선택 (출처:ATMEL)

외부 클록

- **XTAL1, XTAL2 단자의 연결 :** 외부의 클럭 신호를 XTAL1 단자에 연결하고 XTAL2 단자는 비워둔다.
- **CKOPT의 설정 :** 0으로 설정하면 내부의 36 pF 커패시터가 사용된다.
- **CKSEL3 ~ 0의 설정 :** 0000으로 설정한다.
- **SUT1 ~ 0의 설정 :** 퓨즈 로우 바이트의 비트 5 ~ 4(SUT 1 ~ 0)의 값들을 11로 설정하는 것은 유보되어 있고 나머지 값들(00, 01, 10)으로 하면 기동 시간이 6클럭으로 설정된다. 또한 00로의 설정은 BOD(Brown Out Detector) 사용에 권장되고, 01로 하면 리셋의 경우 추가적으로 4.1ms의 지연이 발생하고 Fast rising power 사용에 권장되고, 10로 하면 리셋의 경우 추가적으로 65ms의 지연이 발생하고 slowly rising power 사용에 권장된다.
- **유의점 :** 클럭 주파수가 2%이상 변동하면 시스템의 동작이 불안정해지므로 변동이 없도록 해야 한다.

XDIV 레지스터를 이용한 클럭 주파수 조정

XDIV(Xtal DIVide)레지스터를 이용하여 클럭 발생원을 2 ~ 129로 분주한 주파수값을 시스템 클럭으로 사용할 수 있도록 설정할 수 있다.

- **비트7(XDIVEN : Xtal DIVide ENable) :** 1로 설정되면 클럭 발생원의 주파수값(*clk*)을 XDIV6 ~ 0의 값으로 설정한 *d*값을 이용하여 다음의 공식에 따라 모든 클럭의 주파수값(*f*)으로 설정한다.

$$f = clk/(129 - d)$$

- **비트6 ~ 0(XDIV 6 ~ 0) :** 클럭 주파수의 분주비를 설정한다.

SM2	SM1	SM0	Sleep Mode
0	0	0	Idle
0	0	1	ADC Noise Reduction
0	1	0	Power-down
0	1	1	Power-save
1	0	0	Reserved
1	0	1	Reserved
1	1	0	Standby[(1)]
1	1	1	Extended Standby[(1)]

Note: 1. Standby mode and Extended Standby mode are only available with external crystals or resonators.

그림 2-21 • 슬립 모드의 설정 (출처:ATMEL)

6.3 슬립 모드

전원을 절약할 수 있는 6가지의 다양한 슬립 모드가 제공된다. MCUCR 레지스터를 설정하여 모드를 선택하고 슬립 명령을 실행하여 모드에 돌입하도록 한다.

MCUCR 레지스터를 이용한 모드 설정

MCUCR(MCU Control Register)의 비트5(SE), 비트4,3,2(SM1,SM0,SM2)를 이용해 모드를 설정한다.

- **비트5(SE : Sleep Enable) :** 디폴트는 0으로 1로 세트되면 SLEEP 명령시 슬립 모드의 돌입이 허용한다.
- **비트4, 3, 2(SM 1,SM 0,SM 2) :** [그림 2-21]과 같은 형태로 값을 조절하여 모드를 설정할 수 있다.

Idle 모드

CPU의 동작은 멈추지만 SPI, USART, 아날로그 비교기, ADC, TWI, 타이머, 워치독, 인터럽트의 동작은 유지된다. clk_{CPU}, clk_{FLASH} 클럭은 차단되지만 나머지 클럭은 공급된다.

ADC noise reduction 모드

CPU의 동작은 멈추지만 ADC, TWI, 타이머 0, 워치독, 인터럽트의 동작은 유지된다. clk_{CPU}, clk_{FLASH} , $clk_{I/O}$ 클럭은 차단되지만 나머지 클럭은 공급된다. ADC가 잡음에 영향을 덜 받아서 정밀하게 동작할 수 있도록 하는 모드로 ADC의 동작이 활성화된 경우 ADC noise reduction 모드로의 돌입하면서 ADC 변환이 자동으로 시작된다.

Power-down 모드

외부 수정 발진기 또는 세라믹 resonator의 동작이 정지되며 TWI, 워치독, 인터럽트의 동작은 유지된다. 모든 클럭이 차단되어 비동기 모듈의 동작만이 가능하다. 이 모드가 해제될 때는 클럭이 안정적으로 되기 위해 충분한 여유 기동 시간이 필요한데 이를 사용자가 지정할 수 있다.

Power-save 모드

Power-down모드와 유사하나 ASSR 레지스터의 AS0 비트를 1로 설정하여 타이머0을 TOSC 1, TOSC 2 단자로 입력되는 외부 클럭에 의하여 비동기로 동작시킬 때 사용하는 것이 다른 점이다. clk_{ASY} 클럭을 제외한 모든 클럭이 차단된다.

Standby 모드

외부 수정 발진기 또는 세라믹 resonator를 클럭 발생원으로 한 경우에만 가능한 슬립 모드로, Power-down 모드와 유사하나 발진기가 동작하는 것이 다르다. 해제되어 정상 동작이 개시되는데 6개의 클럭 사이클만이 소요된다.

Extended Standby 모드

외부 수정 발진기 또는 세라믹 resonator를 클럭 발생원으로 한 경우에만 가능한 슬립 모드로 Power-save 모드와 유사하나 발진기가 동작하는 것이 다르다. 해제되어 정상 동작이 개시되는데 6개의 클럭 사이클만이 소요된다.

	Active Clock Domains					Oscillators		Wake Up Sources					
Sleep Mode	clk_{CPU}	clk_{FLASH}	clk_{IO}	clk_{ADC}	clk_{ASY}	Main Clock Source Enabled	Timer Osc Enabled	INT7:0	TWI Address Match	Timer 0	SPM/ EEPROM Ready	ADC	Other I/O
Idle			X	X	X	X	X(2)	X	X	X	X	X	X
ADC Noise Reduction				X	X	X	X(2)	X(3)	X	X	X	X	
Power-down								X(3)	X				
Power-save					X(2)		X(2)	X(3)	X	X(2)			
Standby(1)						X		X(3)	X				
Extended Standby(1)					X(2)	X	X(2)	X(3)	X	X(2)			

Notes: 1. External Crystal or resonator selected as clock source
2. If AS0 bit in ASSR is set
3. Only INT3:0 or level interrupt INT7:4

그림 2-22 • 슬립 모드의 동작 요약 (출처:ATMEL)

| 슬립 모드의 동작 요약

- **동작 :** MCUCR의 SE를 1로 세트하고 SM2 ~ 0을 [그림 2-21]에 따라 모드를 설정하고 SLEEP 명령어를 실행 시킨다. 6개의 동작모드 Idle, ADC noise reduction, Power-down, Power-save, Standby, Extended Standby 동작 요약은 [그림 2-22]에 주어졌다.
- **인터럽트에 의한 해제 :** 슬립 모드 안에서 인터럽트를 만나면 MCU가 동작을 시작하고 슬립 모드가 해제되는데 기동 시간 이외에 4사이클이 더 경과한 후에 동작이 개시되고 인터럽트 서비스를 다 실행하고 슬립 모드에 돌입하도록 한 이전의 SLEEP 명령의 바로 뒤에 이어지는 명령으로 복귀된다. 해제된 모든 레지스터와 메모리에 있는 내용은 슬립 모드 이전의 값이 보존된다.
- **리셋에 의한 해제 :** 슬립 모드에서 리셋이 발생하면 슬립 모드가 해제되고 리셋 동작이 수행된다.

7 리셋과 워치독 타이머

7.1 리셋 (RESET)

정상적으로 동작하고 있는 마이컴이 리셋되면 모든 I/O 레지스터값이 디폴트값으로 초기화되고 프로그램은 리셋 벡터에서 시작된다. 리셋은 5가지의 발생원이 존재한다.

❶ **파워온 리셋 :** 공급 전원이 [그림 2-24]에 정의된 V_{POT}이하일 때 리셋되는 것.

❷ **외부 리셋 :** RESET핀에 50ns 이상 동안 [그림 2-24]에 정의된 V_{RST} 이하의 신호가 입력되면 리셋되는 것

❸ **Brown-out 리셋 :** 공급 전원이 2마이크로초 이상 동안 [그림 2-24]에 정의된 V_{BOT}이하로 떨어져 Brown-out 감지기가 작동해 리셋되는 것.

❹ **워치독 리셋 :** 워치독 타이머가 지정한 주기 이상이 경과되어 워치독 기능이 동작할 때 리셋되는 것

❺ **JTAG AVR 리셋 :** JTAG이 연결되어 있고 JTAG명령 AVR_RESET 명령에 따라 선택된 JTAG 리셋 레지스터에 논리 1이 저장되어 있는 경우 리셋되는 것

| 파워온 리셋(POR)

- 전원 투입 후 제대로 리셋이 되지 않으면 PC와 레지스터들이 제대로 초기화되지 못하여 마이컴은 임의의 위치에서 명령을 시작하게 되는데, 이를 막기 위해 전원 투입 후 자동으로 리셋이 되도록 하는 것을 파워온 리셋이라 한다.

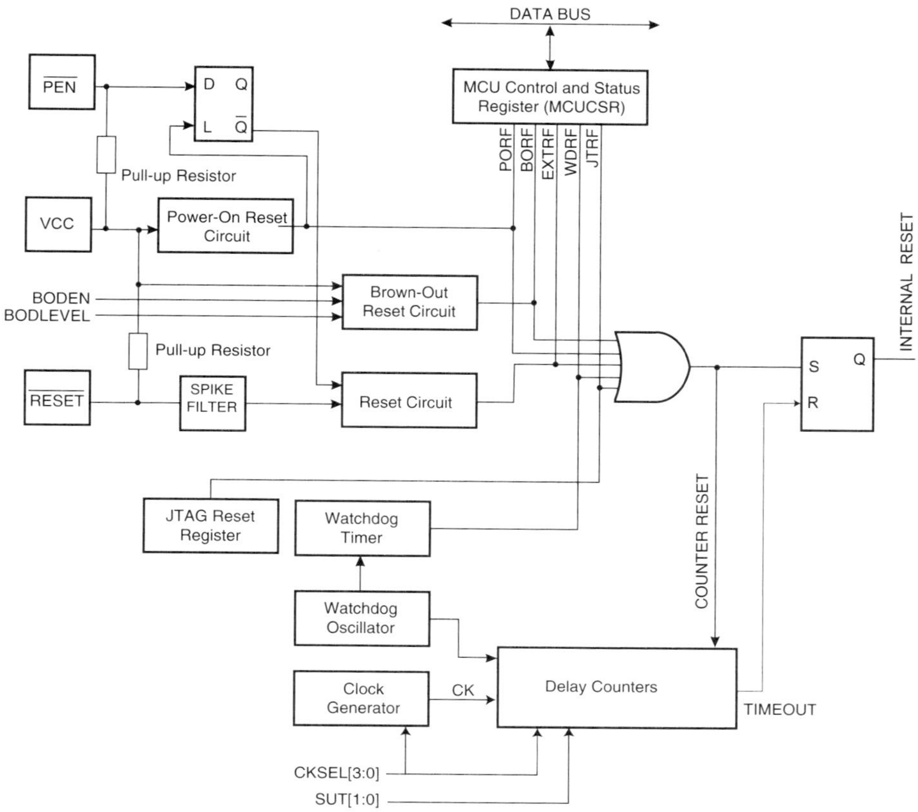

그림 2-23 • 리셋 관련 내부 회로 블록선도 (출처:ATMEL)

Symbol	Parameter	Condition	Min	Typ	Max	Units
V_{POT}	Power-on Reset Threshold Voltage (rising)			1.4	2.3	V
	Power-on Reset Threshold Voltage (falling)			1.3	2.3	
V_{RST}	$\overline{\text{RESET}}$ Pin Threshold Voltage		0.2 V_{CC}		0.85 V_{CC}	
t_{RST}	Pulse width on $\overline{\text{RESET}}$ Pin		1.5			µs
V_{BOT}	Brown-out Reset Threshold Voltage(2)	BODLEVEL = 1	2.4	2.6	2.9	V
		BODLEVEL = 0	3.7	4.0	4.5	
t_{BOD}	Minimum low voltage period for Brown-out Detection	BODLEVEL = 1		2		µs
		BODLEVEL = 0		2		
V_{HYST}	Brown-out Detector hysteresis			100		mV

그림 2-24 • 리셋 관련 변수 (출처:ATMEL)

- POR 회로는 V_{POT}보다 공급 전원이 작으면 동작이 시작되는데 공급 전원이 투입되고 나서 곧바로 정상적인 레벨로 올라가지 못하고 [그림 2-25]처럼 V_{POT}보다 작으므로 POR 회로가 작동되어 파워온 리셋 동작이 시작되고 공급전원이 V_{POT}에 도달하면 시간 지연 카운터를 동작시켜 일정한 시간 t_{OUT} 동안 리셋을 유지시킨다.

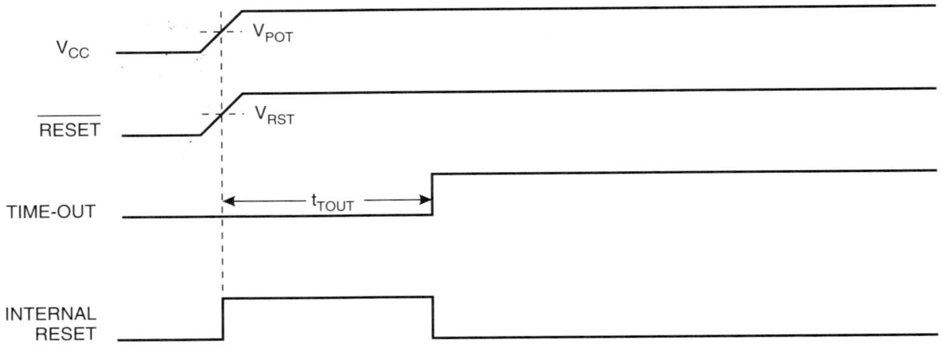

그림 2-25 • 파워온 리셋 동작 타이밍도 (출처:ATMEL)

외부 리셋

- RESET 핀에 50ns 이상 동안 [그림 2-24]에 정의된 V_{RST} 이하의 신호가 입력되면 리셋이 시작되는데 [그림 2-26]에서처럼 리셋 신호가 저전압을 유지하다가 V_{RST} 이상으로 올라가면 시간 지연 카운터를 동작시켜 일정한 시간 t_{OUT}이 부가적으로 경과될 때까지 리셋을 유지시킨다.

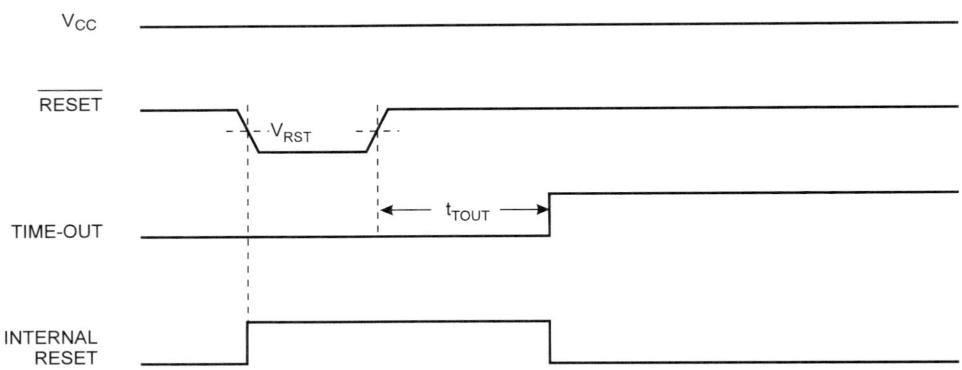

그림 2-26 • 외부 리셋 동작 타이밍도 (출처:ATMEL)

Brown-out 리셋

- 마이컴 내부에 있는 저전압 검출 회로(BOD:Brown-Out Detector)의 공급 전원이 2마이크로 초 이상동안 [그림 2-24]에 정의된 V_{BOT} 이하로 떨어지면 발생된다.

- [그림 2-27]의 동작 타이밍도처럼 발생하는데 전압 스파이크에 의한 오동작을 줄이기 위해 히스테리시스 특성을 갖도록 한다. 전압이 감소하여 $V_{BOT-} = V_{BOT} - V_{HYST}/2$ 이하로 될 때 리셋 동작이 시작되고 전압이 증가하여 $V_{BOT+} = V_{BOT} - V_{HYST}/2$ 이상으로 된 후 시간 지연 카운터를 동작시켜 일정한 시간 t_{OUT}이 부가적으로 경과될 때까지 리셋을 유지시킨다.

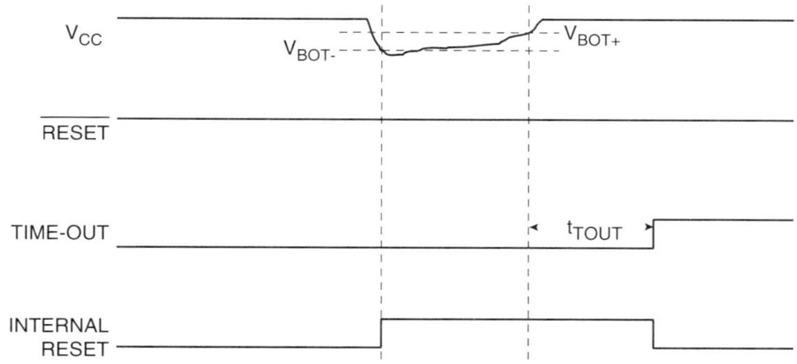

그림 2-27 • 저전압 검출 리셋 동작 타이밍도 (출처:ATMEL)

- BOD 기능은 1장 5.9절에 설명된 Fuse Low byte의 BODEN 비트를 1로 하여 활성화시킬 수 있고 BODKEVEL 비트에 따라 [그림 2-28]처럼 설정할 수 있다.

워치독 리셋

- 워치독 타이머가 지정한 주기 이상이 경과되면 [그림 2-28]처럼 1클럭 사이클의 리셋 펄스가 발생하여 리셋 동작이 시작되고 리셋 펄스가 끝나면 시간 지연 카운터를 동작시켜 일정한 시간 t_{OUT}이 부가적으로 경과될 때까지 리셋을 유지시킨다.

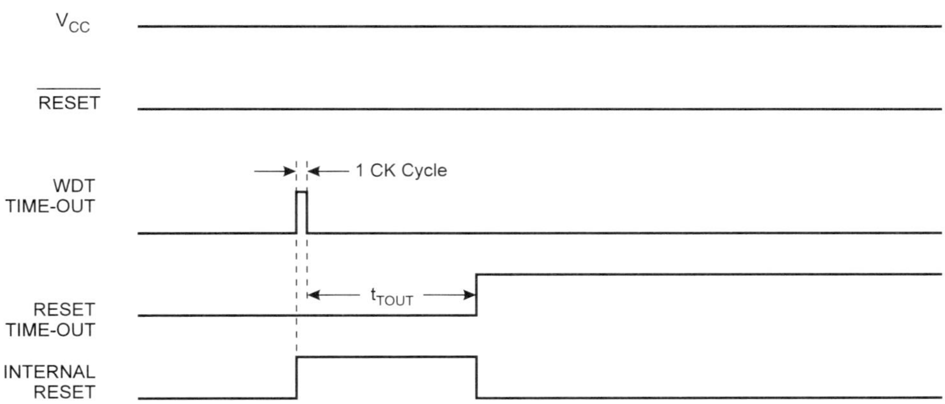

그림 2-28 • 워치독 리셋 동작 타이밍도 (출처:ATMEL)

MCUCSR 레지스터

MCUCSR(MCU Control and Status Register) 레지스터는 마이컴의 리셋 발생원에 대한 정보를 제공한다.

- **비트4(JTRF : JTAG Reset Flag) :** JTAG 리셋이 발생한 경우 1로 세트된다. 파워온 리셋이나 0을 써넣음으로써 클리어된다.
- **비트3(WDRF : Watch Reset Flag) :** 워치독 리셋이 발생한 경우 1로 세트된다. 파워온 리셋이나 0을 써넣음으로써 클리어된다.
- **비트2(BORF : Brown-Out Reset Flag) :** Brown-out 리셋이 발생한 경우 1로 세트된다. 파워온 리셋이나 0을 써넣음으로써 클리어된다.
- **비트1(EXTRF : EXTernal Reset Flag) :** 외부 리셋이 발생한 경우 1로 세트된다. 파워온 리셋이나 0을 써넣음으로써 클리어된다.
- **비트0(PORF : Power-On Reset Flag) :** 파워온 리셋이 발생한 경우 1로 세트된다. 파워온 리셋이나 0을 써넣음으로써 클리어된다.

7.2 워치독 타이머

워치독 타이머의 구성

- 역할 : 프로세서가 안정적으로 동작하는지 감시하는 기능을 수행한다. 프로세서에 이상이 생겨 일정 시간마다 워치독 타이머가 리셋되지 않게 되는 경우 시스템을 리셋시켜 마이컴의 안정적인 동작을 보장하도록 한다. 워치독 타이머의 리셋은 WDR 명령을 실행하거나 워치독의 동작을 금지시키거나 마이컴이 리셋되는 경우 리셋된다.
- 구성 : [그림 2-29]처럼 구성되어 마이컴 내부의 RC 발진기와는 별개로 내장되어 있는 워치독 발진기와 그 곳에서 만들어지는 1 MHz 클럭을 받고, 이를 8가지로 분주하는 워치독 프리스케일러, WDTCR레지스터의 설정값에 따라 마이컴 리셋을 발생시키는 논리 회로로 구성된다.

WDTCR 레지스터

- **비트4(WDTOE : WatchDog Turn-Off Enable) :** 디폴트 값은 0이다. WDE 비트가 0일때 1로 세트되어야 한다. 그렇지 않으면 워치독은 비활성화된다. 1로 세트되면 4 클록이 지난 후에 하드웨어적으로 클리어된다. 안전레벨1과 2에서 프리스케일러 비트를 바꾸는 경우 1로 세트되어야 한다.

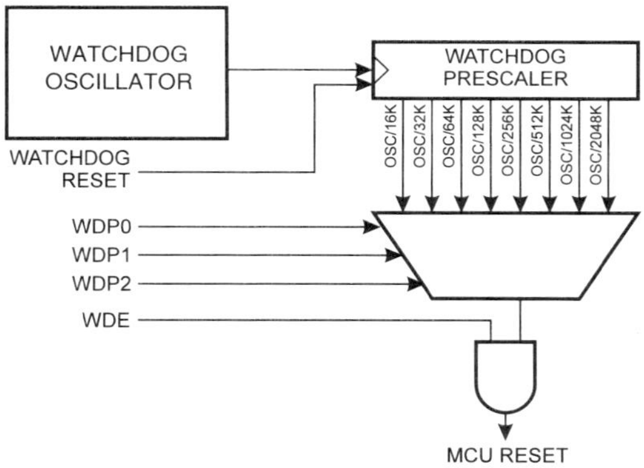

그림 2-29 • 워치독 타이머의 구성 (출처:ATMEL)

- **비트3(WDE : WatchDog Enable) :** 디폴트 값은 0이다. 1로 세트되면 워치독 타이머가 활성화되고 0으로 클리어되면 비활성화된다. WDE는 WDCE비트가 1로 세트된 경우에만 클리어될 수 있다.
- **비트2 ~ 0(WDP2 ~ 0 : Watch-Dog timer Prescaler2 ~ 0) :** 디폴트 값은 0이다. 워치독 타이머가 활성화된 경우 프리스케일러를 [그림 2-30]처럼 설정한다.

WDP2	WDP1	WDP0	Number of WDT Oscillator Cycles	Typical Time-out at V_{CC} = 3.0V	Typical Time-out at V_{CC} = 5.0V
0	0	0	16K (16,384)	14.8ms	14.0ms
0	0	1	32K (32,768)	29.6ms	28.1ms
0	1	0	64K (65,536)	59.1ms	56.2ms
0	1	1	128K (131,072)	0.12s	0.11s
1	0	0	256K (262,144)	0.24s	0.22s
1	0	1	512K (524,288)	0.47s	0.45s
1	1	0	1,024K (1,048,576)	0.95s	0.9s
1	1	1	2,048K (2,097,152)	1.9s	1.8s

그림 2-30 • 워치독 타이머 프리스케일러의 설정 (출처:ATMEL)

워치독의 설정

- **워치독 타이머의 안전레벨 설정 :** 2장 5.9절에 소개된 Etended Fuse Byte의 비트들 값으로 안전레벨0, 1, 2로 [그림 2-31]에 보여진 것처럼 설정할 수 있다(퓨즈의 비트값들은 프로그램되면 0이되고 프로그램되지 않으면 1).

M103C	WDTON	Safety Level	WDT Initial State	How to Disable the WDT	How to Change Time-out
Unprogrammed	Unprogrammed	1	Disabled	Timed sequence	Timed sequence
Unprogrammed	Programmed	2	Enabled	Always enabled	Timed sequence
Programmed	Unprogrammed	0	Disabled	Timed sequence	No restriction
Programmed	Programmed	2	Enabled	Always enabled	Timed sequence

그림 2-31 • 워치독 타이머의 설정 (출처:ATMEL)

- **안전레벨0 :** ATmega103과 호환 모드로 [그림 2-31]에 보여진 것처럼 초기에는 워치독이 금지되어 있다. WDE를 1로 세트하면 워치독이 허용된다. WDP2 ~ 0를 바꿔 즉 프리스케일러의 값을 바꿔 타임아웃 주기를 변경시키는 것에는 제한이 없으나 워치독 타이머를 비활성화시키려면 다음의 과정을 거쳐야 한다.

❶ WDTCR 레지스터에 동시에 WDCE = 1, WDE = 1로 세트시킨다.

❷ 4클록 사이클 이내에 WDE = 0으로 클리어시킨다.

- **안전레벨1 :** 디폴트 상태이다. 그림 2-31에 보여진 것처럼 초기에는 워치독이 금지되어 있다. WDE를 1로 세트하면 워치독이 허용된다. WDP2 ~ 0를 바꿔 즉 프리스케일러의 값을 바꿔 타임아웃 주기를 변경시키거나 워치독 타이머를 비활성화시키려면 다음의 과정을 거쳐야 한다.

❶ WDTCR 레지스터에 동시에 WDCE = 1, WDE = 1로 세트시킨다.

❷ 4클록 사이클 이내에 WDE비트와 WDP 2 ~ 0 비트에 원하는 값을 쓴다.

- **안전레벨2 :** [그림 2-31]에 보여진 것처럼 초기에 워치독이 허용되어 있고 WDE가 1로 세트되어 있고 워치독을 비활성화시킬 수 없다. WDP2 ~ 0를 바꿔 즉 프리스케일러의 값을 바꿔 타임아웃 주기를 변경시키려면 다음의 과정을 거쳐야 한다.

❶ WDTCR 레지스터에 동시에 WDCE = 1, WDE = 1로 세트시킨다.

❷ 4클록 사이클 이내에 WDCE = 0으로 클리어시키고 WDP 2 ~ 0 비트에 원하는 값을 쓴다.

연습문제

1. 다음 중에서 AVR 마이컴의 일반적인 특징에 관한 설명으로 옳은 것을 모두 골라라.

a. 8051처럼 명령어가 많고 복잡하며 주소지정 방식도 다양한 CISC(Complex Instruction Set Code) 방식이 사용되었다.

b. 연산 및 전송이 레지스터간에 직접 이루어지고 명령어의 길이가 16비트 1워드로 고정적이어 디코딩이 쉬운 특징을 갖고 있다.

c. 발진 주파수를 분주해서 내부 클록으로 사용하는 8051과 달리 발진 주파수와 같은 내부 클록을 사용하며 대부분 1기계 사이클에 명령어가 실행되어 보통 1 MHz당 1 MIPS의 처리속도를 보인다.

d. TMS320과 같이 프로그램 메모리와 데이터 메모리가 분리되어 있는 하바드 구조를 채택하였다.

e. CMOS 기술을 채택하고 있어 소비 전력이 매우 적고 동작 전압이 1.8 ~ 5.5 V로 큰 장점이 있다.

f. C언어를 고려하여 설계하였으며 32개의 레지스터와 C와 유사한 주소지정 방식를 사용하고 있으며 16비트와 32비트의 산술연산을 지원하여 효율적으로 최적의 프로그램을 가능하게 한다.

g. 8핀에서 100핀의 외형과 이에 상응하는 메모리와 기능을 갖는 다양한 시리즈의 제품이 존재하여 적절한 응용에 대응하여 제어기를 개발할 수 있다.

h. PCB 기판 상에 마이컴을 실장하고 전원과 클럭이 공급되는 상태에서 프로그래밍이 가능한 ISP 기능이 제공되지는 않는다.

i. AVR은 크게 Tiny, AT90, Mega, Giga, Tera 시리즈로 나뉠 수 있다

2. 다음 중에서 Atmega128의 일반적인 특징에 관한 설명으로 옳은 것을 모두 골라라.

a. 128 Kbyte의 10000번까지 ISP를 이용해 쓰고 지우기 가능한 플래시 롬 내장하고 있으며 부트 코드 영역으로 사용 가능하다.

b. 십만 번까지 쓰고 지울 수 있는 4 M바이트의 EEPROM을 내장하고 있다.

c. 4 Mbyte의 SRAM을 내장하고 있다.

b. 최대 64 Mbyte의 외부 데이터 메모리 추가 가능하다.

e. 소프트웨어의 보안을 위한 프로그램 잠금 기능을 제공한다.

f. 워치독 타이머가 내장되어 프로세서가 안정적으로 동작하는지 감시하는 기능을 수행한다.

g. 6개의 8비트 병렬 I/O 포트와 5개의 5비트 병렬 I/O 포트로 총 53개의 프로그램 가능한 입출력선을 갖고 있다.

h. 2개의 8비트 타이머와 2개의 16비트 타이머를 가지고 있다. 이들은 2개의 8비트 PWM 출력, 2 ~ 16비트 PWM 출력, 출력비교 단자 등과 관련되어 동작한다.

i. 리셋과 18개의 외부 인터럽트를 포함하여 총 35개의 인터럽트 벡터를 가지고 있다.

j. 18채널의 10비트 AD 변환기를 제공한다. AD 변환기들은 18개의 단일 입력 혹은 17개의 차동 입력 채널로 사용 가능하며, 18개 중 프로그램이 가능한 입력 게인(1x, 10x, 200x)을 갖는 12개의 채널이 존재한다.

k. 아날로그 비교기를 2개 내장하고 있다.

l. RC 발진기를 내장하고 있으며 외부에서 크리스탈을 접속해 정확한 클럭소스를 사용할 수도 있다.

m. 동시 양방향 전송이 가능한 범용 동기/비동기 직렬 통신(USART) 기능을 제공하는 직렬 통신 포트가 4개 존재하여 쉽게 RS232C 통신을 구현할 수 있다.

n. JTAG 인터페이스로 플래시, EEPROM, 퓨즈, Lock 비트를 프로그램이 가능하며, 내장된 상태에서 디버그를 가능하게 한다.

o. 정상적인 동작의 경우 5.5 mA, idle 모드의 경우 1.6 mA, 파워다운 모드의 경우 1 A이하를 소비한다.

p. −40 ~ 85도 사이에서 동작 가능하고 4.5 ~ 5.5 V에서 최대 1.2 GHz에서 동작 가능하다.

q. 슬립 모드를 인터럽트를 통하여 해제하는 경우 모든 레지스터와 메모리에 있는 내용은 초기화된다.

r. 정상적으로 동작하고 있다가 리셋되면 모든 I/O 레지스터값이 디폴트값으로 초기화되고 프로그램은 리셋 벡터에서 시작된다. 리셋은 6가지의 발생원이 존재한다.

3. 워치독 타이머의 역할과 동작에 대하여 설명하여라.

4. 전원 투입 후 제대로 리셋이 되지 않으면 PC와 레지스터들이 제대로 초기화되지 못하여 마이컴은 임의의 위치에서 명령을 시작하게 되는데 이를 막기 위해 전원 투입 후 자동으로 리셋이 되도록 하는 것을 무엇이라 하는가?

5. Atmega128의 슬립 모드 중에서 ADC가 잡음에 영향을 덜 받아서 정밀하게 동작할 수 있도록 하는 모드는?

6. Atmega128에서 ALU의 연산 후 상태와 결과를 표시하는 레지스터로 8051의 PSW에 해당하는 것은?

7. Atmega128에서 리셋 발생원에 대한 정보를 제공하는 레지스터는?

8. Atmega128에서 외부 데이터 메모리 영역을 분할하거나 대기 사이클의 수를 설정하는 레지스터는?

CHAPTER 03

ATmega128 시스템 개발 기초

학습목차

학습개요

ATmega128을 활용하여 시스템을 개발하고자 한다면, C를 활용한 프로그래밍 능력과 디버깅 능력이 필요하다. 이번 장에는 기초적인 프로그래밍 능력향상을 위한 어셈블리어 기초와 C의 기본적인 사항들을 익히고, 그에 맞는 컴파일러 설치 및 활용에 대하여 알아볼 것이다. 그리고 완성된 소프트웨어를 디버깅 해볼 수 있는 디버깅 툴의 설치, 활용에 대해서 학습한다.

1 명령어 분류와 주소지정 방식

명령어 기본 형식

명령어는 명령코드(OP 코드:OPeration code)와 오퍼랜드(operand)로 구성된다. 명령코드는 명령 그 자체이고 오퍼랜드는 명령의 대상으로 레지스터, 메모리, 상수값이 사용될 수 있으며 명령에 따라 오퍼랜드 없이 명령코드에 포함되는 경우가 있다. 명령코드는 대부분 16비트의 길이이지만 LDS, STS, JMP, CALL 4개의 명령어는 32비트이다.

실행시간에 따른 분류

실행하는데 1 ~ 4 기계 사이클를 요구하여 1기계 사이클 명령어(예 : ADD Rd, Rr)와 2기계 사이클 명령어(예 : ADIW Rdl, K), 3기계 사이클 명령어(예 : ELPM 혹은 LPM), 4기계 사이클 명령어(예 : RETI 혹은 RET)로 나뉠 수 있다.

기능에 따른 분류

데이터 전송, 산술과 논리연산, 분기, 비트조작, MCU 제어 명령으로 나눌 수 있다.

❶ **데이터 전송 명령 :** 내부 램이나 외부 램의 데이터 전송을 위한 명령으로 MOV, MOVW, LDI, LD, LDD, LDS, ST, STD, STS, LPM, ELPM, SPM, IN, OUT, PUSH, POP 등 16가지가 관계된다.

❷ **산술과 논리연산 명령 :** 가감산, 증감, 곱하기 등 산술연산과 논리연산 명령어로 ADD, ADC, ADIW, SUB, SUBI, SBC, SBCI, SBIW, AND, ANDI, OR, ORI, EOR, COM, NEG, SBR, CBR, INC, DEC, TST, CLR, SER, MUL, MULS, MULSU, FMUL, FMULS, FMULSU 등 28가지가 관계된다.

❸ **분기 명령 :** 조건을 따져 분기하거나 프로그램의 실행순서를 바꾸는 명령으로 RJMP, IJMP, JMP, RCALL, ICALL, CALL, RET, RETI, CPSE, CP, CPC, CPI, SBRC, SBRS, SBIC, SBIS, BRBS, BRBC, BREQ, BRNE, BRCS, BRCC, BRSH, BRLO, BRMI, BRPL, BRGE, BRLT, BRHS, BRHC, BRTS, BRTC, BRVS, BRVC, BRIE, BRID 등이 관계된다.

❹ **비트조작 명령 :** 1비트값에 대한 비트조작 불리안연산 명령으로 SBI, CBI, LSL, LSR, ROL, ROR, ASR, SWAP, BSET, BCLR, BST, BLD, SEC, CLC, SEN, CLN, SEZ, CLZ, SEI, CLI, SES, CLS, SEV, CLV, SET, CLT, SEH, CLH등이 관계된다.

❺ **MCU 제어 명령 :** NOP, SLEEP, WDR, BREAK 등 4개의 MCU 제어 관련 명령

오퍼랜드의 주소지정 방식

❶ **직접 상수지정 방식 :** 오퍼랜드로서 상수값을 사용하는 방식이다.

❷ **I/O 직접 주소지정 방식 :** 오퍼랜드로서 64개의 I/O 레지스터의 주소값을 직접 지정한다.

❸ **레지스터 직접 주소지정 방식 :** R0 ~ R31이 오퍼랜드로서 지정된다.

❹ **데이터 직접 주소지정 방식 :** 오퍼랜드로서 데이터 메모리 영역의 16비트 주소값을 직접 지정한다.

❺ **데이터 간접 지정 방식 :** 오퍼랜드의 주소를 저장하고 있는 X, Y, Z 레지스터를 이용하여 간접적으로 지정한다.

❻ **선증가 데이터 간접 지정 방식 :** 데이터 간접 지정 방식과 비슷하나 X, Y, Z 레지스터값을 먼저 1만큼 감소시킨다.

❼ **후증가 데이터 간접 지정 방식 :** 데이터 간접 지정 방식과 비슷하나 X, Y, Z 레지스터값을 명령 실행 후에 1만큼 증가시킨다.

❽ **변위 데이터 간접 지정 방식 :** 데이터 간접 지정과 비슷하나 Y, Z 레지스터값에 변위값을 합하여 사용한다.

❾ **프로그램 메모리 상수지정 방식 :** Z 레지스터를 사용하여 프로그램 메모리 영역의 상수값을 지정한다.

❿ **후증가 프로그램 메모리 상수지정 방식 :** 프로그램 메모리 상수지정 방식과 비슷하나 Z 레지스터 값을 명령 실행 후에 1만큼 증가시킨다.

2 명령어 요약

다음은 ATmega128의 명령을 요약한 것으로 항목에서 #clocks는 수행에 걸리는 기계 사이클, Flags은 명령 수행으로 영향을 받는 CSEG의 비트를 의미한다. 그리고 다음의 정의들이 사용된다.

표 3-1 • 어셈블리 명령에 쓰인 약자의 의미

Rd	Destination register R0 ~ R31	Rr	Source register R0 ~ R31
b, s	바이트 데이터의 비트 번호값 0 ~ 7	P	I/O 레지스터 주소값 (0-31/63)
K	8비트 상수값	k, q	상수
Rdl	R24, R26, R28, R30	X	Indirect address register R27 : R26
Y	Indirect address register R29:R28	Z	Indirect address register R31 : R30

분기 명령

Mnemonics	Operands	Description	Operation	Flags	#Clocks
BRIE	k	Branch if Interrupt Enabled	if (I = 1) then PC ← PC + k + 1	None	1 / 2
BRID	k	Branch if Interrupt Disabled	if (I = 0) then PC ← PC + k + 1	None	1 / 2
RJMP	k	Relative Jump	PC ← PC + k + 1	None	2
IJMP		Indirect Jump to (Z)	PC← Z	None	2
JMP	k	Direct Jump	PC← k	None	3
RCALL	k	Relative Subroutine Call	PC← PC + k + 1	None	3
ICALL		Indirect Call to (Z)	PC← Z	None	3
CALL	k	Direct Subroutine Call	PC← k	None	4
RET		Subroutine Return	PC← STACK	None	4
RETI		Interrupt Return	PC← STACK	I	4
CPSE	Rd,Rr	Compare, Skip if Equal	if (Rd = Rr) PC← PC + 2 or 3	None	1 / 2 / 3
CP	Rd,Rr	Compare	Rd−Rr	Z, N,V,C,H	1
CPC	Rd,Rr	Compare with Carry	Rd−Rr−C	Z, N,V,C,H	1
CPI	Rd,K	Compare Register with Immediate	Rd−K	Z, N,V,C,H	1
SBRC	Rr, b	Skip if Bit in Register Cleared	if (Rr(b)=0) PC ← PC + 2 or 3	None	1 / 2 / 3
SBRS	Rr, b	Skip if Bit in Register is Set	if (Rr(b)=1) PC ← PC + 2 or 3	None	1 / 2 / 3
SBIC	P, b	Skip if Bit in I/O Register Cleared	if (P(b)=0) PC ← PC + 2 or 3	None	1 / 2 / 3
SBIS	P, b	Skip if Bit in I/O Register is Set	if (P(b)=1) PC ← PC + 2 or 3	None	1 / 2 / 3
BRBS	s, k	Branch if Status Flag Set	if (SREG(s) = 1) then PC←PC+k + 1	None	1 / 2
BRBC	s, k	Branch if Status Flag Cleared	if (SREG(s) = 0) then PC←PC+k + 1	None	1 / 2
BREQ	k	Branch if Equal	if (Z = 1) then PC ← PC + k + 1	None	1 / 2
BRNE	k	Branch if Not Equal	if (Z = 0) then PC ← PC + k + 1	None	1 / 2
BRCS	k	Branch if Carry Set	if (C = 1) then PC ← PC + k + 1	None	1 / 2
BRCC	k	Branch if Carry Cleared	if (C = 0) then PC ← PC + k + 1	None	1 / 2
BRSH	k	Branch if Same or Higher	if (C = 0) then PC ← PC + k + 1	None	1 / 2
BRLO	k	Branch if Lower	if (C = 1) then PC ← PC + k + 1	None	1 / 2
BRMI	k	Branch if Minus	if (N = 1) then PC ← PC + k + 1	None	1 / 2
BRPL	k	Branch if Plus	if (N = 0) then PC ← PC + k + 1	None	1 / 2
BRGE	k	Branch if Greater or Equal, Signed	if (N # V= 0) then PC ← PC + k + 1	None	1 / 2
BRLT	k	Branch if Less Than Zero, Signed	if (N # V= 1) then PC ← PC + k + 1	None	1 / 2
BRHS	k	Branch if Half Carry Flag Set	if (H = 1) then PC ← PC + k + 1	None	1 / 2
BRHC	k	Branch if Half Carry Flag Cleared	if (H = 0) then PC ← PC + k + 1	None	1 / 2
BRTS	k	Branch if T Flag Set	if (T = 1) then PC ← PC + k + 1	None	1 / 2
BRTC	k	Branch if T Flag Cleared	if (T = 0) then PC ← PC + k + 1	None	1 / 2
BRVS	k	Branch if Overflow Flag is Set	if (V = 1) then PC ← PC + k + 1	None	1 / 2
BRVC	k	Branch if Overflow Flag is Cleared	if (V = 0) then PC ← PC + k + 1	None	1 / 2

그림 3-1 • 분기 명령 모음 (출처:ATMEL)

MCU 제어 명령

Mnemonics	Operands	Description	Operation	Flags	#Clocks
NOP		No Operation		None	1
SLEEP		Sleep	(see specific descr. for Sleep function)	None	1
WDR		Watchdog Reset	(see specific descr. for WDR/timer)	None	1
BREAK		Break	For On-chip Debug Only	None	N/A

그림 3-2 • MCU 제어 명령 모음 (출처:ATMEL)

데이터 전송 명령

Mnemonics	Operands	Description	Operation	Flags	#Clocks
MOV	Rd, Rr	Move Between Registers	Rd ← Rr	None	1
MOVW	Rd, Rr	Copy Register Word	Rd+1:Rd ← Rr+1:Rr	None	1
LDI	Rd, K	Load Immediate	Rd ← K	None	1
LD	Rd, X	Load Indirect	Rd ← (X)	None	2
LD	Rd, X+	Load Indirect and Post-Inc.	Rd ← (X), X ← X + 1	None	2
LD	Rd, - X	Load Indirect and Pre-Dec.	X ← X - 1, Rd ← (X)	None	2
LD	Rd, Y	Load Indirect	Rd ← (Y)	None	2
LD	Rd, Y+	Load Indirect and Post-Inc.	Rd ← (Y), Y ← Y + 1	None	2
LD	Rd, - Y	Load Indirect and Pre-Dec.	Y ← Y - 1, Rd ← (Y)	None	2
LDD	Rd,Y+q	Load Indirect with Displacement	Rd ← (Y + q)	None	2
LD	Rd, Z	Load Indirect	Rd ← (Z)	None	2
LD	Rd, Z+	Load Indirect and Post-Inc.	Rd ← (Z), Z ← Z+1	None	2
LD	Rd, -Z	Load Indirect and Pre-Dec.	Z ← Z - 1, Rd ← (Z)	None	2
LDD	Rd, Z+q	Load Indirect with Displacement	Rd ← (Z + q)	None	2
LDS	Rd, k	Load Direct from SRAM	Rd ← (k)	None	2
ST	X, Rr	Store Indirect	(X) ← Rr	None	2
ST	X+, Rr	Store Indirect and Post-Inc.	(X) ← Rr, X ← X + 1	None	2
ST	- X, Rr	Store Indirect and Pre-Dec.	X ← X - 1, (X) ← Rr	None	2
ST	Y, Rr	Store Indirect	(Y) ← Rr	None	2
ST	Y+, Rr	Store Indirect and Post-Inc.	(Y) ← Rr, Y ← Y + 1	None	2
ST	- Y, Rr	Store Indirect and Pre-Dec.	Y ← Y - 1, (Y) ← Rr	None	2
STD	Y+q,Rr	Store Indirect with Displacement	(Y + q) ← Rr	None	2
ST	Z, Rr	Store Indirect	(Z) ← Rr	None	2
ST	Z+, Rr	Store Indirect and Post-Inc.	(Z) ← Rr, Z ← Z + 1	None	2
ST	-Z, Rr	Store Indirect and Pre-Dec.	Z ← Z - 1, (Z) ← Rr	None	2
STD	Z+q,Rr	Store Indirect with Displacement	(Z + q) ← Rr	None	2
STS	k, Rr	Store Direct to SRAM	(k) ← Rr	None	2
LPM		Load Program Memory	R0 ← (Z)	None	3
LPM	Rd, Z	Load Program Memory	Rd ← (Z)	None	3
LPM	Rd, Z+	Load Program Memory and Post-Inc	Rd ← (Z), Z ← Z+1	None	3
ELPM		Extended Load Program Memory	R0 ← (RAMPZ:Z)	None	3
ELPM	Rd, Z	Extended Load Program Memory	Rd ← (RAMPZ:Z)	None	3
ELPM	Rd, Z+	Extended Load Program Memory and Post-Inc	Rd ← (RAMPZ:Z), RAMPZ:Z ← RAMPZ:Z+1	None	3
SPM		Store Program Memory	(Z) ← R1:R0	None	-
IN	Rd, P	In Port	Rd ← P	None	1
OUT	P, Rr	Out Port	P ← Rr	None	1
PUSH	Rr	Push Register on Stack	STACK ← Rr	None	2
POP	Rd	Pop Register from Stack	Rd ← STACK	None	2

그림 3-3 • 데이터 전송 명령 모음 (출처:ATMEL)

산술과 논리연산 명령

Mnemonics	Operands	Description	Operation	Flags	#Clocks
ADD	Rd, Rr	Add two Registers	Rd ← Rd + Rr	Z,C,N,V,H	1
ADC	Rd, Rr	Add with Carry two Registers	Rd ← Rd + Rr + C	Z,C,N,V,H	1
ADIW	Rdl,K	Add Immediate to Word	Rdh:Rdl ← Rdh:Rdl + K	Z,C,N,V,S	2
SUB	Rd, Rr	Subtract two Registers	Rd ← Rd - Rr	Z,C,N,V,H	1
SUBI	Rd, K	Subtract Constant from Register	Rd ← Rd - K	Z,C,N,V,H	1
SBC	Rd, Rr	Subtract with Carry two Registers	Rd ← Rd - Rr - C	Z,C,N,V,H	1
SBCI	Rd, K	Subtract with Carry Constant from Reg.	Rd ← Rd - K - C	Z,C,N,V,H	1
SBIW	Rdl,K	Subtract Immediate from Word	Rdh:Rdl ← Rdh:Rdl - K	Z,C,N,V,S	2
AND	Rd, Rr	Logical AND Registers	Rd ← Rd • Rr	Z,N,V	1
ANDI	Rd, K	Logical AND Register and Constant	Rd ← Rd • K	Z,N,V	1
OR	Rd, Rr	Logical OR Registers	Rd ← Rd v Rr	Z,N,V	1
ORI	Rd, K	Logical OR Register and Constant	Rd ← Rd v K	Z,N,V	1
EOR	Rd, Rr	Exclusive OR Registers	Rd ← Rd ⊕ Rr	Z,N,V	1
COM	Rd	One's Complement	Rd ← $FF – Rd	Z,C,N,V	1
NEG	Rd	Two's Complement	Rd ← $00 – Rd	Z,C,N,V,H	1
SBR	Rd,K	Set Bit(s) in Register	Rd ← Rd v K	Z,N,V	1
CBR	Rd,K	Clear Bit(s) in Register	Rd ← Rd • ($FF - K)	Z,N,V	1
INC	Rd	Increment	Rd ← Rd + 1	Z,N,V	1
DEC	Rd	Decrement	Rd ← Rd – 1	Z,N,V	1
TST	Rd	Test for Zero or Minus	Rd ← Rd • Rd	Z,N,V	1
CLR	Rd	Clear Register	Rd ← Rd ⊕ Rd	Z,N,V	1
SER	Rd	Set Register	Rd ← $FF	None	1
MUL	Rd, Rr	Multiply Unsigned	R1:R0 ← Rd x Rr	Z,C	2
MULS	Rd, Rr	Multiply Signed	R1:R0 ← Rd x Rr	Z,C	2
MULSU	Rd, Rr	Multiply Signed with Unsigned	R1:R0 ← Rd x Rr	Z,C	2
FMUL	Rd, Rr	Fractional Multiply Unsigned	R1:R0 ← (Rd x Rr) << 1	Z,C	2
FMULS	Rd, Rr	Fractional Multiply Signed	R1:R0 ← (Rd x Rr) << 1	Z,C	2
FMULSU	Rd, Rr	Fractional Multiply Signed with Unsigned	R1:R0 ← (Rd x Rr) << 1	Z,C	2

그림 3-4 • 산술과 논리연산 명령 모음 (출처:ATMEL)

비트조작 명령

Mnemonics	Operands	Description	Operation	Flags	#Clocks
SEV		Set Twos Complement Overflow.	V ← 1	V	1
CLV		Clear Twos Complement Overflow	V ← 0	V	1
SET		Set T in SREG	T ← 1	T	1
CLT		Clear T in SREG	T ← 0	T	1
SEH		Set Half Carry Flag in SREG	H ← 1	H	1
CLH		Clear Half Carry Flag in SREG	H ← 0	H	1
SBI	P,b	Set Bit in I/O Register	I/O(P,b) ← 1	None	2
CBI	P,b	Clear Bit in I/O Register	I/O(P,b) ← 0	None	2
LSL	Rd	Logical Shift Left	Rd(n+1) ← Rd(n), Rd(0) ← 0	Z,C,N,V	1
LSR	Rd	Logical Shift Right	Rd(n) ← Rd(n+1), Rd(7) ← 0	Z,C,N,V	1
ROL	Rd	Rotate Left Through Carry	Rd(0)←C,Rd(n+1)← Rd(n),C←Rd(7)	Z,C,N,V	1
ROR	Rd	Rotate Right Through Carry	Rd(7)←C,Rd(n)← Rd(n+1),C←Rd(0)	Z,C,N,V	1
ASR	Rd	Arithmetic Shift Right	Rd(n) ← Rd(n+1), n=0..6	Z,C,N,V	1
SWAP	Rd	Swap Nibbles	Rd(3..0)←Rd(7..4),Rd(7..4)←Rd(3..0)	None	1
BSET	s	Flag Set	SREG(s) ← 1	SREG(s)	1
BCLR	s	Flag Clear	SREG(s) ← 0	SREG(s)	1
BST	Rr, b	Bit Store from Register to T	T ← Rr(b)	T	1
BLD	Rd, b	Bit load from T to Register	Rd(b) ← T	None	1
SEC		Set Carry	C ← 1	C	1
CLC		Clear Carry	C ← 0	C	1
SEN		Set Negative Flag	N ← 1	N	1
CLN		Clear Negative Flag	N ← 0	N	1
SEZ		Set Zero Flag	Z ← 1	Z	1
CLZ		Clear Zero Flag	Z ← 0	Z	1
SEI		Global Interrupt Enable	I ← 1	I	1
CLI		Global Interrupt Disable	I ← 0	I	1
SES		Set Signed Test Flag	S ← 1	S	1
CLS		Clear Signed Test Flag	S ← 0	S	1

그림 3-5 • 비트조작 명령 모음 (출처:ATMEL)

2.1 어셈블리어의 일반 형태

- 어셈블리어의 일반 형태는 아래와 같다.

  [라벨 + : + 1개 이상의 공백] + 명령어(혹은 지시어) + [1개 이상의 공백 + ; + 주석]

  예 : START :   LDI   AL, 0b10000000   ; AL에 이진수 10000000 값을 넣어라.

- 라벨 (Label)은 기호주소로 분기명령이나 참조에 사용되는 심볼(Symbol)로 ❶ 심볼과 바로 뒤에 공백 없이 :(콜론)을 두고 콜론과 명령어는 1개 이상의 공백을 두어야 한다. ❷ 어셈블러(어셈블리어를 기계어로 바꾸어주는 프로그램)에 따라 다르지만 길이는 보통 1에서 수십개까지의 기호가 허용되고 AVR Studio4에서 심볼은 영문자와 숫자와 특수문자(_)의 조합을 사용하고 처음은 반드시 숫자가 아닌 기호(영문자나 _)로 시작해야한다. ❸ R0-R31과 같은 어셈블러 특수 심볼 그리고 명령어와 지시어 등 예약어는 심볼로 사용될 수 없고 ❹ 심볼은 보통 명령어, 지시어와 함께 대문자와 소문자의 구분이 없다(AVR Studio4에서 구분을 하게 옵션 설정 가능).

- 주석은 반드시 앞에 ;(세미콜론)을 붙여야 하는데 어셈블러는 세미콜론과 같은 줄에 존재하며 세미콜론 뒤쪽에 존재하는 글은 주석으로 여기고 모두 무시한다.

2.2 지시어(의사 명령)

- 지시어란 기계어로 번역되지 않고 어셈블러에게 어떤 정보만을 제공하는 것으로 의사 명령이라고 불린다.
- **CSEG :** 프로그램 메모리에 해당하는 코드 세그먼트의 시작을 정의한다. 파라미터를 갖고 있지 않다.
- **DSEG :** SRAM 데이터 메모리 세그먼트의 시작을 정의한다. 파라미터를 갖고 있지 않다.
- **ESEG :** EEPROM 데이터 메모리 세그먼트의 시작을 정의한다. 파라미터를 갖고 있지 않다.
- **EQU :** .EQU + 1개 이상의 공백 + 심볼 + 1개 이상의 공백 + 상수값의 형태로 어떤 심볼의 값을 정의하는데 사용된다. EQU를 사용하면 숫자로 된 값 대신에 기억하기 쉬운 심볼을 사용하여 프로그램을 쉽게 할 수 있다. 어셈블러에서는 기계어로 번역할 때 라벨을 상수값으로 대체하여 해석하게 된다. 한 번 할당된 값은 수정되거나 다시 정의될 수 없다.

  예 : .EQU BUF = 0x20 ; 기계어로 번역시 BUF는 0x20으로 대체된다.
- **SET :** EQU와 유사하나 나중에 다시 정의되어 수정 가능하다.
- **DEF :** .DEF + 1개 이상의 공백 + 심볼 + 1개 이상의 공백 + 레지스터 이름의 형태로 기억하기 쉬운 심볼에 레지스터를 할당하여 프로그램을 쉽게 할 수 있다. 나중에 다시 정의되어 수정 가능하고 같은 레지스터에 여러 가지 심볼을 할당할 수 있다.

  예 : .DEF BUF = R0 ; BUF는 R0
- **UNDEF :** .UNDEF +1개 이상의 공백 + 심볼의 형태로 심볼에 레지스터를 할당한 것을 해제한다.

  예 : .UNDEF BUF ; BUF를 해제
- **ORG :** .ORG + 1개 이상의 공백 + 주소의 형태로 바로 뒤에 오는 프로그램 명령어의 시작 번지나 데이터의 시작 번지 지정에 사용된다. 주소로는 숫자뿐만 아니라 라벨도 사용될 수 있다. 다음과 같은 프로그램의 경우 명령어 LDI AL, 0b10000000와 그 이후의 명령은 프로그램 메모리의 20번지를 시작으로 차례로 저장된다.

  예 :
  ```
  .CSEG
      .ORG 0x0020
  START : LDI AL, 0b10000000    ; AL에 이진수 10000000 값을 넣어라.
  .............
  ```

- **BYTE :** 심볼 + : + 1개 이상의 공백 + .BYTE 11개 이상의 공백 + 숫자의 형태로 SRAM 데이터 세그먼트에 숫자 만큼의 메모리를 바이트 단위로 예약해둔다.

  예 : CNT: .BYTE 1 ; CNT를 위해 1바이트를 유보한다.

- **DB(Define Byte) :** 라벨 + : + 1개 이상의 공백 + .DB + 1개 이상의 공백 + 데이터의 형태로 1바이트(8비트) 단위로 숫자나 문자 데이터들을 프로그램 메모리나 EEPROM 세그먼트에 저장할 때 사용한다.

  예 : .ESEG DATA : DB 1, 2, 'S' ;라벨 DATA 번지에 1을 DATA+1에,
  ;2를 DATA+2에 'S' 를 저장.

- **DW(Define Word) :** 라벨 + : + 1개 이상의 공백 + .DW + 1개 이상의 공백 + 데이터의 형태로 1워드(2바이트, 16비트) 단위로 숫자나 문자 데이터들을 프로그램 메모리나 EEPROM 세그먼트에 저장할 때 사용한다.

- **DD(Define Doubleword) :** 라벨 + : + 1개 이상의 공백 + .DD + 1개 이상의 공백 + 데이터의 형태로 2워드(4바이트, 32비트)단위로 숫자나 문자 데이터들을 프로그램 메모리나 EEPROM 세그먼트에 저장할 때 사용한다.

- **DQ(Define Quadword) :** 라벨 + : + 1개 이상의 공백 + .DQ + 1개 이상의 공백 + 데이터의 형태로 4워드(8바이트, 64비트)단위로 숫자나 문자 데이터들을 프로그램 메모리나 EEPROM 세그먼트에 저장할 때 사용한다.

- **INCLUDE :** .INCLUDE + 1개 이상의 공백 + " + 파일이름 + "의 형태로 외부의 파일을 include하여 어셈블할때 사용한다.

- **IF :** .IF + 1개 이상의 공백 + 조건식의 형태로 조건식을 만족하면 아래 부분를 어셈블한다.

- **ELIF :** .ELIF + 1개 이상의 공백 + 조건식의 형태로 앞선 IF의 조건을 만족시키지 않는 다른 조건을 판단할 때 사용하며 주어진 조건식을 만족하면 아래 부분를 어셈블한다.

- **IFDEF :** .IFDEF + 1개 이상의 공백 + 심볼의 형태로 심볼이 정의되어 있으면 아래 부분을 어셈블한다.

- **IFNDEF :** .IFNDEF + 1개 이상의 공백 + 심볼의 형태로 심볼이 정의되지 않았으면 아래 부분을 어셈블한다.

- **ELSE :** IF, IFDEF, IFNDEF와 같은 조건문에서 이전 조건이 만족되지 않으면 아래 부분을 어셈블한다.

- **ENDIF :** .ENDEF의 형태로 조건 블록의 마지막을 표시한다.

- **ENDM 혹은 ENDMACRO :** .ENDM 혹은 .ENDMACRO의 형태로 매크로를 정의를 종료할 때 사용한다.

- **MACRO :** .MACRO + 1개 이상의 공백 + 매크로 이름의 형태로 매크로를 정의할 때 사용한다. 매크로는 @0 ~ @9로 지정된 10개까지의 파라미터가 사용될 수 있고 매크로를 호출할 때는 아래의 예에서처럼 매크로 이름 다음에 공백을 두고 해당 파라미터를 차례로 ,를 사용해 나열하면 된다.

예 :
```
.MACRO SUBL16          ; Start macro definition
    subi @1,low(@0)    ; Subtract low byte
    sbci@2,high(@0)    ; Subtract high byte
.ENDM
.CSEG
SUBL16 0x3456, R0,R1
```

- **ERROR :** .WARNING + 1개 이상의 공백 + "주의 문장"의 형태로 어셈블 시 주의 문장을 출력하고 어셈블을 중지한다.

예 :
```
.IFDEF EXPTEST
.ERROR "This is not proper"     ;만약 EXPTEST가 정의되었으면
                                ;This is ...을 출력하고 어셈블을 멈춘다.
.ENDIF
```

- **WARNING :** .WARNING + 1개 이상의 공백 + "주의 문장"의 형태로 어셈블 시 주의 문장을 출력하나 ERROR처럼 어셈블을 중지하지는 않는다.

예:
```
.IFDEF EXPTEST
.WARNING "This is not properly tested, use at own risk."
                        ; 만약 EXPTEST가 정의되었으면 This is ...을 출력
.ENDIF
```

3.2.3. 숫자, 문자, 연산자

- 오퍼랜드로 상수값을 사용할 때는 반드시 진법 표현을 명확히 해야 한다. 2진수의 경우에는 0b를 앞에 붙여주고(예: 0b00000000), 16진수의 경우에는 0x 혹은 $를 붙여주고, 8진수의 경우 O를 붙여주고, 10진수의 경우에는 아무런 표시도 하지 않는다.

진수	표현 방법 (예시)
2진수	0b11111111
8진수	O377
16진수	0xFF
10진수	255

- 문자상수값은 반드시 앞뒤에 반드시 따옴표(')를 붙여준다. 문자열의 경우에는 큰 따옴표(")를 사용한다.
- 오퍼랜드에 사용되는 수식의 연산자에는 산술연산자, 논리연산자, 비교연산자, 조건연산자가 있다.
- 산술연산자로 +(더하기), −(빼기), /(나누기), *(곱하기), %(나머지가 정수가 되도록 나눈 나누기 연산의 나머지 값을 결과로 내놓는 mod연산), <<(오른쪽으로 이동), >>(왼쪽으로 이동)이 있다.
- 논리연산자로 !(NOT), &&(논리곱), ||(논리합), ~(비트 단위 NOT), &(비트 단위 AND), |(비트 단위 OR), ^(비트 단위 exclusive OR)이 쓰인다.
- 비교연산자로 == (동치), != (Not Equal), < (Less Than), <= (Less than or Equal to), > (Greater Than), >= (Greater than or Equal to)가 있다.
- 대입연산자로 =, +=, −=, *=, /=, %=, <<=, >>=, &=, |=, ^=이 사용된다.
- 조건연산자로 아래와 같은 형식으로 사용하며 보통 삼항연산자로 불린다. 조건식이 참이거나 0이 아니면 식1을 처리하고 거짓이거나 0이면 식2를 처리하라는 의미이다.

```
변수 5 (조건) ? 식1 : 식2;
```

분 류	연 산 자
산술연산자	+ − * / %
관계연산자	< > == != <= >=
증감연산자	++ −−
논리연산자	&& ||
조건연산자	? :
비트 논리연산자	& | ^ ~
비트 이동연산자	>> <<
sizeof 연산자	sizeof()
대입연산자	= += −= *= /= %= <<= >>= &= |= ^=

NOTE 우선순위와 결합법칙

프로그래밍에서도 성립하는 산수의 법칙

산수에서 곱셈과 나눗셈이 덧셈 · 뺄셈보다 우선하며, 결합법칙이 존재한다. 이 우선순위와 결합법칙은 프로그래밍에서도 연산식에 그대로 적용된다. 곱셈과 나눗셈, 나머지 연산자에 해당하는 *, /, % 들은 덧셈과 뺄셈 연산자인 +, - 보다 우선시 되며, 모든 연산은 좌측에서 우측으로 연산하게 된다. 즉 우선순위가 같은 경우인 +, - 로만 이루어진 연산 3 + 4 - 7 의 경우에는 ((3 + 4) - 7)과 같다. 연산자를 사용할 경우 이 두 가지 원칙을 기억해 두어야 한다.

- **LOW(x) :** x의 하위 바이트값을 돌려준다.
- **HIGH(x) :** x의 2번째 바이트값을 돌려준다.
- **BYTE2(x) :** x의 2번째 바이트값을 돌려준다.
- **BYTE3(x) :** x의 3번째 바이트값을 돌려준다.
- **BYTE4(x) :** x의 4번째 바이트값을 돌려준다.
- **LWRD(x) :** x의 비트 15 ~ 0 값을 돌려준다.
- **HWRD(x) :** x의 4번째 바이트값을 돌려준다.
- **PAGE(x) :** x의 비트 16 ~ 21값을 돌려준다.
- **EXP2(x) :** 2^x값을 돌려준다.
- **LOG2(x) :** $\log_2 x$값의 정수부를 돌려준다.
- **INT(x) :** x의 정수 부분을 돌려준다.
- **FRAC(x) :** x의 소수 부분을 돌려준다.
- **Q7(x) :** x를 FMUL/FMULS.FMULSU 명령에 적절한 형태의 부호 있는 1바이트 수로 변환한다.
- **Q15(x) :** x를 FMUL/FMULS.FMULSU 명령에 적절한 형태의 부호 있는 1바이트 수로 변환한다.
- **ABS(x) :** x의 절대값을 돌려준다.
- **DEFINED(x) :** x라는 심볼이 정의된 경우 1을 돌려준다.

3 AVR Studio4

AVR Studio는 ATMEL사(http://www.atmel.com)에서 개발한 AVR용 소프트웨어 개발툴로 2013년 1월 현재 Ver 4.19 Build 730이 나와 있어 윈도우 기반의 통합개발환경을 제공한다. 에뮬레이터와 시뮬레이터를 동시에 사용할 수 있고 어셈블러를 제공한다. 만약에 AVRISP, JTAG ICE, STK500, ICE40, ICE50 등의 에뮬레이터가 PC의 직렬포트에 접속되어 있으면 에뮬레이터로 동작하고 그렇지 않으면 시뮬레이터로 동작한다.

3.1 새 프로젝트 등록과 실행 파일 만들기

❶ **초기 화면 :** AVR Studio Ver 4.19 Build 730을 http://www.atmel.com에서 내려받아 설치하고 실행하면 [그림 3-6]과 같은 초기 화면이 나타난다. 상단에 [File], [Project], [Build], [View], [Tools], [Debug], [Help] 메뉴가 있고 [New Project], [Open] 등의 메뉴를 갖는 'Welcome to AVR Studio 4'라는 이름의 작은 창이 있고 그 이외에 'I/O View', 'Message'라는 이름의 작은 창이 있다.

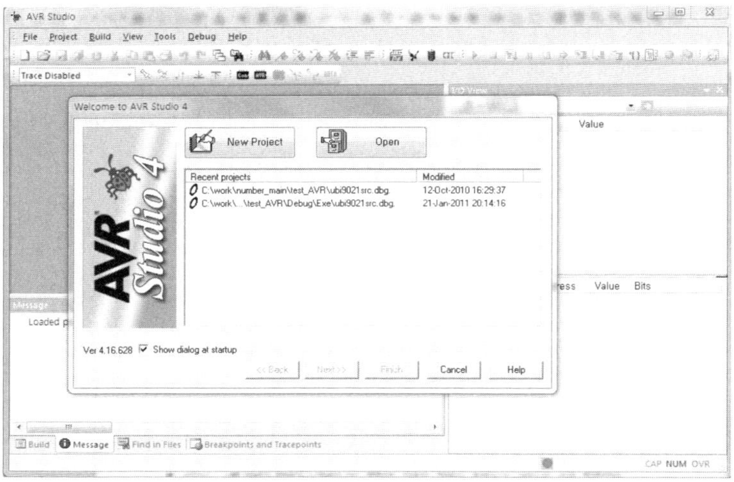

그림 3-6 • AVR Studio 초기 화면

❷ **New Project 실행 :** 'Welcome to AVR Studio 4'라는 이름의 작은 창의 [New Projct] 버튼을 클릭하면 [그림 3-7]과 같은 창이 나타난다. 이 창에서 프로젝트 형태(어떤 어셈블러를 사용할 것인가를 결정), 프로젝트 이름, 어셈블리어 파일 이름, 파일들이 위치할 디렉토리를 결정할 수 있다.

❸ **프로젝트의 설정 :** [그림 3-7]과 같이 메뉴 Project type에서 Atmel AVR Assember을 선택하고 Project name과 Initial File, Location은 적절한 값으로 설정한다(여기에서는 각각 hello, hello, C:\Users\JK_2\Documents\AT128로 설정했다). 그러면 [Next] 버튼이 활성화된다.

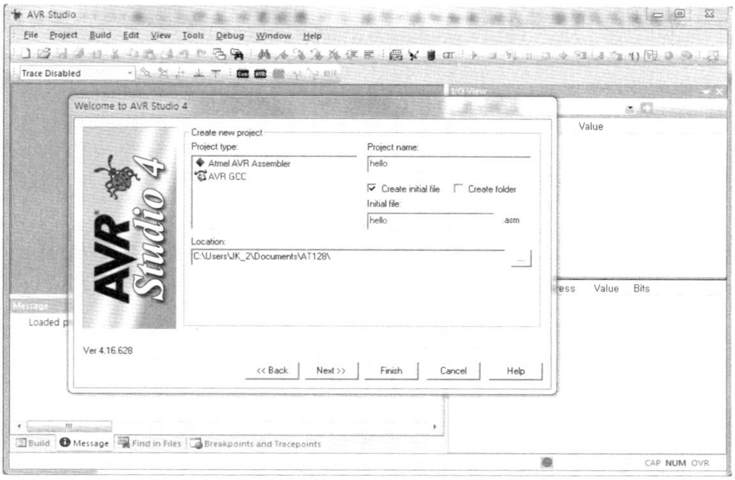

그림 3-7 • PROJECT 생성 화면

❹ **Debug 플랫폼과 디바이스 설정 :** Project name와 Initial File, Location은 적절한 값으로 설정하고 [Next] 버튼을 누르면 [그림 3-8]과 같이 디버그 플랫폼과 디바이스를 설정하는 창이 뜬다. Debug platform은 AVR Simulator를 선택하고 Device는 ATmega128을 선택하고 마지막으로 [Finish] 버튼을 누른다.

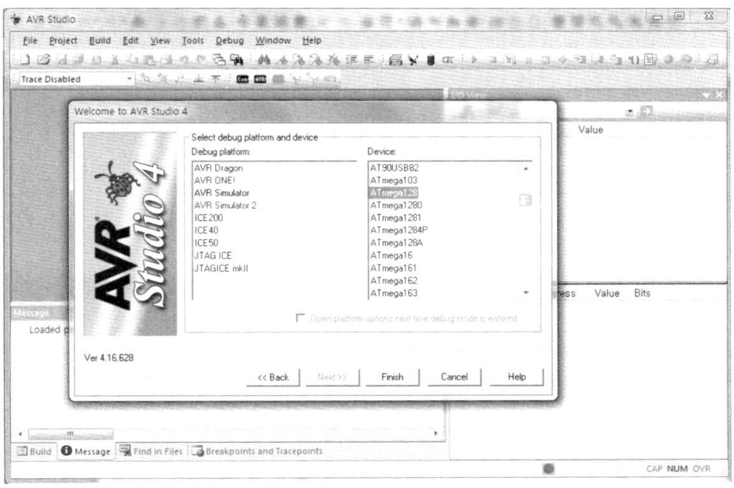

그림 3-8 • Debug 플랫폼과 디바이스 설정 창

❺ **에디터 창 생성 :** 디버그 플랫폼과 디바이스를 설정하고 [Finish] 버튼을 누르면 [그림 3-9]와 같이 프로젝트 설정단계에서 지정한 어셈블리 파일의 코드를 작성할 수 있는 파일 이름을 갖는 에디터 창과 'Project'라는 이름의 조그만 창이 나타난다.

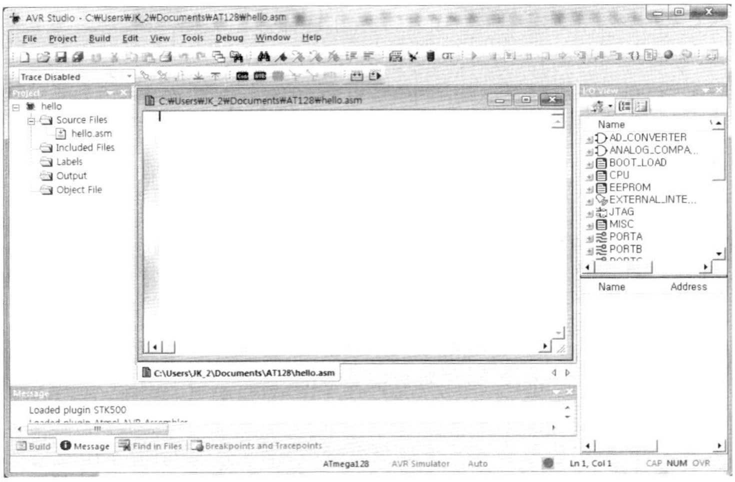

그림 3-9 • 에디터 창

❻ **Build 실행 :** 어셈블리 파일의 코드를 작성한 이후에 메인 창의 [Build]메뉴를 [그림 3-10]처럼 선택하여 실행한다.

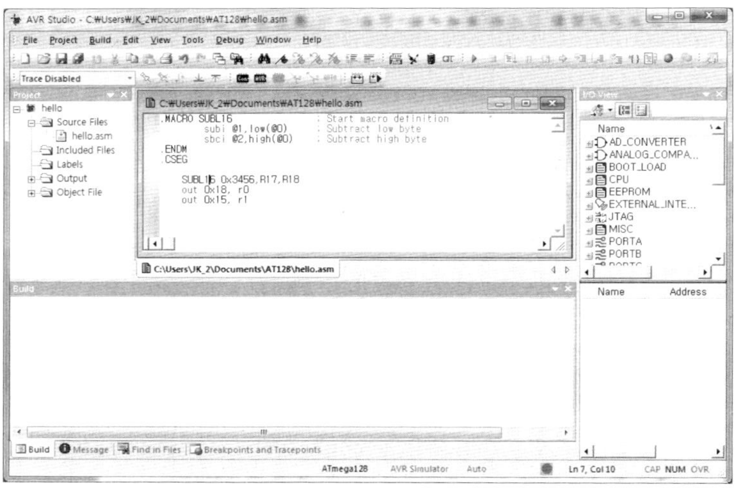

그림 3-10 • 어셈블리 코드 작성

따라하기 에러 없는 코드

```
.MACRO SUBL16                        ; Start macro definition
      subi @1,low(@0)                ; Subtract low byte
      sbci @2,high(@0)               ; Subtract high byte
.ENDM
.CSEG
   SUBL16 0x3456,R17,R18
   out 0x18, r0
   out 0x15, r1
```

❼ **에러 없이 종료된 결과 :** [그림 3-11]은 에러 없이 실행 파일이 만들어진 경우를 보여준다. 'Build'라는 이름의 창에 실행 파일을 생성한 결과가 보여진다.

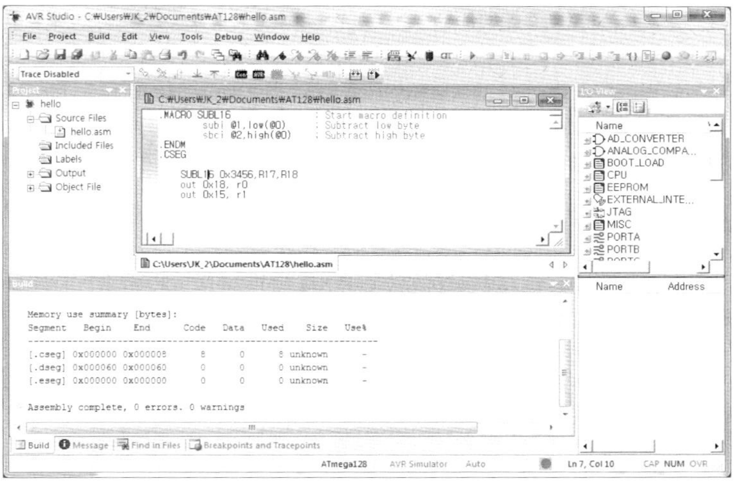

그림 3-11 • 에러 없이 종료된 결과

❽ **에러가 있을 때 결과 :** [그림 3-12]는 실행 파일을 만드는 과정에서 문법적인 에러가 발생한 경우를 보여준다. Build 창에 에러가 발생한 행 번호와 에러 메시지가 나타나 있음을 알 수 있다. 에러 메시지 부분을 더블클릭하면 에러가 발생한 위치로 커서가 자동적으로 이동하여 손쉽게 에러를 수정할 수 있게 한다.

따라하기 **에러가 있는 코드**

```
.MACRO SUBL16                    ; Start macro definition
      subi @1,low(@0)            ; Subtract low byte
      sbci @2,high(@0)           ; Subtract high byte
.ENDM
.CSEG
   SUBL16 0x3456,R0,R1
   out 0x18, r0
   out 0x15, r1
```

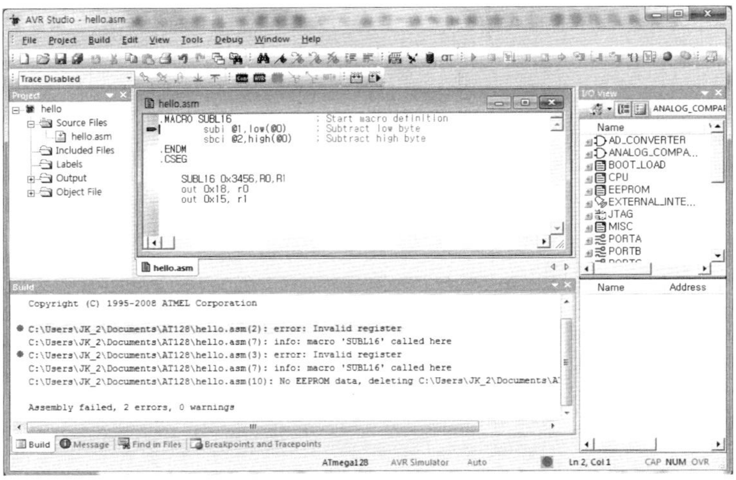

그림 3-12 • 에러가 있는 경우의 종료 메시지

3.2 디버깅과 시뮬레이션

❶ **Debug 선택 :** 문법적인 에러가 없어 실행 파일이 만들어진 경우 [그림 3-13]과 같이 [Debug → Start Debugging] 메뉴를 선택하면 디버깅과 간단한 시뮬레이션을 할 수 있다.

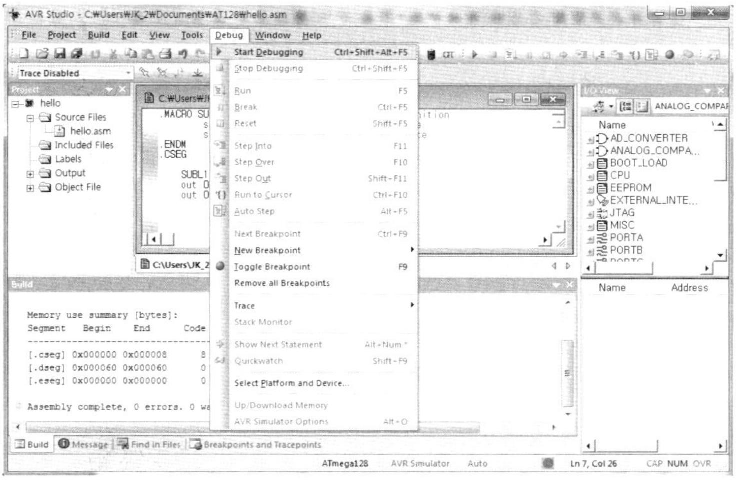

그림 3-13 • Debug 선택

❷ **Debug 시작 :** 디버그 세션을 시작하면 [그림 3-14]와 같이 I/O View 창에 I/O 레지스터의 값들을 비트별로 확인할 수 있도록 변하고, 에디터 창에 노란 화살표가 나타난다.

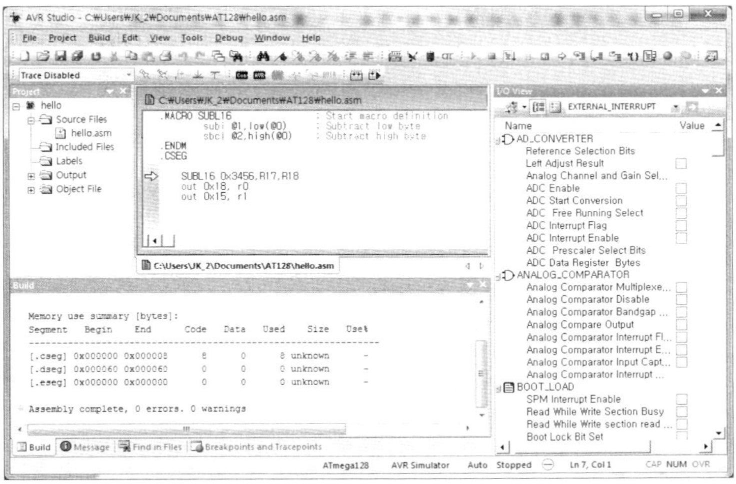

그림 3-14 • Debug 시작

❸ **View → Register 실행 :** 디버그 세션에서 메인 메뉴의 [View → Register]를 실행하면 [그림 3-15]와 같이 'Register'라는 이름의 창이 뜬다. 디버깅하며 값이 바뀌는 R0 ~ R31 레지스터의 값이 Register 창에 나타난다.

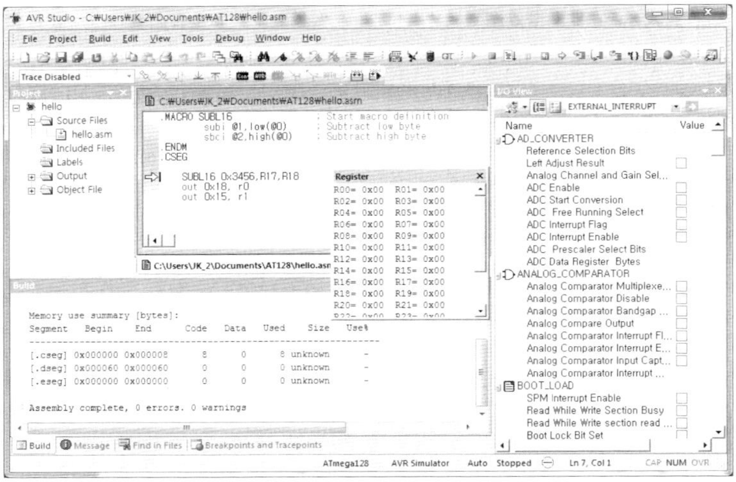

그림 3-15 • 레지스터 창 확인

❹ **View → Memory 실행 :** 디버그 세션에서 메인 메뉴의 [View → Memory]를 실행하면 [그림 3-16]처럼 'Memory'라는 이름의 창이 나타난다. Memory 창에는 [그림 3-16]에 보여진 것처럼 [Data], [EEPROM], [Extended I/O], [I/O], [Program], [Register]의 서브 메뉴가 있는데, 이를 이용하여 SRAM 데이터 메모리, EEPROM, I/O 레지스터, 프로그램 메모리, R0 ~ R31 레지스터의 값 중 특정한 어느 하나를 선택하여 변화를 모니터할 수 있다. [View → Memory]와 같은 역할을 하는 [View → Memory2], [View → Memory3] 메뉴가 더 존재한다.

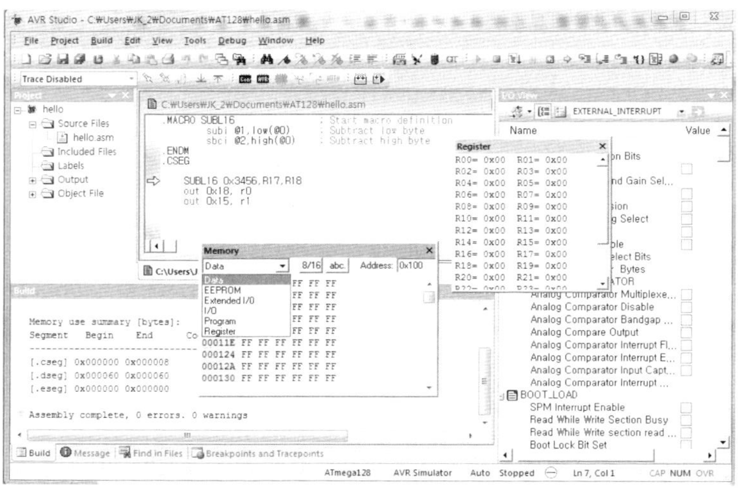

그림 3-16 • 메모리 창 열기

❺ **View → Watch 실행 :** 디버그 세션에서 메인 메뉴의 [View → Watch]를 선택하면 'Watch'라는 자그만 창이 뜨는데 [그림 3-17]과 같이 Name에 레지스터나 심볼값을 입력하고 이들 값의 변화를 모니터할 수 있다.

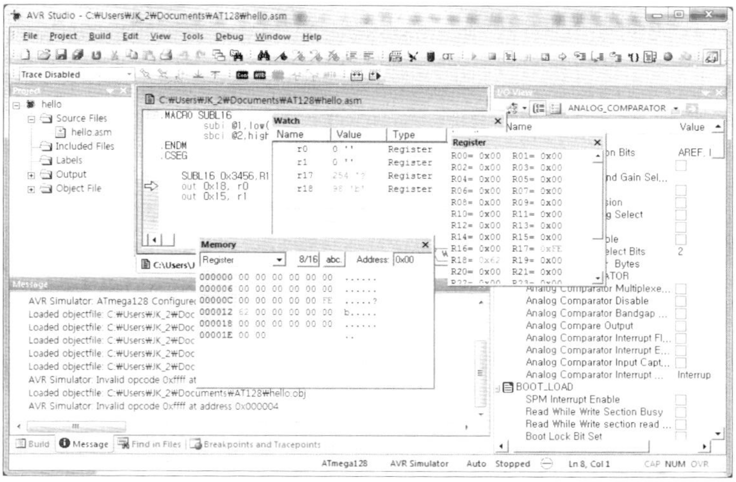

그림 3-17 • Watch 실행

❻ **디버그 세션에서 여러 가지 메뉴 :** 디버그 세션에서 메인 메뉴 [Debug]의 하위 메뉴에는 [그림 3-18]과 같이 여러 가지가 있는데 이 중 [Run to Cursor] 메뉴는 브레이크 포인트 또는 커서가 놓인 곳까지 실행하도록 한다. [Step Into]는 한 명령씩 실행하도록 하며 [Step Over]는 서브루틴 콜도 한 명령 수행처럼 수행하도록 하고 [Auto Step]는 AVR Studio4에서 알아서 적당한 지점까지 실행한다. 디버그 세션에서 메인 메뉴의 [Goggle Breakpoint]를 선택하면 커서가 놓인 곳을 브레이크 포인트로 설정하거나 해제한다. 그 이외에 다양한 메뉴를 활용해 손쉽게 디버깅할 수 있다.

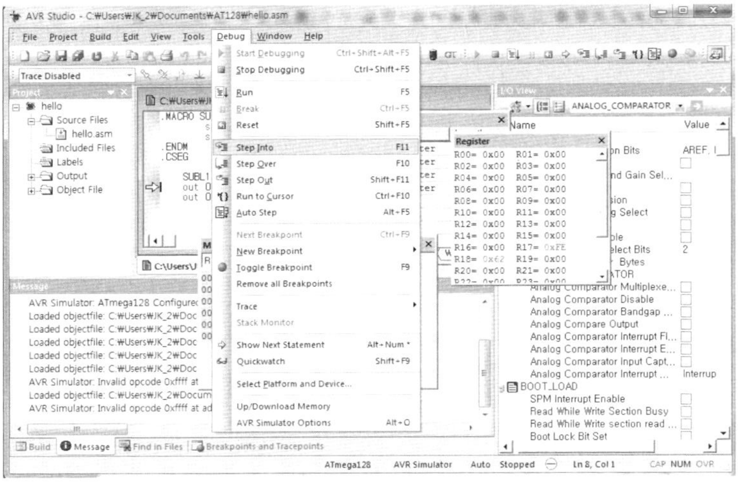

그림 3-18 • Debug 세션의 여러 메뉴

4 AVR의 ISP

4.1 마이컴 시스템 개발 방법

ICE (In Cricuit Emulator)를 이용하는 법

- **ICE의 역할 :** 개발 중인 타겟 시스템(Target System)의 마이컴 역할을 임시적으로 대신해 주도록 타겟 시스템과 동일한 마이컴을 내장한 시스템

- **연결 :** 타겟 시스템의 마이컴을 빼고 그 자리에 ICE의 출력핀을 연결한다. 한편 ICE는 호스트 컴퓨터와도 연결된다.

- **동작 :** 소스코드 프로그램을 호스트 컴퓨터에서 PK51과 같은 소프트웨어 개발툴을 사용해서 디버깅하고 실행 파일을 만들어 ICE에 다운로드 시키면 ICE는 자신의 램에 저장하고 그 프로그램을 자신의 마이컴으로 실행시키는데, 그 핀들이 출력핀으로 타겟 시스템 마이컴의 핀자리에 대신 들어가 있어 결국 타겟 시스템의 마이컴 역할을 수행한다.

- **특징 :** ICE는 싱글 스텝 동작, 역어셈블링, 브레이크 등의 고기능으로 시스템 개발에 가장 편리한 장비이나 고가로 교육용에는 부적합하다.

ROM Emulator를 이용하는 법

- **롬에뮬레이터의 역할 :** 개발 중인 타겟 시스템의 프로그램 메모리 역할을 임시적으로 대신해주는 마이컴 시스템

- **연결 :** 타겟 시스템의 프로그램 메모리를 빼고 그 자리에 롬에뮬레이터 출력핀을 연결한다. 호스트 컴퓨터와도 연결된다.

- **동작 :** 소스코드 프로그램을 호스트 컴퓨터에서 PK51과 같은 소프트웨어 개발툴을 사용해서 디버깅하고 실행 파일을 만들어 롬에뮬레이터에 다운로드 시키면 롬에뮬레이터는 자신의 램에 저장하고, 롬에뮬레이터 출력핀들이 타겟 시스템 프로그램 메모리 핀자리에 대신 들어가 있으므로 결국 타겟 시스템의 롬 역할을 수행한다.

- **특징 :** Z80, 8031과 같이 프로그램 메모리가 외장형인 경우에는 적절한 개발 방법이 될 수 있으나 롬이 내장된 8051과 같은 형태는 일부러 롬을 장착해야 하므로 하드웨어적으로 복잡해지는 단점이 있다. 롬에뮬레이터는 ICE에 비해 저가의 시스템으로 롬을 대신한다.

ROM Writer를 이용하는 법

- **롬라이터의 역할 :** 실행 파일를 PROM에 기록해주는 마이컴 시스템

- **연결 :** 타겟 시스템의 롬을 빼서(롬 내장형 마이컴의 경우에는 마이컴을 뺀다) 롬라이터에 장착하고 호스트 컴퓨터와 연결한다.

- **동작 :** 소스코드를 호스트 컴퓨터에서 PK51과 같은 소프트웨어 개발 툴을 사용해서 디버깅하고 실행 파일을 만들어 롬라이터에 다운로드 시키면, 롬라이터는 장착된 롬에 프로그램을 기록하고 기록이 다 끝나면 롬을 빼서 타겟 시스템에 장착하고 프로그램을 실행한다.

- **특징 :** 프로그램을 교체할 때마다 타겟 시스템의 롬을 빼어 롬 소거, 롬 기록, 다시 롬의 장착과 실행을 되풀이해야 하므로 엄청난 시간과 노력이 소모되며, 실행 중에 타겟 시스템의 상황을 모니터하기 어려워 디버깅이 힘들다. 롬라이터는 ICE나 롬에뮬레이터에 비해 저가이다.

외부 RAM을 이용하는 법

- **외부 램의 역할 :** 타겟 시스템에 여분의 외부 램을 장착하고 이를 개발할 프로그램을 위한 메모리로 사용

- **연결 :** 롬에 호스트 컴퓨터와 통신을 위한 모니터 프로그램이 기록된 타겟 시스템과 호스트 컴퓨터를 연결한다. 호스트 컴퓨터에서 타겟 시스템과 통신을 위한 터미널 프로그램으로는 윈도우 기본 프로그램 중 하나인 하이퍼터미널이 널리 이용된다.

- **동작 :** 소스코드를 호스트 컴퓨터에서 소프트웨어 개발 툴을 사용해서 디버깅하고 실행 파일을 만들고, 하이퍼터미널과 같은 터미널 프로그램을 사용하여 모니터 프로그램이 기록된 타겟 시스템에 다운로드시키면 타겟 시스템은 이를 외부 램에 저장하고 이를 실행한다.

- **특징 :** 호스트 컴퓨터인 PC의 통신용 소프트웨어(예: 하이퍼터미널)를 통해 타겟 시스템과 통신할 수 있고 실행 상황을 모니터할 수 있다. 값싸고 실용적인 방법이나 일부러 램을 장착하고 미리 모니터 프로그램을 기록해야 하기 때문에 불편하다. 교육용으로 많이 사용된다.

ISP를 이용하는 법

- **ISP의 역할 :** AVR은 내장 플래시롬의 SPI (Serial Peripheral Interface) 인터페이스를 제공한다. SPI는 오직 3라인을 이용한 통신 방법으로 MOSI(Master Out Slave In), MISO(Master In Slave Out), SCLK(Serial CLocK) 신호를 이용한다. Motolora에서 개발되었으며 Master와 Slave가 SCLK에 동기하여 데이터를 교환하는 방식으로, 마이컴의 RST(리셋) 핀을 0으로 한 상태에서 앞의 세 가지 시그널을 이용하여 플레시롬의 데이터를 읽고 쓰기가 가능하다. 즉 내부에 롬라이터와 같은 기능을 하는 부분이 내장되어 있어 내부 플래시롬을 롬라이터 없이 읽고 쓰기가 가능하므로 SPI가 지원되면 따로 롬라이터를 이용하지 않고도 PCB 기판 상에 마이컴을 실장하고 전원과 클럭이 공급되는 상태에서 프로그래밍이 가능하다(ISP, In System Programming).
- **연결 :** 타겟 시스템과 호스트 컴퓨터를 값싼 ISP용 인터페이스를 사용하여 연결한다.
- **동작 :** 소스코드를 호스트 컴퓨터에서 PK51과 같은 소프트웨어 개발툴을 사용해서 디버깅하고, 실행 파일을 만들어 호스트 컴퓨터에 설치한 ISP용 소프트웨어를 통해 PCB 기판 상에 마이컴을 설치하고 전원과 클럭이 공급되는 상태에서 프로그래밍한다.
- **특징 :** 약간의 회로 추가로 시스템의 디버깅이 용이하고 업그레이드가 쉬운 시스템을 만들 수 있다는 장점이 있다. AT89S8252, AT89Sxx나 AVR처럼 내부에 플래시롬이 내장되어 있다. SPI를 지원하는 마이컴을 사용해야 하며 부피가 커지고 제품 단가가 올라간다는 단점이 있다.

4.2 AVR ISP용 다운로더

AVR Studio와 ATAVRISP

Atmel사의 AVR Studio4는 AVR 마이컴의 프로그램을 개발하고 디버깅할 수 있는 윈도우 기반의 소프트웨어 개발 툴로 통합개발환경을 제공하는데, AVR뿐만 아니라 AT89S51과 AT89S52의 플래시롬을 프로그래밍하는 ISP 기능도 지원한다. AVR Studio를 이용한 ISP를 위해서는 Atmel사의 ATAVRISP라는 직렬 통신 케이블을 사용해야 하는데 ATAVRISP는 호스트 컴퓨터인 PC의 시리얼 포트와 설치된 마이컴의 SPI 신호핀간의 RS-232 직렬인터페이스를 제공한다. AVR Studio는 Atmel사의 홈페이지(http://www.atmel.com)에서 무료로 다운로드 받을 수 있는 반면에 ATAVRISP는 구입해야 한다.

Atmel AVR ISP 프로그래머

Atmel사의 AVR ISP 프로그래머는 AVR 마이컴의 내장 플래시롬을 ISP하기 위한 윈도우 기반의 소프트웨어로, MCS-51호환 기종인 AT89S8252와 AT89S53의 ISP도 가능하다. AVR ISP 프로그래머를 이용한 ISP는 호스트 컴퓨터인 PC의 프린터 포트와 타겟 시스템 마이컴의 SPI 신호핀간 인터페이스 회로가 필요한데 [그림 3-19]와 같이 74HC244가 들어가 있어 신호를 제어하는 매우 간단한 회로면 충분하다. 여기에서 ISP CON은 PCB 기판 상에 설치되어 전원과 클럭이 공급되는 상태에서 AVR과 연결한다. AVR의 ISP를 할 때는 딥스위치를 on으로 하여 VCC에서 공급되는 전원을 74HC244에 넣어 작동시키고, ISP를 다 끝낸 경우에는 딥스위츠를 off로 하여 74HC244를 꺼버려 PC와 마이컴의 연결을 차단한다. 그림에서 LED는 ISP가 진행 중일 때 불이 들어와 알리는 기능을 하는 것으로 프린터 포트 8번 핀(D6), 74HC244의 4번과 16번 핀, LED와 저항은 굳이 연결안해도 된다. AVR ISP는 Atmel사의 홈페이지(http://www.atmel.com)에서 무료로 다운로드 받을 수 있다.

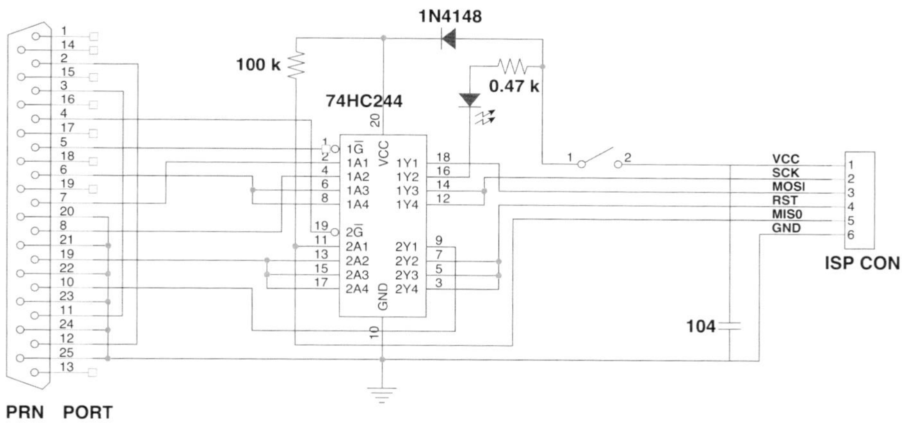

그림 3-19 • Atmel AVR ISP, PonyProg2000, CodevisonAVR용 ISP의 인터페이스 회로

PonyProg2000

PonyProg2000은 윈도우 기반의 직렬 통신을 통한 여러 다양한 마이컴과 PROM을 읽고 쓰기 위한 무료 소프트웨어로 http://www.lancos.com에서 다운로드 가능하다. PonyProg2000는 원래 직렬 통신을 위한 것이지만 [그림 3-19]에 주어진 Atmel AVR ISP용 인터페이스회로를 사용해서 PC의 프린터 포트와 타겟 시스템 마이컴의 SPI 신호핀을 연결해도 되고 http://www.lancos.com에 주어진 직렬 포트용 인터페이스 회로를 사용해도 된다.

Codevisin AVR

비교적 저렴한 수십만 원대의 컴파일러로 2K 바이트까지 용량 제한이 있는 평가판을 인터넷에서 자유롭게 다운로드 받아서 사용 가능한 Codevision AVR C 컴파일러와 [그림 3-19]의 ISP용 인터페이스 회로를 사용해서 ISP가 가능하다. 연결할 때 ISP CON의 VCC는 AVR의 VCC, ISP CON의 SCK는 AVR 마이컴의 SCK PB1(SCK, 핀11), ISP CON의 MOSI는 AVR의 PE0(PDI/RXD0, 핀9), ISP CON의 MISO는 PE1(PDO/TXD0, 핀8), ISP CON의 RST는 AVR의 RESET(핀20)과 연결한다. 프로그램 다운로드 하는 과정은 다음 절에서 설명할 것이다.

5 Codevision AVR C 컴파일러

- **AVR용 C 컴파일러 :** 다음과 같은 3가지 정도가 많이 사용된다.

  ❶ **IAR사의 EWAVR C 컴파일러 :** 수백만 원대의 고가의 컴파일러이지만 상대적으로 뛰어난 압축률과 안정된 기능을 내장하고 있어 산업 현장에서 많이 사용되고 있다. 2K 바이트까지 용량 제한이 있는 평가판을 인터넷에서 자유롭게 다운로드 받아서 사용 가능하다.

  ❷ **AVRGCC 컴파일러 :** 기본적으로 text환경에서 동작하도록 만들어진 무료 컴파일러이나 ANSI C언어와 다른 점이 많은 편이라 ANSI C언어에 익숙한 사람은 불편함을 느낄 수 있다.

  ❸ **HPinfotech사의 Codevision AVR C 컴파일러 :** 비교적 저렴한 수십만 원대의 컴파일러로 ANSI C언어의 모든 구성요소와 거의 가깝게 구현되어 있다. 2K 바이트까지 용량 제한이 있는 평가판을 HPinfotech사의 홈페이지(http://www.hpinfotech.ro)에서 자유롭게 다운로드 받아서 사용 가능하다.

- Codevision AVR C 컴파일러의 특징은 다음과 같다. ❶ AVR Studio4와 연계하여 디버깅이 가능하다. ❷ ISP 다운로더 프로그램을 내장하였다. ❸ 프로그램을 자동으로 생성할 수 있는 CodeWizardAVR를 내장하였다. ❹ ANSI C언어의 표준 라이브러리 이외에 캐릭터 LCD, 필립스 I2C 버스, RTC DS1302, EEPROM DS2430, SPI용, 지연 함수 등을 위한 AVR에 특화된 다양한 라이브러리를 제공한다.

5.1 새 프로젝트 등록하기와 옵션 설정하기

❶ **초기 화면 :** 평가판을 http://www.hpinfotech.ro에서 내려받은 후 실행 파일 setup_eval.exe를 실행하면 [그림 3-20]과 같이 [File], [Edit], [View], [Project], [Tools], [Settings], [Windows], [Help]의 메뉴가 있는 'CodeVisonAVR'이라는 이름을 가진 초기 화면이 나타난다.

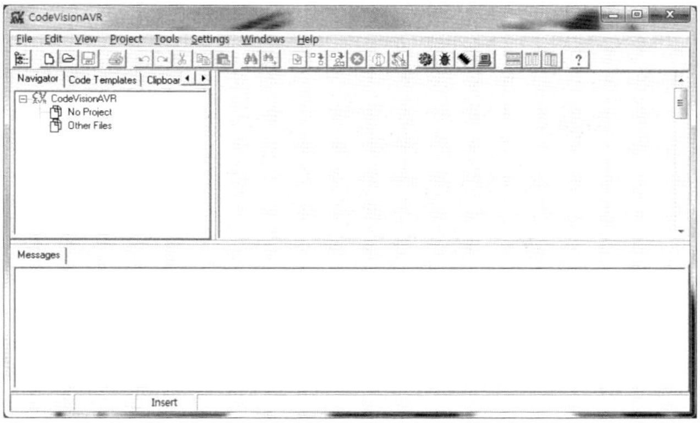

그림 3-20 • CodeVisionAVR 의 초기 화면

❷ **New Project 실행 :** [File → New] 메뉴를 선택하면 'Create New File'이라는 작은 창이 생성된다. 그 때 [그림 3-21]과 같이 project를 선택하고 [OK]버튼을 클릭한다.

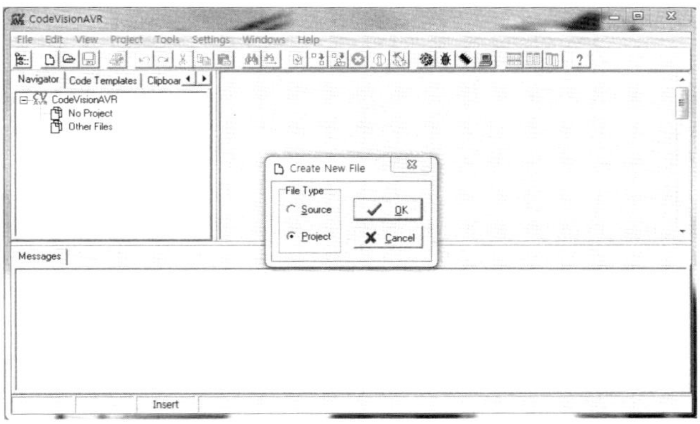

그림 3-21 • 프로젝트 생성하기

❸ **CodeWizardAVR 사용 여부의 설정 :** Create New File 창에서 Project를 선택하고 [OK] 버튼을 클릭하면 [그림 3-22]와 같이 CodeWizardAVR의 사용 여부를 묻는 Confirm 창이 생성되는데 [No]를 선택한다. CodeWizardAVR은 입출력 포트의 방향, AVR 칩의 종류와 주파수, 외부 인터럽트, 타이머, AD변환기, 동기 및 비동기 통신, LCD 등을 대화 상자를 통해 쉽게 설정할 수 있는 위저드 기능을 제공하여 쉽게 프로그램을 할 수 있도록 하는데, 스스로 공부하면 쉽게 알 수 있으므로 여기에서는 설명을 따로 하지 않고 CodeWizardAVR를 사용하지 않는 것으로 하여 설명한다.

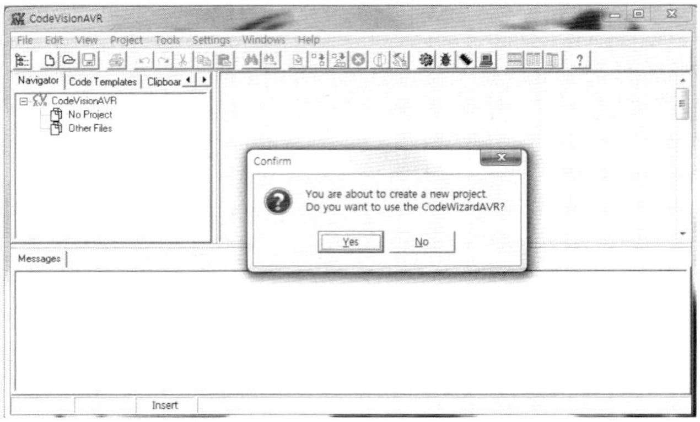

그림 3-22 • CodeWizardAVR 사용여부의 결장 창

❹ **프로젝트 이름 설정 :** CodeWizardAVR의 사용 여부를 묻는 Confirm 창이 생성되어 [No]를 선택하면 [그림 3-23] 처럼 'Create New Project'라는 이름의 대화상자가 생성된다. 대화상자 내의 [저장 위치(I)] 메뉴에서 적당한 위치를 선택하고 자신이 원하는 프로젝트 이름(예:test)을 [파일 이름(N)] 메뉴의 입력 창에 기입한 후에 [저장(S)] 버튼을 클릭한다.

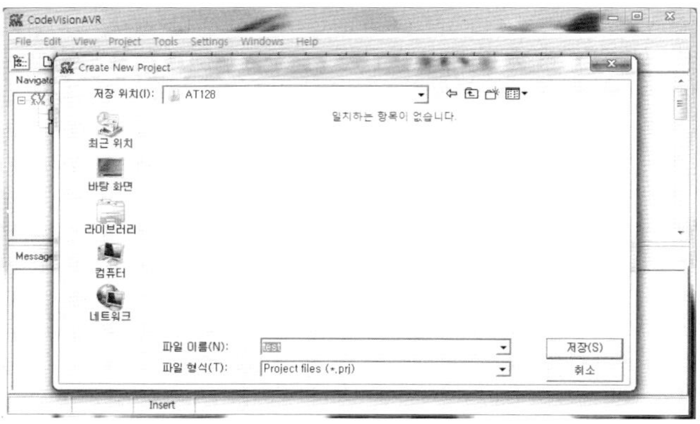

그림 3-23 • 프로젝트명 결정하기

❺ **프로젝트 옵션 설정하기 :** 프로젝트 이름을 설정(예 : test)하고 나면 [Files], [C Complier], [Before Make], [After Make] 탭이 있는 Configure Project test.prj라는 이름의 대화 창이 생성된다. 16 MHz의 주파수를 사용하는 ATmega128을 대상으로 하는 경우 [그림 3-24] 처럼 설정하면 된다.

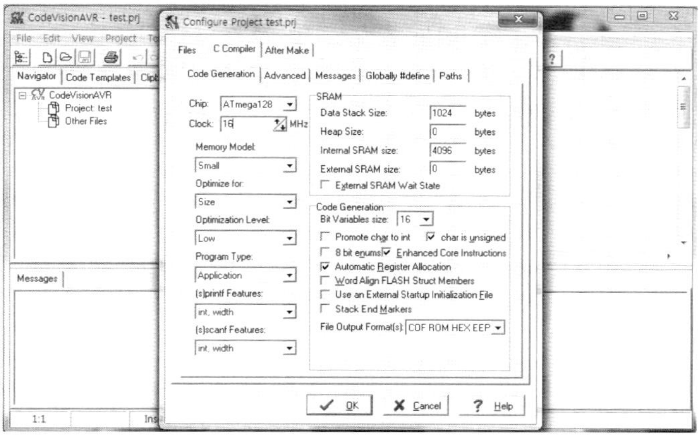

그림 3-24 • 프로젝트 옵션 설정 창

5.2 새 소스 파일 만들기

❶ **New Project 실행 :** 메인 창의 [File → New] 메뉴를 선택하면 Create New File이라는 작은 창이 생성된다. 그 때 [그림 3-25]와 같이 source를 선택하고 [OK]버튼을 클릭한다.

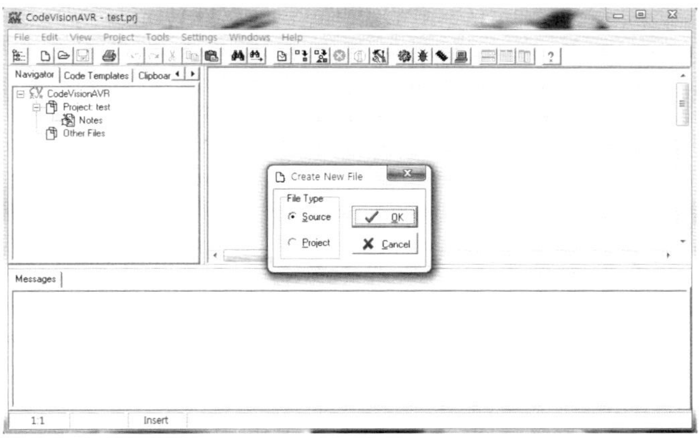

그림 3-25 • 새 소스 파일 만들기

❷ **에디터 창 생성 :** Create New File에서 source를 선택하고 [OK]버튼을 클릭하면 [그림 3-26]처럼 '특정 디렉토리명\untitled.c'라는 이름을 갖는 C 소스코드를 작성할 수 있는 에디터 창이 뜬다. 그 창에 파일을 작성한다. 작성시 [Navigator], [Code Templates], [Clipboard]메뉴를 활용하면 작성을 쉽게 할 수 있다. 자세한 사항은 [Help]메뉴를 통해 얻을 수 있다.

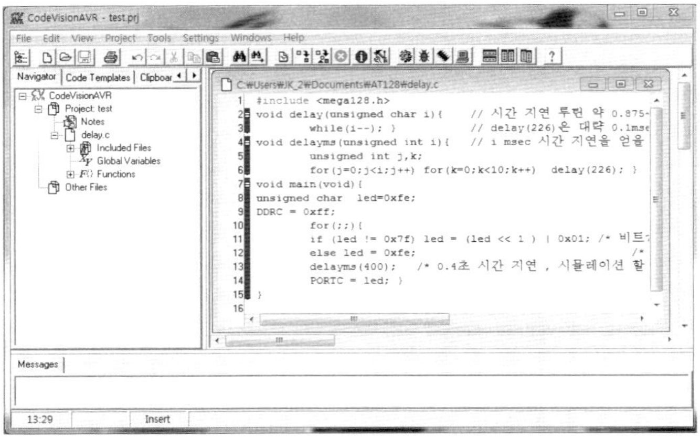

그림 3-26 • 에디터 창

❸ **Save As 실행 :** 소스코드의 작성을 완료하고 메인 창의 [File → Save as...] 메뉴를 선택하면 '특정 디렉토리명\untitled.c As' 라는 이름의 대화상자가 생성되는데 대화상자 내의 [저장 위치(I)]메뉴에서 적당한 위치를 선택하고 자신이 원하는 파일 이름(예 : delay)을 [파일 이름(N)]메뉴의 입력 창에 기입한 후에 [저장(S)] 버튼을 클릭한다. 그러면 여기서는 at128에 delay.c가 저장된다.

그림 3-27 • Save As의 실행

5.3 프로젝트에 소스 파일을 등록하고 실행 파일 만들기

❶ **Configure 실행 :** 소스 파일은 프로젝트에 등록이 되어야 컴파일과 디버깅이 가능하다. CodevisionAVR을 실행해 새 프로젝트를 생성하거나 기존의 프로젝트를 열어 놓은 상태에서 메인 창의 [Project → Configure]를 실행하면 [그림 3-28]과 같은 Configure

Project 대화 창이 새롭게 생성된다.

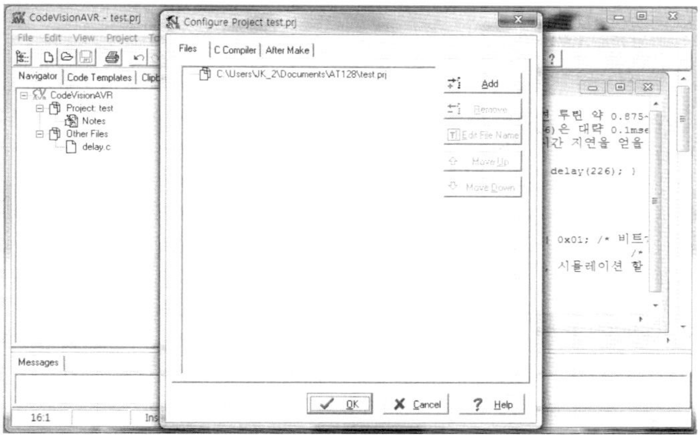

그림 3-28 • Configure Project 창

❷ **Add 실행 :** [그림 3-28]과 같은 Configure Project 대화상자에서 [Add] 버튼을 클릭하면 [그림 3-29]와 같은 Add File To Project라는 이름의 대화상자가 생성되는 데 대화상자 내의 [찾는 위치(I)]메뉴에서 적당한 위치(예 : AT128)를 선택하고 파일 이름(예 : delay)을 [파일 이름(N)]메뉴의 입력 창에 기입한 후에 [열기(O)] 버튼을 클릭한다.

그림 3-29 • 소스 파일 Add 하기

❸ **Add 실행 결과 :** Add File To Project라는 이름의 대화상자에서 파일을 등록하면 [그림 3-30]과 같이 프로젝트에 등록된 결과를 Configure Project 대화상자을 통해 확인할 수 있다. 다른 파일을 더 등록하려면 같은 과정을 통해 실행한다. 특정 파일을 프로젝트에서

제거하려면 Configure Project 대화상자에서 파일을 선택하고 [Remove]메뉴를 통해 제거하면 된다. 여기서는 AT128디렉토리의 delay.c가 test.prj 프로젝트에 등록된 것을 [그림 3-30]에서 확인할 수 있다. 등록을 마쳤으면 대화상자에서 [OK] 버튼을 누르고 나간다.

그림 3-30 • 소스 파일 등록 완료

❹ **Make 실행 :** 소스 파일을 프로젝트에 등록을 완료한 후에 [그림 3-31]처럼 메인 창의 [Project → Make]메뉴를 통해 실행 파일을 생성한다.

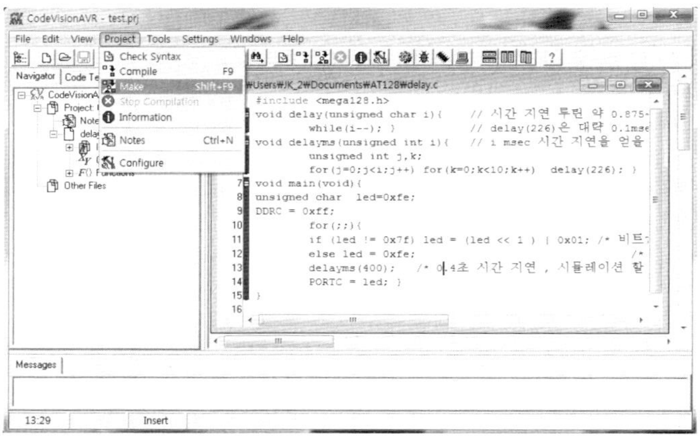

그림 3-31 • Make 실행

❺ **에러 없이 종료된 결과 :** [그림 3-32]는 에러 없이 실행 파일이 만들어진 경우를 보여준다. Information이라는 이름의 창이 생겨 Make 결과를 설명한다.

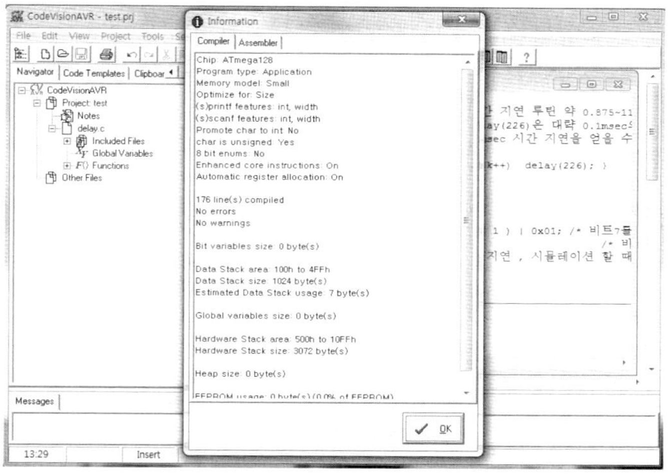

그림 3-22 • Make 결과 완료 창

⑥ **에러가 있을 때 결과 :** [그림 3-33]은 실행 파일을 만드는 과정에서 문법적인 에러가 발생한 경우를 보여준다. Information 창에 결과가 나타나 있고 messages 창에 에러가 발생한 행 번호와 에러 메시지가 나타나 있음을 알 수 있다. Information 창의 [OK]버튼을 클릭하면 창이 없어지고 [그림 3-34]와 같이 된다. 에러 메시지 부분을 더블클릭하면 에러가 발생한 위치로 커서가 자동적으로 이동하여 손쉽게 에러를 수정할 수 있다.

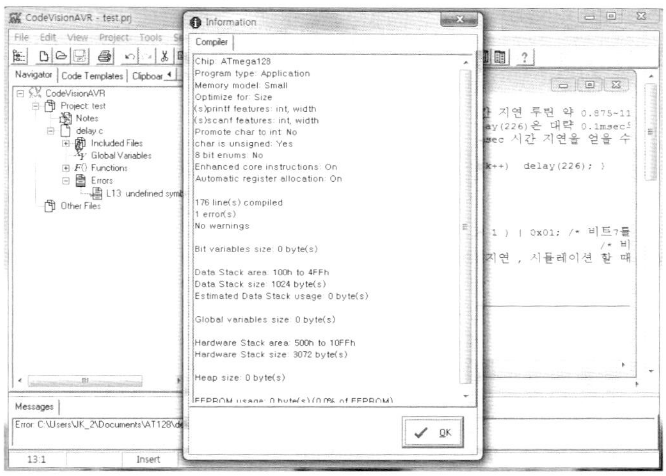

그림 3-33 • 에러가 있을 경우

⑦ **에러 수정 :** [그림 3-33]에서 'Information'창의 [OK]버튼을 클릭하면 창이 사라지고 [그림 3-34]와 같이 된다. 에러 메시지 부분을 더블클릭하면 에러가 발생한 위치로 커

서가 자동적으로 이동하여 손쉽게 에러를 수정할 수 있다.

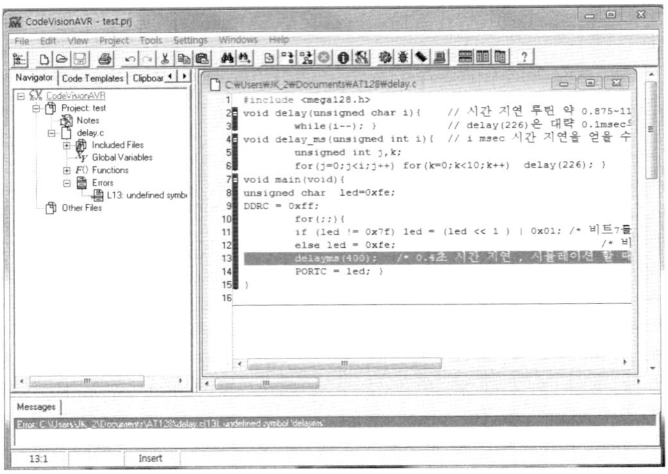

그림 3-34 • 에러 경고가 표시된 Navigator 창

5.4 디버깅

❶ **Debugger 설정 :** 문법적인 에러가 없이 성공적으로 Make가 되어 실행 파일이 만들어진 경우 AVR Studio4가 설치되어 있으면 이를 이용해 디버깅과 간단한 시뮬레이션을 할 수 있다. [그림 3-35]와 같이 CodeVisionAVR 메인 메뉴 [Settings → Debuger]를 선택하면 'Debugger Settings'라는 이름의 대화상자이 생성되는데 AVR Studio4가 설치된 디렉토리와 디버거의 이름을 입력하고 [OK]버튼을 클릭한다.

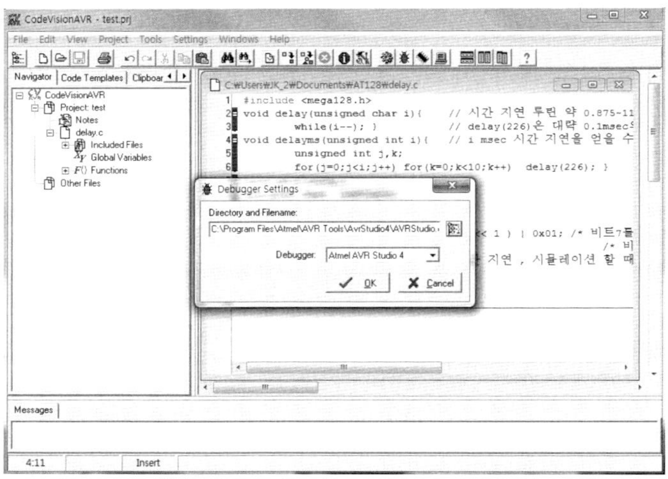

그림 3-35 • Debugger Setting

❷ **Debug 선택 :** 문법적인 에러가 없어 실행 파일이 만들어진 경우 AVR Studio4가 설치되어 있으면 [그림 3-36]과 같이 [Tools → Debugger] 메뉴를 선택하면 디버깅과 간단한 시뮬레이션을 할 수 있다.

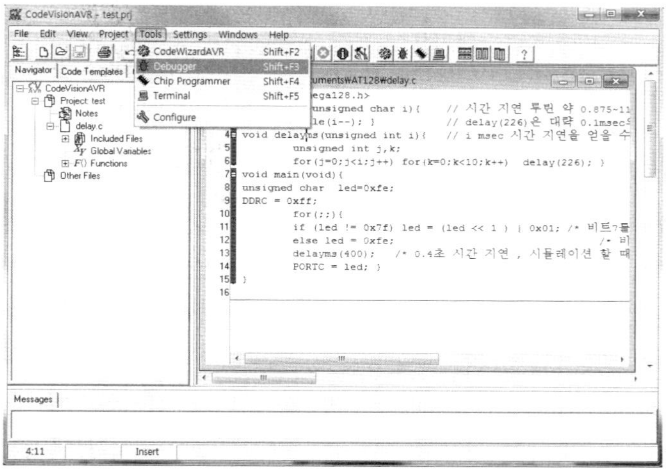

그림 3-36 • 메뉴세션에서의 Debugger 수행

❸ **프로젝트 선택 :** [Tools → Debugger] 메뉴를 선택하면 [그림 3-37]처럼 AVR Studio4가 실행되며 프로젝트를 선택하기 위한 'Welcome to AVR Studio4'라는 이름의 대화상자가 생성된다.

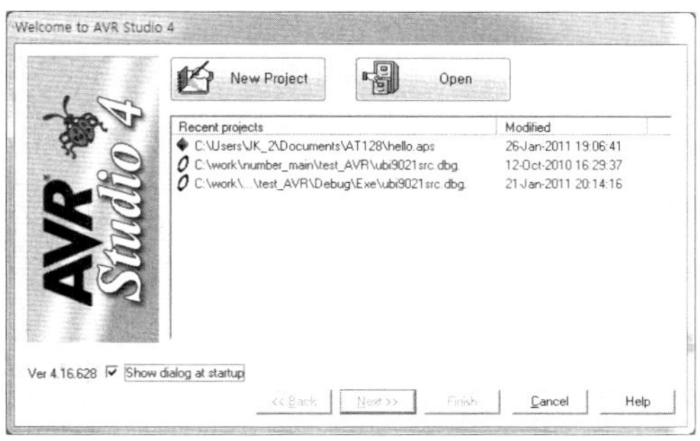

그림 3-37 • 프로젝트 선택 창

❹ **cof 파일 선택 :** Welcome to AVR Studio4라는 이름의 창의 메뉴 [Open]을 클릭하면 [그림 3-38]과 같은 Open Project File or Object File이라는 이름의 대화상자가 생성된다. [파일 이름(N)] 메뉴에 디버깅하려하는 파일을 Make하여 생성된 파일들 중에서

extension이 cof로 끝나는 파일을 선택한다. 여기서는 delay.c를 make 하였으므로 delay.cof를 선택한다. 그리고 [열기(O)] 버튼을 더블클릭한다.

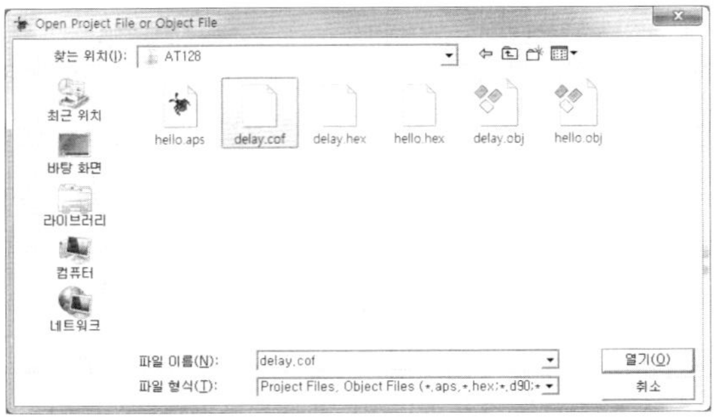

그림 3-38 • cof 파일 선택 창

⑤ **프로젝트 생성 :** cof 파일을 선택하면 [그림 3-39]와 같은 'Save AVR Studio Project File' 이라는 이름의 대화상자가 생성된다. 적당한 이름을 [파일 이름(N)]메뉴의 입력 창에 쓰고 [저장(S)]메뉴를 클릭한다.

그림 3-39 • 프로젝트 생성

⑥ **Debug 플랫폼과 디바이스 설정과 디버깅하기 :** 적절한 프로젝트 이름을 설정하고 나면 [그림 3-40]과 같이 디버그 플랫폼과 디바이스를 설정하는 창이 뜬다. Debug platform 은 AVR Simulator를 선택하고 Device는 ATmega128을 선택하고 마지막으로 [Finish] 버튼을 누른다. 그러면 [그림 3-40]처럼 디버그 세션이 시작되고 I/O View 창이 I/O 레지스터의 값들을 비트별로 그래픽하게 확인할 수 있도록 변하고 에디터 창에 노란 화살표가 나타난다. 이 이후의 과정은 다음 절을 참조하면 된다.

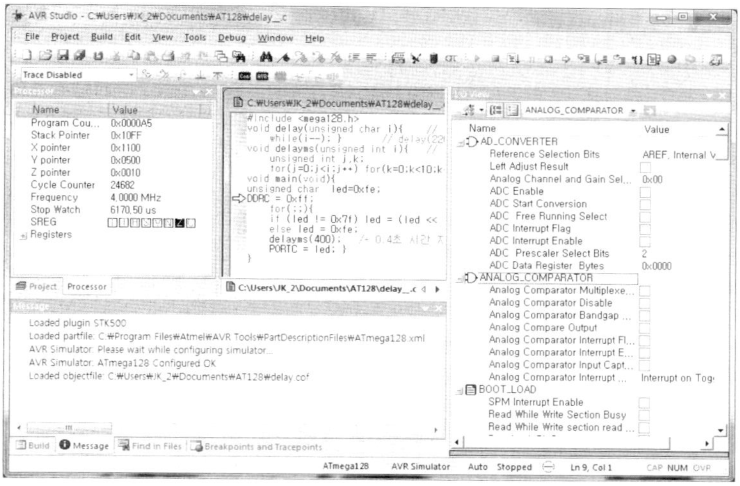

그림 3-40 • 디버깅

5.5 플래쉬롬 ISP 프로그래밍하기

❶ **Programmer 설정 :** 프로그램의 시뮬레이션까지 끝내어 완벽해진 경우 ATmega128의 프로그램 메모리에 ISP를 통해 프로그램을 다운로드해야 한다. CodeVisonAVR의 메인 메뉴 [Settings → Programmer]를 선택하면 [그림 3-41]과 같은 대화상자가 생성된다. [그림 3-19]의 병렬 ISP 인터페이스 회로를 사용하는 경우 [AVR Chip Programmer Type]은 [그림 3-41]처럼 STK200+/300으로 선택하고 [Print Port]는 ATmega128과 연결된 병렬 포트를 선택한다. USB를 활용한 ISP 장치를 이용한다면 STK500/AVR ISP를 선택한 후 사용한다.

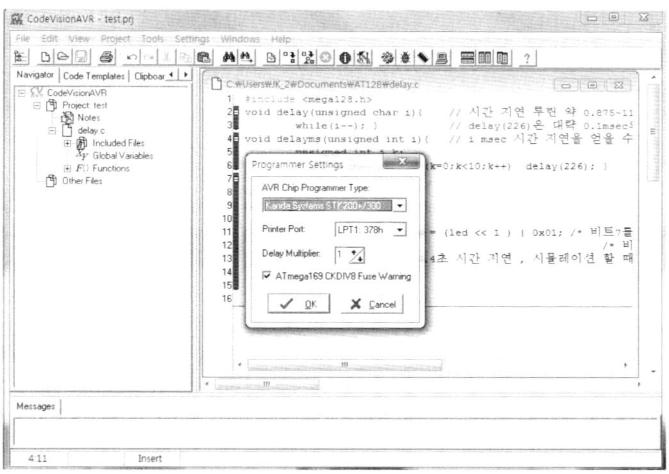

그림 3-41 • ISP 장치 셋팅

❷ **Programmer 실행 :** 프로그래머의 설정이 이루어졌으면 CodeVisonAVR의 메인 메뉴 [Tools → Chip Programmer]를 선택한다. 그러면 [그림 3-42]와 같은 'CodeVisionAVR Chip Programmer'이라는 이름을 갖는 대화상자가 생성된다.

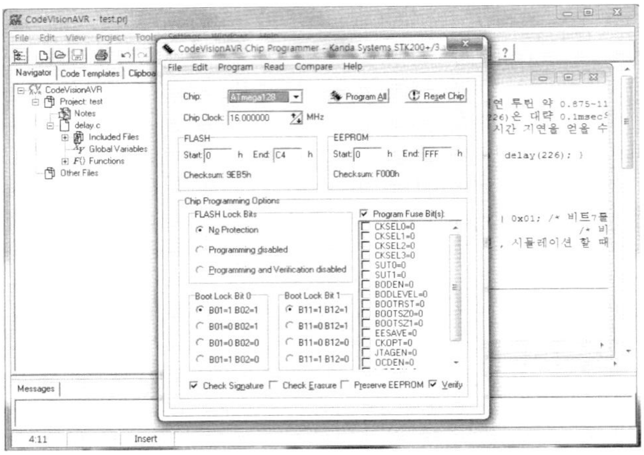

그림 3-42 • Chip Programmer 창

❸ **rom 파일 선택 :** 'CodeVisionAVR Chip Programmer'라는 이름을 갖는 대화상자가 생성된다. 대화상자의 메뉴 [File → Load FLASH]를 선택하면 [그림 3-43]과 같은 'Load File to FLASH Buffer'라는 이름의 대화상자가 생성된다. [찾는 위치(I)]메뉴에서 파일이 존재하는 위치(예:AT128)를 선택하고 make를 통해 만들어진 rom이나 hex, bin 파일 이름(예: delay.rom)을 [파일 이름(N)]메뉴의 입력 창에 기입하거나 선택한 후에 [열기(O)] 버튼을 클릭한다.

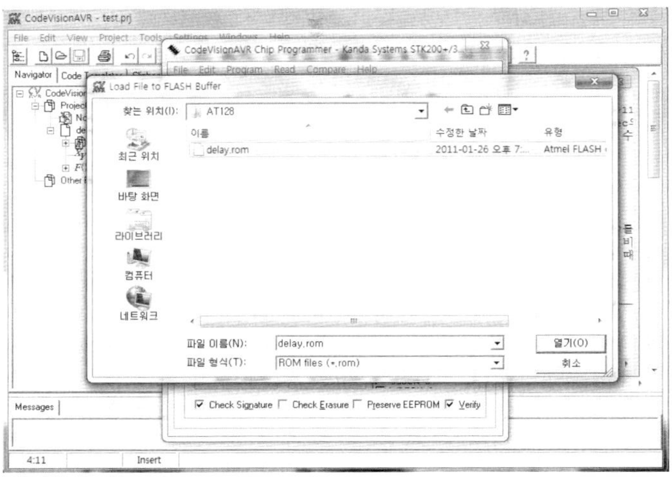

그림 3-43 • rom 파일 선택 창

❹ **erase chip 실행 :** [그림 3-19]의 병렬 ISP 인터페이스 회로와 ATmega128 시스템이 연결되어 있고 전원이 들어간 상태에서 다운로드할 hex 파일을 선택한 다음 CodeVisionAVR Chip Programmer 대화상자의 메뉴 [Program → Erase Chip]을 선택하면 FLASH Erasure checking 창이 생성되고 이전의 플래쉬롬의 내용을 지운다.

❺ **프로그램 다운로드 :** 위의 과정을 거친 다음 CodeVisionAVR Chip Programmer 대화상자의 메뉴 [Program → Frash]를 선택하면 [그림 3-44]와 같은 Verifying the FLASH programming 창이 생성되고 플래쉬롬에 프로그램이 다운로드된다.

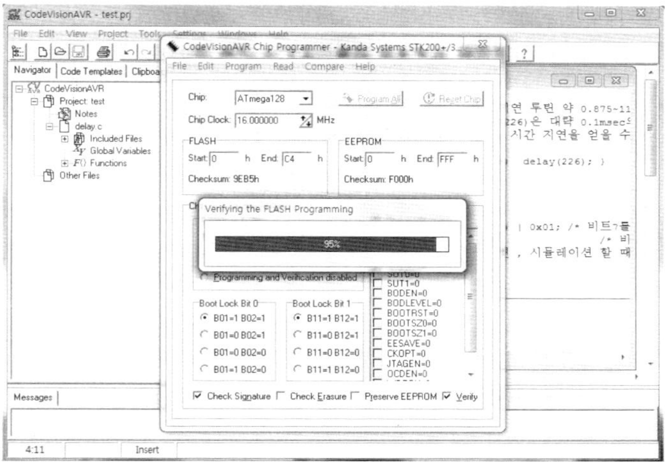

그림 3-44 • Programming 창

5.6 EEPROM ISP 프로그래밍하기

❶ **Programmer 실행 :** CodeVisonAVR의 메인 메뉴 [Tools → Chip Programmer]를 선택한다. 그러면 [그림 3-44]와 같은 CodeVisionAVR Chip Programmer이라는 이름을 갖는 대화상자가 생성된다.

❷ **EEPROM 파일 로드 :** CodeVisionAVR Chip Programmer 대화상자의 메뉴 [File → Load EEPROM]으로 파일을 선택해서 로드하거나 [Edit → EEPROM]을 선택해 Edit EEPROM Buffer이라는 이름을 갖는 대화상자를 생성하고 직접 편집을 한다.

❸ **다운로드 :** 위의 과정을 거친 다음 Chip Programmer 대화상자의 메뉴 [Program → EEPROM]를 선택하면 [그림 3-44]와 비슷한 EEPROM programming 창과 Verifying the EEPROM programming 창이 차례대로 생성되고 EEPROM이 프로그램된다.

6 C 프로그래밍에서 유의할 점

6.1 프로그램의 구성 요소

C 프로그램은 지시어, 심볼, 문장, 블록의 4가지 구성요소가 있다.

- **지시어 또는 키워드 :** C 프로그램 명령어들과 같이 C 컴파일러가 특별한 의미로 인식하는 예약된 문자들
- **심볼 :** 지시어와 달리 사용자가 특별히 의미를 부여한 문자이다. 알파벳 대문자와 소문자, 숫자, _가 가능하며 첫문자는 반드시 숫자가 아니어야 하며 대소문자가 구별된다.
- **문장 :** 프로그램 실행 단위로 반드시 ;(세미콜론)으로 끝낸다.
- **블록 :** {로 시작해 }로 끝 맺으며 여러 개의 문장을 묶은 것이다.

6.2 C 프로그램의 일반적 형식

C는 매우 자유로운 형식의 언어인데 C 프로그램 파일은 소스 파일과 헤더 파일로 구분된다.

- **헤더 파일 :** 여러 소스 파일에 공통으로 들어가는 함수의 프로토타입의 선언문, 새로운 데이터형의 정의 또는 다른 헤더 파일을 `include`시킨다. 전역(global) 변수의 선언문이나 함수의 정의는 헤더 파일에 두지 않는 것이 좋다.
- **소스 파일 :** 일반적으로 전처리문, 선언문, 주석, `main` 함수 및 사용자 정의 함수 등으로 구성된다.

전처리

#문자로 시작하며 다음과 같은 지시어들이 존재한다.

- **`#include`:** 외부 파일로부터 소스를 읽어 들인다. `include` 디렉토리에 존재하는 외부 파일은 `< >`로 묶어주어 `include`시키고 현재의 디렉토리에 존재하는 외부 파일은 `" "`로 묶어 준다.
- **`#define`:** 매크로나 상수를 정의한다. 매크로의 정의가 길어 한 행에 쓰지 못할 때는 \를 사용해 행을 바꾼다.
- **`#undef`:** 매크로나 상수 정의를 취소한다.
- **`#ifdef`:** 매크로나 상수가 정의되어 있다면 해당 부분만 컴파일한다.
- **`#ifndef`:** 매크로나 상수가 정의되어 있지 않다면 해당 부분만 컴파일한다.

- **#if**: 어떤 조건을 만족하면 해당 부분만 컴파일한다.
- **#elif**: ifdef, ifndef, if와 같은 조건문에서 또 다른 조건에 의한 분기 조건을 정의하여 그 조건이 만족하면 해당 부분만 컴파일한다.
- **#else**: ifdef, ifndef, if와 같은 조건문에서 이전 조건이 만족되지 않으면 해당 부분만 컴파일한다.
- **#endif**: ifdef, ifndef, if, elif, else 조건 블록의 마지막을 표시한다.

선언문

함수와 변수 등과 같은 심볼을 선언하는 부분이다. 변수는 문자형, 정수형, 실수형 등과 같은 데이터형을 선언하고, 함수의 경우에는 함수의 이름, 함수를 처리하고 난 후 리턴할 데이터형, 전달받을 인수의 데이터형 등 함수의 프로토타입을 선언한다. 결과를 리턴하지 않는 경우 void를 쓴다.

주석

- **/*, */ :** /*로 시작해서 */로 끝 맺으면 그 사이의 글자는 컴파일러가 무시한다. /*과 */ 사이에 행이 바뀌어도 그 사이의 글자는 주석으로 간주된다.
- **// :** //를 사용하면 같은 줄에서 //뒤의 글자는 컴파일러가 무시한다.

함수와 main 함수 부분

반드시 하나의 블럭으로 되어 있어 어떤 내용을 처리하고 그 결과를 리턴하는 등 실제적인 프로그램을 기술하는 부분이다. 다음의 형태를 띤다.

```
리턴데이터형    함수명([데이터형    인수1,데이터형    인수2, ...])
{ 프로그램내용 }
```

리턴 데이터형은 내용을 처리하고 난 후 리턴할 결과 데이터 형태가 정수형, 문자형, 실수형 등 무엇인지를 기술하는 부분이다. 결과를 리턴하지 않는 경우 void를 쓴다. 함수명은 함수의 이름을 나타내는 심볼이며 프로그램을 처리할 때 전달받을 값은 인수들을 통해 하는데 함수를 정의할 때 인수들의 데이터형과 함께 ( )안에 써넣는다. 전달받을 값이 없으면 인수를 안쓰거나 void라고 쓴다. main 함수는 함수명이 main으로 C 프로그램에서 반드시 만들어야 하는 함수이다.

6.3 기본 데이터형

C언어에서 데이터는 문자와 숫자로 분류할 수 있고 또한 상수와 변수로 구분할 수 있다. 변수는 사용범위에 따라 광역(또는 전역, global)과 지역(local) 변수가 있다. 그리고 이들 데이터는 기본적으로 문자형, 정수형, 실수형으로 구분할 수 있다. [표 3-2]에 기본 데이터형 지시어의 설명이 주어졌다.

- **문자 :** 알파벳과 특수기호들로 컴퓨터에 표현하려면 특정 코드를 사용해야 하는데 C언어에서는 아스키코드를 사용한다. 문자 한 개를 표현할 때는 `'a'`, `'b'`, `'@'`와 같이 `''`기호를 사용하고 2개 이상의 문자열의 경우에는 `""`기호를 사용한다.
- **숫자 :** 정수와 소수로 나뉠 수 있다. 정수는 10진수, 16진수, 8진수 등을 사용하는데 16진수를 가장 많이 쓰며 16진수는 숫자 앞에 0x를 붙여주고, 8진수는 0만 붙여주고, 10진수는 0이나 0x를 붙이지 않고 표기한다. 소수의 경우에는 0.0123과 같은 식으로 소수를 쓰는 방법과 1.23E−2 식으로 지수를 사용하는 방법이 있다. 음수의 경우에는 −를 숫자 앞에 붙이고 양수의 경우 +를 생략해도 된다.
- **상수 :** 프로그램 내에서 값의 변화가 없는 데이터를 지칭한다.
- **변수 :** 값의 변화가 있는 데이터를 지칭하며 값을 마음대로 바꿀 수 있는 기억장소를 의미한다. 변수는 전역(global), 지역(local), 정적(static), 외부(extern) 변수, 레지스터(register)로 나뉠 수 있다(함수 부분 설명 참조).

표 3-2 • 기본 데이터형

데이터형	지시어	크기	범위
문자형	`char`	1 바이트	−128 ~ 127
	`unsigned char`	1 바이트	0 ~ 255
정수형	`int`	2 바이트	−32768 ~ 32767
	`unsigned int`	2 바이트	0 ~ 65535
	`long`	4 바이트	−2147483648 ~ 214783647
	`unsigned long`	4 바이트	0 ~ 42967295
실수형	`float`	8 바이트	±1.2E-38 ~ ±3.4E38
	`double`	8 바이트	±1.2E-38 ~ ±3.4E38

문자형

문자형 데이터는 1바이트 크기로 하나의 문자를 의미하며 작은 숫자나 아스키문자를 표현하기 위해 사용되는데, 지시어로 부호가 없는 형태의 `char`와 부호가 있는 형태의 `unsigned char`

를 사용한다. char형은 −128 ~ 127 사이의 값을 갖고 unsigned char형은 0 ~ 255 사이의 값을 갖는다.

정수형

정수를 표현하기 위해 사용되는 지시어로 int, unsigned int, long, unsigned long가 있다. int는 2바이트 크기로 −32768 ~ 32767 사이의 값을 갖고, unsigned int는 2바이트 크기로 0 ~ 65535 사이의 값을 갖는다. long은 4바이트 크기로 −2147483648 ~ 214783647 사이의 값을 갖고 unsigned long는 4바이트 크기로 0 ~ 4294967295 사이의 값을 갖는다.

실수형

실수를 표현하기 위해 사용되는 지시어로 float, double이 있는데, float는 8바이트 크기로 ±1.2E-38 ~ ±3.4E38사이의 값을 갖고, double은 8바이트 크기로 ±1.2E-38 ~ ±3.4E38 사이의 값을 갖는다.

변수나 상수 이름 짓는 법

- 알파벳 대문자와 소문자, 숫자와 _가 가능하며 대소문자가 구별된다.
- 변수 이름의 첫 글자는 숫자가 아니어야 한다.
- _가 아닌 특수문자는 사용할 수 없다.
- 지시어는 사용할 수 없다.
- 되도록이면 헝가리언 표기법에 따라 특별한 접두어를 사용해서 변수이름을 짓는다. 포인터를 정의할 때는 접두어 p, 문자열은 str, 플래그를 정의할 때는 f, 카운터나 int형을 정의할 때는 접두어 c, long형은 l, unsigned int형은 u를 접두어로 사용하면 알아보기 쉽다.

상수 정의

- #define을 사용하여 다음과 같은 식으로 정의한다. 여기에서 문자의 끝에 ;이 들어가지 않음에 유의해야 한다.

```
#define     상수이름    상수값
```

- const 지시어를 사용하여 다음과 같은 식으로 정의한다.

```
const     데이터형    상수이름 = 상수값 ;
```

변수 선언과 초기화

변수는 함수 내의 첫 부분에서 선언하거나 함수 밖에서 프로그램 첫 부분에서 선언할 수 있다.

함수 내의 첫 부분에서 선언하면 지역변수가 되어 함수 내에서만 사용할 수 있으며 함수 밖에서 선언하면 전역변수가 되어 정의된 소스 프로그램 내의 모든 함수에서 사용 가능하다. 다음과 같은 식으로 선언하고 초기화한다. 변수명1만 선언하는 경우에는 [ ]안에 주어진 값과 [ ]기호는 생략 가능하다.

```
데이터형 [변수명1 = 초기값1, 변수명2 = 초기값2, .... ];
```

6.4 확장 데이터형

CodeVision AVR 컴파일러는 [표 3-2]의 ANSI C의 데이터형에 더해 `bit`, `eeprom`, `flash`, `sfrb`, `sfrw`등의 데이터형을 지원해주어 AVR 하드웨어 특성을 활용할 수 있도록 하였다.

bit 데이터형

범용 I/O 레지스터와 R2 ~ R14 레지스터에 1비트 단위의 데이터를 위치시킨다. `bit` 데이터형은 일반적으로 광역변수로 선언된다. R15 레지스터에 1비트 단위의 데이터를 위치시키는 지역 변수의 선언을 8개까지 허용한다.

eeprom 데이터형

EEPROM 메모리에 위치한 상수 데이터를 접근하는데 사용한다.

flash 데이터형

플래쉬 메모리에 위치한 상수 데이터를 접근하는데 사용한다.

sfrb, sfrw 데이터형

I/O 레지스터를 바이트 혹은 워드 단위로 접근하는데 사용한다. Keil C 컴파일러의 `sfr` 데이터형과 유사하다. 구문는 다음과 같다.

```
sfrb    심볼1 = IO레지스터주소값;    sfrw    심볼2 = IO레지스터주소값;
```

I/O레지스터들은 \INC 디렉토리 밑에 디바이스명칭.h(예 : mega128.h)의 형태로 헤더 파일에 정의되어 있으므로 사용자는 별도로 선언할 필요 없이 헤더 파일을 프로그램 선두에 `include`시켜서 사용하면 된다. 즉 예로 ATmega128용으로 프로그램을 작성하는 경우 `#include <mega128.h>`를 프로그램 선두에 놓으면 DDRA, PORTA, TCNT1, ICR1 등 [그림 2-6]과 [그림 2-7]에 주어진 I/O 레지스터의 이름을 사용해서 아래의 예처럼 값을 직접 할당할 수 있다.

예 : `DDRA=0xff ; PORTA = 0x01 // PORT A`를 출력으로 설정하고 0x01값을 출력하라.

6.5 연산자

조건연산자

아래와 같은 형식으로 사용하며 보통 삼항연산자로 불린다. 조건식이 참이거나 0이 아니면 식1을 처리하고 거짓이거나 0이면 식2를 처리하라는 의미이다.

```
변수 = (조건) ? 식1 : 식2;
```

데이터 형변환연산자

변수가 선언될 때 설정한 데이터형과 다른 데이터형을 사용할 때 사용하는 연산자로 다음과 같이 ()사이에 형변환하려는 데이터형의 이름을 넣어주면 변수1은 데이터형으로 형이 변환되어 변수2에 대입된다.

```
변수2 = (데이터형) 변수1;
```

콤마 연산자

두 개 이상의 여러 행에 걸쳐 사용하는 문장을 하나의 행에서 실행할 때 사용한다. 두 개 이상의 문장을 ,를 사용하여 구분하여 나열하면 왼쪽부터 차례대로 실행된다. 아래의 형태는 문장1을 실행하고 문장2를 실행하고 문장 n을 실행한다.

```
문장1, 문장2, 문장n;
```

산술연산자

표 3-3 • 산술연산자

연산자	사용예	설명
+	a+b	a와 b를 더하라
-	a-b	a에서 b를 빼라
-	-a	a의 부호를 반대로 바꿔라
*	a*b	a와 b를 곱하라
/	a/b	a를 b로 나누어라
%	a%b	a/b의 나머지를 구하라
++	c++	c를 포함한 연산을 수행하고 c= c+1
	++c	c=c++을 하고 c를 포함하여 연산하라
--	c--	c를 포함한 연산을 수행하고 c= c-1
	--c	c=c-1을 하고 c를 포함하여 연산하라

논리와 비교연산자

조건문에 사용되는 연산자들로 비교연산자는 크기를 비교할 때 사용되고, 논리연산자는 둘 이상의 비교연산자를 묶을 때 사용한다.

표 3-4 • 논리, 비교연산자

연산자	사용예	설명
<	a<b	a가 b보다 작다
>	a>b	a가 b보다 크다
<=	a<=b	a가 b보다 작거나 같다.
>=	a>=b	a가 b보다 크거나 같다.
==	a==b	a와 b는 동치이다.
!=	a!=b	a와 b는 동치가 아니다.
!	!(a<b)	(a<b)의 논리부정
&&	a>b && b>c	a>b와 b>c의 논리곱
||	a>b || b>c	a>b와 b>c의 논리합

비트연산자

비트를 조작하는 데 사용하는 연산자로 데이터를 비트별로 처리한다.

표 3-5 • 비트연산자

연산자	사용예	설명
<<	a<<2	a값을 우측으로 2비트 이동
>>	a>>2	a값을 좌측으로 2비트 이동
~	~a	a의 비트반전값
&	a&b	a와 b의 대응 비트별로 계산한 논리곱
|	a|b	a와 b의 대응 비트별로 계산한 논리합
^	a^b	a와 b의 대응 비트별로 계산한 XOR

대입연산자

표 3-6 • 대입연산자

연산자	사용예	설명
=	c = a+b	a+b의 결과를 c에 대입하라
+=	c += 2	c = c+2와 등가
-=	c -= 3	c = c-3과 등가

*=	c *= 3	c = c*3과 등가
/=	c /= 2	c = b/2와 등가
%=	c %= 3	c = c % 3과 등가
<<=	c <<= 3	c = c << 3과 등가
>>=	c >>= 2	c = c >> 2와 등가
&=	c &= b	c = c & b과 등가
^=	c ^= b	c = c^b과 등가
|=	c |= b	c = c|b와 등가

6.6 제어문

if 문

- **if 문 :** 아래와 같은 형식으로 괄호 안의 조건식이 충족되거나 0이 아니면 그 뒤의 문장이나 블록을 수행한다.

```
if ( 조건 ) 문장 ;
```

- **if ~ else 문 :** 아래와 같은 형식으로 괄호 안의 조건이 충족되거나 0이 아니면 문장1을 수행하고 괄호 안의 조건이 충족되지 않으면 문장2를 수행한다. 문장1이나 문장2는 블록이 될 수 있다.

```
if ( 조건 ) 문장1;
else 문장2;
```

- **if ~ else if ~ else 문 :** 아래와 같은 형식으로 여러 가지의 조건식으로 제어 가능하다. 우선 if 문의 조건1이 충족되는지 점검하고 충족되거나 0이 아니면 문장1을 수행하고 if 문의 조건1이 성립하지 않으면 else if 문의 조건2를 점검하고 충족되거나 0이 아니면 문장2를 수행하고 else if 문의 조건2가 성립하지 않고 그 다음에 else if 문이 존재하면 앞서의 과정을 반복하고 else 문이 나오면 else 문 뒤의 문장 n을 수행한다. 문장1이나 문장2, 문장 n은 블록이 될 수 있다.

```
if ( 조건1 ) 문장1;
else if ( 조건2 ) 문장2;
else 문장n;
```

switch-case 문

if 문과 함께 switch-case 문도 조건문으로 if 문에서는 조건이 비교연산자의 형태가 되어 변수값이 어떤 범위에 존재하는지 여부를 점검하지만 switch-case 문에서는 switch 문의 변수값이 case 문의 값과 정확히 일치하는지를 비교해 일치하면 case 문의 뒤에 오는 문장을 실행한다. 아래의 예에서는 변수값을 상수1과 비교해서 같으면 문장1을 실행하고 break에서 switch-case 문의 블록을 빠져나온다(만약 break가 없으면 블록을 빠져 나오지 않고 그 다음 case 문을 점검한다). 변수값이 상수1과 다르면 다음 case 문으로 가서 상수2와 변수를 비교해서 같으면 문장2를 실행하고 break에서 switchc-case 문의 블록을 빠져나온다. 그 다음에 case문이 존재하면 앞서의 과정을 반복하고 default 문이 나오면 default 문 뒤의 문장 n을 수행하고 break에서 switch-case문의 블록을 빠져나온다. 문장1이나 문장2, 문장 n은 블록이 될 수 있다.

```
switch ( 변수 ) {
  case     상수1 :    문장1;
      break;
  case     상수2 :    문장2;
      break;
  default :           문장n;
      break; }
```

for 문

반복문의 하나로 제어할 변수의 초기화, 조건, 연산을 하나의 문장으로 해결할 수 있다. 아래와 같은 형태로 초기화식, 제어 조건식, 연산식은 ;를 써서 분리하고 초기화식과 연산식은 콤마(,)를 사용하여 여러 개의 수식을 사용하거나 또한 생략할 수 있다. 제어 조건식은 반드시 하나만 설정하거나 생략 가능하다. 처음에는 초기화식에 따라 제어변수를 초기화하고, 제어 조건식을 점검하고, 제어 조건식이 성립하면 문장을 실행하고, 제어변수를 연산식에 따라 연산하고, 제어 조건식을 다시 점검하고, 제어 조건식이 성립하면 문장을 실행하고, 제어변수를 연산식에 따라 연산한다. 이러한 과정을 제어 조건식이 충족되는 동안 반복적으로 수행한다. 문장이 제어 변수 연산식에 포함된 형태인 경우 문장은 생략 가능하다. 문장은 블록이 될 수 있다.

```
for( 제어변수초기화식 ; 제어변수제어조건식 ; 제어변수연산식) 문장 ;
```

while 문

반복문의 하나로 초기화식과 연산식이 생략된 for 문이라 생각하면 된다. 아래와 같은 형태로 조건이 충족되거나 조건식의 결과가 0이 아닌 동안 반복적으로 문장을 수행한다. 문장은 블록이 될 수 있다.

```
while( 조건 ) 문장 ;
```

do-while 문

아래와 같은 형태로 while 문과 비슷하나 while 문이 반복문을 수행하기 전에 조건을 점검하나 do-while 문은 반복문을 실행한 다음에 조건을 점검한다. 즉 do-while 문은 적어도 한 번은 반복문이 수행이 되나 while 문은 한 번도 수행되지 않을 수 있다. 문장은 블록이 될 수 있다.

```
do { 문장 ; } while( 조건 ) ;
```

break 문

반복문이나 조건문 등 제어문의 실행에서 현재의 실행을 중지하고 제어문을 빠져나가게 한다.

continue 문

반복문이나 조건문 등 제어문의 실행에서 제어문을 완전히 빠져나가지 말고 현재 차례의 실행만을 중지하고 다음 횟수의 반복을 진행하게 한다.

goto 문

어셈블리어의 JMP명령과 유사하게 미리 정해져 있는 label의 위치로 점프하게 한다. 아래의 예와 같은 경우 goto 문을 만나면 문장2는 실행이 되지않고 goto 문이 가리키는 label1으로 점프하여 문장1이 수행된다. label 이름 뒤에는 어셈블리어 프로그래밍에서처럼 :(콜론)을 붙인다.

```
            goto label1;
            문장2;
label1:     문장1;
```

6.7 함수와 변수

프로토타입 선언

- **프로토타입 :** 프로그램에서 사용할 함수 이름과 리턴값, 인수(파라미터)의 데이터형을 함수 main() 위에서 미리 정의하는 것을 프로토타입 선언이라 한다. 다음의 형태로 프로토타입을 정의한다. 함수의 내용을 함수 main() 위에서 정의한 경우는 불필요하다.

```
리턴데이터형    함수명([인수1데이터형, 인수2데이터형, ...]);
```

다음의 형태로 인수들을 명기해도 된다.

```
리턴데이터형    함수명([데이터형  인수1,데이터형  인수2, ...]);
```

일반 함수의 정의

함수는 반드시 하나의 블럭으로 되어 있어 어떤 내용을 처리하고 그 결과를 리턴하는 등 실제적인 프로그램을 기술하는 부분이다. 다음의 형태를 띤다.

```
리턴데이터형    함수명([데이터형  인수1,데이터형  인수2, ...])
{ 프로그램내용 }
```

- **리턴 데이터형 :** 함수는 내용을 수행하고 리턴데이터가 있는 경우와 없는 경우가 있는데 함수를 call한 쪽으로 결과를 돌려보내는 경우 프로그램 내용 끝에 다음과 같은 명령을 표시한다.

```
return 리턴데이터;
```

  리턴데이터형이 정수형, 문자형, 실수형 등 무엇인지를 기술하는 부분이다. 결과를 리턴하지 않는 경우 void를 쓴다.

- **함수명 :** 함수의 이름을 나타내는 심볼로 알파벳 대문자와 소문자, 숫자, _가 가능하며 대소문자가 구별된다. 99쪽에 변수나 상수 이름 짓는 법에 따라 이름을 만들면 된다. main 함수는 함수명이 main으로 반드시 C 프로그램에서 만들어야 하는 함수이다.

- **인수 :** 프로그램을 처리할 때 전달받을 값은 인수들을 통해 하는 데 함수를 정의할 때 인수들의 데이터형과 함께 ( )안에 써 넣는다. 전달받을 값이 없으면 인수를 안쓰거나 void라고 쓴다.

- **프로그램 내용 :** { }안에 정의하여 블록을 이루며 실제 함수의 실행코드가 위치한다.

라이브러리 함수

CodeVisionAVR은 ANSI C언어의 표준 라이브러리의 함수들을 제공해준다. 자세한 것은 CodeVisionAVR manual(http://www.hpinfotech.ro)를 참조하거나 CodeVisoinAVR C컴파일러의 help를 참조한다.

- **stdio.h :** 이 헤더 파일을 include시키면 UART에서 사용할 수 있는 getchar(), putchar(), puts(), putsf(), printf(), vprintf(), psprintf(), scanf() 등의 기본 입출력 함수를 사용할 수 있다.

- **stdlib.h :** 이 헤더 파일을 include시키면 atoi(), itoa(), ftoa(), atof(), rand(), *malloc(), free() 등의 기본 라이브러리 함수를 사용할 수 있다.

- **math.h :** 이 헤더 파일을 include시키면 abs(), max(), fmax(), min(), fmin(), sign(), sqrt(), ceil(), floor(), fmod(), exp(), log(), log10(), pow(), sin(), cos(), tan(), sinh(), cosh(), tanh(), asin(), acos(), atan(), atan2() 등의 수학 함수를 사용할 수 있다.

- **string.h :** 이 헤더 파일을 include시키면 *strcat(), *strcatf(), strcmp(), *strcpy(), strnlen() 등의 문자열 조작용 함수를 사용할 수 있다.

인터럽트 함수의 정의

AVR은 다수의 인터럽트 소스를 가지며 이를 위한 특별한 정의가 요구된다. 다음의 형태를 띤다.

```
interrupt [인터럽트벡터번호] void    인터럽트함수명( void )
{ 인터럽트서비스프로그램내용 }
```

- **인터럽트 함수명 :** 인터럽트 함수의 이름을 나타내는 심볼로 알파벳 대문자와 소문자, 숫자, _가 가능하며 대소문자가 구별된다. 앞서 설명된 변수나 상수 이름 짓는 법에 따라 이름을 만들면 된다.

- **인터럽트 벡터 번호 :** 각 AVR 디바이스가 제공할 수 있는 인터럽트 소스 가운데 선언할 인터럽트를 지정하는 번호로 다른 일반 함수와 구별하기 위해 반드시 써줘야 한다. 헤더 파일에 인터럽트 소스명이 정의되어 있다. ATmega128의 경우 mega128.h에 리셋 인터럽트를 제외한 34개의 인터럽트 소스명이 정의되어 있는데 외부 인터럽트 0 ~ 7(인터럽트 번호 2 ~ 9)은 EXT_INT0 ~ EXT_INT7로 정의되어 있다.

변수

변수는 값의 변화가 있는 데이터를 지칭하며 값을 마음대로 바꿀 수 있는 기억장소를 의미한다. 변수는 전역(global), 지역(local), 정적(static), 외부(extern)변수, 레지스터로 나뉠 수 있다.

- **전역변수 :** 소스 파일 내부에 있는 모든 함수나 프로그램 블록에서 사용할 수 있다. 소스 파일 전체에서 서로 공유하는 데이터가 있는 경우에 사용하면 좋다.

- **지역변수 :** 하나의 프로그램 블록 안에서 선언되고 사용되는 변수로 선언된 블록 밖에서는 변수로서의 기능을 상실한다. 프로그램 블록이 실행되는 순간에 지역변수를 위한 기억장소가 확보되고 실행이 종료되면 자동적으로 해제되어 다른 프로그램 블록이 실행되는 동안에는 메모리에 전혀 영향을 주지 않는다.

- **레지스터 변수 :** CPU의 레지스터를 사용하여 변수를 저장한다. 그러므로 연산 속도가 향상될 수 있다. 일반적으로 지역변수에만 지정할 수 있고 레지스터의 갯수가 한정이 되어

있으므로 일정 한도가 넘어서면 나머지들은 레지스터 변수로 선언되었어도 무시당하고 지역변수에 할당된다.

- **정적변수 :** 아래와 같이 자료형 앞에 static이라는 지시어를 데이터 형 앞에 써 정의하며 정적변수가 선언된 함수가 종료되더라도 그 값을 계속 유지하며 프로그램이 종료될 때까지 유효한 변수이다.

```
static   데이터형    [변수명1 = 초기값, 변수명2 = 초기값2, .... ];
```

- **외부 변수 :** 다른 소스 파일에 정의된 변수를 지칭한다. 프로그램 선두에 아래와 같이 extern이라는 지시어를 데이터형 앞에 써 정의하여 사용하며 프로그램이 종료될 때까지 유효하다. 여러 사람이 공동으로 하나의 프로그램을 개발할 때 다른 사람이 만든 변수를 쉽게 사용할 수 있도록 해준다. 함수의 경우도 마찬가지로 프로그램 선두에 프로토타입선언문 앞에 extern 지시어를 붙여서 선언하여 다른 소스 파일에 정의된 함수를 사용하며 프로그램이 종료될 때까지 유효하다.

```
extern   데이터형    [변수명1 = 초기값, 변수명2 = 초기값2, .... ];
```

어셈블리어와 결합

함수 내의 C 소스 중간에 어셈블리어를 사용하기 시작하려면 지시어 #asm을 사용하고 어셈블리어의 사용을 끝내려면 지시어 #endasm을 사용한다. #asm("어셈블리어 명령어")도 가능하다.

6.8 포인터와 배열

배열 선언 방법

배열의 선언은 아래와 같이 데이터형, 배열명을 써주고 배열 차원수를 [ ]기호로 묶어주면 된다.

```
데이터형   배열명[배열항목수1][배열항목수2] ... [배열항목수n];
```

- **데이터형 :** 앞에 나온 데이터형을 사용한다.
- **배열명 :** 배열의 이름을 나타내는 심볼로 알파벳 대문자와 소문자, 숫자, _가 가능하며 대소문자가 구별된다. 99쪽의 변수나 상수 이름 짓는 법에 따라 이름을 만들면 된다.
- **배열항목수 :** 배열의 크기를 설정한다. 주의할 점은 배열의 마지막 인덱스는 (배열차원수 −1)이고 첫 인덱스는 0임에 유의해야 한다. 예로 char buf[3];와 같이 선언된 배열 buf의 첫 번째 항목은 buf[1]이 아니라 buf[0]이고, 두 번째 항목은 buf[2]가 아니라 buf[1]이며, 세 번째 항목이자 마지막 항목은 buf[3]이 아니라 buf[2]이다.

배열 초기화

- **1차원 배열의 초기화 :** 배열은 선언과 동시에 값을 초기화 할 수 있는데 { } 기호를 사용하여한다. 1차원 배열의 경우 아래와 같이 차례대로 값을 나열하고 ,(콤마)로 구분하고 { } 기호로 묶어주면 된다. 인덱스 0에서부터 차례대로 n-1까지 순서대로 주어진 항목값에 따라 초기화된다. 배열 항목수는 n보다 작거나 같을 수 있는데, 작은 경우 초기화되지 않은 항목의 값은 자동적으로 0으로 초기화된다.

```
데이터형    배열명[배열항목수] = { 1번째항목값, .... , n번째항목값 } ;
```

1차원 배열의 선언과 초기화를 동시에 하는 경우 아래와 같이 배열항목수를 빼고 해도 된다. 그러나 이 경우 선언된 배열명의 항목수는 n으로 됨에 유의해야 한다. 그리고 2차원 이상의 경우에는 허용되지 않는다.

```
데이터형    배열명[] = { 1번째항목값, .... , n번째항목값 } ;
```

- **문자형 배열의 초기화 :** 문자열의 경우에는 초기화할 때 { }기호를 사용하지 않고 큰따옴표를 사용해도 된다. 그래서 아래의 두 선언문은 같다. 정수형이나 다른 데이터형의 경우에는 허용되지 않는다.

```
char buf[11] = "I am HHCHOI";
char buf[11] = {'I', ' ', 'a', 'm', ' ', 'H', 'H', 'C', 'H', 'O', 'I'};
```

- **다차원 배열의 초기화 :** 1차원 배열의 초기화와 비슷하며 다만 2중으로 { }기호를 사용한다. 1번째값1이 배열명 [0][0] ... [0]의 항목값으로 초기화되고 차례대로 m번째항목값1이 배열명[0][0] .... [m-1]의 항목값으로 초기화된다. 1번째값2는 배열명[1][0] ... [0]의 항목값으로 초기화되고 차례대로 p번째 항목값2가 배열명[1][0] ... [p-1]의 항목값으로 초기화된다. 마찬가지의 과정을 거쳐 차례대로 초기화되며 초기화되지 않은 항목의 값은 자동적으로 0으로 초기화된다. 여기에서 1차원 배열과 달리 항목수는 반드시 기입해야 한다.

```
데이터형    배열명[항목수1] ... [항목수n] = { {1번째값1, .... , m번째항목값1},
                {1번째값2, .... , p번째항목값2} ... } ;
```

포인터 선언 방법

아래와 같이 일반 변수와 같은 형식으로 선언하되 변수의 이름 앞에 *(애스터리스크) 기호를 붙인다. *는 포인터 변수의 내용을 의미하는 연산자이다.

```
데이터형    *포인터이름;
```

포인터 초기화 및 참조 방법

- **일반 변수 주소를 포인터 변수에 대입하는 방법 :** 아래와 같은 형태로 주소연산자 &를 사용하여 포인터에 데이터를 할당하고 초기화할 수 있다.

```
데이터형    일반변수이름 = 초기값;
데이터형    *포인터이름;
포인터이름 = &일반변수이름;
```

위의 형태는 아래와 같은 형태로 대체될 수 있다.

```
데이터형    일반변수이름 = 초기값;
데이터형    *포인터이름 = &일반변수이름;
```

- **문자열을 포인터로 선언하는 방법 :** 포인터를 선언하면서 동시에 문자열 데이터로 초기화할 때는 아래와 같이 큰따옴표를 사용하면 된다.

```
char    *포인터이름 = "문자열";
```

- **포인터로 배열을 가리키게 하기 위해 배열 이름을 포인터 변수에 대입하는 방법 :** 미리 선언된 배열을 미리 선언된 포인터 변수로 가리키게 하기 위해 다음과 같이 배열 이름을 포인터 이름에 대입할 수 있다.

```
데이터형    배열이름[배열항목수] = { 1번째항목값, .... , n번째항목값 }, *포인터이름;
포인터이름 = 배열이름;
```

위의 형태는 아래와 같은 형태로 대체될 수 있다.

```
데이터형    배열이름[배열항목수] = { 1번째항목값, .... , n번째항목값 };
데이터형    *포인터이름 = 배열이름;
```

- **포인터로 배열을 가리키게 하기 위해 배열의 첫 번째 항목의 주소를 포인터 변수에 대입하는 방법 :** 미리 선언된 1차원 배열을 미리 선언된 포인터 변수로 가리키게 하기 위해 다음과 같이 주소연산자 &를 사용하여 배열의 첫번째 항목의 주소를 사용할 수 있다.

```
데이터형    배열이름[배열항목수] = { 1번째항목값, .... , n번째항목값 }, *포인터이름;
포인터이름 = &배열이름[0];
```

- **포인터 변수에서 값 읽기 방법 :** 미리 선언되고 사용 중인 포인터 변수의 내용을 그 내용과 같은 자료형의 일반 변수에 값을 써넣을 때는 연산자 *를 사용해 아래와 같이 한다.

```
일반변수이름 = *포인터이름;
```

- **포인터 변수에 값 쓰기 방법 :** 미리 선언되고 사용 중인 포인터 변수의 내용과 같은 자료형

의 일반 변수값을 포인터 변수에 값을 써넣을 때도 연산자 *를 사용해 아래와 같이 한다.

```
*포인터이름 = 일반변수이름;
```

포인터의 연산

포인터변수는 ++, --, +, -, +=, -= 등의 연산자를 사용하여 연산이 가능하다. 만약 다음과 같이 포인터와 배열이 선언된 경우 *ptr++가 가리키는 값은 buf[1] 즉 b와 같다. 여기에서 ++나 --가 *연산자보다 우선하기 때문에 *ptr++와 *(ptr++)는 동일하고, *ptr--과 *(ptr--)은 동일함에 유의해야 한다.

```
char buf[6] = "abcdef"; char *ptr = buf;
```

함수 포인터

- **함수 포인터의 선언 :** 함수 프로토타입 선언과 같이 아래처럼 하면 함수 포인터를 선언할 수 있다. 함수 프로토타입 선언에서처럼 인수들은 생략하고 인수들의 데이터형만 ( )안에 나열해도 된다. 인수가 없는 경우에는 void를 사용한다.

```
리턴데이터형  (* 함수명) ([데이터형  인수1, 데이터형  인수2, ...]);
```

- 함수포인터의 무조건 점프명령에의 활용 : 아래와 같이 function_ptr이라는 함수포인터가 선언된 경우

```
void  (* function_ptr) (void);
```

function_ptr에 다음과 같은 식으로 절대번지값(예 : 0x4000)을 대입을 하고 call을 하면 프로그램카운터(PC)값은 절대 번지값 0x4000으로 바뀌어 0x4000번지부터 명령을 수행하게 된다.

```
function_ptr = (void *) 0x4000;  function_ptr();
```

배열과 포인터의 차이점

- **선언 :** 배열은 선언시 차원을 미리 지정해줘야 하지만 포인터는 그럴 필요가 없다.
- **초기화 :** 배열은 초기화가 쉬우나 포인터는 미리 메모리를 할당받고 해야 한다.
- **데이터 접근 :** 배열은 [ ]기호 사이에 넣어진 값 즉 인덱스를 사용하여 바로 필요한 위치의 데이터에 접근할 수 있으나 포인터는 포인터 변수의 연산을 통해 데이터를 읽고 써야 한다.
- **메모리의 사용 :** 배열이 선언될 때 필요한 메모리가 할당되어 중간에 메모리 크기를 변경할 수 없으나 포인터는 그렇지 않다.

6.9 typedef, structure, union, enum

typedef를 사용한 새로운 데이터형 정의법

typedef는 자주 사용하는 데이터형을 기억하기 쉽거나 편리한 이름을 갖는 새로운 데이터형을 정의하여 쓸 수 있도록 한다. 사용 형식은 아래와 같다.

```
typedef  기존데이터형  새데이터형;
```

일반적으로 다음과 같은 데이터형의 변경이 많이 쓰인다.

```
typedef  unsigned char    byte;
typedef  unsigned  int    word;
```

구조체의 개념과 필요성

서로 다른 유형의 변수들을 새로운 하나의 데이터형으로 묶어서 정의한 것으로 구조체(structure)는 다양한 유형의 변수를 구성원으로 갖는 변수의 묶음이다. 인사기록카드를 만드는 경우 사원의 이름, 사번, 주민번호, 나이, 최종학력 등이 필요한데 이러한 것은 사원별로 나누어지는 데이터이므로 각 사원에 대하여 하나로 묶어 처리하면 취급, 프로그램 개발과 이해가 매우 쉽겠다.

구조체 선언법과 초기화

- **방법1 :** 우선 아래와 같은 형태로 구조체 항목들을 나열하여 { }로 묶어 구조체 이름으로 새로운 데이터형을 정의한다.

```
struct    구조체이름       {
   데이터형    구조체항목1;    데이터형    구조체항목2;
   데이터형    구조체항목n;    };
```

  이렇게 만든 구조체로 지시어 struct와 구조체 이름을 사용하여 변수를 아래와 같이 선언한다.

```
struct    구조체이름    변수이름;
```

  선언과 동시에 초기화할 경우에는 아래와 같이 한다.

```
struct    구조체이름    변수이름 = {구조체항목1초기값,  구조체항목2초기값,
                                  구조체항목n초기값};
```

- **방법2 :** 아래와 같은 형태로 구조체 항목들을 나열하여 { }로 묶어 구조체 이름으로 새로운 데이터형을 정의하며 동시에 정의된 구조체 형태의 변수를 선언하고 초기화할 수 있다.

```
struct    구조체이름      {
   데이터형    구조체항목1;  데이터형     구조체항목2;
   데이터형    구조체항목n;
}  변수이름 = {구조체항목1초기값,  구조체항목2초기값,  구조체항목n초기값};
```

- **방법3 :** typedef를 사용하여 우선 아래와 같은 형태로 구조체 항목들을 나열하여 { }로 묶어 구조체이름으로 새로운 데이터형을 정의한다.

```
typedef  struct    구조체이름    {
   데이터형    구조체항목이름1;          데이터형     구조체항목이름2;
   데이터형    구조체항목이름n;  }  구조체이름;
```

이렇게 만든 경우 지시어 struct를 쓸 필요 없이 구조체 이름만 사용하여 변수를 아래와 같이 선언한다.

```
구조체이름   변수이름;
```

구조체 변수 선언과 동시에 초기화할 경우에는 아래와 같이 한다.

```
구조체이름   변수이름 = {구조체항목이름1초기값,  구조체항목이름2초기값,
                        구조체항목이름n초기값};
```

- **방법4 :** typedef를 사용하여 아래와 같은 형태로 구조체를 정의하고 변수의 선언과 초기화는 방법3과 똑같이 할 수도 있다.

```
typedef  struct     {
   데이터형     구조체항목이름1;     데이터형     구조체항목이름2;
   데이터형     구조체항목이름n;  }  구조체이름;
```

- **구조체 포인터 변수나 배열 선언 :** 앞서의 방법 1 ~ 4 가운데 하나를 사용해서 구조체 이름을 선언하고 변수를 포인터나 배열로 선언할 수 있다. 2.4.9절에 주어진 일반 데이터형의 포인터나 배열 선언 방법과 동일하다. 예로 구조체 이름을 방법 3이나 4를 이용하여 선언한 경우 포인터나 배열 변수는 아래와 같이 하면 된다.

```
구조체이름   *구조체포인터변수이름,  구조체배열이름[배열항목수];
```

구조체 사용법

- **연산자를 통한 항목 접근 :** 구조체 변수의 항목은 아래와 같이 .(도트)연산자를 통해 접근한다.

```
구조체변수이름.  구조체항목이름
```

- **-> 연산자를 통한 항목 접근 :** 구조체 포인터 변수의 항목은 아래와 같이 -> 연산자를 통해 접근한다.

```
구조체포인터변수이름 -> 구조체항목이름
```

공용체(union)

- **개념 :** 항목들이 같은 메모리 공간을 점유하는 것을 제외하고 구조체와 동일하다. 하나의 변수 union이 점유하는 메모리의 크고 변수의 항목에서 가장 큰 것과 동일하다. AVR에서는 SRAM에 저장된다. 아래의 예를 보면 필요성과 사용법에 대해 쉽게 이해 할 수 있을 것이다. 같은 값의 다른 표현에 활용할 수 있다.

```
union  tag_length   {
  unsigned int all;       unsigned char byte[2]; } data;
data.all = 0x1230 ;       // data 공용체에 16진수 0x1234 할당
low = data.byte[0] ;      // low에 data의 하위 바이트를 할당 즉 low=0x30와 동치
high = data.byte[1] ;     // hig에 data의 상위 바이트를 할당 즉 high=0x12와 동치
```

- **선언법과 초기화 :** 구조체와 같다.
- **사용법 :** 구조체와 같다.

열거형 상수

- **개념 :** 정수형 상수의 일종으로 상수값에 일종의 별명을 부여하여 열거해 둔 것이다.
- **선언법과 초기화 :** 선언법과 초기화는 구조체와 비슷한데 각 항목에 할당되는 값은 만약 n-1번째 항목의 값이 정수 N-1이라면 n번째 항목값은 N이다. 초기화는 첫 번째 항목값만 정의해주면 된다. 첫 번째 항목을 정의하지 않으면 첫 번째 항목에 0이 할당된다. 아래의 예는 상수 d_of_weeks의 sunday항목은 1에, monday는 2에, ... saturday에는 7을 할당하는 것이다.

```
enum days    {sunday=1, monday, tuesday, wednesday, thursday, friday,
              saturday} d_of_week;
```

연습문제

1. 어셈블리어의 라벨 (Label) 및 심볼(Symbol)에 대하여 설명하여라.

2. AVR Studio4의 어셈블러에서 숫자로 된 값 대신에 기억하기 쉬운 심볼을 사용하여 프로그램을 쉽게 할 수 있도록 하는 지시어는?

3. AVR Studio4의 어셈블러에서 프로그램 메모리에 해당하는 코드 세그먼트의 시작을 정의하는 지시어는?

4. AVR Studio4의 어셈블러에서 심볼에 레지스터를 할당한 것을 해제하는데 사용되는 지시어는?

5. AVR Studio4의 어셈블러에서 바로 뒤에 오는 프로그램 명령어의 시작 번지나 데이터의 시작번지 지정에 사용되는 지시어는?

6. AVR Studio4의 어셈블러에서 SRAM 데이터 세그먼트 메모리를 바이트 단위로 예약해둘 때 사용하는 지시어는?

7. AVR Studio4의 어셈블러에서 4워드(8바이트, 64비트) 단위로 숫자나 문자 데이터들을 프로그램 메모리나 EEPROM 세그먼트에 저장할 때 사용하는 지시어는?

8. AVR Studio4의 어셈블러에서 2워드(4바이트, 32비트) 단위로 숫자나 문자 데이터들을 프로그램 메모리나 EEPROM 세그먼트에 저장할 때 사용하는 지시어는?

9. 다음 중에서 AVR Studio4의 어셈블러 및 어셈블리어에 관한 설명으로 옳은 것을 모두 골라라.

a. 주석은 반드시 앞에 ;(세미콜론)을 붙여야 하는데 어셈블러는 세미콜론과 같은 줄에 존재하며 세미콜론 뒤쪽에 존재하는 글은 주석으로 여기고 모두 무시한다.

b. 지시어란 기계어로 번역되지 않고 어셈블러에게 어떤 정보만을 제공하는 것으로 의사 명령이라고 불린다.

c. SSEG는 SRAM 데이터 메모리 세그먼트의 시작을 정의하는 지시어로 파라미터를 갖고 있지 않다.

d. 지시어 EQU는 SET와 유사하나 나중에 다시 정의되어 수정 가능하다.

e. 지시어 DEF는 기억하기 쉬운 심볼에 레지스터를 할당하여 프로그램을 쉽게 할 수 있도록 하는데 나중에 다시 정의되어 수정 가능하고 같은 레지스터에 여러 가지 심볼을 할당할 수 있다.

f. 지시어 DB는 1바이트(8비트) 단위로 숫자나 문자 데이터들을 프로그램 메모리나 EEPROM 세그먼트에 저장할 때 사용한다.

g. 지시어 INCLUDE는 외부의 파일을 include하여 어셈블할 때 사용한다.

h. 오퍼랜드로 상수값을 사용할 때는 2진수의 경우에는 0b를 앞에 붙여주고, 16진수의 경우에는 0x 혹은 $를, 8진수의 경우 O를, 10진수의 경우에는 아무런 표시도 하지 않는다.

i. 문자상수값은 반드시 앞뒤에 반드시 큰따옴표(")를 붙여준다. 문자열의 경우에는 작은따옴표(')를 사용한다.

10. C 프로그램의 4가지 구성요소에 대하여 설명하여라.

11. 다음 중에서 Codevision AVR C 언어에 관한 설명으로 옳은 것을 모두 골라라.

a. 주석은 /*로 시작해서 */로 끝맺으면 그 사이의 글자는 컴파일러가 무시한다. /*과 */ 사이에 줄을 바꿔도 그 사이의 글자는 주석으로 간주된다. 만약 //를 사용하면 같은 줄에서 //뒤의 글자는 컴파일러가 무시한다.

b. `char buf[3];`와 같이 선언된 배열 `buf`의 첫 번째 항목은 `buf[1]`이며 두 번째 항목은 `buf[2]`이고 세 번째 항목이자 마지막 항목은 `buf[3]`이다.

c. 변수 이름의 경우 알파벳 대문자와 소문자, 숫자, _가 가능하며 대소문자는 구별은 없다.

d. 변수 이름의 첫 글자는 숫자가 아니어야 한다.

e. 상수를 정의할 때 `#define`을 사용하여 하는데 다른 C 프로그램 문장과 달리 ;로 끝내지 않음에 유의해야 한다.

f. 데이터는 기본적으로 문자형, 정수형, 실수형으로 구분할 수 있다.

g. 정수형 데이터를 표현할 때 10진수, 16진수, 8진수 등을 사용하는데 16진수를 가장 많이 쓰며, 16진수는 숫자 앞에 0x를 붙여 주고 8진수는 0만 붙여주고 10진수는 0이나 0x를 붙이지 않고 표기한다. 소수의 경우에는 0.0123 과 같은 식으로 소수를 쓰는 방법과 1.23E-2 식으로 지수를 사용하는 방법이 있다. 음수의 경우에는 -를 숫자 앞에 붙이고 양수의 경우 1를 생략해도 된다.

h. 문자형 데이터는 1바이트 크기로 하나의 문자를 의미하며 작은 숫자나 아스키문자를 표현하기 위해 사용되는데, 지시어로 부호가 없는 형태의 char와 부호가 있는 형태에 unsigned char를 사용한다. char형은 −128 ~ 127 사이의 값을 갖고 unsigned char형은 0 ~ 255 사이의 값을 갖는다.

i. 정수형 데이터를 표현하기 위해 사용되는 지시어로 int, unsigned int, long, unsigned long이 있다. int와 unsigned int는 4바이트 크기, long과 unsigned long은 6바이트 크기를 갖는다.

j. 실수형 데이터를 표현하기 위해 사용되는 지시어로 float, double이 있는데, 10바이트 크기로 ±1.2E-38 ~ ±3.4E38사이의 값을 갖는다.

12. C 프로그램의 변수는 값의 변화가 있는 데이터를 지칭하며 값을 마음대로 바꿀 수 있는 기억 장소를 의미한다. 변수의 종류들에 대하여 설명하여라.

13. 배열과 포인터의 차이점에 대하여 설명하여라.

14. CodeVision C에서 DDRA, PORTA, TCNT1, ICR1 등 I/O 레지스터를 정의해 놓은 Atmega128을 위한 헤더 파일은 무엇인가?

CHAPTER 04

기본 프로그래밍과 입출력 실험

학습목차

학습개요

1 절에서는 먼저 CodeVision C 컴파일러를 사용하여 C언어를 활용한 프로그래밍연습과 ATmega128 내부의 SRAM, EEPROM에 데이터를 읽고, 쓰고, 검색하는 법을 익힌다. 이어서 8비트, 16비트 2진수의 BCD 변환과 아스키코드의 변환 실험을 통하여 각 특징을 파악 한다. 2절 부터는 I/O 포트의 구조와 기능에 대한 실험을 통하여 I/O 포트의 동작을 설명한다. 그리고 AVR Studio 4를 이용하여 디버깅을 하는 방법을 배운다.

1 기본 프로그래밍 연습

실험 4-1 | 내부 램에 데이터 쓰기

내부 램에 데이터를 쓰는 다양한 방법을 익힌다. 내부 램 0x130-0x136 번지에 차례대로 숫자 1, 2, 0xff와 문자 'A', 'a', 'F', 'f'를 써넣어라. 즉 다음을 하라.

(0x130) ← 1, (0x131) ← 2, (0x132) ← 0xff, (0x133) ← 'A', (0x132) ← 'a', (0x135) ← 'F', (0x136) ← 'f'

프로그램 예

```
#include <mega128.h>
#define DBYTE ((unsigned char volatile *) 0)
        // define에는 ;로 종결하지 않음에 주의
#define inter136 *((unsigned char *) 0x0136)
        // 주소 0x0136을 inter136이란 문자로 지정.
unsigned int inter130 = 0x0130;
void main(void)
{
  DBYTE[inter130++] = 1;        // (0x130) <- 1, inter130 = inter130 + 1
  DBYTE[inter130++] = 2;        // *inter130++ = *(inter130++)
  DBYTE[inter130] = 0xff ;      // (0x132) <- 0xff
  DBYTE[++inter130] = 'A' ;     // inter130 = inter130 +1 , *inter130 <- 'A'
  DBYTE[++inter130] = 'a';      // *(++inter130) = *++inter130
  DBYTE[0x0135] = 'F';          // (0x135) <- 'F'
  inter136 = 'f';
}
```

결과

다음 페이지에 설명된 방법을 참조하여 실험을 수행하여 성공적으로 된 경우 내부 램 0x130 ~ 0x136에는 차례대로 1, 2, 0xff, 0x41, 0x61, 0x46, 0x66값이 저장된다.

과제

내부 램 0x140-0x147 번지에 차례대로 문자 'A', 'b', 'C', 'D', 'E', 'F', 'G', 'h'를 다양한 방식으로 써넣어라.

NOTE AVR Studio 4를 이용하여 내부 램과 레지스터의 값을 확인하는 방법

❶ CodeVisionAVR의 에디터를 통해 실행 파일을 만든 후 AVR Studion4 디버그 세션에 들어가서 메인 메뉴의 [View → Memory]를 실행하여 Memory라는 이름의 창을 생성하고 창에서 [Data]을 선택한다. 또한 [View → Register]를 실행하여 Register라는 이름의 창을 생성한다.

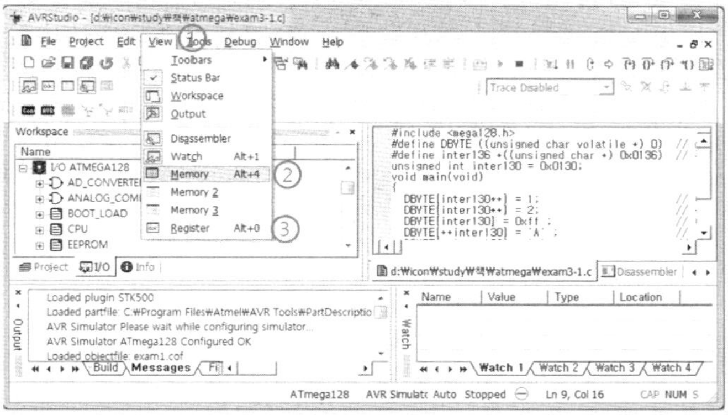

❷ 디버그 세션에서 메인 메뉴 [Debug]의 하위 메뉴인 [Step Into], [Auto Step], [Run to Cusor] 등을 적절히 활용하면서 Memory, Register, I/O View 창을 통해 내부 램과 레지스터의 값의 변화를 확인하라.

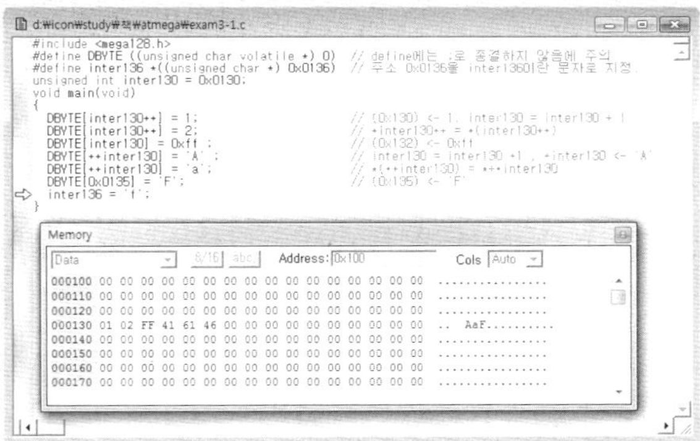

실험 4-2 | 플래쉬롬 데이터 읽기

플래쉬롬의 일정 영역에 데이터를 저장하고 읽는 방법을 익힌다. 롬에 0x3F, 0x06, 0x5B, 0x4F, 0x66, 0x6D, 0x7D, 0x07, 0x7F, 0x67 등 10개의 데이터를 저장해두고 저장된 값을 읽어들여 SRAM 0x130번지를 시작으로 하여 차례대로 저장한다.

프로그램 예

```
#include <mega128.h>
#include <mem.h>     // void pokeb(unsigned int addr, unsigned char data)
                     // 명령어를 사용해 SRAM에 쓸 수 있다.
flash unsigned char arr[ ]=
            {0x3f, 0x06, 0x5B, 0x4F, 0x66, 0x6D, 0x7D, 0x07, 0x7F, 0x67};
void main(void)
{
  int i, j;
  for(i=0x0130, j=0;i<=0x0139; i++, j++) pokeb(i, arr[j]);
}
```

결과

[실험 4-1]과 같은 방식으로 수행하라. 성공적으로 수행된 경우 내부 램 0x130-0x13a에는 차례대로 0x3F, 0x06, 0x5B, 0x4F, 0x66, 0x6D, 0x7D, 0x07, 0x7F, 0x67 값이 저장된다.

과제

플래쉬롬에 0x3F, 0x06, 0x5B, 0x4F, 0x66, 0x6D, 0x7D, 0x07, 0x7F, 0x67 등 10개의 데이터를 저장해두고 저장된 값을 읽어들여 실험1을 참조하여 다른 방식으로 SRAM에 0x130번지를 시작으로 하여 차례대로 저장하는 프로그램을 작성해보자.

실험 4-3 | 플래쉬롬 데이터 검색 1

플래쉬롬의 일정 영역에 저장된 16개의 데이터에서 5의 배수를 뽑아 SRAM 0x131부터 저장하고 5의 배수의 개수를 0x130에 저장한다.

프로그램 예

```
#include <mega128.h>
#define DBYTE ((unsigned char volatile *) 0)
flash unsigned char  arr[ ]=
            {12, 5, 2, 25, 3, 9, 15, 19, 25, 99, 45, 56, 77, 99, 34, 26 };
void main(void)
{
  int i = 0x0131, j = 0, k =0 ;
  for(;j<=15; j++)
```

```
    if ( arr[j]%5 == 0 ) { DBYTE[i++] = arr[j]; k++ ; }
    DBYTE[0x0130] = k;
}
```

결과

[실험 4-1]과 같은 방식으로 수행하라. EEPROM 창과 Data, IO view 창을 띄우고 변화하는 모양을 성공적으로 수행한 경우 내부 램 0x130H ~ 0x135H에 차례로 0x05, 0x05, 0x19, 0x0F, 0x19, 0x2D가 저장된다.

과제

프로그램 메모리 일정 영역에 저장된 16개의 데이터에서 5의 배수가 아닌 것을 뽑아 SRAM 0x131부터 저장하고 그 개수를 0x130에 저장하는 프로그램을 작성해보자.

실험 4-4 | 플래쉬롬 데이터 검색 2

롬의 일정 영역에 저장된 16개의 데이터에서 가장 작은 수를 뽑아 SRAM 0x130번지에 저장한다.

프로그램 예

```
#include <mega128.h>
#define DBYTE ((unsigned char volatile *) 0)
flash unsigned char arr[ ]=
            {12, 5, 2, 25, 3, 9, 15, 19, 25, 99, 45, 56, 77, 99, 34, 26};
void main(void)
{
    unsigned char j = 0;
    DBYTE[0x00130] = arr[0]; // 가장 작은 수가 될 후보로 arr[0]로
    for(j=1;j<=15; j++)
    { if ( DBYTE[0x0130] > arr[j] ) { DBYTE[0x0130] = arr[j]; } }
}
```

결과

[실험 4-1]과 같은 방식으로 수행하라. 성공적으로 수행된 경우 내부 램 0x0130에 2가 저장된다.

과제

플래쉬롬의 일정 영역에 저장된 16개의 데이터에서 가장 큰 값을 찾아 SRAM 0x130에 저장해보자.

실험 4-5 EEPROM의 데이터 읽과 쓰기 1

플래쉬롬의 일정 영역에 저장된 데이터를 EEPROM에 쓰는 법을 익힌다.

프로그램 예

```
#include <mega128.h>
#include <delay.h>
flash unsigned char arr[ ]=
          {12, 5, 2, 25, 3, 9, 15, 19, 25, 99, 45, 56, 77, 99, 34, 26};
void write_eeprom(unsigned int addr,unsigned char data)   // EEPROM에 쓰기 함수
{
  while((EECR & 0x02) == 0x02);     // EEWE = 0 인가를 확인.
  EEAR = addr;                      // EEAR에 EEPROM 주소 입력
  EEDR = data;                      // EEDR에 EEPROM에 넣을 data 입력
  EECR |= 0x04;                     // EEMWE = 1
  EECR |= 0x02;                     // EEWE = 1
}
void main(void)
{
  unsigned char j = 0;
  while(arr[j] != 0) write_eeprom(j,arr[j++]);
}
```

결과

[실험 4-1]과 같은 방식으로 수행하라. 성공적으로 수행된 경우 EEPROM의 0번지부터 차례대로 12, 5, 2, 25, 3, 9, 15, 19, 25, 99, 45, 56, 77, 99, 34, 26이 저장된다.

과제

프로그램 메모리 일정 영역에 저장된 16개의 데이터에서 가장 큰 값을 찾아 SRAM 0x130에 저장해보자.

실험 4-6 EEPROM에 데이터 쓰기와 읽기 2

EEPROM의 일정 영역에 데이터를 저장시켜 놓고 읽는 방법을 익힌다. EEPROM에 0x3F, 0x06, 0x5B, 0x4F, 0x66, 0x6D, 0x7D, 0x07, 0x7F, 0x67 등 10개의 데이터를 쓰고 저장된 값을 읽어들여 SRAM 0x130번지를 시작으로 하여 차례대로 저장한다.

프로그램 예

```
#include <mega128.h>
#include <mem.h>     // void pokeb(unsigned int addr, unsigned char data)
#include <delay.h>   // 명령어를 사용해 SRAM에 쓸 수 있다.
```

```
unsigned char read_eeprom(unsigned int addr)      // EEPROM 읽기 함수
{
   while((EECR & 0x02) == 0x02);                  // EEWE = 0 인가를 확인.
   EEAR = addr;                                   // EEAR에 읽을 EEPROM 주소 입력
   EECR |= 0x01;                                  // EERE =1
   return EEDR;
}
void write_eeprom(unsigned int addr,unsigned char data)   // EEPROM에 쓰기 함수
{
   while((EECR & 0x02) == 0x02);                  // EEWE = 0 인가를 확인.
   EEAR = addr;                                   // EEAR에 EEPROM 주소 입력
   EEDR = data;                                   // EEDR에 EEPROM에 넣을 data 입력
   EECR |= 0x04;                                  // EEMWE = 1
   EECR |= 0x02;                                  // EEWE = 1
}

void main(void)
{
   unsigned char arr[ ]=
             {0x3f, 0x06, 0x5B, 0x4F, 0x66, 0x6D, 0x7D, 0x07, 0x7F, 0x67};
   int i, j;
   j = 0x00;
   while(arr[j] != 0) write_eeprom(j,arr[j++]);
   delay_ms(100);                                 // 100 ms간 지연한다.
   for(i=0x0130, j=0;i<=0x0139; i++, j++)
   {
    pokeb(i, read_eeprom(j));                     // 읽은 데이터를 램에 쓴다.
    delay_ms(10);                                 // 10 ms간 지연한다.
   }
}
```

결과

[실험 4-1]과 비슷한 방식으로 수행하라. EEPROM 창을 띄우고 이를 통해 성공적으로 써졌는지 확인하라. 성공적으로 수행된 경우 내부 램 0x130-0x13a에는 차례대로 0x3F, 0x06, 0x5B, 0x4F, 0x66, 0x6D, 0x7D, 0x07, 0x7F, 0x67 값이 저장된다.

과제

플래쉬롬에 0x3F, 0x06, 0x5B, 0x4F, 0x66, 0x6D, 0x7D, 0x07, 0x7F, 0x67 등 10개의 데이터를 저장해두고 저장된 값을 읽어들여 [실험 4-1]을 참조하여 다른 방식으로 EEPROM에 0x00번지를 시작으로 하여 차례대로 저장하는 프로그램을 작성해보자.

실험 4-7 8비트 2진수의 BCD 변환

8비트 2진수를 3자리수 BCD 값으로 변환하는 프로그램을 작성한다. 주어진 2진수 헥사값(예 : 0xFF)을 BCD로 변환하여 100의 자리수는 SRAM 0x0130번지에, 10의 자리수는 0x0131번지의 상위 4비트에 1의 자리수는 0x0131번지의 하위 4비트에 저장하는 프로그램을 작성하라.

유의점

bcd.h를 include시켜서 bin2bcd()를 사용해서 해도 되나 이 경우 0 ~ 99까지의 값만 사용할 수 있다. 8비트의 2진수는 0 ~ 255의 값을 갖는다. 그러므로 결과값의 저장은 2바이트를 요구하고 100의 자리수가 저장되는 0x0130는 0 ~ 2의 값을 갖고 0x0131에는 00 ~ 99의 값을 갖는다.

프로그램 예

```
#include <mega128.h>
#define DBYTE ((unsigned char volatile *) 0)
void h2bcd(unsigned char bin)
{
   unsigned char tmp;
   DBYTE[0x0130] = bin/100;          // 100의 자리수는 0x130 번지에 저장
   DBYTE[0x0131] = (bin%100)/10;     // 10의 자리수가 0x131번지의 하위 4비트에 저장
   tmp = ( bin % 100 ) % 10;         // 1의 자리수를 tmp에 임시 저장
   DBYTE[0x0131] <<=4;               /* 10의 자리수를 0x131번지의 상위 4비트로
                                        저장하기 위해 4번 쉬프트 */
   DBYTE[0x0131] |= tmp ;            // 1의 자리수를 0x131번지의 하위 4비트로 저장
}
void main(void)
{
   unsigned char bin=0xff;           // 주어진 2진수를 0xff로 초기화
   h2bcd(bin);
}
```

결과

[실험 4-1]과 같은 방식으로 수행하라. 성공적으로 수행된 경우 내부 램 0x130, 0x131에는 차례대로 0x02, 0x55 값이 저장된다.

과제

주어진 2진수 0xE0를 BCD로 변환하여 100의 자리수는 램 0x1000번지에, 10의 자리수는 0x1001번지의 상위 4비트에, 1의 자리수는 0x1001번지의 하위 4비트에 저장하는 프로그램을 [실험 4-1]을 참조하여 다른 방식으로 작성해보자.

실험 4-8 | 16비트 2진수의 BCD 변환

16비트 2진수를 5자리수 BCD 값으로 변환하는 프로그램을 작성한다. 주어진 2바이트 2진수의 헥사값(예 : 0xF0FF)를 BCD로 변환하여 10000의 자리수는 0x130번지에 1000의 자리수는 0x131번지의 상위 4비트에, 100의 자리수는 0x131번지의 하위 4비트에, 10의 자리수는 0x132번지의 상위 4비트에, 1의 자리수는 0x132번지의 하위 4비트에 저장하는 프로그램을 작성하라.

유의점

16비트의 2진수는 0 ~ 65535의 값을 갖는다. 그러므로 결과값의 저장은 5바이트를 요구하고 10000의 자리수가 저장되는 0x130는 0 ~ 6의 값을 갖고 0x131 ~ 0x132에는 00 ~ 99의 값을 갖는다.

프로그램 예

```
#include <mega128.h>
#define DBYTE ((unsigned char volatile *) 0)
void h2bcd2(unsigned int bin)
{
  unsigned char tmp;
  DBYTE[0x0130] = (char)(bin/10000);              // 10000의 자리수 저장
  DBYTE[0x0131] = (char)((bin%10000)/1000);
      // 1000의 자리수가 0x131번지의 하위 4비트에 저장
  tmp = (char) (((bin%10000)%1000)/100) ;
                                              // 100의 자리수를 tmp에 임시 저장
  DBYTE[0x0131] <<=4;
                       // 1000의 자리수를 0x131번지 상위 4비트로 저장하기 위해 4번 시프트
  DBYTE[0x0131] |= tmp;          // 100의 자리수를 0x131번지의 하위 4비트로 저장
  DBYTE[0x0132] = (char)((((bin%10000)%1000)%100)/10);
      //10의 자리수가 132번지의 하위 4비트에 저장
  tmp = (char)((((bin%10000)%1000)%100)%10);    // 1의 자리수를 tmp에 임시 저장
  DBYTE[0x0132] <<=4;
     // 10의 자리수를 0x132번지의 상위 4비트로 저장하기 위해 4번 시프트
  DBYTE[0x0132] |= tmp;          // 1의 자리수를 0x132번지의 하위 4비트로 저장
}
void main(void)
{
  unsigned int bin = 0xf0ff;     // 주어진 2진수를 0xf0ff로 초기화
  h2bcd2(bin);
}
```

결과

[실험 4-1]과 같은 방식으로 수행하라. 성공적으로 수행된 경우 내부 램 0x130 ~ 132에는 차례대로 0x06, 0x16, 0x95 값이 저장된다.

과제

주어진 2진수 0xffe0를 BCD로 변환하여 10000의 자리수는 램 0x1000번지에 1000의 자리수는 0x1001번지의 상위 4비트에, 100의 자리수는 0x1001번지의 하위 4비트에, 10의 자리수는 0x1002번지의 상위 4비트에, 1의 자리수는 0x1002번지의 하위 4비트에 저장하는 프로그램을 [실험 4-1]을 참조하여 다른 방식으로 작성해보자.

실험 4-9 아스키 문자의 16진수 변환

아스키코드로 주어진 숫자 배열 {'0', '1', ... , '9', 'A', 'B', ... , 'F', 'a', ... , 'f'}을 16진수 헥사코드로 변환하여 내부 램 0x130를 시작 번지로 차례대로 저장한다.

유의점

숫자 0 ~ 9의 값은 stdlib.h를 include시켜 itoa()함수를 사용할 수도 있다. 숫자 0 ~ 9의 값은 아스키코드는 0x30 ~ 0x39이고, A ~ F의 값은 0x41 ~ 46, a ~ f의 값은 0x61 ~ 66이라는 점을 염두에 두어야 한다.

프로그램 예

```
#include <mega128.h>
#define DBYTE ((unsigned char volatile *) 0)
flash unsigned char arr[ ]= "0123456789ABCDEFabcdef";
unsigned char asc2hex(unsigned char asc)
{
  if ((asc >= '0') && (asc <='9')) return (asc - '0');
  else if ((asc >= 'A') && (asc <='F'))   return ((asc - 'A')+10);
  else if ((asc >= 'a') && (asc <='f'))   return ((asc - 'a')+10);
  else return(0xff);
}
void main(void)
{
  int j = 0, i=0x0130;
  for(;j<=21; j++) DBYTE[i++] = asc2hex(arr[j]);
}
```

결과

[실험 4-1]과 같은 방식으로 수행하라. 성공적으로 수행된 경우 내부 램 0x130 ~ 13f에는 차례대로 0x00 ~ 0x0F값이, 0x140 ~ 145에는 0x0A ~ 0x0F값이 저장된다.

과제

EEPROM에 변환값을 저장하는 프로그램으로 수정해보자.

실험 4-10 | 숫자의 아스키코드 변환

한자리를 갖는 16진 숫자 배열 {0,1,2,3,4,5,6,7,8,9, 0x0a, 0x0b, 0x0c, 0x0d, 0x0e, 0x0f}를 아스키코드로 변환하여 내부 램 0x130를 시작 번지로 차례대로 저장한다.

유의점

숫자 0 ~ 9의 값은 stdlib.h를 include시켜 itoa()함수를 사용해서 할 수도 있다. 숫자 0 ~ 9의 값은 아스키코드는 0x30 ~ 0x39이고, A ~ F의 값은 0x41 ~ 46, a ~ f의 값은 0x61 ~ 66이라는 점을 염두에 두어야 한다.

프로그램 예

```
#include <mega128.h>
#define DBYTE ((unsigned char volatile *) 0)
flash unsigned char arr[ ]=
          {0,1,2,3,4,5,6,7,8,9, 0x0a, 0x0b, 0x0c, 0x0d, 0x0e, 0x0f};
unsigned char hex2asc(unsigned char num)
{
   if(num>=10) return(num+'A'-10);
   else return(num+'0');
}
void main(void)
{
   int j=0, i=0x0130;
   for(;j<=15; j++) DBYTE[i++] = hex2asc(arr[j]);
}
```

결과

[실험 4-1]과 같은 방식으로 수행하라. 성공적으로 수행된 경우 내부 램 0x130 ~ 139에는 차례대로 0x30 ~ 0x39값이 0x13a ~ 13f에는 0x41 ~ 0x46값이 저장된다.

과제

EEPROM에 변환값을 저장하는 프로그램으로 수정해보자.

실험 4-11 | 지연 루틴

타이머를 쓰지 않고 소프트웨어에 의해 적절한 시간 지연을 얻는 방법을 익힌다. 100 usec시간의 지연을 주면서 내부 램(0x130)에 저장된 값을 증가시키는 프로그램을 작성한다.(발진 주파수는 16MHz라고 가정한다).

프로그램 예 1

```
#include <mega128.h>
#include <delay.h>
```

```
#define DBYTE ((unsigned char volatile *) 0)
void main(void)
{
  for(;;) { DBYTE[0x0130] += 1; delay_us(100); }
}
```

프로그램 예 2

```
#include <mega128.h>
#define DBYTE ((unsigned char volatile *) 0)
void delay(unsigned char i) { while(i--); }
void main(void)
{
  for(;;) { DBYTE[0x0130] += 1; delay(226); }
}
```

결과

[실험 4-1]과 같은 방식으로 수행하라. 시뮬레이션에서 시간 지연은 호스트 PC의 성능에 좌우된다. 시뮬레이션에서의 지연 시간이 실제 하드웨어를 구현했을 때의 시간 지연과는 다르다는 것을 명심해야 한다. 실제 하드웨어에 구현하였을 때 '프로그램 예2.'의 `delay()`에 의한 시간 지연은 마이컴의 발진 주파수에 좌우된다.

과제

다른 지연 시간을 갖는 프로그램을 만들어 보자.

NOTE **AVR Studio 4의 메모리 창의 이용**

[View → Memory]를 실행하여 Memory라는 이름의 창을 생성하여 SRAM과 EEPROM의 데이터를 확인할 수도 있고, 2진수의 아스키코드 변환 버튼(abc.)을 이용하여 메모리 창에서 아래 그림과 같이 바로 2진수의 아스키코드 변환값을 확인할 수 가 있다.

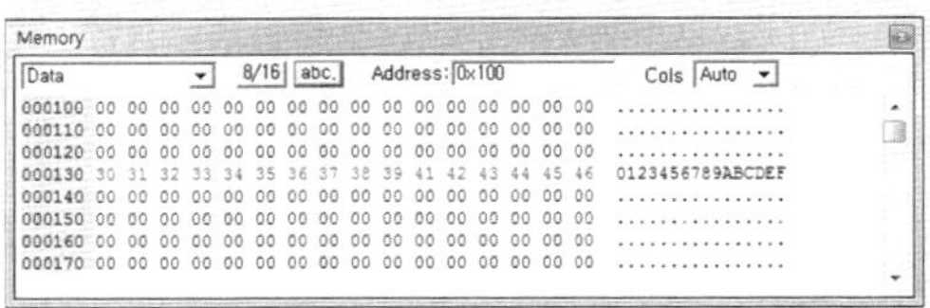

NOTE AVR Studio 4의 Disassembler 창의 이용

실험 3.11의 프로그램을 컴파일하고 AVR Studio 4를 통해 디버그 세션에 들어가 메인 메뉴의 [View→Disassembler]를 클릭하여 Disassembler 창을 띠우면 `while(i--)` 문에 해당하는 부분에서 다음과 비슷하게 어셈블리어로 번역되어 나타난 모습을 확인 할 수 있다.

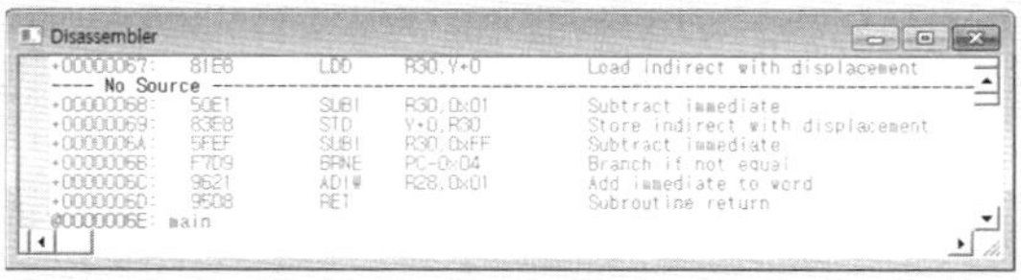

여기서

LDD : 2기계 사이클 소요(반복), SUBI : 1기계 사이클 소요(반복),
STD : 2기계 사이클 소요(반복), BRNE : 1 또는 2 기계 사이클 소요(반복 시 1, 벗어날 때 2),
ADIW : 2기계 사이클 소요, RET : 4기계 사이클 소요.

위의 루틴에서 i값에 대하여 반복 수행하는 데 걸리는 시간을 계산해 (i + 1) × (2 + 1 + 2 + 1 + 1) + 7 기계 사이클과 같다. i값은 0 ~ 255를 갖게 되니 최소 지연값은 14기계 사이클(발진 주파수가 16MHz일 때 14/16 = 0.875 usec) 최대 지연값은 1799기계 사이클(발진 주파수가 16MHz일 때 1799/16 = 112.4375 usec)가 된다. 결국 원하는 delaytime_us 마이크로초에 대한 i값은 (i + 1) × (2 + 1 + 2 + 1 + 1) + 7 = 16 × delaytime_us에 의하여 다음처럼 주어진다.

i = delaytime_us × 16/7 −2

위 식에 따라 100 usec를 얻으려면 i = 226으로 하면 될 것이다. 만약 112 usec보다 긴 시간의 지연을 얻으려면 `delay()`를 여러 번 호출하면 될 것이다. 위의 루틴으로 정확한 시간 지연을 얻기에는 i값이 원하는 지연 시간에 대하여 정수로 딱 떨어지지도 않아 오차가 생기며 마이컴의 발진 주파수에도 좌우되는 등 상황에 따라 시간 지연값이 들쭉날쭉해 적절하지 않을 수도 있다. CodeVision AVR에는 이를 위해 함수가 준비되어 있다. delay.h 헤더 파일을 `include`시켜 delay_ms(unsigned int i), delay_us(unsigned int i)를 사용하여 밀리 초나 마이크로 초 단위로 비교적 정확하게 시간 지연을 얻을 수 있다. 그러나 인터럽트 등에 의해 지연이 발생할 수 있어 아주 정확한 것은 아니다. 아주 정확한 시간 지연은 타이머를 사용하거나 DS1302와 같은 RTC IC를 사용한다. 타이머를 사용하여 지연하는 방법은 6장에서 자세히 다루겠다.

2 I/O 포트

ATmega128은 CPU와 외부 장치를 연결해주기 위해 양방향성을 갖는 6개(PORTA ~ PORTF)의 8비트 입출력(I/O) 포트와 1개(PORTG)의 5비트 입출력 포트를 갖고 있다. 8051과 달리 LED 1개 정도는 구동하기에 충분한 전류 40mA를 최대 구동 전류로 출력하므로 LED를 포트에 연결할 때 전류 흡입형으로 구현할 필요는 없다.

2.1 관련 레지스터

DDRx 레지스터

입출력의 방향 설정을 하여 DDRA ~ DDRG레지스터에 입출력 포트에 대응하는 해당 비트에 1을 쓰면 출력으로 0을 쓰면 입력으로 설정된다. 초기값은 0으로 설정되어 있다. 비트별로 만약 포트A의 비트3를 출력으로 설정하려면 DDRA.3 = 1로 하면 되고 포트A를 전부 출력으로 설정하려면 DDRA = 0xff로 하면 된다.

PORTx 레지스터

DDRx의 값을 조절하여 출력으로 설정된 경우 PORTx 레지스터에 해당하는 값을 쓰면 된다. 비트별로 설정하려면 PORTx.n = 1의 형태로 하면 된다(x는 A ~ G, n은 0 ~ 7). 만약 포트B의 비트3에 1을 출력하려면 PORTB.3 = 1로 하면 된다.

PINx 레지스터

입력으로 설정된 경우 PINx 레지스터에 해당하는 값을 읽으면 된다. 해당 핀의 값을 읽어들인다. 쓰기가 금지되어 있다. 비트별로 읽어들이려면 PINx.n를 사용 하면 된다 비트별로 만약 포트C의 비트 3값을 읽어들여 led3라는 비트값에 할당하려면 led3 = PINC.3로 하면 된다.

SFIOR 레지스터

SFIOR(Special Function IO Register)의 비트 2(PUD : Pull-Up Disable)를 1로 세트하면 풀업저항을 비활성화 시킨다.

2.2 구조 및 동작

- **기본 구조 :** [그림 4-1]에 보여진 것과 같이 양방향성으로 20K ~ 100K 옴의 내부 풀업을 갖는 구조를 갖고 있다.

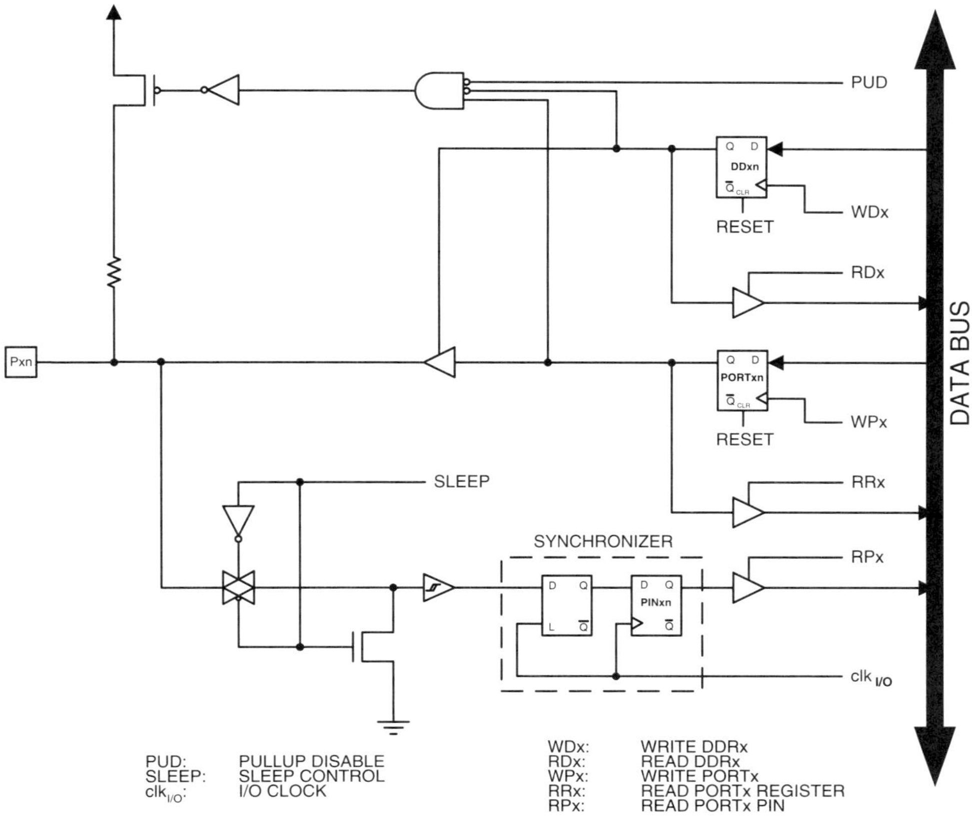

그림 4-1 • I/O 포트의 기본 구조 (출처:ATMEL)

- **내부 풀업저항의 설정 :** SFIOR의 비트 2를 이용하여 모든 입출력핀의 풀업저항을 비활성화할 수 있다. DDRx.n의 값을 조절하여 입력으로 설정된 경우에는 해당하는 PORTx.n에 1을 쓰면 내부 풀업저항을 사용할 수 있다. 내부 풀업저항을 사용하지 않기 위해서는 PORTx.n에 0을 쓰거나 해당 핀을 출력으로 설정하면 된다.
- **읽어들이는 동작 :** PINx.n 레지스터 비트를 읽을 때 안정을 위하여 최대 1.5클럭에서 0.5클럭의 지연이 존재하므로 이를 감안해서 읽어야 한다. 그 이유는 [그림 4-1]의 SYNCHRONIZER 부분을 보면 알 수 있다. PINxn 레지스터는 클럭 동기 회로를 사용한다. 여기서 핀 상태의 입력 동작은 [그림 4-2]에 설명된 최소 시간 $t_{pd,\,\mathrm{min}}$과 최대 시간 $t_{pd,\,\mathrm{max}}$의 시간 지연이 발생하기 때문이다. 결국 PORTx.n 비트에 출력한 값을 다시 읽어들일 때는 [그림 4-3]에서 보이는 것과 같이 NOP(1클럭이 소요됨)와 같은 명령을 삽입하는 것이 좋다.
- **슬립 모드 시 핀의 동작 :** 슬립 모드가 동작하면 포트의 핀 입력은 접지로 클램프되어 동작이 멈춘다. 이때 사용하지 않는 핀은 외부에서 풀업 또는 풀다운으로 확실한 논리 상태를

입력하는 것이 전력소비를 감소시킨다. 손쉬운 방법으로 내부의 풀업을 이용하는 것이다.

- **포트A (PA7 ~ PA0 : 핀44-51) :** 내부 풀업저항이 있는 8비트 양방향 입출력 단자. 외부 메모리를 둘 경우에는 주소 버스(A7-A0)와 데이터버스(D7-D0)로 사용.
- **포트B (PB7 ~ PB0 : 핀10-17) :** 내부 풀업저항이 있는 8비트 양방향 입출력 단자. SPI용 단자 혹은 PWM 단자로도 사용된다([표 4-2] 참조).
- **포트C (PC7 ~ PC0 : 핀35-42) :** 내부 풀업저항이 있는 8비트 양방향 입출력 단자. 외부 메모리를 둘 경우에는 주소 버스(A15-A8)로 사용된다.
- **포트D (PD7 ~ PD0 : 핀25-32) :** 내부 풀업저항이 있는 8비트 양방향 입출력 단자. 타이머용 단자 혹은 외부 인터럽트용 단자로도 사용된다([표 4-3] 참조).
- **포트E (PE7 ~ PE0 : 핀2-9) :** 내부 풀업저항이 있는 8비트 양방향 입출력 단자. 타이머용 단자, 외부 인터럽트, 아날로그 비교기, USART용 단자로도 사용된다([표 4-4] 참조).
- **포트F (PF7 ~ PF0 : 핀54-61) :** 내부 풀업저항이 있는 5비트 양방향 입출력 단자. AD변환기 혹은 JTAG 인터페이스용 단자로도 사용된다([표 4-5] 참조).
- **포트G (PG4 ~ PE0 : 핀19, 18, 43, 34, 33) :** 내부 풀업저항이 있는 8비트 양방향 입출력 단자. 외부 메모리 접속을 위한 스트로브 신호용, RTC(Real Time Counter) 타이머용 발진기 단자로도 사용된다([표 4-5] 참조).

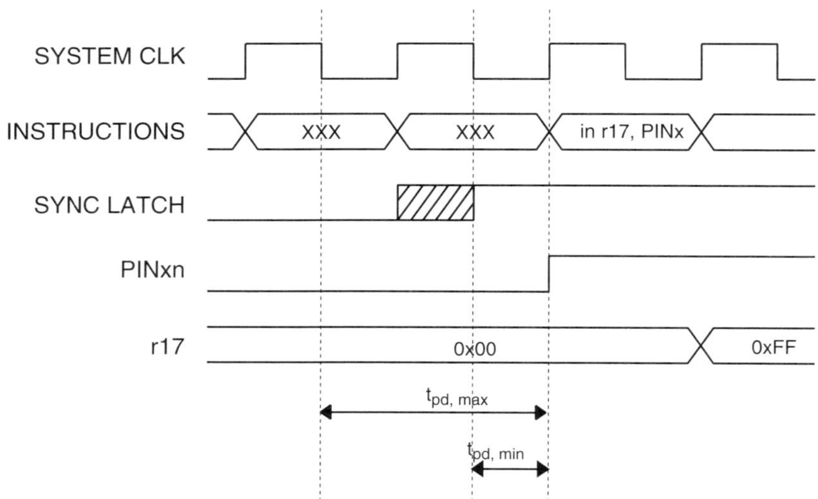

그림 4-2 • 외부 핀의 신호를 읽을 시 동작 타이밍도 (출처:ATMEL)

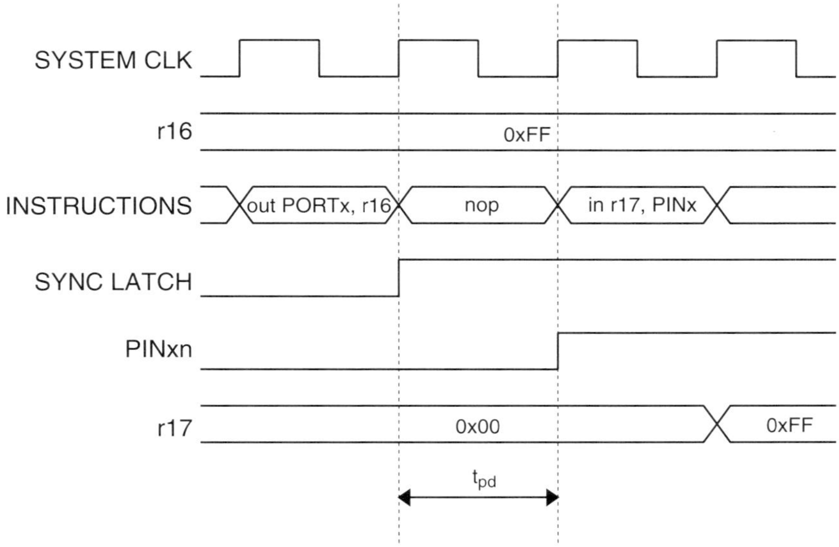

그림 4-3 • 핀의 신호를 안정적으로 읽기 위한 소프트웨어적 처리 (출처:ATMEL)

2.3 단순 출력 연습

단순 출력 연습을 하기 위해 [그림 4-4]의 시스템을 구성한다. [그림 4-4]의 시스템과 유사한 키트가 교육로봇(www.drkimrobot.com), US Technology(www.us-technology.co.kr), 로보블록(roboblock.co.kr), 마이컴월드(www.micomworld.co.kr) 등 국내 여러 회사에서 값싸게 공급되고 있으므로, 이를 구입하여 사용하는 것은 시간과 노력을 줄일 수 있는 방법의 하나이다. PORTC의 출력 동작을 확인하기 위하여 LED를 각 비트에 연결하였다. LED는 화합물 반도체의 PN접합에 빛이 투과하도록 P형층을 매우 얇게 만든 소자로, P형(애노드 : 양극)에 (+)전위 N형(캐소드 : 음극)에 (−)전위를 가하면 즉, 순방향을 가하면 전류가 흐르면서 전계발광현상에 의해 발광한다. 대략 2V와 20mA 정도의 직류 전압 전류에서 동작한다. 이를 감안하여 [그림 4-4]에서는 LED에 470의 저항을 연결하여 사용하였다. LED는 기본적으로 전압구동소자가 아니라 전류구동소자이며 발광하는 광의 세기는 전류에 비례하며 각종 표시 장치에 응용되는 소자이다. LED의 단자 중 긴 것이 애노드(양극)이다. 실험할 때는 LEDSW를 닫고 한다. 만약 DDRC 레지스터를 이용하여 PORTC를 출력으로 설정한 후 Low 값을 출력하면 해당 PORTC 비트에 연결된 LED가 켜진다. 전류는 LED로부터 포트 방향으로 흐르게 되는데 이와 같은 경우를 "포트가 전류 싱크로 작용"하였다고 한다.

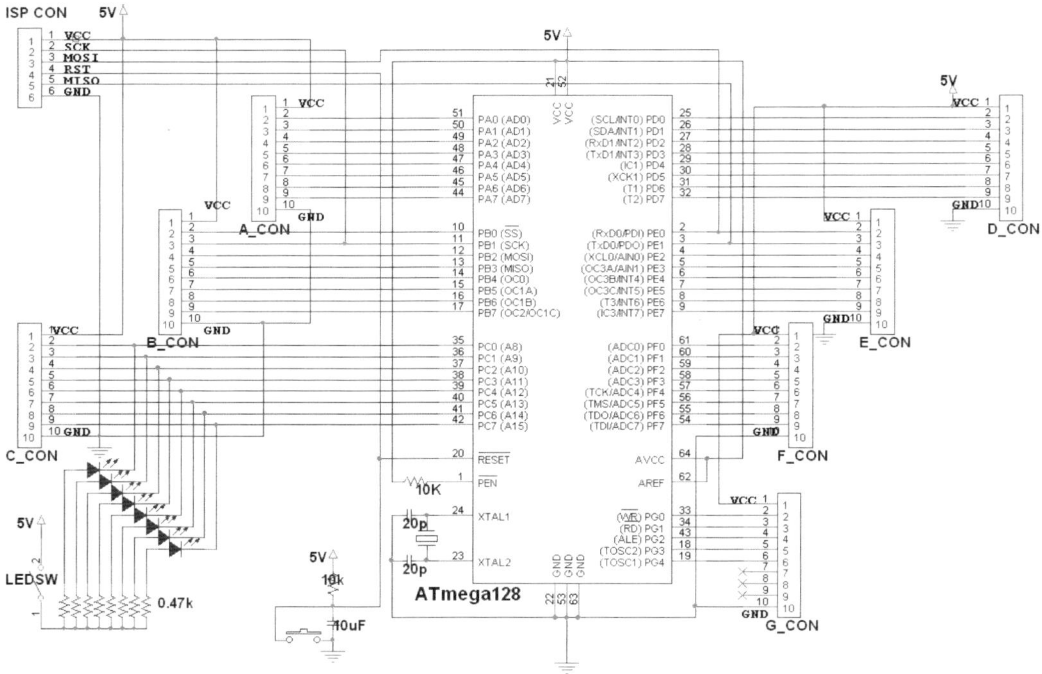

그림 4-4 • 기본 입출력 실험을 위한 회로도

실험 4-12 | LED 점멸 1

포트C에 연결된 8개의 LED를 0.4초 간격으로 좌로 이동하며 한 개씩 켠다. 즉 처음 PORTC.0에 연결된 LED만 켜고 0.4초 후에 PORTC.1에 연결된 LED만 켜는 식으로 반복해서 8개의 LED를 순차적으로 켠다.

유의점

0.4초의 시간 지연은 [실험 4-11]의 `delay` 루틴을 사용한다. [그림 4-5]의 회로에서 0을 출력해야 LED가 켜지고 1을 출력하면 꺼진다. mega128.h를 `include`시켜야 PORTC.n을 사용할 수 있다. `delay_ms()`를 사용하려면 delay.h를 `include`시켜야 한다.

회로도

[그림 4-4] 참조

프로그램 예

```
#include <mega128.h>
void delay(unsigned char i)  // 시간 지연 루틴 약 0.875 ~ 112 usec 시간 지연을 얻을 수 있다.
{ while(i--); }              // delay(226)은 대략 0.1 msec의 시간 지연을 얻을 수 있다.
void delay_1ms(unsigned int i)  // 1 msec 시간 지연을 얻을 수 있다.
{
   unsigned int j,k;
```

```
    for(j=0;j<i;j++) for(k=0;k<10;k++)  delay(226);
}
void main(void)
{
    unsigned char  led=0xfe;
    DDRC = 0xff;                     // 포트C의 모든 비트를 출력으로 설정한다.
    for(;;)
    {
      if (led!=0x7f) led=(led<<1)|0x01;  // 비트7를 켜지 않았으면 1비트씩 좌로 시프트하고
                                        // 빈자리에 1을 채워 넣는다.
      else led = 0xfe;                  // 비트7을 켰으면 다시 처음으로 와서 비트0를 켠다.
      delay_1ms(400);                   // 0.4초 시간 지연, 시뮬레이션할 때는 제거하고 해도 됨
      PORTC = led;                      // 포트c의 비트의 값은 led의 값을 따른다.
    }
}
```

하드웨어 예

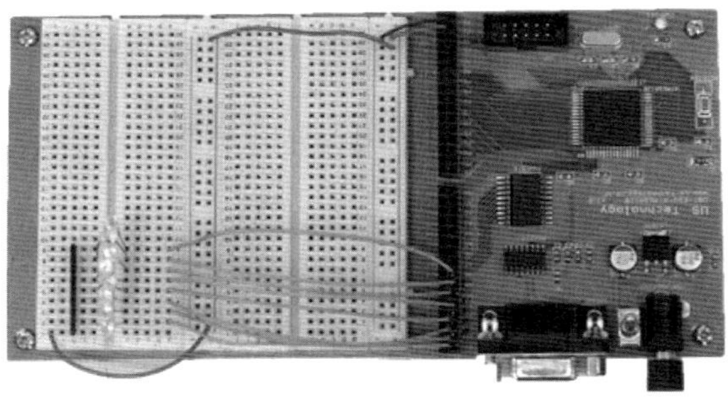

그림 4-5 • LED 점멸 실험을 위한 하드웨어 예

결과

❶ CodeVisionAVR의 에디터를 통해 실행 파일을 만든 후 AVR Studion4 디버그 세션에 들어가서 메인 메뉴의 [View → Memory]를 실행하여 Memory라는 이름의 창을 생성하고 창에서 [Data]을 선택한다. 메인 메뉴의 [View → Memory1]를 실행하여 Memory1라는 이름의 창을 생성하고 창에서 [Program]을 선택한다. 또한 [View → Register]를 실행하여 Register라는 이름의 창을 생성한다.

❷ 디버그 세션에서 메인 메뉴 [Debug]의 하위 메뉴인 [Step Into], [Auto Step], [Run to Cusor] 등을 적절히 활용하면서 Memory, Register, I/O View 창을 통해 내부 램과 레지스터의 값의 변화를 확인하라. 시뮬레이션할 때 `delay()`, `delayms()`는 시간을 많이 걸리게 하므로 제거해도 된다.

❸ 시뮬레이션이 성공적이었으면 실행 파일을 만들고 3장의 [그림 3-19]의 인터페이스 회로와 [그림 4-4]의 ISP CON을 연결하고 전원을 넣은 상태에서 3장 3.5절에 나온 방법을 참조하여 다운로드하라.

❹ 시스템이 성공적으로 동작하는지 확인하라.

과제

❶ 0.3초마다 우로 이동하며 점멸 동작하도록 구현해보자.

❷ LED가 2진 가산 형태로 0.4초마다 점멸 동작하도록 구현해보자.

실험 4-13 | LED 점멸 2

포트C에 연결된 8개의 LED를 0.04초 간격으로 좌로 이동하며 한 개씩 켜고 PORTC.7 해당하는 LED까지 켰으면 우로 이동하며 한 개씩 켠다. 이것을 반복해서 수행하여 좌우로 흔들리면서 점멸하도록 한다.

회로도

[실험 4-12]와 동일

프로그램 예

```
#include <mega128.h>
#include <delay.h>          // delay_ms(), delay_us()를 이용할 것이다.
void main(void)
{
   unsigned char  led=0xfe, i;
   DDRC = 0xff;
   for(;;)
   {
     for(i=0;i<=6;i++) { led = (led << 1 ) | 0x01;
                        // 비트7을 켜지 않았으면 1비트씩 좌로 시프트하고 빈자리에 1을 채워 넣는다.
                        // 시뮬레이션할 때는 제거하고 해도 됨
     delay_ms(40);
     PORTC = led;
   }
   for(i=0;i<=6;i++)
   {
     led = (led >> 1 ) | 0x80;  // 비트7을 켰으면 1비트씩 우로 시프트하고 빈자리에 1을 입력
     delay_ms(40);              // 시뮬레이션할 때는 제거하고 해도 됨
     PORTC = led;
     }
   }
}
```

NOTE AVR Studio 4를 이용한 시뮬레이션 1

AVR Studio 4를 이용하여, 프로그램 다운로드 전 미리 프로그램 파일을 시뮬레이션 할 수 있다. 이것을 [실험 4-12]의 예를 통하여 살펴보자. 처음 포트C의 DDRC 레지스터는 모든 비트가 출력 상태로 되어 있고 PORTC 레지스터의 모든 비트는 low로 설정되어 있다. `for` 문 안의 함수를 [Debug]의 하위 메뉴인 [Step Into]를 사용하여 진행하여 보자.

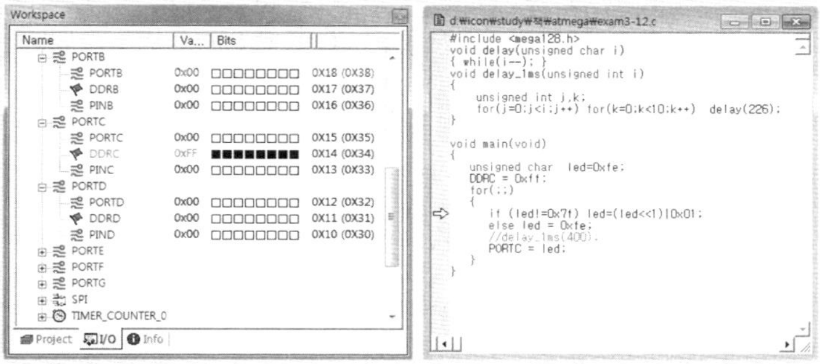

아래 그림에서 보는 바와 같이 PORTC 레지스터의 1비트의 값은 Low, 나머지는 High로 설정됨을 알 수 있다. [Step Into]를 사용하여 `for` 문 안의 함수를 한 바퀴 더 진행하면 PORTC 레지스터의 비트2의 값이 Low, 나머지는 High인 상태를 볼 수 가 있다. 이것을 반복하여서 프로그램이 우리의 의도와 알맞게 작성되었는지 확인할 수 있다. 여기서 지연 함수는 시뮬레이션의 간편화를 위하여 주석 처리를 하였다.

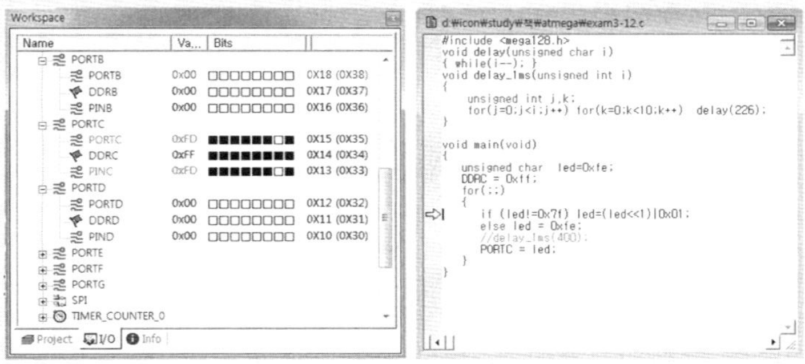

결과

[실험 4-12]와 같은 방법으로 확인하여라.

과제

0.04초 간격 이외의 0.01초나 0.1초등 다양한 시간 간격으로 똑같은 동작을 구현해보자.

실험 4-14 | LED 점멸 3

포트C에 연결된 8개의 LED를 롬 데이터에 따라 점등 패턴과 지속 시간을 결정하여 점등한다. 롬 데이터를 끝까지 다 읽어 점등했으면 다시 처음의 데이터에 따라 점등한다. 이를 무한히 반복한다.

유의점

지속 시간은 롬데이터에 주어진 값에 100을 곱한 값으로 하며 롬데이터의 끝까지 수행한 경우 다시 처음의 데이터를 읽어 반복 수행한다.

회로도

[실험 4-12]와 동일

프로그램 예

```
#include <mega128.h>
void delay(unsigned char i)     // 시간 지연 루틴 약 0.875~112usec 시간 지연을 얻을 수 있다.
{ while(i--); }                 // delay(226)은 0.1msec의 시간 지연을 얻을 수 있다.
void delayms(unsigned int i)    // i msec 시간 지연을 얻을 수 있다.
{
   unsigned int j,k;
   for(j=0;j<i;j++) for(k=0;k<10;k++)  delay(226);
}
flash unsigned char ledp[ ] = {0xfe, 0xef, 0x44, 0x11, 0x23, 0x34, 0x35, 0x67};
flash unsigned char ledt[ ] = {0x22, 0x33, 0x44, 0x45, 0x56, 0x66, 0x78, 0x66};
void main(void)
{
   unsigned char i;
   DDRC = 0xff;
   for(;;)
   {
      for(i=0;i<=8;i++)
      {
         PORTC = ledp[i];
         delayms((unsigned int)(ledt[i]*100));
      }
   }
}
```

결과

[실험 4-12]와 같은 방법으로 확인하여라.

과제

다양한 시간 간격과 패턴으로 점멸하는 동작을 구현해보자.

실험 4-15 LED 점멸 4

포트C에 연결된 8개의 LED를 stdlib.h에 있는 함수 rand()를 이용하여 패턴과 지속시간을 결정하여 점등한다.

유의점

rand()를 사용하려면 #include <stdlib.h>를 프로그램에 포함시켜야 한다. rand()는 0 ~ 32767까지의 임의의 숫자를 만들어낸다.

회로도

[실험 4-12]와 동일

프로그램 예

```
#include <mega128.h>
#include <stdlib.h>                // rand()를 이용할 것이다.
void delay(unsigned char i)        // 시간 지연 루틴 약 0.875~112usec 시간 지연을 얻을 수 있다.
{ while(i--); }                    // delay(226)은 0.1msec의 시간 지연을 얻을 수 있다.
void delayms(unsigned int i)       // i msec 시간 지연을 얻을 수 있다.
{
   unsigned int j,k;
   for(j=0;j<i;j++) for(k=0;k<10;k++)  delay(226);
}
void main(void)
{
   DDRC = 0xff;
   for(;;)
   {
      PORTC = (char)(rand() % 0x80);
      delayms((unsigned int)(2*rand()));
   }
}
```

결과

[실험 4-12]와 같은 방법으로 확인하여라.

과제

delay.h를 include하여 delay_ms(), delay_us()로 시간 지연하는 프로그램으로 수정해보자.

2.4 단순 입출력 연습

단순 입출력 연습을 하기 위해 [그림 4-6] 또는 [그림 4-7]과 같이 시스템을 구성한다. 기계식 키를 누르면 탄성에 의해(키를 누른 상태를 0, 안 누른 상태를 1이라 가정했을 때) 0상태에

안정적으로 도달하기 전에 0과 1을 여러 번 반복하는 바운스(Bounce) 또는 채터링(Chattering)이 일어난다. 바운스 현상은 수십 msec 동안 일어나 사람은 단지 한 번 누른 것처럼 느끼지만 마이컴은 여러 번 눌린 것처럼 오인하게 된다. 키를 눌렀다 뗄 때도 마찬가지로 바운스 현상이 일어난다. 키에 2개의 NAND 게이트를 사용하거나 RC 회로를 연결하는 등([그림 5-10] 참조) 하드웨어적으로 바운스 현상을 줄일 수도 있지만 소프트웨어에 의해 할 수 있다. 여러 가지 소프트웨어에 의한 바운스 처리법이 있지만 이 책에서는 키가 눌리지 않은 상태(1레벨)에서 시작하여 키가 눌려짐(0레벨)을 검출하고 적절한 시간 지연 후에(보통 20 ~ 50 msec) 또 다시 눌려짐(0레벨)을 검출하는 즉, 두 번 확인하는 방식을 택한다. [그림 4-6]의 회로에서 풀업저항 10 K 옴 대신 무한대의 저항 즉, 풀업저항 10 K 옴을 없애고 개방하여 입력장치로 사용해도 된다. 이것은 I/O 포트들이 입력으로 사용될 때 내부 풀업저항을 사용할 수 있기 때문이다. 이런 경우 해당 포트 핀을 입력으로 설정하기 위해 DDRx.n = 0 명령에 부가적으로 PORTx.n = 1 명령으로 해당 포트 핀에 1을 써 넣어야 내부 풀업저항을 사용할 수 있다. 각 실험은 [그림 4-6] 또는 [그림 4-7]의 SW_CON을 [그림 4-4]의 D_CON에 연결하고 실험할 때는 LEDSW를 닫고 한다. SW들을 누르면서 실험이 진행된다.

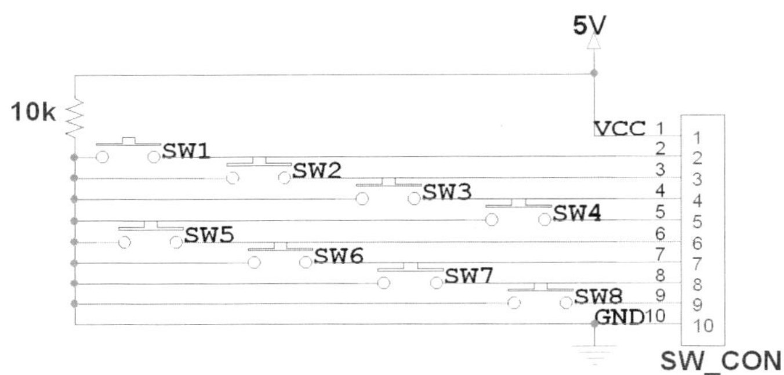

그림 4-6 • 단순 키보드 스캔을 위한 회로도

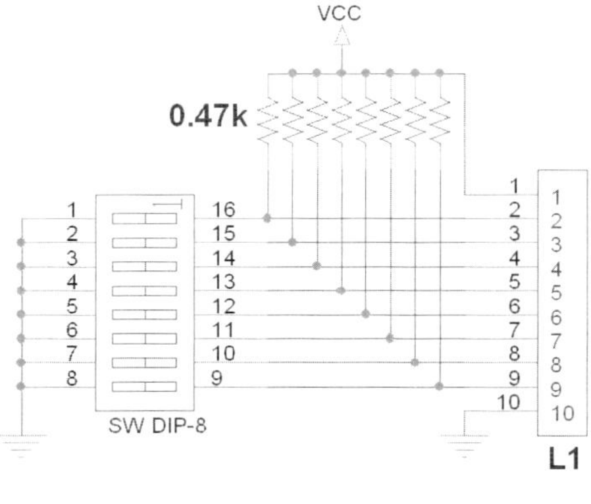

그림 4-7 • 딥스위치를 이용한 간단한 입력 회로

실험 4-16 | 키 누름수 세기

PD0에 연결된 누름키(SW1)가 눌린 수를 세어 포트C에 연결된 8개의 LED로 표시한다.

회로도

[실험 4-12]와 [그림 4-6] 참조([그림 4-6] 단순 키보드 스캔을 위한 회로도의 SW_CON을 [그림 4-4]의 D_CON에 연결하고 실험할 때는 LEDSW를 닫고 한다).

프로그램 예

```
#include <mega128.h>
#include <delay.h>            // delay_ms(), delay_us()를 이용할 것이다.
void main(void)
{
   unsigned char key_num = 0;
   DDRC = 0xff;               // 포트C를 출력으로
   DDRD = 0x00;               // 포트D가 디폴트 입력으로 설정되어 있으므로 필요하지는 않음
   PORTD = 0xff;              // 내부 풀업저항 사용
   for(;;)
   {
      while( PIND.0 == 1 );   // 눌릴 때(PIND.0 ==0)까지 대기 눌리면 아래로
      delay_ms(40);           // 약 40msec 시간 지연하고 다시 읽기
      if( PIND.0 == 0)        // 40msec 후에도 눌려있으면 유효한 키 입력이므로 아래로
      {
         key_num += 1;
         PORTC = ~key_num;    // 1일 때 꺼지고 0일때 켜지므로 반전시켜 출력시킨다.
      }
      while(PIND.0 == 0);     // 키 눌림이 해제될 때까지 대기
   }
}
```

하드웨어 예

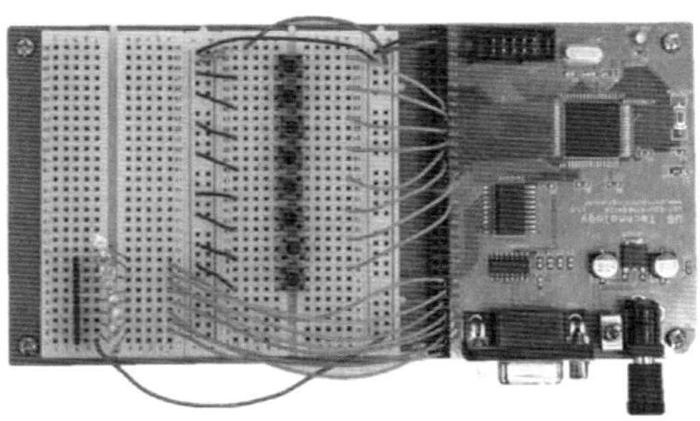

그림 4-8 • LED 키 누름 수 세기 실험을 위한 하드웨어 예

결과

❶ CodeVision AVR의 에디터를 통해 실행 파일을 만든 후 AVR Studion4 디버그 세션에 들어가서 메인 메뉴의 [View → Memory]를 실행하여 Memory라는 이름의 창을 생성하고 창에서 [Data]을 선택한다. 메인 메뉴의 [View → Memory1]를 실행하여 Memory1라는 이름의 창을 생성하고 창에서 [Program]을 선택한다. 또한 [View → Register]를 실행하여 Register라는 이름의 창을 생성한다.

❷ 디버그 세션에서 메인 메뉴 [Debug]의 하위 메뉴인 [Step Into], [Auto Step], [Run to Cusor] 등을 적절히 활용하면서 Memory, Register, I/O View 창을 통해 내부 램과 레지스터의 값의 변화를 확인하라. 시뮬레이션할 때 `delay_ms()`는 시간을 많이 걸리게 하므로 제거해도 된다. [Auto Step]를 누르고 IO View창의 PIND 레지스터 비트0의 값을 변화시켜가며 PORTC의 변화를 관찰하라. PIND.0을 변화시킬 때마다 PORTC의 값이 증가해야 한다.

❸ 시뮬레이션이 성공적이었으면 실행 파일을 ISP 소프트웨어와 인터페이스 회로를 사용하여 [그림 4-6]의 시스템에 다운로드하라.

❹ 시스템이 성공적으로 동작하는지 확인하라.

과제

시간 지연을 다르게 하여 수행해보자(수 msec 단위로 작게, 수백 msec 단위로 크게).

실험 4-17 | 파일럿 램프

딥스위치가 연결된 포트D로부터 입력을 받아 그에 대응하는 포트C에 연결된 LED를 켠다.

회로도

[실험 4-12]와 [그림 4-7] 참조([그림 4-7] 딥스위치를 이용한 간단한 입력회로의 L1을 [그림 4-4]의 D_CON에 연결하고 실험할 때는 LEDSW를 닫고 한다.)

프로그램 예

```
#include <mega128.h>
void main(void)
{
   DDRD = 0x00;                          // 포트D를 입력으로 설정
   DDRC = 0xff;                          // 포트C를 출력으로 설정
   for(;;)
   {
      PORTC = ~PIND;                     // 반전시켜 출력하라.
   }
}
```

NOTE AVR Studio 4를 이용한 시뮬레이션 2

[실험 4-16]을 시뮬레이션해보자. 실험은 포트의 연결된 스위치가 눌림에 따라 LED를 점멸한다. 이 또한 AVR Studio 4를 이용하여 시뮬레이션을 할 수가 있는데 먼저 작성이 끝난 프로그램을 [Debug]의 하위 메뉴를 눌러가면서 진행하여 보자. Workspace창의 PORTC 레지스터를 살펴보면 스위치가 눌리지 않았으므로 PORTC의 값이 변화가 없다.

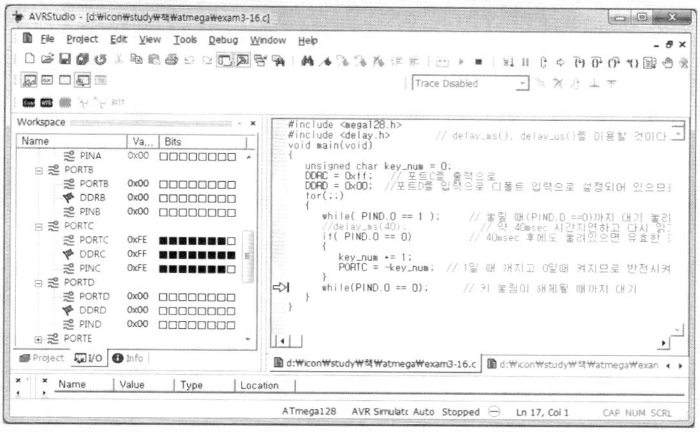

[Debug]의 하위 메뉴인 break를 눌러서 디버그 중지 상태를 만들어 보자. 그 후 Workspace창의 PORTD의 레지스터인 PIND의 0비트를 체크한 후 시뮬레이션을 돌려보자. 그러면 진행 커서가 첫 번째 while 문으로 옮겨 감을 알 수 있다. 다시 디버그를 중지한 후 PIND의 0비트의 체크를 해제하고 시뮬레이션을 돌려보면 PORTC의 레지스터 값들이 변함을 알 수 있다. 이처럼 AVR Studio 4를 이용하여 간단한 입출력 프로그램은 다운로드 하기 전에 미리 디버깅 작업을 할 수 있다.

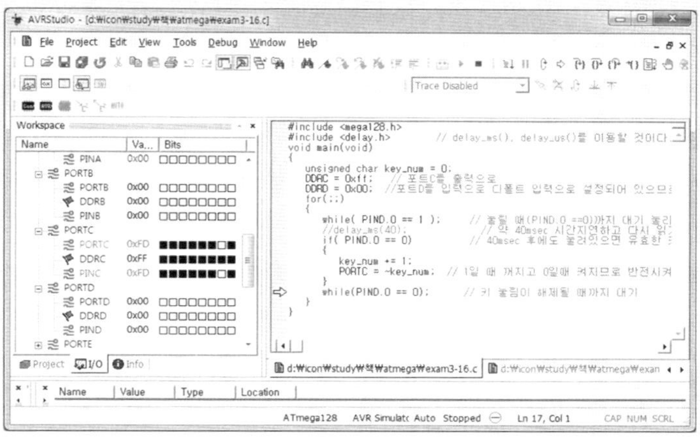

하드웨어 예

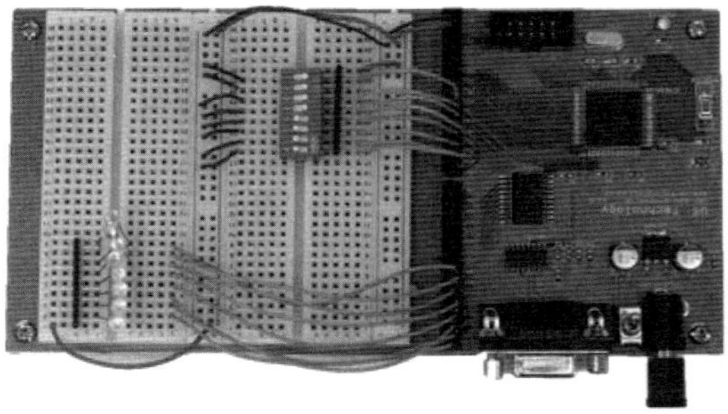

그림 4-9 • 파일럿 램프 실험을 위한 하드웨어 예

결과

눌린 딥스위치의 값이 LED로 표시된다.

과제

일정 시간동안 입력이 유지되어야 LED가 점멸되도록 프로그램을 수정해보자.

실험 4-18 | 입출력함수 구현

딥스위치가 연결된 포트D로부터 입력을 받고 미리 롬에 기록된 데이터값에 따라 포트C에 연결된 LED를 켜고 끈다.

회로도

[실험 4-12]와 [그림 4-7] 참조

프로그램 예

```
#include <mega128.h>
unsigned char arr[ ] = { 0x08, 0x10, 0x88, 0xE0, 0xA8, 0x20, 0xA0,
                         0xFF, 0x86, 0x78, 0x68, 0x90, 0x45};
void main( void )
{
  unsigned char ledp;
  DDRC = 0b11111111;
  DDRD = 0b00000000;
  for(;;)
  {
    ledp = PIND;
    PORTC = arr[ledp];
  }
}
```

결과
딥스위치의 값에 따라 미리 기록된 데이터의 값이 LED로 표시된다.

과제
다른 데이터를 넣고 수행해보자.

실험 4-19 | 입력값에 따른 LED 점멸 속도 조절

딥스위치가 연결된 포트D로부터 입력을 받아 포트C에 연결된 LED의 점멸 속도를 조절한다.

유의점

[그림 4-7]에 주어진 회로의 L1에 [그림 4-4]의 D_CON을 연결한다. [그림 4-7]의 딥스위치를 열고 닫아 그 값을 입력으로 삼아 실험하면 된다. 실험할 때는 [그림 4-4]의 LEDSW를 닫고 한다.

회로도

[실험 4-12]와 [그림 4-7] 참조

프로그램 예

```
#include <mega128.h>
#include <delay.h>
void main(void)
{
   unsigned char led=0xfe;
   unsigned int dt;
   DDRC = 0xff;                          // 포트C를 출력으로 설정.
   DDRD = 0x00;                          // 포트D를 입력으로 설정.
   for(;;)
   {
      for(dt=0; dt < (int) 256*PIND ;dt++) delay_ms(1); // 지연값을 입력받아 시간 지연.
      if (led != 0x7f) led = (led << 1 ) | 0x01;
                              // 비트7를 켜지 않았으면 1비트씩 좌로시프트하고 빈자리에 1을 채워 넣는다.
      else led = 0xfe;  // 비트7을 켰으면 다시 처음으로 와서 비트0를 켠다.
      PORTC = led;
   }
}
```

결과
눌러진 딥스위치에 따라 LED의 점멸 속도가 조절된다.

과제
딥스위치가 연결된 포트D로부터 입력을 받아 그 값에 비례하는 속도로 포트C에 연결된 LED가 카운트 다운하는 프로그램을 작성해보자.

연습문제

1. 기계식 키의 채터링 현상에 대하여 설명하라.

2. 기계식 키의 채터링 현상을 줄이는 방법에 대하여 설명하라.

3. 다음의 ATmega128의 I/O 포트에 대한 설명에서 옳은 것을 모두 골라라.

a. ATmega128은 CPU와 외부 장치를 연결해주기 위해 양방향성을 갖는 6개(PORTA ~ PORTF)의 8비트 입출력 포트와 1개(PORTG)의 5비트 입출력 포트를 갖고 있다.

b. ATmega128의 I/O 포트는 양방향성으로 20K ~ 100K 옴의 내부 풀업을 갖는 구조를 갖고 있다.

c. 8051과 달리 LED 1개 정도는 구동하기에 충분한 전류 40mA를 최대 구동 전류로 출력하므로 LED를 포트에 연결할 때 전류 흡입형으로 구현할 필요는 없다.

d. 입출력 방향 설정은 DDRA ~ DDRG 레지스터에 입출력 포트에 대응하는 해당 비트에 0을 쓰면 출력으로 1을 쓰면 입력으로 설정된다. 초기값은 0으로 설정되어 있다.

e. DDRx의 값을 조절하여 출력으로 설정된 경우 PORTx 레지스터에 출력시키고자 하는 값을 쓰면 해당 포트로 값이 출력된다. 비트별로 설정하려면 PORTx.n = 1의 형태로 하면 된다(x는 A ~ G, n은 0 ~ 7). 만약 포트 B의 비트 3에 1을 출력하려면 PORTB.3 = 1로 하면 된다.

f. PORTA를 입력 포트로 사용하여 입력값을 얻기 위해서는 DDRA의 값을 `0xff`로 설정하고 PINA 레지스터의 값을 읽으면 된다.

g. SFIOR(Special Function IO Register)의 비트2(PUD : Pull-Up Disable)를 1로 세트하면 풀업저항을 활성화 시킬 수 있다.

4. ATmega128의 I/O 포트 내부 풀업저항을 설정하는 방법에 대하여 설명하라.

5. ATmega128의 I/O 포트의 입출력 방향을 설정하는 방법에 대하여 설명하라.

6. CodeVision C에서 시간 지연을 위한 `delay_ms()`, `delay_us()`를 포함하는 헤더 파일은 무엇인가?

CHAPTER 05

기본 인터럽트 실험

학습목차

학습개요

이번 장에서는 인터럽트에 관하여 알아보자. ATmega128에는 리셋 및 인터럽트 벡터가 25개가 있다. 이번 장에서 이중 핀 INT0 ~ 7를 통한 외부 인터럽트를 간단한 실험을 통하여 이해하고 외부 인터럽트 외의 인터럽트, 즉 타이머/카운터 인터럽트 및 직렬 통신 인터럽트 같은 것들에 대해서는 각 해당 설명하는 장에서 다루기로 하자.

1 인터럽트의 개념과 종류

- 인터럽트는 어떤 조건이나 사건의 발생으로 정상적인 프로그램을 일시적으로 중지시키고 보다 시급한 작업을 먼저 수행하고 다시 원래로 복귀하여 실행 순서를 변경하도록 만드는 것을 말한다. 인터럽트 요청에 따라 수행하는 프로그램을 인터럽트 서비스루틴 또는 인터럽트 핸들러라 한다. 인터럽트는 마이컴 시스템을 구현하는데 커다란 역할을 차지하며 발생시기를 예측하기 힘든 사건에 마이컴이 가장 빠르게 대응할 수 있는 방법이며 비교적 저속으로 동작하는 주변 장치의 요청에 고속으로 동작하는 마이컴 사이에 효율적으로 일을 수행하는 중요한 수단이 된다.

- **인터럽트의 3요소**

  ❶ **발생원 :** 누가 요청했는가?

  ❷ **우선순위 :** 2개 이상의 요청 시 누구를 먼저 서비스할까?

  ❸ **인터럽트 벡터 :** 서비스루틴의 시작 번지는 어디인가?

- **인터럽트의 종류 :** 발생 원인이 존재하는 곳에 따라 내부와 외부로 나뉘고, 차단 가능성에 따라 차단 가능(maskable) 인터럽트와 차단 불가능(unmaskable) 인터럽트로 나뉘고, 인터럽트 발생 원인을 확인하는 방법에 따라 조사형과 벡터형으로 나뉜다.

- 내부 인터럽트는 0으로 나누는 등 금지된 연산이나 금지된 메모리로의 접근 시도 등에 따라 마이컴 내부에서 발생하는 인터럽트며, 외부 인터럽트는 입출력 장치의 작업 종료, 타이머의 오버플로, 외부 장치의 통신 요청 등 외부 장치에 의해 발생되는 인터럽트로 일반적으로 인터럽트하면 외부 인터럽트를 지칭한다. ATmega128은 8051과 달리 내부 인터럽트에 해당하는 것이 없다.

- 프로그램에 의해 인터럽트 서비스 요청을 차단하지 못하는 것을 차단 불가능(unmaskable) 인터럽트라 하며 전원 이상 등의 매우 중요한 돌발 사태에 대비하기 위해 대부분의 마이크로프로세서에서 사용되지만, ATmega128은 8051처럼 차단 불가능 인터럽트를 사용하지 않는다. 차단 가능(maskable) 인터럽트를 차단하는 방법은 특정 레지스터값의 설정에 따라 한다.

- 인터럽트를 요청한 장치가 특정한 상태 비트를 세트해 표시해놓으면 이를 마이컴이 소프트웨어적으로 조사하고 찾는 순서에 따라 우선순위가 정해지는 방식을 조사형 인터럽트라 하고, 인터럽트 발생 원인에 따라 미리 지정된 서비스루틴의 시작 번지(인터럽트 벡터)에서 처리하는 방식을 벡터형이라 하는데 벡터형이 인터럽트 발생 원인을 찾고 서비스루틴을 처리하는 시간이 빠른 장점이 있다. ATmega128은 벡터형을 사용한다.

- ATmega128의 인터럽트는 차단 가능한 외부 인터럽트에 해당하며 리셋을 포함하여 총 35개의 인터럽트 벡터를 가지고 있다. 리셋을 제외한 34개의 인터럽트는 외부 핀을 통하여 요청되는 외부 인터럽트 8개, 타이머0 관련 2개, 타이머1 관련 5개, 타이머2 관련 2개, 타이머3 관련 5개, USART0 관련 3개, USART1 관련 3개, 기타 6개로 분류될 수 있다.

2 ATmega128의 인터럽트 처리 과정

- **1단계 :** 매 사이클의 인터럽트 요청이 있는지 확인하고 해당 인터럽트 플랙에 기록한다.
- **2단계 :** 어느 인터럽트 요청이 있는지 인터럽트 플랙을 조사하고 우선순위와 허용 여부를 결정한다.
- **3단계 :** 인터럽트 벡터 주소를 찾아가기 위한 CALL 명령이 수행되며 다른 인터럽트 발생을 방지하기 위해 SREG의 I비트를 클리어시키고 복귀 주소(PC)값을 스택에 저장한다.
- **4단계 :** 인터럽트 벡터에 따라 인터럽트 서비스루틴으로 점프하여 실행한다.
- **5단계 :** RETI를 만나면 스택에 저장된 PC를 복구하여 원래 프로그램으로 복귀한다.

3 인터럽트 처리 시간

- **응답 시간 :** 인터럽트를 허용하는 SEI 명령이 실행되었더라도 최소한 그 다음에 있는 1개의 명령이 실행되고 인터럽트가 수행된다. 인터럽트 서비스를 끝내고 원래의 프로그램으로 복귀한 경우에도 이미 대기 상태에 있던 다른 인터럽트를 수행하기 전에 최소한 1개의 명령이 실행된다. 또한 인터럽트 벡터는 3클럭이 요구되는 JMP 명령으로 이루어져 있어 1개의 명령이 최소 1클럭이므로, 인터럽트 요청 후 서비스 시작하기까지 최소 4클럭이 걸린다. 이 동안에 다른 인터럽트 발생을 방지하기 위해 SREG의 I비트를 클리어시키고 PC를 스택에 저장하고 인터럽트 벡터 주소를 찾아가서 거기에 있는 값에 따라 인터럽트 서비스 루틴으로 점프한다. 만약 2클럭 이상의 명령을 수행하고 있었으면 응답 시간은 증가한다. 슬립 모드에 있었을 때는 기동 시간이 포함되어 응답 시간이 증가된다.
- **복귀시간 :** RETI는 4클럭이 소요된다. 즉 인터럽트 서비스를 마치고 원래 프로그램으로 복귀하는 데에는 4클럭이 소요된다. 이 시간 동안 PC의 값이 스택에서 꺼내지고 스택 포인터가 2만큼 증가되며 SREG의 I비트가 1로 세트된다.

4 인터럽트 제어

4.1 벡터 배치

Fuse High Byte의 BOOTRST 비트값과 MCUCR 레지스터의 IVSEL 비트값으로 벡터의 배치를 [그림 5-1]처럼 바꿀 수 있다. Boot Reset Address는 다음과 같다.

BOOTRST	IVSEL	Reset Address	Interrupt Vectors Start Address
1	0	$0000	$0002
1	1	$0000	Boot Reset Address + $0002
0	0	Boot Reset Address	$0002
0	1	Boot Reset Address	Boot Reset Address + $0002

그림 5-1 • 인터럽트 벡터의 배치 (출처: ATMEL)

[그림 5-1]은 Fuse High Byte의 BOOTRST 비트값이 1로 MCUCR 레지스터의 IVSEL이 0일 때 즉 디폴트로 설정된 경우의 인터럽트 벡터를 보여준다.

4.2 MCUCR 레지스터

- **비트1(IVSEL:Interrupt Vector SELect) :** [그림 5-1]처럼 인터럽트 벡터의 배치를 변경할 수 있다. IVSEL이 변경되어 인터럽트 벡터의 예기치 않게 이동되는 것을 방지하기 위해 IVSEL의 변경은 다음의 절차에 따른다. ❶ IVCE 비트에 1을 쓴다. ❷ 4사이클 이내에 IVCE = 0 으로 설정하고 IVSEL에 원하는 비트값으로 설정한다.
- **비트0(IVCE:Interrupt Vector Change Enable) :** 1로 세트하면 IVSEL을 변경할 수 있다. IVCE 비트는 IVSEL 비트를 변경하고 난 이후에 4클럭이 지나면 하드웨어에 의해서 0으로 자동적으로 클리어된다.

4.3 허용과 우선순위

- 전체적인 허용은 상태 레지스터(SREG)를 통하여 설정한다. 상태 레지스터의 구성은 [그림 5-2]와 같다. 상태 레지스터의 비트7(I) Global Interrupt Enable을 1로 하여 전체 인터럽트를 허용한다. 기타 레지스터에 관해서는 매뉴얼을 참조하자.
- 개별적인 허용은 여러가지 인터럽트 마스크 레지스터를 통하여 개별적으로 허용 여부를 제어한다.

- ATmega128은 8051과는 달리 인터럽트의 우선순위를 줄 수 없고 먼저 들어온 것을 먼저 처리한다. 동시에 들어오는 경우에는 하드웨어에 의해 순위가 정해져 있는데, [그림 5-3]에 벡터표 순서대로 순위가 고정되어 있다.

Bit	7	6	5	4	3	2	1	0	
	I	T	H	S	V	N	Z	C	SREG
Read/Write	R/W	R/W	R/W	R/W	R/W	R/W	R/W	R/W	
Initial Value	0	0	0	0	0	0	0	0	

그림 5-2 • 상태 레지스터(SREG)의 비트 구성 (출처:ATMEL)

4.4 외부 인터럽트 트리거

- **입력 :** 외부 인터럽트 핀 INT0 ~ 3(핀25 ~ 28, PD0 ~ 3), INT4 ~ 7(핀6 ~ 9, PE4 ~ 7)을 통해 입력되는 신호로 발생하며 입출력 포트 핀이 출력으로 설정되더라도 발생시킬 수 있다. 소프트웨어적으로 해당 핀에 값을 출력시켜 인터럽트를 발생시킬 수 있다.

Vector No.	Program Address	Source	Interrupt Definition
1	$0000	RESET	External Pin, Power-on Reset, Brown-out Reset, Watchdog Reset, and JTAG AVR Reset
2	$0002	INT0	External Interrupt Request 0
3	$0004	INT1	External Interrupt Request 1
4	$0006	INT2	External Interrupt Request 2
5	$0008	INT3	External Interrupt Request 3
6	$000A	INT4	External Interrupt Request 4
7	$000C	INT5	External Interrupt Request 5
8	$000E	INT6	External Interrupt Request 6
9	$0010	INT7	External Interrupt Request 7
10	$0012	TIMER2 COMP	Timer/Counter2 Compare Match
11	$0014	TIMER2 OVF	Timer/Counter2 Overflow
12	$0016	TIMER1 CAPT	Timer/Counter1 Capture Event
13	$0018	TIMER1 COMPA	Timer/Counter1 Compare Match A
14	$001A	TIMER1 COMPB	Timer/Counter1 Compare Match B
15	$001C	TIMER1 OVF	Timer/Counter1 Overflow
16	$001E	TIMER0 COMP	Timer/Counter0 Compare Match
17	$0020	TIMER0 OVF	Timer/Counter0 Overflow
18	$0022	SPI, STC	SPI Serial Transfer Complete
19	$0024	USART0, RX	USART0, Rx Complete
20	$0026	USART0, UDRE	USART0 Data Register Empty
21	$0028	USART0, TX	USART0, Tx Complete
22	$002A	ADC	ADC Conversion Complete
23	$002C	EE READY	EEPROM Ready

continue

24	$002E	ANALOG COMP	Analog Comparator
25	$0030	TIMER1 COMPC	Timer/Countre1 Compare Match C
26	$0032	TIMER3 CAPT	Timer/Counter3 Capture Event
27	$0034	TIMER3 COMPA	Timer/Counter3 Compare Match A
28	$0036	TIMER3 COMPB	Timer/Counter3 Compare Match B
29	$0038	TIMER3 COMPC	Timer/Counter3 Compare Match C
30	$003A	TIMER3 OVF	Timer/Counter3 Overflow
31	$003C	USART1, RX	USART1, Rx Complete
32	$003E	USART1, UDRE	USART1 Data Register Empty
33	$0040	USART1, TX	USART1, Tx Complete
34	$0042	TWI	Two-wire Serial Interface
35	$0044	SPM READY	Store Program Memory Ready

그림 5-3 • ATmega128의 인터럽트 발생원과 벡터값 (출처: ATMEL)

- **트리거링 :** 논리 0의 레벨, 하강 에지, 상승 에지값을 해당 핀에 주어 인터럽트를 발생시킬 수 있다. 이들은 EICRA(INT0 ~ 3용), EICRB(INT4 ~ 7용)으로 설정한다. 에지 트리거는 50ns 이상의 펄스 폭을 가져야 한다. 레벨 트리거 인터럽트 신호는 워치독 오실레이터에 의해 2번 샘플링되며 이 기간 이상의 펄스 폭을 주어야 한다.
- **허용 제어 :** SREG의 I비트를 사용하여 전체적인 허용을 제어하고 EICRA, EICRB를 이용하여 트리거링을 설정하고 EIMSK를 이용하여 개별적으로 허용하여 발생을 제어한다. 개별적으로 허용되어 있더라도 SREG의 I비트가 0으로 되어 있으면 인터럽트는 발생되지 않는다. 개별적인 허용과 전체적인 허용이 있고 해당 핀에 적절한 신호가 들어와야 인터럽트는 발생될 수 있다.
- **슬립 모드의 해제 :** 레벨 트리거로 설정한 경우의 INT0 ~ 7과 하강 또는 상승 에지 트리거 방식으로 설정된 INT0 ~ 3은 인터럽트가 클럭에 관계없이 비동기로 검출되어 슬립 모드를 해제하는 데 사용할 수 있다. 하강 또는 상승 에지 트리거 방식으로 설정된 INT4 ~ 7의 경우는 I/O 클럭을 필요로 하여 이 클럭이 차단되는 슬립 모드(아이들 모드를 제외한 모든 슬립 모드)에서는 슬립 모드를 해제하는 데 사용할 수 없다.

4.5 EICRA 레지스터

EICRA(External Interrupt Control Register A) 레지스터는 초기값이 00으로 외부 인터럽트 0 ~ 3의 트리거 설정에 사용되고 그 구성은 [그림 5-4]와 같다.

- **비트7 ~ 0(ISCn1, ISCn0) :** 여기에서 n은 0 ~ 3의 값을 갖는다. 값에 따른 트리거 방식은 [그림 5-5]와 같다. 즉, 값이 ISCn1 : ISCn0 = 11일 때 INTn을 상승 에지에서, 10일 때는 하강

에지에서, 00일 때는 0 레벨에서 트리거되도록 설정한다. 01은 보류되어 있다. 상승 에지는 신호가 LOW에서 HIGH로 상승할 때, 인터럽트를 검출하고, 하강 에지는 상승 에지와 반대로 신호가 HIGH에서 LOW로 하강할 때 인터럽트를 검출한다. LOW 레벨 트리거는 신호가 LOW일때 인터럽트를 검출한다. 여기서 INT0 ~ 3은 비동기적으로 검출되고, 인터럽트 신호의 펄스 폭은 [그림 5-6]과 같이 최소한 50 ns 이상 이어야 인터럽트를 검출한다.

Bit	7	6	5	4	3	2	1	0	
	ISC31	ISC30	ISC21	ISC20	ISC11	ISC10	ISC01	ISC00	EICRA
Read/Write	R/W	R/W	R/W	R/W	R/W	R/W	R/W	R/W	
Initial Value	0	0	0	0	0	0	0	0	

그림 5-4 • 외부 인터럽트 제어 레지스터 A의 비트 구성 (출처: ATMEL)

ISCn1	ISCn0	Description
0	0	The low level of INTn generates an interrupt request.
0	1	Reserved
1	0	The falling edge of INTn generates asynchronously an interrupt request.
1	1	The rising edge of INTn generates asynchronously an interrupt request.

그림 5-5 • 외부 인터럽트 INT 0 ~ 3의 인터럽트 트리거 방식 설정 (출처: ATMEL)

Symbol	Parameter	Condition	Min	Typ	Max	Units
t_{INT}	Minimum pulse width for asynchronous external interrupt			50		ns

그림 5-6 • 비동기 외부 인터럽트의 특성 (출처: ATMEL)

4.6 EICRB 레지스터

EICRB(External Interrupt Control Register B) 레지스터는 EICRA와 마찬가지로 인터럽트 4 ~ 7의 트리거 설정에 사용되며 그 구성은 [그림 5-7]과 같다.

- **비트7 ~ 0(ISCn1, ISCn0) :** 여기에서 n은 4 ~ 7의 값을 갖는다. 값에 따른 트리거 방식은 [그림 5-8]과 같으며 EICRA에 비해 하나의 트리거 방식이 추가 되었다. 값이 ISCn1 : ISCn0 = 11일 때 INTn을 상승 에지에서, 10일 때는 하강 에지에서, 01일 때는 상승 에지 또는 하강 에지에서, 00일때는 0레벨에서 트리거되도록 설정한다. 외부 인터럽트4 ~ 7은 인터럽트0 ~ 3과 달리 동기적으로 동작하고 1클럭 주기보다 긴 시간 동안 신호가 인가되어야 인터럽트를 검출한다.

Bit	7	6	5	4	3	2	1	0	
	ISC71	ISC70	ISC61	ISC60	ISC51	ISC50	ISC41	ISC40	EICRB
Read/Write	R/W	R/W	R/W	R/W	R/W	R/W	R/W	R/W	
Initial Value	0	0	0	0	0	0	0	0	

그림 5-7 • 외부 인터럽트 제어 레지스터 B의 비트 구성 (출처: ATMEL)

ISCn1	ISCn0	Description
0	0	The low level of INTn generates an interrupt request.
0	1	Any logical change on INTn generates an interrupt request
1	0	The falling edge between two samples of INTn generates an interrupt request.
1	1	The rising edge between two samples of INTn generates an interrupt request.

그림 5-8 • 외부 인터럽트 INT4 ~ 7의 인터럽트 트리거 방식 설정 (출처: ATMEL)

4.7 EIMSK 레지스터

EIMSK(External Interrupt MaSK register) 레지스터는 INT0 ~ 7의 개별적인 허용 제어에 사용되는 레지스터로 비트 구성은 [그림 5-9]와 같다.

- **비트7 ~ 0(INT7 ~ 0) :** 초기값은 00으로 1로 설정되어 있으면 해당 인터럽트가 허용된다. 단, 상태 레지스터(SREG)의 I 비트인 전역 인터럽트 허가(Global Interrupt Enable)가 1로 설정되어야 한다.

Bit	7	6	5	4	3	2	1	0	
	INT7	INT6	INT5	INT4	INT3	INT2	INT1	INT0	EIMSK
Read/Write	R/W	R/W	R/W	R/W	R/W	R/W	R/W	R/W	
Initial Value	0	0	0	0	0	0	0	0	

그림 5-9 • EIMSK 레지스터의 비트 구성

4.8 EIFR 레지스터

EIFR(External Interrupt Frag Register)레지스터는 외부 인터럽트가 에지 트리거에 의해 요청된 경우 허용 여부에 상관없이 1로 세트된다. 만약 인터럽트가 허용된 경우 인터럽트 서비스와 함께 자동적으로 0으로 클리어된다. 플랙에 1을 써넣어서 클리어시킬 수 있다(0을 써넣는 것이 아님에 주의하라). 레벨 트리거로 설정한 경우에는 항상 0으로 클리어된다.

Bit	7	6	5	4	3	2	1	0	
	INTF7	INTF6	INTF5	INTF4	INTF3	INTF2	INTF1	INTF0	EIFR
Read/Write	R/W	R/W	R/W	R/W	R/W	R/W	R/W	R/W	
Initial Value	0	0	0	0	0	0	0	0	

그림 5-10 • EIFR 레지스터의 비트 구성

5 단순 인터럽트 검출 연습

단순 인터럽트 검출 연습을 하기 위해 4장의 [그림 4-6]을 [그림 4-4]의 D_CON에 연결하고 실험할 때는 LEDSW를 닫고 한다. [그림 4-6]의 SW1, 2, 3, 4는 각각 INT0, 1, 2, 3에 연결된다. SW1, 2, 3, 4를 누르면서 외부에서 인터럽트를 발생시키면서 실험한다. INT4 ~ 7을 이용하고 싶으면 [그림 4-4]의 E_CON에 회로를 연결하여 실험하면 된다. [그림 4-6]의 회로에서 풀업저항 10K 옴 대신 무한대의 저항 즉, 풀업저항 10K 옴을 없애고 개방하여 입력장치로 사용해도 된다. 이것은 I/O 포트들이 입력으로 사용될 때 내부 풀업저항을 사용할 수 있기 때문이다. 이런 경우 해당 포트 핀을 입력으로 설정하기 위해 DDRx.n = 0 명령에 부가적으로 PORTx.n = 1 명령으로 해당 포트 핀에 1을 써넣어야 내부 풀업저항을 사용할 수 있다. [그림 5-11]은 캐패시터를 이용하여 키의 채터링 현상을 하드웨어적으로 줄이는 방식으로, [그림 4-6]의 회로 대신에 D_CON에 연결하여 하는 실험도 실행해보자.

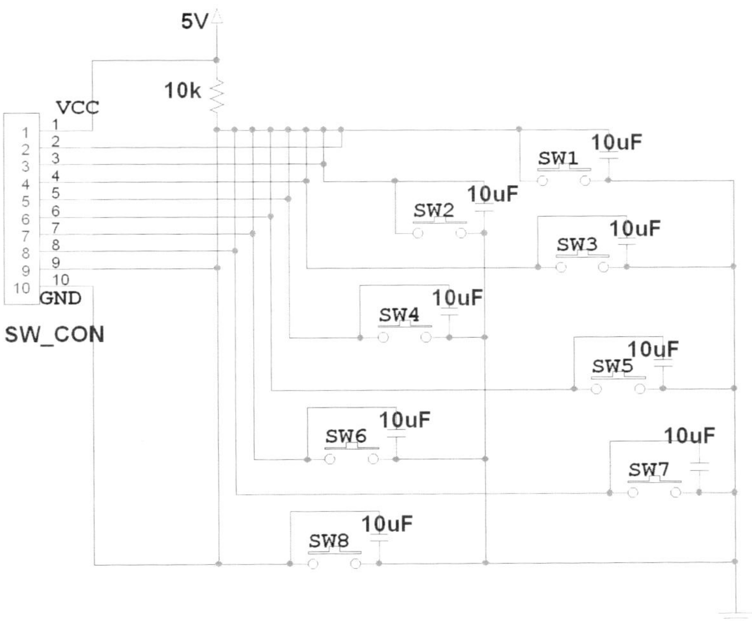

그림 5-11 • 간단한 채터링 방지 키 입력 회로

실험 5-1 LED 점멸 1

INT0(PORTD.0)에 연결된 스위치를 누르면 상승 에지 트리거에 의한 인터럽트가 발생하여 PORTC에 연결된 LED가 1칸 옮겨가면서 켜진다.

유의점

디버깅 시 [Auto Step]을 누르고 IO View 창의 PIND 레지스터 비트0의 값을 변화시켜가며 PORTC의 변화를 관찰하라. PIND.0을 변화시킬 때마다 PORTC의 값이 변화해야 한다. CodeVisoinAVR에서 인터럽트 번호에 따른 이름을 예로 INT0 ~ 7은 EXT_INT0 ~ EXT_INT7로 ATmega128의 경우에는 mega128.h에 정의해놓았다. 이를 이용해서 프로그램을 작성해도 된다.

회로도

[실험 4-12]와 [그림 5-11] 참조

프로그램 예

```
#include <mega128.h>
#include <delay.h>       // delay_ms(), delay_us()를 이용할 것이다.
unsigned char led = 0xfe;
interrupt [2] void exint0(void)
                         // interrupt [EXT_INT0] void exint0(void)로 해도 됨
{
   if(led!=0x7f) led = (led << 1) | 0x01;
                         // 비트7을 켜지 않았으면 1비트씩 좌로 시프트하고 빈자리에는 1을 채운다.
   else led = 0xfe;      // 비트7을 켰으면 다시 처음으로 와서 비트 0을 켠다.
   PORTC = led;
   delay_ms(5);          // 5ms delay
}
void main(void)
{
   DDRC = 0xff;          // 포트C를 출력으로
   PORTC = led;
   DDRD = 0x00;          // 포트D가 디폴트 입력으로 설정되어 있으므로 필요하지는 않음
   PORTD = 0xff;         // 내부 풀업저항 사용
   EIMSK |= 0x01;        // INT0 개별 허용
   EICRA = 3;            // 상승 에지 트리거
   SREG.7 = 1;           // 인터럽트 전체 허용
   while(1);
}
```

하드웨어 예

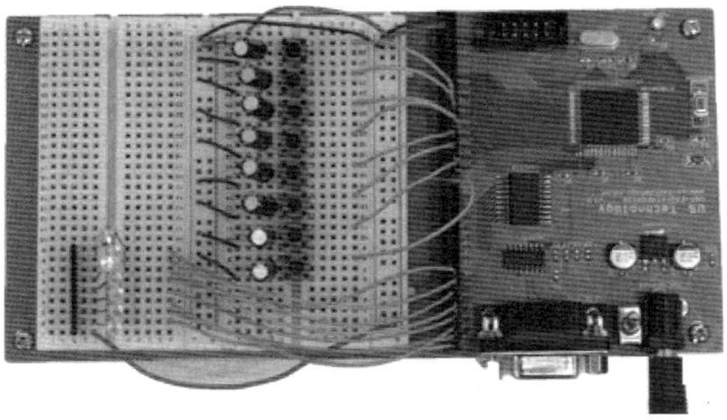

그림 5-12 • LED 점멸 실험을 위한 하드웨어 예

결과

SW1이 눌림에 따라 LED 점멸이 좌로 1칸씩 시프트 된다.

과제

❶ 실제 구현했을 때 한 번 누를 때마다 하나씩 이동하지 않고 여러 개가 이동하는 현상이 발생할 것이다. 이는 [실험 4-16]에서도 이야기한 채터링에 의한 현상이다. `delay_ms(5)`의 값을 변화시켜 가면서 실험해보고 적정한 시간 지연을 찾아보자. ❷ [그림 4-6]의 회로 대신 [그림 5-11]의 회로를 이용하되 시간 지연을 작게 해서 실험하고 비교해보자. ❸ 외부 인터럽트1 ~ 3으로 같은 역할을 하는 프로그램을 구현해보자.

실험 5-2 | LED 점멸 2

INT0(PORTD.0)에 연결된 스위치를 누르면 상승 에지 트리거에 의한 인터럽트가 발생하여 PORTC에 연결된 LED가 1칸 좌로 옮겨가면서 켜진다. INT1(PORTD.1)에 연결된 스위치를 누르면 레벨 트리거에 의한 인터럽트가 발생하여 PORTC에 연결된 LED가 1칸 우로 옮겨가면서 켜진다.

회로도

[실험 4-12]와 [그림 5-11] 참조

프로그램 예

```
#include <mega128.h>
#include <delay.h>                    // delay_ms(), delay_us()를 이용할 것이다.
unsigned char led = 0xfe;
interrupt [2] void exint0(void)       // interrupt [EXT_INT0] void exint0(void)
{                                     // 처럼 mega128.h에 저장된 정의를 사용해도 됨
  if(led!=0x7f) led=(led<<1)|0x01;    /* 비트7을 켜지 않았으면 1비트씩 좌로 시프트,
                                         빈자리에는 1을 채움. */
  else led = 0xfe;                    // 비트7을 켰으면 다시 처음으로 와서 비트 0을 켠다.
```

NOTE AVR Studio 4를 이용한 시뮬레이션 3

AVR Studio 4를 이용하여, 외부 인터럽트 레지스터의 비트 설정을 확인할 수가 있다. 또한 Workspace의 포트 설정을 통하여 외부 인터럽트를 시뮬레이션할 수도 있다. [실험 5-1]을 통하여 AVR Studio 4를 사용한 인터럽트 시뮬레이션을 살펴보자. [Debug]의 하위 메뉴인 [Run]를 사용하여 main 함수의 끝까지 실행한 뒤, Break를 이용하여 시뮬레이션을 멈춘 후 Workspace의 EXTERNAL_INTERRUPT의 레지스터를 살펴보자. EICRA는 0x03, EIMSK는 0x01로 프로그램되어 있음을 알 수 있다.

EICRA와 EIMSK를 통해 설정된 INT0의 상승 에지를 트리거하기 위해서 Workspace의 PORTD 레지스터의 PIND의 0번 비트를 1로 설정한 뒤 [Step into]를 통해 시뮬레이션을 한 단계 진행시켜보자. 아래 그림과 같이 커서가 인터럽트 함수로 진행됨을 알 수 있다.

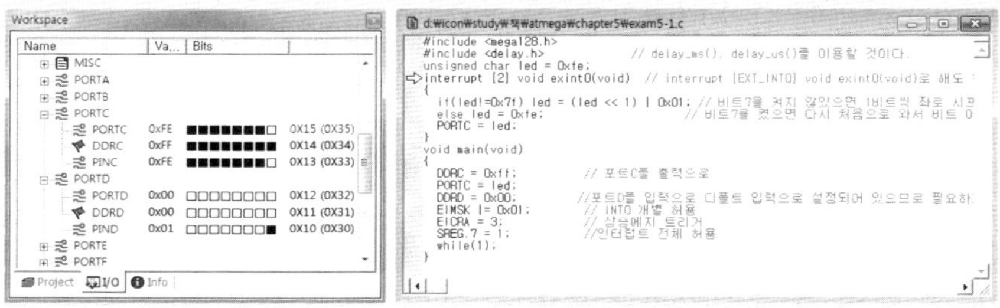

인터럽트 함수를 전체를 진행시키면서 PORTC의 레지스터를 관찰하여 보자. 이와 같이 AVR Studio 4를 이용하여 프로그램 다운 전 인터럽트 또한 시뮬레이션해볼 수 있다.

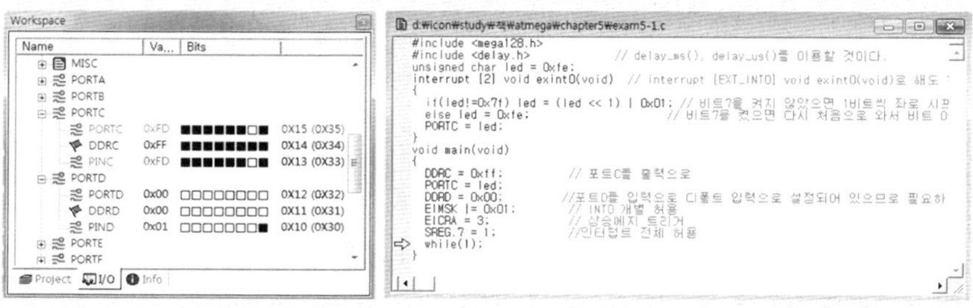

```
    PORTC = led;
    delay_ms(40);
}
interrupt [3] void exint1(void)      // interrupt [EXT_INT1] void exint1(void)
{                                     // 처럼 mega128.h에 저장된 정의를 사용해도 됨
    if (led != 0xfe) led=(led>>1)|0x80; /* 비트0를 켜지 않았으면 1비트씩 우로 시프트,
                                           빈자리에 1을 채움. */
    else led = 0x7f;                  // 비트0을 켰으면 다시 처음으로 와서 비트7를 켠다.
    PORTC = led;
    delay_ms(40);
}
void main(void)
{
    DDRC = 0xff;                  // 포트C를 출력으로
    PORTC = led;
    DDRD = 0x00;                  // 포트D가 디폴트 입력으로 설정되어 있으므로 필요하지는 않음
    SREG.7 = 1;                   // 인터럽트 전체 허용
    EIMSK |= 0b00000011;          // INT0, 1 개별 허용
    EICRA = 3;                    // INT0 상승 에지 트리거, INT1 레벨 트리거
    while(1);                     // 인터럽트 발생할 때까지 대기
}
```

결과

SW 1이 눌리면 LED 점멸이 좌로 1칸씩 시프트, SW2가 눌리면 오른쪽으로 1칸씩 시프트된다.

과제

❶ INT0(PORT D.0)과 INT1(PORT D.1)의 역할을 바꾼 프로그램을 구현해보자.

❷ INT2(PORT D.2)와 INT3(PORT D.3)을 이용하여 같은 역할을 하는 것을 구현해보자.

실험 5-3 | 카운터

에지 트리거되는 외부 인터럽트를 이용하여 카운트하는 프로그램으로, INT0(PORTD.0)에 연결된 SW1를 누르면 상승 에지 트리거에 의한 인터럽트가 발생하여 눌린 수를 세고 PORTC에 연결된 LED에 표시한다.

회로도

[실험 4-12]와 [그림 5-11] 참조

프로그램 예

```
#include <mega128.h>
#include <delay.h>                // delay_ms(), delay_us()를 이용할 것이다.
```

```
unsigned char led;
interrupt [2] void exint0(void) // interrupt [EXT_INT0] void exint0(void)
{                               // 처럼 mega128.h에 저장된 정의를 사용해도 됨
  PORTC = ~(++led);             // led를 1 증가시키고 반전한 것을 출력시킨다
  delay_ms(5);
}
void main(void)
{
  DDRC = 0xff;          // 포트C를 출력으로
  DDRD = 0x00;          // 포트D가 디폴트 입력으로 설정되어 있으므로 필요하지는 않음
  SREG.7 = 1;           // 인터럽트 전체 허용
  EIMSK = 0b00000001;   // INT0 개별 허용
  EICRA = 3;            // INT0 상승 에지 트리거
  PORTC = ~led;         // 0일때 LED가 켜지고 1일 때 꺼지므로 반전시켜서 출력
  for(;;);              // 인터럽트 발생할 때까지 대기
}
```

결과

SW1이 눌린 값에 대응되는 LED가 점멸된다.

과제

❶ 실제 구현했을 때 한 번 누를 때마다 하나씩 이동하지 않고 여러 개가 이동하는 현상이 발생할 것이다. 이는 채터링에 의한 현상이다(4장의 2.4절 참조). `delay_ms(5)`의 값을 변화시켜 가면서 실험해보고 적정한 시간 지연을 찾아보자.

❷ [그림 4-6]의 회로 대신 [그림 5-11]의 회로를 이용하되 시간 지연을 작게 해서 실험하고 비교해보자.

❸ 외부 인터럽트1 ~ 3으로 같은 역할을 하는 프로그램을 구현해보자.

❹ INT 0(PORT D.0)에 연결된 SW1을 누르면 증가하고 INT1(PORT D.1)에 연결된 SW2를 누르면 감소하는 프로그램을 구현해보자.

❺ 하강 에지 트리거 및 LOW-LEVEL 트리거를 이용해보자.

실험 5-4 | 트리거 실험

EICRB 설정을 통해 INT4 ~ 7 트리거 방식을 각각 다르게 설정하여 LED를 1칸 좌로 옮겨가면서 킨다. [그림 5-11]의 회로를 E_CON에 연결하여 SW 5, 6, 7, 8을 PORTC에 연결된 LED의 점멸 형태를 파악하자.

회로도

[실험 4-12]와 [그림 5-11] 참조

프로그램 예

```
#include <mega128.h>
#include <delay.h>                   // delay_ms(), delay_us()를 이용할 것이다.
unsigned char led = 0xfe;
interrupt [0x0A] void exint4(void)  // interrupt [EXT_INT4] void exint0 (void)
{                                   // 처럼 mega128.h에 저장된 정의를 사용해도 됨
   if(led!=0x7f) led=(led<<1)|0x01;
   else led = 0xfe;
   PORTC = led;
   delay_ms(40);
}
interrupt [0x0C] void exint5(void)  // interrupt [EXT_INT5] void exint0(void)
{                                   // 처럼 mega128.h에 저장된 정의를 사용해도 됨
   if(led!=0x7f) led=(led<<1)|0x01;
   else led = 0xfe;
   PORTC = led;
   delay_ms(40);
}
interrupt [0x0E] void exint6(void)  // interrupt [EXT_INT6] void exint0(void)
{                                   // 처럼 mega128.h에 저장된 정의를 사용해도 됨
   if(led!=0x7f) led=(led<<1)|0x01;
   else led = 0xfe;
   PORTC = led;
   delay_ms(40);
}
interrupt [0x10] void exint7(void)  // interrupt [EXT_INT7] void exint0(void)
{                                   // 처럼 mega128.h에 저장된 정의를 사용해도 됨
   if(led!=0x7f) led=(led<<1)|0x01;
   else led = 0xfe;
   PORTC = led;
   delay_ms(40);
}
void main(void)
{
   DDRC = 0xff;            // 포트C를 출력으로
   DDRE = 0x00;            // 포트E가 디폴트 입력으로 설정되어 있으므로 필요하지는 않음
   PORTE = 0xf0;           // INT4~7핀을 pull-up 한다.
   EIMSK = 0b11110000;     // INT4~7 개별 허용
   EICRB = 0b11100100;
```

```
    PORTC = ~led;              // 0일 때 LED가 켜지고 1일때 꺼지므로 반전시켜서 출력
    SREG.7 = 1;                // 인터럽트 전체 허용
    for(;;);                   // 인터럽트 발생할 때까지 대기
}
```

결과

SW5는 누르고 있으면 INT4가 검출되고, SW6은 누를 때와 뗄 때 INT5가, SW7을 누를때 INT6이, SW8은 뗄 때 INT7이 검출된다.

과제

외부 인터럽트0 ~ 3으로도 트리거 실험해보자.

연습문제

1. 마이컴 시스템을 구현하는데 커다란 역할을 차지하며 발생 시기를 예측하기 힘든 사건에 마이컴이 가장 빠르게 대응할 수 있는 방법이며 비교적 저속으로 동작하는 주변 장치의 요청에 고속으로 동작하는 마이컴 사이에 효율적으로 일을 수행하는 중요한 수단이 되는 것은?

2. 인터럽트의 3요소는 무엇인가?

3. 마이컴의 내부 인터럽트와 외부 인터럽트에 대하여 설명하라.

4. 마이컴의 maskable 인터럽트와 unmaskable 인터럽트에 대하여 설명하라.

5. 마이컴의 조사형 인터럽트와 벡터형 인터럽트에 대하여 설명하라.

6. ATmega128의 인터럽트 처리 과정에 대하여 설명하라.

7. ATmega128의 인터럽트의 허용을 전체적으로 제어하는 데 사용되는 레지스터는?

8. ATmega128에서 INT0 ~ 7의 개별적인 허용 제어에 사용되는 레지스터는?

9. ATmega128에서 외부 인터럽트0 ~ 3의 트리거 설정에 사용되는 레지스터는?

10 ATmega128에서 외부 인터럽트4 ~ 7의 트리거 설정에 사용되는 레지스터는?

11 ATmega128에서 외부 인터럽트가 에지 트리거에 의해 요청된 경우 허용 여부에 상관없이 1로 세트되는 레지스터는?

12 ATmega128의 인터럽트에 대한 설명으로 적절한 것을 모두 골라라.

a. ATmega128은 8051과는 달리 내부 인터럽트에 해당하는 것이 없다.

b. ATmega128은 8051처럼 차단 불가능 인터럽트를 사용하지 않는다.

c. ATmega128은 벡터형이 아닌 조사형 인터럽트를 사용한다.

d. ATmega128의 인터럽트는 리셋을 포함하여 총 35개의 인터럽트를 가지고 있다. 리셋을 제외한 34개의 인터럽트는 외부 핀을 통하여 요청되는 외부 인터럽트 8개, 타이머0 관련 2개, 타이머1 관련 5개, 타이머2 관련 2개, 타이머3 관련 5개, USART0 관련 3개, USART1 관련 3개, 기타 6개로 분류될 수 있다.

e. ATmega128은 8051과는 달리 인터럽트의 우선순위를 줄 수 없고 먼저 들어온 것을 먼저 처리한다. 동시에 들어오는 경우에는 하드웨어에 의해 순위가 정해져 있다.

CHAPTER 06

타이머/카운터 실험

학습목차

1. | 타이머/카운터의 개요
2. | 타이머/카운터0, 2
3. | 타이머/카운터1, 3
4. | 타이머/카운터 실험
5. | 인터럽트와 타이머 복합 실험

연습문제

학습개요

이번 장에서는 타이머/카운터에 대하여 소개한다. ATmega128에는 8비트 카운터 2개, 16비트 타이머 4개가 내장되어 있고, 총 14개의 타이머/카운터 인터럽트 벡터가 있다. 먼저 8비트 타이머/카운터인 타이머/카운터0과 2에 대하여 알아보고, 16비트 타이머/카운터인 타이머/카운터1과 3에 대하여 설명하겠다. 각각 타이머/카운터의 특징을 파악한 후 타이머/카운터 인터럽트 실험을 통하여 그 기능을 완벽하게 이해하자. 그리고 또한 타이머/카운터 인터럽트와 외부 인터럽트의 복합 실험을 다루겠다.

1 타이머/카운터의 개요

- ATmega128에는 타이머0 ~ 3 모두 4개의 타이머/카운터가 존재한다. 이들은 인터럽트와 PWM 출력 기능을 갖고 있다. 그 중에서 타이머0, 2는 8비트로 서로 기능이 유사하고 타이머1, 3은 16비트로 서로 기능이 유사하다. 다만 타이머0은 다른 타이머와 달리 32.768 KHz의 수정 진동자에 접속하는 TOSC1, 2 단자를 가지고 있어서 Real Time Clock의 기능을 갖고 있다.
- 인터럽트는 오버플로에 의해 발생하는 오버플로 인터럽트, 카운터값이 출력 비교 레지스터의 값과 같게 되는 경우 발생하는 출력 비교 인터럽트, 입력 캡처 인터럽트가 있다.
- PWM 기능은 출력 비교 기능을 이용하여 출력 비교 신호에 주기와 duty ratio를 가변할 수 있는 출력 신호를 생성하여 OC0, OC2, OC1A ~ C, OC3A ~ C 단자로 출력하는 것이다.
- 타이머1, 3은 외부 트리거 신호에 의해 현재의 카운터값을 캡처할 수 있는 기능을 갖고 있다.

2 타이머/카운터 0, 2

PWM 및 비동기 동작 모드를 갖는 8비트 업/다운 카운터로 10비트의 프리스케일러를 갖고 있어 이를 통하여 내부 클럭을 소스로 받아 타이머나 카운터로 동작한다. 오버플로와 출력 비교에 의한 인터럽트 기능을 갖고 있으며, 주파수를 발생할 수 있는 기능을 갖고 있고, 출력 비교와 재장전 기능을 갖고 있다. 타이머0의 경우 부가적으로 32.768 KHz의 수정 진동자를 TOSC1, 2 단자에 연결해 Real Time Clock으로 사용할 수 있다.

2.1 구성

[그림 6-1]은 8비트 타이머의 블록선도를 보여준다.

- **프리스케일러(prescaler) :** 타이머0의 경우에는 TOSC1에 입력된 시스템 클럭 주파수의 1/4 미만의 외부 클럭, TOSC1과 TOSC2단자에 연결된 수정 진동자에 의해 발생되는 클럭이나 내부 클럭 $clk_{I/O}$을 클럭소스로 사용하여 1, 8, 32, 64, 128, 256, 1024의 분주비로 프리스케일러에서 나누어 clk_{T0}클럭을 생성한다. 타이머0의 클럭소스는 ASSR 레지스터로 선택한다. 타이머2의 경우에는 TOSCT1, 2핀에 해당하는 것이 없고 대신 T2핀으로 입력되는 외부 클럭을 프리스케일러를 거치지 않고 clk_{T2}클럭을 생성하거나, 내부 클럭 $clk_{I/O}$을 클럭소스로 사용하여 1, 8, 64, 256, 1024의 분주비로 프리스케일러에서 나누어 clk_{T2}클럭을 생성한다. 분주비의 선택은 TCCRn 레지스터로 설정한다.

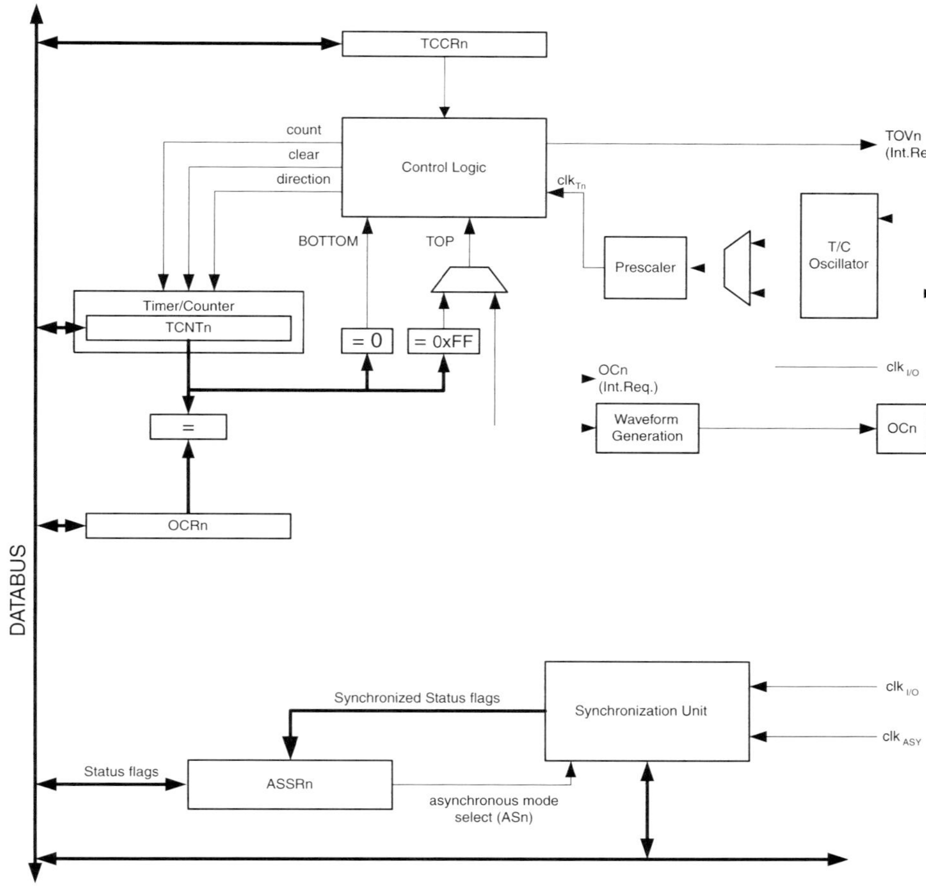

그림 6-1 • 타이머/카운터 0의 블록선도 (출처:ATMEL)

- **TCCRn :** 타이머n의 동작 모드를 설정하는 레지스터(n은 0 또는 2)
- **TCNTn(Timer/CouNTer n) 레지스터 :** 프리스케일러에서 생성된 clk_{Tn}클럭을 제어 로직에 따라 업/다운 카운팅을 수행하거나 리셋되는 타이머n의 8비트 카운터값을 저장하는 레지스터.
- **TOVn :** TCNTn가 카운팅에 의해 0xFF에서 0x00로 오버플로우가 일어나면 TOVn 플랙이 세트되고 오버플로 인터럽트를 발생시킬 수 있게 된다.
- **OCRn(Output Compare Resister n) 레지스터 :** TCNTn의 값과 출력 비교되기 위한 8비트 데이터 값을 저장하고 있는 레지스터로, TCNTn의 값과 같으면 OCFn 플랙을 세트시키고 출력 비교 인터럽트를 요청하고 출력핀 OCn 단자로 적절한 데이터가 출력되도록 한다.
- **제어 로직(Control Logic) :** clk_{Tn}과 TCNTn이 제로가 되었을 때 발생하는 BOTTOM 신호,

TCNTn 카운터값이 0xFF에 도달하거나 OCRn 레지스터에 설정된 값에 도달할 때 발생하는 TOP 신호를 입력으로 받아들여 TCNTn 카운터를 업/다운 카운팅을 수행하게 하거나 리셋시킨다.

TCCRn 레지스터

TCCRn(Timer/Counter Control Register n)는 타이머n의 동작 모드를 설정하고 프리스케일러의 분주비를 설정한다.

Bit	7	6	5	4	3	2	1	0	
	FOC0	WGM00	COM01	COM00	WGM01	CS02	CS01	CS00	TCCR0
Read/Write	W	R/W	R/W	R/W	R/W	R/W	R/W	R/W	
Initial Value	0	0	0	0	0	0	0	0	

Bit	7	6	5	4	3	2	1	0	
	FOC2	WGM20	COM21	COM20	WGM21	CS22	CS21	CS20	TCCR2
Read/Write	W	R/W	R/W	R/W	R/W	R/W	R/W	R/W	
Initial Value	0	0	0	0	0	0	0	0	

그림 6-2 • TCCR0, 2 레지스터의 비트 구성 (출처: ATMEL)

- **비트7(FOCn:Force Output Compare n) :** PWM 모드가 아닌 경우에만 유효하며 1로 설정하면 강제로 OC0(PB4, 핀14) 단자(타이머2의 경우 OC2(PB7, 핀17)에 출력 비교가 일치할 때 출력하게 되는 값과 동일한 출력을 내보낸다. 이 경우 인터럽트가 발생하지도 않고 CTC 모드에서 TCNTn를 클리어시키지도 않으므로 보통 0으로 설정한다.
- **비트6, 3(WGMn0, n1 : Waveform Generation Mode n0, n1) :** 타이머n는 4가지의 동작 모드를 갖는데 각각 Normal(일반), CTC, PC(Phase Correct) PWM, 고속 PWM이다. WGMn1:n0을 00으로 하면 일반 모드, 01로 하면 PC PWM, 10으로 하면 CTC, 11로 하면 고속 PWM 모드로 설정한다.

Mode	WGM01 (CTC0)	WGM00 (PWM0)	Timer/Counter Mode of Operation	TOP	Update of OCR0 at	TOV0 Flag Set on
0	0	0	Normal	0xFF	Immediate	MAX
1	0	1	PWM, Phase Correct	0xFF	TOP	BOTTOM
2	1	0	CTC	OCR0	Immediate	MAX
3	1	1	Fast PWM	0xFF	BOTTOM	MAX

그림 6-3 • 타이머/카운터0의 Waveform Generation Mode의 설정 (타이머/카운터2 동일) (출처: ATMEL)

- **비트5, 4(COMn1, n0 : Compare Match output mode n1, n0) :** OCn 핀의 동작을 다음처럼 조절한다.

  ❶ **00 :** 정상적인 범용 입출력 포트로 동작(OCn 출력을 차단)

  ❷ **01 :** PWM 모드가 아닌 경우 출력 비교에 의해 OCn 출력을 토글시키며, PWM 모드에서는 보류되어 있다.

  ❸ **10 :** PWM 모드가 아닌 경우 출력 비교에 의해 OCn 출력을 클리어, FAST PWM 모드의 경우 OCn를 클리어하고 TOP신호를 받아 OCn를 1로 세트, Phase Correct PWM 모드 상향 카운팅의 경우 OCn를 클리어하고 PWM 모드 하향 카운팅의 경우 OCn를 1로 세트시킨다.

  ❹ **11 :** PWM 모드가 아닌 경우 출력 비교에 의해 OCn 출력을 세트, FAST PWM 모드의 경우 OCn를 세트하고 TOP신호를 받아 OCn를 클리어, Phase Correct PWM 모드 상향 카운팅의 경우 OCn을 세트하고 PWM 모드 하향 카운팅의 경우 OCn를 클리어시킨다.

COM01	COM00	Description
0	0	Normal port operation, OC0 disconnected.
0	1	Toggle OC0 on compare match
1	0	Clear OC0 on compare match
1	1	Set OC0 on compare match

그림 6-4 • 타이머/카운터0의 non PWM 모드에서의 Compare Output mode 설정 (타이머/카운터2 동일) (출처: ATMEL)

COM01	COM00	Description
0	0	Normal port operation, OC0 disconnected.
0	1	Reserved
1	0	Clear OC0 on compare match, set OC0 at BOTTOM, (non-inverting mode)
1	1	Set OC0 on compare match, clear OC0 at BOTTOM, (inverting mode)

그림 6-5 • 타이머/카운터0의 Fast PWM 모드에서의 Compare Output mode 설정 (타이머/카운터2 동일) (출처:ATMEL)

COM01	COM00	Description
0	0	Normal port operation, OC0 disconnected.
0	1	Reserved
1	0	Clear OC0 on compare match when up-counting. Set OC0 on compare match when downcounting.
1	1	Set OC0 on compare match when up-counting. Clear OC0 on compare match when downcounting.

그림 6-6 • 타이머/카운터0의 Phase Correct PWM 모드에서의 Compare Output mode 설정 (타이머/카운터2 동일) (출처:ATMEL)

- **비트2 ~ 0(CSn2 ~ n0: Clock Selectn2 ~ n0) :** n = 0 즉, 타이머0일 때 클럭의 분주비를 선택하여 000일 때 클럭 입력을 차단하고, 001일때 1분주, 010일때 8분주, 011일때 32분주, 100일때 64분주, 101일때 128분주, 110일때 256분주, 111일때 1024분주비가 되도록 한다. n = 2 즉, 타이머2의 경우에는 분주비와 클럭소스를 선택하여 000일 때 클럭 입력을 차단하고, 001일때 1분주, 010일때 8분주, 011일때 64분주, 100일때 256분주, 101일때 1024분주비가 되도록 하고 110일때 T2(PD7, 핀32)핀에서 입력되는 외부 클럭의 하강 에지에서 카운터2가 동작하고, 111일때는 T2(PD7, 핀32)핀에서 입력되는 외부 클럭의 상승 에지에서 카운터2가 동작하도록 한다.

CSn2	CSn1	CSn0	Description
0	0	0	No clock source. (Timer/Counter stopped)
0	0	1	$clk_{I/O}$/(No prescaling)
0	1	0	$clk_{I/O}$/8 (From prescaler)
0	1	1	$clk_{I/O}$/64 (From prescaler)
1	0	0	$clk_{I/O}$/256 (From prescaler)
1	0	1	$clk_{I/O}$/1024 (From prescaler)
1	1	0	External clock source on T0 pin. Clock on falling edge
1	1	1	External clock source on T0 pin. Clock on rising edge

그림 6-7 • 타이머/카운터0의 Clock Select Bit 설정

CS22	CS21	CS20	Description
0	0	0	No clock source (Timer/Counter stopped)
0	0	1	$clk_{I/O}$/(No prescaling)
0	1	0	$clk_{I/O}$/8 (From prescaler)
0	1	1	$clk_{I/O}$/32 (From prescaler)
1	0	0	$clk_{I/O}$/64 (From prescaler)
1	0	1	$clk_{I/O}$/128 (From prescaler)
1	1	0	$clk_{I/O}$/256 (From prescaler)
1	1	1	$clk_{I/O}$/1024 (From prescaler)

그림 6-8 • 타이머/카운터2의 Clock Select Bit 설정

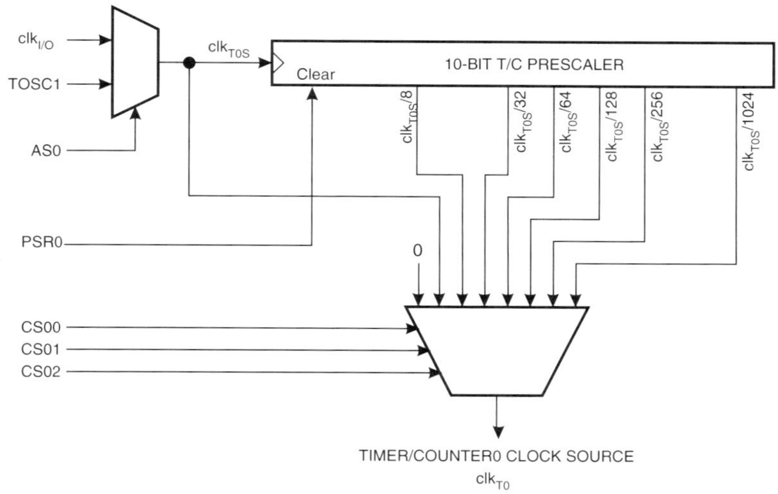

그림 6-9 ◦ 타이머/카운터0의 Prescaler 구성도

TIMSK 레지스터

TIMSK(Timer Interrupt MaSK) 레지스터는 타이머0, 1, 2가 발생하는 인터럽트를 개별적으로 허용 제어하는 레지스터이다.

Bit	7	6	5	4	3	2	1	0	
	OCIE2	TOIE2	TICIE1	OCIE1A	OCIE1B	TOIE1	OCIE0	TOIE0	TIMSK
Read/Write	R/W	R/W	R/W	R/W	R/W	R/W	R/W	R/W	
Initial Value	0	0	0	0	0	0	0	0	

그림 6-10 ◦ TIMSK 레지스터의 비트 구성 (출처:ATMEL)

- **비트7(OCIE2 : Output Compare match Interrupt Enable for timer 2) :** 1로 설정되면 타이머2의 출력 비교 인터럽트를 개별적으로 허용한다.
- **비트6(TOIE2 : Timer Overflow Interrupt Enable for timer 2) :** 1로 설정되면 타이머2의 오버플로 인터럽트를 개별적으로 허용한다.
- **비트1(OCIE0 : Output Compare match Interrupt Enable for timer 0) :** 1로 설정되면 타이머0의 출력 비교 인터럽트를 개별적으로 허용한다.
- **비트0(TOIE0 : Timer Overflow Interrupt Enable for timer 0) :** 1로 설정되면 타이머0의 오버플로 인터럽트를 개별적으로 허용한다.

TIFR 레지스터

TIFR(Timer Interrupt Flag Register) 레지스터는 타이머0 ~ 2가 발생하는 인터럽트 플랙을 저장한다. 소프트웨어적으로 강제로 클리어하려면 1을 기록해야 한다.

Bit	7	6	5	4	3	2	1	0	
	OCF2	TOV2	ICF1	OCF1A	OCF1B	TOV1	OCF0	TOV0	TIFR
Read/Write	R/W	R/W	R/W	R/W	R/W	R/W	R/W	R/W	
Initial Value	0	0	0	0	0	0	0	0	

그림 6-11 • TIFR 레지스터의 비트 구성 (출처:ATMEL)

- **비트7(OCF2 : Output Compare match Flag 2) :** 타이머2의 TCNT2 레지스터와 출력 비교 레지스터 OCR2의 값을 비교하여 같으면 OCF2는 1로 세트되고 출력 비교 인터럽트가 요청된다. 인터럽트가 서비스되기 시작하면 자동적으로 클리어된다.
- **비트6(TOV2 : Timer Overflow Flag 2) :** 타이머2에서 오버플로가 발생하면(0xFF까지 세고 0x00으로 넘어가게 되면) 이 TOV2는 1로 세트되면서 오버플로 인터럽트가 요청된다. 인터럽트가 서비스되기 시작하면 자동적으로 클리어된다. Phase correct PWM 모드에서는 타이머 2이 0x00에서 계수 방향을 바꿀 때 TOV2가 세트된다.
- **비트1(OCF0 : Output Compare match Flag 0) :** 타이머0의 TCNT0 레지스터와 출력 비교 레지스터 OCR0의 값을 비교하여 같으면 OCF0는 1로 세트되고 출력 비교 인터럽트가 요청된다. 인터럽트가 서비스되기 시작하면 자동적으로 클리어된다.
- **비트0(TOV0 : Timer Overflow Flag 0) :** 타이머0에서 오버플로가 발생하면(0xFF까지 세고 0x00으로 넘어가게 되면) 이 TOV0는 1로 세트되면서 오버플로 인터럽트가 요청된다. 인터럽트가 서비스되기 시작하면 자동적으로 클리어된다. Phase correct PWM 모드에서는 타이머 0이 0x00에서 계수 방향을 바꿀 때 TOV0가 세트된다.

ASSR 레지스터

ASSR(ASynchronous Status Register) 레지스터는 타이머0이 클럭소스를 선택하거나 외부 클럭에 의해 비동기 모드로 동작하는 경우 제어를 위한 레지스터이다.

Bit	7	6	5	4	3	2	1	0	
	–	–	–	–	AS2	TCN2UB	OCR2UB	TCR2UB	ASSR
Read/Write	R	R	R	R	R/W	R	R	R	
Initial Value	0	0	0	0	0	0	0	0	

그림 6-12 • ASSR 레지스터의 비트 구성 (출처:ATMEL)

- **비트3(AS0 : ASynchronous timer 0) :** 0이면 내부클럭 $clk_{I/O}$를 클럭소스로 설정하여 동기 모드로 타이머0이 동작하게 하고, 1이면 TOSC1을 통해 들어오는 외부 클럭을 소스로 설정하여 비동기 모드로 동작하게 한다. AS0의 수정은 TCNT0, OCR0, TCCR0의 내용의 변동을 초래하고 예상하지 못한 인터럽트가 발생할 수 있으므로 주의해야 한다.
- **비트2(TCN0UB : Timer/CouNter0 Uptate Busy) :** 타이머0이 외부에서 TOSC1 단자로 입력되는 클럭을 소스로 하여 비동기 모드로 동작하고 있을 때 TCNT0 레지스터에 새로운 값을 기록하면 1로 세트된다. 기록이 완료되면 0으로 자동적으로 클리어되어 TCNT0에 새로운 값을 기록할 수 있음을 표시한다.
- **비트1(OCR0UB : Output Compare Register 0 Update Busy) :** 타이머0이 외부에서 TOSC1 단자로 입력되는 클럭을 소스로 하여 비동기 모드로 동작하고 있을 때 OCR0 레지스터에 새로운 값을 기록하면 1로 세트된다. 기록이 완료되면 0으로 자동적으로 클리어되어 OCR0에 새로운 값을 기록할 수 있음을 표시한다.
- **비트0(TCR0UB : Timer Conter Register 0 Update Busy) :** 타이머0이 외부에서 TOSC1 단자로 입력되는 클럭을 소스로 하여 비동기 모드로 동작하고 있을 때 TCCR0 레지스터에 새로운 값을 기록하면 1로 세트된다. 기록이 완료되면 0으로 자동적으로 클리어되어 TCCR0 에 새로운 값을 기록할 수 있음을 표시한다.

SFIOR 레지스터

SFIOR(Special Function I/O Register)는 타이머들을 동기화시키는데 사용되는 레지스터이다.

Bit	7	6	5	4	3	2	1	0	
	TSM	—	—	—	ACME	PUD	PSR0	PSR321	SFIOR
Read/Write	R/W	R	R	R	R/W	R/W	R/W	R/W	
Initial Value	0	0	0	0	0	0	0	0	

그림 6-13 • SFIOR 레지스터의 비트 구성 (출처:ATMEL)

- **비트7(TSM : Timer Synchronization Mode) :** 0으로 클리어하면 PSR0, PSR321비트가 하드웨어적으로 클리어되며 타이머들이 동시에 카운팅 동작을 시작한다. 1로 하면 PSR0, PSR321비트에 기록한 값을 유지하여 대응하는 프리스케일러 리셋 신호를 발생하고 해당 타이머의 동작을 정지시켜 같은 값으로 설정할 수 있도록 한다.
- **비트1(PSR0 : Prescaler Reset Timer 0) :** 1로하면 타이머 0의 프리스케일러를 리셋시키며 완료 후에 자동적으로 클리어된다. TSM = 1이면 자동적으로 클리어되지 않는다.
- **비트0(PSR123 : Prescaler Reset Timer 123) :** 1로하면 타이머 0의 프리스케일러를 리셋시키며 완료 후에 자동적으로 클리어된다. TSM = 1이면 자동적으로 클리어되지 않는다.

2.2 타이머/카운터0, 2의 동작 모드

타이머/카운터0, 2에는 각각 일반 모드, CTC 모드, 고속 WPM 모드, PC PWM 모드로 총 네 가지의 동작 모드가 있다. 모드 설정은 TCCRn 레지스터의 6, 3비트인 WGMn1:n0를 이용하여 설정하고, 각 모드에 따른 출력 파형 형태는 TCCRn 레지스터의 5, 4비트인 COMn1:n0를 설정한다. 이 4가지 모드와 출력 파형의 형태에 대하여 자세히 설명하겠다.

타이머/카운터 0,2의 일반 모드

- **설정 :** TCCRn 레지스터의 WGMn1:n0 = 00으로 설정한다.
- **동작 :** 타이머n은 항상 상향 카운터로만 동작한다. [그림 6-14]와 같이 TCNTn의 값이 255에서 0으로 바뀌는 순간 TIFR 레지스터의 TOVn 비트가 세트되며 오버플로 인터럽트 발생이 요청된다. 출력 비교 인터럽트를 일반 모드에서 사용할 수도 있으나 FAST PWM 모드를 사용하는 것이 좋다.

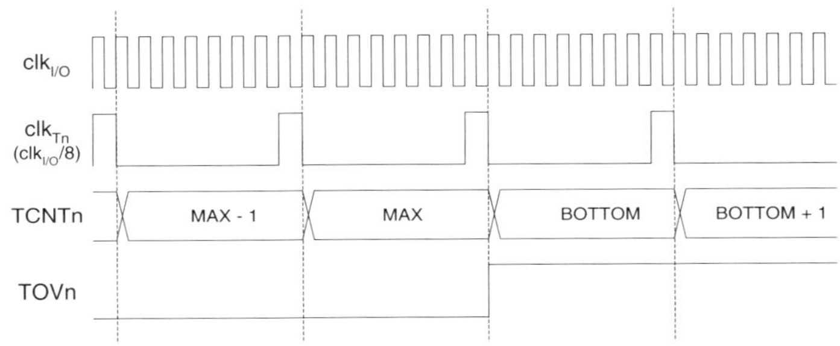

그림 6-14 • 분주비에서의 TOVn의 동작 타이밍도

- **시간 간격 설정 :** 오버플로 인터럽트가 요청될 때마다 인터럽트를 발생시켜 TCNTn의 초기값 T_0을 적당하게 설정하면 원하는 시간 간격을 얻을 수 있다. TCCRn의 비트2 ~ 0(CSn2 ~ 0)값에 따라 1, 8, 32, 64, 128, 256, 1024 분주가 되므로(타이머2의 경우 1, 8, 64, 256, 1024) 클럭을 f MHz로 사용하는 경우 분주비를 N이라 하면 다음에 의해 시간 간격 T가 결정된다. 즉 오버플로 인터럽트가 요청되는 시간 간격은 T이다.

$$T[\mu \text{ sec}] = N \times (256 - T_0)/f$$

타이머0, 2의 CTC 모드

- **설정 :** TCCRn 레지스터의 WGMn1:n0 = 10으로 설정한다.
- **동작 :** CTC(Clear Timer on Compare match) 모드에서는 [그림 6-15]와 같이 TCNTn의

값이 OCRn 레지스터에 설정한 값과 일치하면 그 다음 클럭 사이클에서 TCNTn의 값이 0으로 클리어된다. 이때 TIFR 레지스터의 OCFn 비트가 세트되며 출력 비교 인터럽트 발생이 요청된다. 이때 인터럽트를 발생시켜 OCRn의 값을 바꾸면 주기를 원하는 대로 변경할 수 있다. OCn 단자로 하여금 출력 파형을 발생하도록 할 수 있는데, TCCRn의 COMn1 ~ n0를 01로 설정하고 OCRn 레지스터값을 바꿔가면서 출력 비교에 의해 OCn의 신호를 토글하는 경우를 [그림 6-16]이 보여준다.

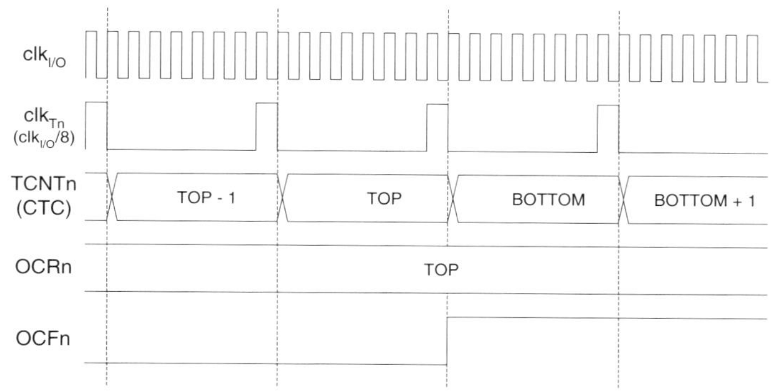

그림 6-15 • CTC 모드에서 8분주비의 OCFn 동작 타이밍도

- **주기 설정 :** TCCRn의 COMn1 ~ n0를 01로 설정하고 OCRn 레지스터값을 어떤 일정한 값 OCR0로 놓고 출력 비교에 의해 OCn의 신호를 토글하는 경우 TCCRn의 비트2 ~ 1(CSn2 ~ n0)값에 따라 1, 8, 32, 64, 128, 256, 1024 분주가 되므로(타이머2의 경우 1, 8, 64, 256, 1024) 클럭을 *f* MHz로 사용하고 분주비를 *N*이라 하면 다음에 의해 주기 *T*가 결정된다. 출력 비교 인터럽트가 요청되는 시간 간격은 *T*/2이다.

$$T[\mu\,\mathrm{sec}] = 2N(1 + OCR0)/f$$

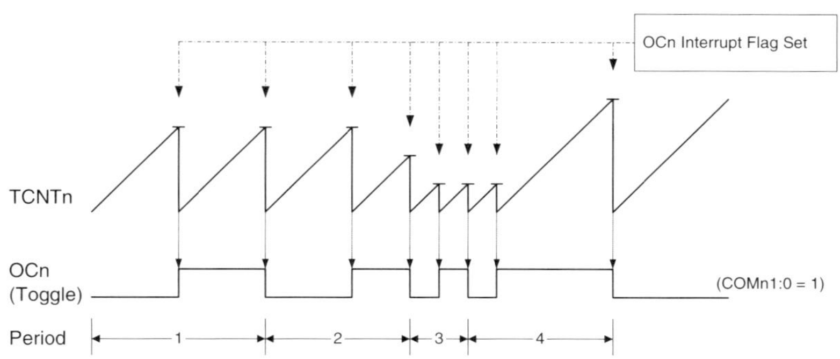

그림 6-16 • 타이머/카운터0, 2의 CTC 모드 동작 (출처:ATMEL)

타이머0, 2의 고속 PWM 모드

- **설정 :** TCCRn 레지스터의 WGMn1:n0 = 11으로 설정한다.
- **동작 :** TCNTn은 반복적으로 상향 카운팅하며 항상 0x00 ~ 0xFF의 값을 갖는다. [그림 6-17]과 같이 TCNTn의 값이 OCRn 레지스터에 설정한 값과 일치되면 TIFR 레지스터의 OCFn 비트가 세트되며 출력 비교 인터럽트가 요청되며 OCn의 값은 0으로 클리어된다. 그리고 TCNTn는 상향 카운팅을 계속하여 TCNTn는 255까지 증가했다가 0으로 바뀌는 순간 TIFR 레지스터의 TOVn 비트가 세트되어 오버플로 인터럽트가 요청되며 OCn은 1로 세트된다. ([그림 6-18] 참조). TOVn 비트가 세트되어 오버플로 인터럽트가 요청될 때 인터럽트를 발생시켜 OCRn의 값을 바꾸어 듀티비를 제어할 수 있다. OCRn 레지스터 값과 듀티비가 비례함을 [그림 6-18]에서 알 수 있다. OCRn = 0x00일 때 듀티비는 1/256이며 OCRn = 0xFF일 때 100 %가 됨을 알 수 있다. 레귤레이터, 정류 및 DA 변환에 적합하다. 특히 고주파를 사용하기 때문에 코일, 콘덴서 등 외부 소자가 필요 없어 비용을 절감시킬 수 있다.

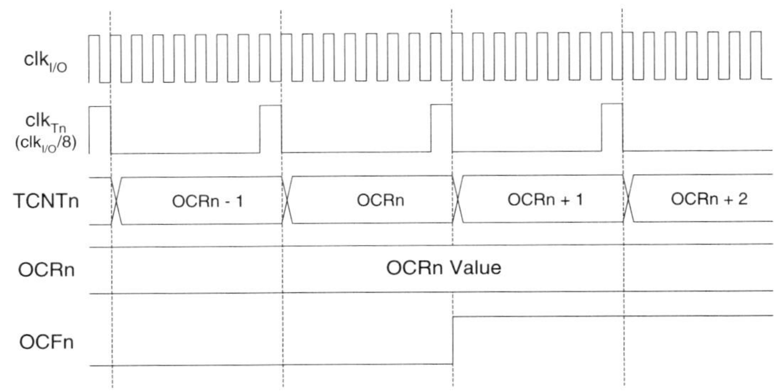

그림 6-17 • CTC 모드를 제외한 8분주비에서의 OCFn 동작 타이밍도

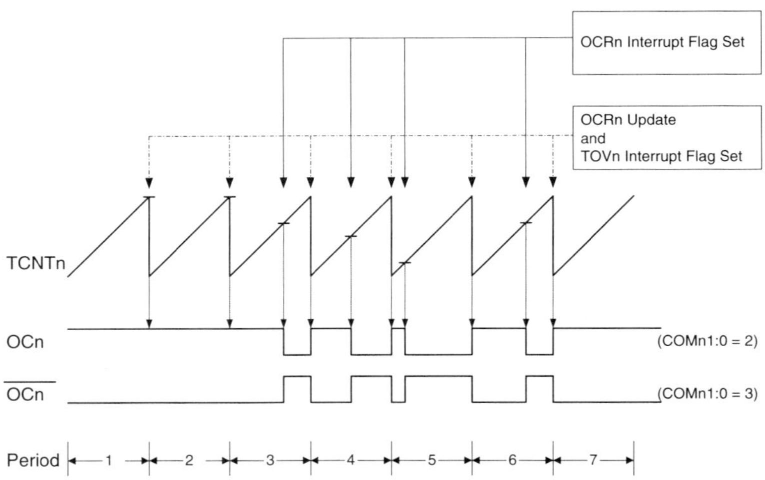

그림 6-18 • 타이머/카운터0, 2의 고속 PWM 모드 동작 (출처:ATMEL)

- **주기 설정 :** TCCRn의 COMn1 ~ n0를 10 혹은 11로 설정하고 OCRn 레지스터 값을 변화시켜가며, 출력 비교에 의해 OCn의 신호를 PWM하는 경우 TCCRn의 비트2 ~ 1(CSn2 ~ n0)값에 따라 1, 8, 32, 64, 128, 256, 1024 분주가 되므로(타이머2의 경우 1, 8, 64, 256, 1024) 클럭을 fMHz로 사용하고 분주비를 N이라 하면 다음에 의해 주기 T가 결정된다. 즉 오버플로 인터럽트가 요청되는 시간 간격은 T이다.

$$T[\mu\ \text{sec}] = N \times 256/f$$

타이머0, 2의 Phase Correct PWM 모드

- **설정 :** TCCRn 레지스터의 WGMn1:n0 = 01으로 설정한다.
- **동작 :** TCNTn는 상향 카운팅하여 0xFF으로 증가하다가 하향 카운팅으로 0x00으로 감소를 반복한다. TCCRn의 COMn1 ~ n0를 10 혹은 11로 설정하고 OCRn 레지스터 값을 변화시켜가며 출력 비교에 의해 OCn의 신호를 PWM하는 경우 TCNTn의 값이 OCRn 레지스터에 설정한 값과 일치되면 TIFR레지스터의 OCFn비트가 세트되며 출력 비교 인터럽트 발생이 요청된다. OCn의 값은 상향 카운팅의 경우에는 0으로, 하향의 경우에는 1로 세트된다. 그리고 TCNTn는 상향 카운팅을 계속하여 TCNTn는 255에 도달하면 OCR2의 값이 경신되고 하향 카운팅이 시작된다. 하향 카운팅을 하다가 0에 도달하면 TIFR 레지스터의 TOVn 비트가 세트되며 오버플로 인터럽트가 요청된다([그림 6-19] 참조). PC PWM 모드에서는 OCRn 레지스터에 이중 버퍼링 기능이 있어 PWM 주기를 변경하기 위해 OCRn 레지스터에 새로운 값을 기록하더라도 즉시 변경되지 않고 TCNTn이 255에 도달하면 갱신된다([그림 6-19] 참조). OCRn 레지스터 값과 듀티비가 비례함을 [그림 6-19]에서 알 수 있다. OCRn = 0x00일 때 듀티비는 0이며 OC = n = 0xFF일 때 100%가 됨을 알 수 있다.

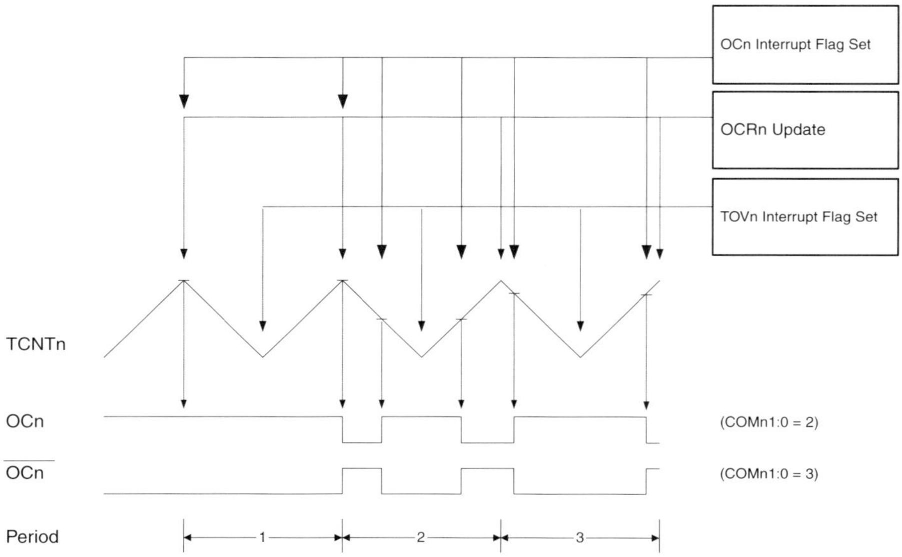

그림 6-19 ◦ 타이머/카운터0, 2의 위상교정 PWM 모드 동작 (출처:ATMEL)

- **주기 설정 :** TCCRn의 COMn1 ~ n0를 10 혹은 11로 설정하고 OCRn 레지스터 값을 변화시켜가며 출력 비교에 의해 OCn의 신호를 PWM하는 경우 TCCRn의 비트2 ~ 1(CSn2 ~ n0) 값에 따라 1, 8, 32, 64, 128, 256, 1024 분주가 되므로(타이머2의 경우 1, 8, 64, 256, 1024) 클럭을 f MHz로 사용하고 분주비를 N이라 하면 다음에 의해 주기 T가 결정된다. 즉 오버플로 인터럽트가 요청되는 시간 간격은 T이다.

$$T[\mu\,\mathrm{sec}] = 2N \times 255/f$$

3 타이머/카운터1, 3

3개의 PWM 출력 및 캡처 기능을 갖는 16비트 업/다운 카운터로 10비트의 프리스케일러를 갖고 있어 이를 통하여 내부 클럭을 소스로 받아 타이머나 카운터로 동작한다. 오버플로와 출력 비교에 의한 인터럽트 이외에 입력 캡처 인터럽트 기능을 갖고 있고 주파수를 발생할 수 있는 기능과 출력 비교와 재장전 기능을 갖고 있다.

3.1 구성

[그림 6-20]은 타이머1과 3의 블록선도를 보여준다.

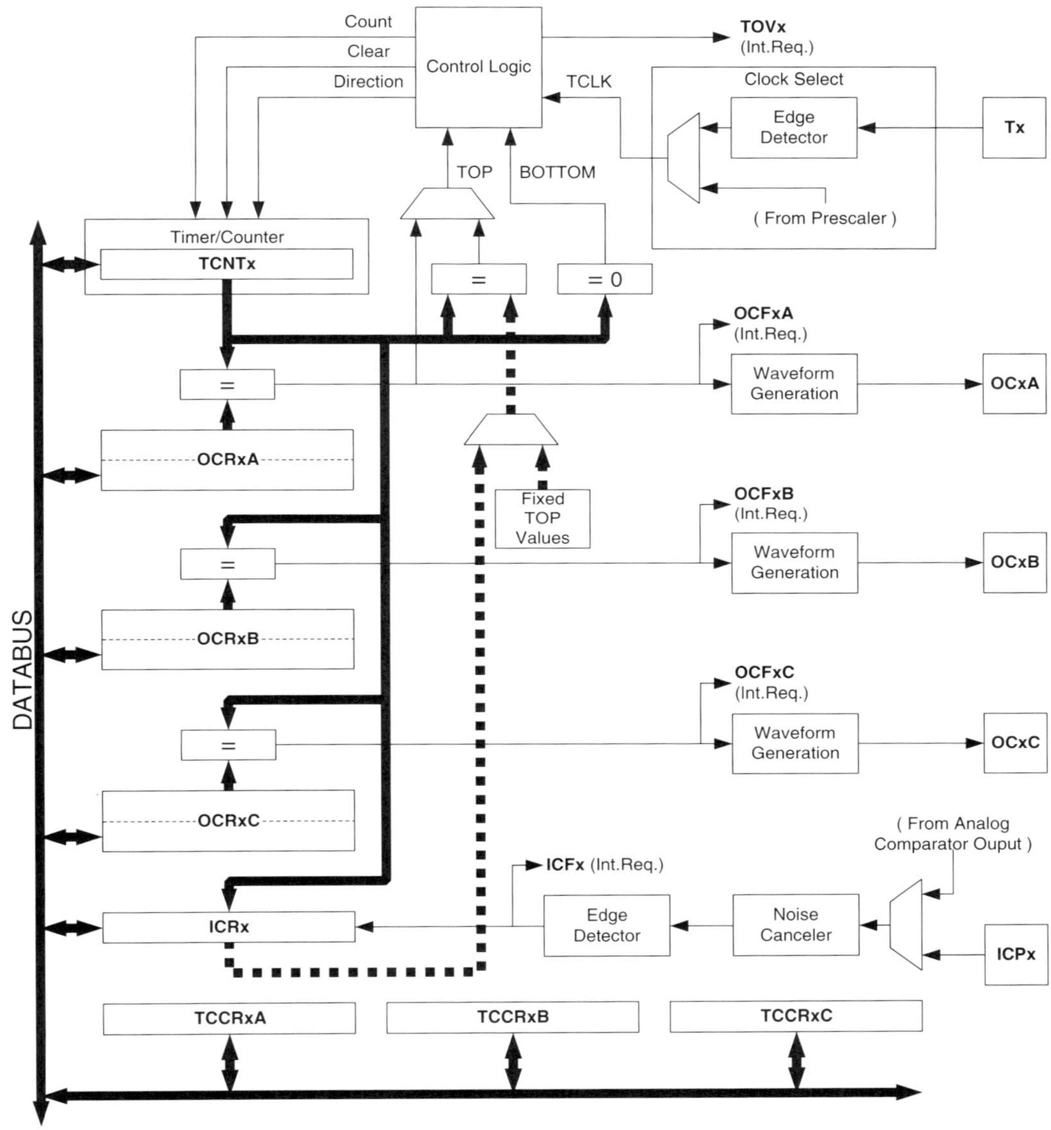

그림 6-20 • 타이머1, 3의 블록선도 (출처:ATMEL)

• **프리스케일러(prescaler) :** 내부 클럭 $clk_{I/O}$을 클럭소스로 사용하여 1, 8, 64, 256, 1024의 분주비로 나누어 TCLK에 사용될 클럭을 생성한다. 분주비의 선택은 TCCRxB 레지스터로 설정한다(x는 1 또는 3).

- **TCLK :** Tx핀으로 입력되는 외부 클럭을 프리스케일러를 거치지 않고 TCLK 클럭이 생성되거나 내부 클럭 $clk_{I/O}$을 프리스케일러에서 나누어 TCLK 클럭이 생성된다.
- **TCCRxA ~ C :** 타이머x의 설정을 위한 레지스터.
- **TCNTx(Timer/CouNTer x)레지스터 :** TCLK 클럭을 제어 로직에 따라 업/다운 카운팅을 수행하거나 리셋되는 타이머x의 16비트 카운터값을 저장하는 레지스터.
- **TOVx :** TCNTx가 카운팅에 의해 0xFFFF에서 0x0000로 오버플로우가 일어나면 TOVx플랙이 세트되고 오버플로 인터럽트를 발생시킬 수 있게 된다.
- **OCRxA ~ C(Output Compare Resister x A ~ C)레지스터 :** TCNTx의 값과 출력 비교되기 위한 16비트 데이터 값을 저장하고 있는 레지스터로 TCNTx의 값과 같으면 OCFxA ~ C 플랙이 세트되고 출력 비교 인터럽트를 요청하여 출력핀 OCxA ~ C 단자로 적절한 데이터가 출력되도록 한다.
- **ICRx(Input Capture Register x) :** 입력 캡처핀 ICx(타이머1의 경우에는 아날로그 비교기의 출력 신호도 가능)로 들어오는 신호 변화를 검출하고 입력 캡처 시 TCNTx의 카운터값을 저장하는 16비트 레지스터로, 이때 ICFx 플랙이 세트되고 입력 캡처 인터럽트가 요청된다. 어떤 신호의 주기 측정에 응용될 수 있다.
- **제어 로직(Control Logic) :** TCNTx가 제로가 되었을 때 발생하는 BOTTOM 신호, TCNTx 카운터값이 0xFFFF에 도달하거나, 카운터가 실제로 도달할 수 있는 최대값 혹은 OCRxA ~ C, ICRx에 설정된 값에 도달하면 발생하는 TOP 신호를 입력으로 받아들여 TCNTx 카운터를 업/다운 카운팅을 수행하게 하거나 리셋시킨다.

TCCRxA 레지스터

TCCRxA(Timer/Counter Control Register x A)는 타이머x의 동작 모드와 출력 비교 단자의 파형 발생법 등을 설정한다.

Bit	7	6	5	4	3	2	1	0	
	COM1A1	COM1A0	COM1B1	COM1B0	COM1C1	COM1C0	WGM11	WGM10	TCCR1A
Read/Write	R/W	R/W	R/W	R/W	R/W	R/W	R/W	R/W	
Initial Value	0	0	0	0	0	0	0	0	

Bit	7	6	5	4	3	2	1	0	
	COM3A1	COM3A0	COM3B1	COM3B0	COM3C1	COM3C0	WGM31	WGM30	TCCR3A
Read/Write	R/W	R/W	R/W	R/W	R/W	R/W	R/W	R/W	
Initial Value	0	0	0	0	0	0	0	0	

그림 6-21 • TCCR1A, 3A 레지스터의 비트 구성 (출처:ATMEL)

- **비트7 ~ 6(COMxA1 ~ 0 : Compare match Output Mode for channel A) :** OCxA핀의 동작을 다음 ❶ ~ ❹의 순서에 따라 설정.
- **비트5 ~ 4(COMxB1 ~ 0 : Compare match Output Mode for channel B) :** OCxB핀의 동작을 다음 ❶ ~ ❹의 순서에 따라 설정.
- **비트3 ~ 2(COMxC1 ~ 0 : Compare match Output Mode for channel C) :** OCxC핀의 동작을 다음 ❶ ~ ❹의 순서에 따라 설정.

❶ **00 :** 정상적인 범용 입출력 포트로 동작(OCxn 출력을 차단, n = A,B,C)

❷ **01 :** PWM 모드가 아닌 경우 출력 비교에 의해 OCxn 출력을 토글시키며, FAST PWM 모드에서는 모드15의 경우 출력 비교에 의해 OCxA 출력을 토글하고 OCxB와 OCxC는 출력을 차단하고 기타의 모드에서 OCxn 출력을 차단하며, Phase Correct PWM 모드에서 모드9와 11의 경우 출력 비교에 의해 OCxA 출력을 토글하고 OCxB, OCxC는 출력을 차단하고 기타의 모드에서 OCxn 출력을 차단한다.

❸ **10 :** PWM 모드가 아닌 경우 출력 비교에 의해 OCxn 출력을 클리어, FAST PWM 모드에서 출력 비교에 의해 OCxn출력을 클리어하고 TOP신호를 받아 OCxn를 1로 세트하고 Phase Correct PWM 모드 상향 카운팅의 경우 OCxn를 클리어하고 PWM 모드 하향 카운팅의 경우 OCxn을 1로 세트 시킨다.

❹ **11 :** PWM 모드가 아닌 경우 출력 비교에 의해 OCxn 출력을 세트, FAST PWM 모드의 경우 OCxn를 세트하고 TOP 신호를 받아 OCxn를 클리어, Phase Correct PWM 모드 상향 카운팅의 경우 OCxn를 세트하고 PWM 모드 하향 카운팅의 경우 OCxn을 클리어시킨다.

COMnA1/COMnB1/ COMnC1	COMnA0/COMnB0/ COMnC0	Description
0	0	Normal port operation, OCnA/OCnB/OCnC disconnected.
0	1	Toggle OCnA/OCnB/OCnC on compare match.
1	0	Clear OCnA/OCnB/OCnC on compare match (set output to low level).
1	1	Set OCnA/OCnB/OCnC on compare match (set output to high level).

그림 6-22 ◦ 타이머/카운터1의 non PWM 모드에서의 Compare Output mode 설정 (타이머/카운터3 동일) (출처:ATMEL)

COMnA1/COMnB1/ COMnC1	COMnA0/COMnB0/ COMnC0	Description
0	0	Normal port operation, OCnA/OCnB/OCnC disconnected.
0	1	WGMn3:0 = 15: Toggle OCnA on Compare Match, OCnB/OCnC disconnected (normal port operation). For all other WGMn settings, normal port operation, OCnA/OCnB/OCnC disconnected.
1	0	Clear OCnA/OCnB/OCnC on compare match, set OCnA/OCnB/OCnC at BOTTOM, (non-inverting mode)
1	1	Set OCnA/OCnB/OCnC on compare match, clear OCnA/OCnB/OCnC at BOTTOM, (inverting mode)

그림 6-23 • 타이머/카운터1의 Fast PWM 모드에서의 Compare Output mode 설정 (타이머/카운터3 동일) (출처:ATMEL)

COMnA1/COMnB1/ COMnC1	COMnA0/COMnB0/ COMnC0	Description
0	0	Normal port operation, OCnA/OCnB/OCnC disconnected.
0	1	WGMn3:0 = 9 or 11: Toggle OCnA on Compare Match, OCnB/OCnC disconnected (normal port operation). For all other WGMn settings, normal port operation, OCnA/OCnB/OCnC disconnected.
1	0	Clear OCnA/OCnB/OCnC on compare match when up-counting. Set OCnA/OCnB/OCnC on compare match when downcounting.
1	1	Set OCnA/OCnB/OCnC on compare match when up-counting. Clear OCnA/OCnB/OCnC on compare match when downcounting.

그림 6-24 • 타이머/카운터1의 Phase Correct and Phase and Frequency Correct PWM 모드에서의 Compare Output mode 설정(타이머/카운터3 동일) (출처:ATMEL)

- **비트1 ~ 0(WGMx0 ~ 1 : Waveform Generation Mode x 1 ~ 0) :** 타이머x는 16가지의 동작 모드를 갖는데 TCCRxB의 비트4 ~ 3(WGMx3 ~ 2)와 결합하여 동작 모드를 설정한다. [그림 6-25]는 모드의 번호, WGMx4 ~ 0 비트값, 모드의 동작, TOP 값, OCRx 레지스터의 업데이트 시점, TOVx 플랙의 세트 시점을 보여준다.

Mode	WGMx3	WGMx2	WGMx1	WGMx0	Timer/Counter Mode of Operation	TOP	Update of OCRxn at	TOVn Flag Set on
0	0	0	0	0	Normal	0xFFFF	Immediate	MAX
1	0	0	0	1	PWM, Phase Correct, 8-bit	0x00FF	TOP	BOTTOM
2	0	0	1	0	PWM, Phase Correct, 9-bit	0x01FF	TOP	BOTTOM
3	0	0	1	1	PWM, Phase Correct, 10-bit	0x03FF	TOP	BOTTOM
4	0	1	0	0	CTC	OCRxA	Immediate	MAX
5	0	1	0	1	Fast PWM, 8-bit	0x00FF	BOTTOM	TOP
6	0	1	1	0	Fast PWM, 9-bit	0x01FF	BOTTOM	TOP
7	0	1	1	1	Fast PWM, 10-bit	0x03FF	BOTTOM	TOP
8	1	0	0	0	PWM, Phase and Frequency Correct	ICRx	BOTTOM	BOTTOM
9	1	0	0	1	PWM, Phase and Frequency Correct	OCRxA	BOTTOM	BOTTOM
10	1	0	1	0	PWM, Phase Correct	ICRx	TOP	BOTTOM
11	1	0	1	1	PWM, Phase Correct	OCRxA	TOP	BOTTOM
12	1	1	0	0	CTC	ICRx	Immediate	MAX
13	1	1	0	1	(Reserved)	–	–	–
14	1	1	1	0	Fast PWM	ICRx	BOTTOM	TOP
15	1	1	1	1	Fast PWM	OCRxA	BOTTOM	TOP

그림 6-25 • 타이머/카운터1, 3의 동작 모드 설정 (출처:ATMEL)

TCCRxB 레지스터

TCCRxB(Timer/Counter Control Register x B)는 타이머x의 동작 모드와 분주비 등을 설정한다.

Bit	7	6	5	4	3	2	1	0	
	ICNC1	ICES1	–	WGM13	WGM12	CS12	CS11	CS10	TCCR1B
Read/Write	R/W	R/W	R	R/W	R/W	R/W	R/W	R/W	
Initial Value	0	0	0	0	0	0	0	0	

Bit	7	6	5	4	3	2	1	0	
	ICNC3	ICES3	–	WGM33	WGM32	CS32	CS31	CS30	TCCR3B
Read/Write	R/W	R/W	R	R/W	R/W	R/W	R/W	R/W	
Initial Value	0	0	0	0	0	0	0	0	

그림 6-26 • TCCR1B, 3B 레지스터의 비트 구성 (출처:ATMEL)

- **비트7(ICNCx : Input Capture Noise Canceler x) :** 1로 세트하면 입력 캡처 단자 ICx로 입력되는 캡처 신호를 위한 노이즈 회로를 작동시켜 필터링을 한다. 필터링에 의해 캡처 신호가 4클럭 지연된다.

- **비트6(ICESx : Input Capture Edge Selectr x) :** 1로 세트하면 ICx로 입력되는 캡처 신호가 상승 에지일 때 0이면 하강 에지일 때 캡처가 수행된다.
- **비트5 :** 보류된 비트
- **비트3 ~ 2(WGMx3 ~ 2 : Waveform Generation Mode x 3 ~ 2) :** 타이머x는 16가지의 동작 모드를 갖는데 TCCRxA의 비트1 ~ 0(WGMx1 ~ 0)과 결합하여 동작 모드를 설정한다. [그림 6-25]은 모드의 번호, WGMx4 ~ 0 비트값, 모드의 동작, TOP 값, OCRx 레지스터의 업데이트 시점, TOVx 플랙의 세트 시점을 보여준다.
- **비트2 ~ 0(CSx2 ~ 0 : Clock Select x2 ~ x0) :** 분주비와 클럭소스를 선택하여 000일 때 클럭 입력을 차단하고, 001일 때 1분주, 010일 때 8분주, 011일때 64분주, 100일 때 256분주, 101일 때 1024분주비가 되도록 하고 110일 때 Tx 핀에서 입력되는 외부 클럭의 하강 에지에서 카운터x가 동작하고, 111일 때는 Tx 핀에서 입력되는 외부 클럭의 상승 에지에서 카운터x가 동작하도록 한다.

CSn2	CSn1	CSn0	Description
0	0	0	No clock source. (Timer/Counter stopped)
0	0	1	$clk_{I/O}$/1 (No prescaling
0	1	0	$clk_{I/O}$/8 (From prescaler)
0	1	1	$clk_{I/O}$/64 (From prescaler)
1	0	0	$clk_{I/O}$/256 (From prescaler)
1	0	1	$clk_{I/O}$/1024 (From prescaler)
1	1	0	External clock source on Tn pin. Clock on falling edge
1	1	1	External clock source on Tn pin. Clock on rising edge

그림 6-27 • 타이머/카운터1, 3의 Clock Select Bit 설정

TCCRxC 레지스터

- **비트7 ~ 5(FOCxA ~ C : Force Output Compare x A ~ C) :** PWM 모드가 아닌 경우에만 유효하며 1로 설정하면 강제로 OCxA ~ C에 출력 비교가 일치할 때 출력하게 되는 값과 동일한 출력을 내보낸다. 이 경우 인터럽트가 발생하지도 않고 CTC 모드에서 TCNTx를 클리어시키지도 않으므로 보통 0으로 설정한다.

Bit	7	6	5	4	3	2	1	0	
	FOC1A	FOC1B	FOC1C	–	–	–	–	–	TCCR1C
Read/Write	W	W	W	R	R	R	R	R	
Initial Value	0	0	0	0	0	0	0	0	

Bit	7	6	5	4	3	2	1	0	
	FOC3A	FOC3B	FOC3C	–	–	–	–	–	TCCR3C
Read/Write	W	W	W	R	R	R	R	R	
Initial Value	0	0	0	0	0	0	0	0	

그림 6-28 • TCCR1C, 3C 레지스터의 비트 구성(출처:ATMEL)

TIMSK 레지스터

TIMSK(Timer Interrupt MaSK) 레지스터는 타이머0, 1, 2가 발생하는 인터럽트를 개별적으로 허용 제어하는 레지스터이다.

Bit	7	6	5	4	3	2	1	0	
	OCIE2	TOIE2	TICIE1	OCIE1A	OCIE1B	TOIE1	OCIE0	TOIE0	TIMSK
Read/Write	R/W	R/W	R/W	R/W	R/W	R/W	R/W	R/W	
Initial Value	0	0	0	0	0	0	0	0	

그림 6-29 • TIMSK 레지스터의 비트 구성 (출처:ATMEL)

- **비트5(TICIE1 : Timer Input Capture Interrupt Enable 1) :** 1로 설정되면 타이머1의 입력 캡처 인터럽트를 개별적으로 허용한다.
- **비트4 ~ 3(OCIE1A ~ B : Output Compare match Interrupt Enable timer 1 A ~ B) :** 1로 설정되면 타이머1의 출력 비교 인터럽트 A, B를 개별적으로 허용한다.
- **비트2(TOIE1 : Timer Overflow Interrupt Enable for timer 1) :** 1로 설정되면 타이머1의 오버플로 인터럽트를 개별적으로 허용한다.

ETIMSK 레지스터

ETIMSK(Extended Timer Interrupt MaSK) 레지스터는 타이머1, 3이 발생하는 인터럽트를 개별적으로 허용 제어하는 레지스터이다.

Bit	7	6	5	4	3	2	1	0	
	–	–	TICIE3	OCIE3A	OCIE3B	TOIE3	OCIE3C	OCIE1C	ETIMSK
Read/Write	R	R	R/W	R/W	R/W	R/W	R/W	R/W	
Initial Value	0	0	0	0	0	0	0	0	

그림 6-30 • ETIMSK 레지스터의 비트 구성 (출처:ATMEL)

- **비트5(TICIE3 : Timer Input Capture Interrupt Enable 3) :** 1로 설정되면 타이머3의 입력 캡처 인터럽트를 개별적으로 허용한다.

- **비트4 ~ 3(OCIE3A ~ B : Output Compare match Interrupt Enable timer 3 A ~ B) :** 1로 설정되면 타이머3의 출력 비교 인터럽트A, B를 개별적으로 허용한다.
- **비트2(TOIE3 : Timer Overflow Interrupt Enable for timer 1) :** 1로 설정되면 타이머3의 오버플로 인터럽트를 개별적으로 허용한다.
- **비트1 ~ 0(OCIExC : Output Compare match Interrupt Enable timer x C) :** 1로 설정되면 타이머x의 출력 비교 인터럽트C를 개별적으로 허용한다.

TIFR 레지스터

TIFR(Timer Interrupt Flag Register) 레지스터는 타이머0 ~ 2가 발생하는 인터럽트 플랙을 저장한다. 소프트웨어적으로 강제로 클리어 하려면 1을 기록해야 한다.

Bit	7	6	5	4	3	2	1	0	
	OCF2	TOV2	ICF1	OCF1A	OCF1B	TOV1	OCF0	TOV0	TIFR
Read/Write	R/W	R/W	R/W	R/W	R/W	R/W	R/W	R/W	
Initial Value	0	0	0	0	0	0	0	0	

그림 6-31 • TIFR 레지스터의 비트 구성 (출처:ATMEL)

- **비트5(ICF1 : Input Capture Flag 1) :** 타이머1의 입력 캡처 신호 또는 아날로그 비교기로부터의 신호에 의해 캡처 동작이 수행될 때 1로 세트되고 입력 캡처 인터럽트가 요청된다. ICR1 레지스터가 TOP 값으로 사용되는 동작 모드에서 TCNT1의 값이 TOP과 같아질 때 1로 세트되고 인터럽트가 요청된다. 인터럽트가 서비스되기 시작하면 자동적으로 클리어된다.
- **비트4 ~ 3(OCF1A ~ B : Output Compare match Flag 1 A ~ B) :** 타이머1의 TCNT1레지스터와 출력 비교 레지스터 OCR1A ~ B의 값을 비교하여 같으면 OCF1A ~ B는 1로 세트되고 출력 비교 인터럽트가 요청된다. 인터럽트가 서비스되기 시작하면 자동적으로 클리어된다.
- **비트2(TOV1 : Timer Overflow Flag 1) :** 타이머1에서 오버플로가 발생하면(0xFFFF까지 세고 0x0000으로 넘어가게 되면) 이 TOV1은 1로 세트되면서 오버플로 인터럽트가 요청된다. 인터럽트가 서비스되기 시작하면 자동적으로 클리어된다. Phase correct PWM 모드에서는 타이머 1이 0x00에서 계수 방향을 바꿀 때 TOV1이 세트된다.

ETIFR 레지스터

ETIFR(Extended Timer Interrupt Flag Register) 레지스터는 타이머1, 3가 발생하는 인터럽

트 플랙을 저장한다. 소프트웨어적으로 강제로 클리어 하려면 1을 기록해야 한다.

Bit	7	6	5	4	3	2	1	0	
	–	–	ICF3	OCF3A	OCF3B	TOV3	OCF3C	OCF1C	ETIFR
Read/Write	R/W	R/W	R/W	R/W	R/W	R/W	R/W	R/W	
Initial Value	0	0	0	0	0	0	0	0	

그림 6-32 • ETIFR 레지스터의 비트 구성(출처:ATMEL)

- **비트 5(ICF 3 : Input Capture Flag 3) :** 타이머3의 입력 캡처 신호 또는 아날로그 비교기로부터의 신호에 의해 캡처 동작이 수행될 때 1로 세트되고 입력 캡처 인터럽트가 요청된다. ICR 3 레지스터가 TOP 값으로 사용되는 동작 모드에서 TCNT3의 값이 TOP과 같아질 때 1로 세트되고 인터럽트가 요청된다. 인터럽트가 서비스되기 시작하면 자동적으로 클리어된다.
- **비트4, 3, 1(OCF3A, B, C : Output Compare match Flag 3 A, B, C) :** 타이머3의 TCNT3레지스터와 출력 비교 레지스터 OCR3A ~ C의 값을 비교하여 같으면 OCF3A ~ C는 1로 세트되고 출력 비교 인터럽트가 요청된다. 인터럽트가 서비스되기 시작하면 자동적으로 클리어된다.
- **비트2(TOV3 : Timer Overflow Flag 3) :** 타이머3에서 오버플로가 발생하면(0xFFFF까지 세고 0x0000으로 넘어가게 되면) 이 TOV3는 1로 세트되면서 오버플로 인터럽트가 요청된다. 인터럽트가 서비스되기 시작하면 자동적으로 클리어된다. Phase correct PWM 모드에서는 타이머1이 0x00에서 계수 방향을 바꿀 때 TOV3가 세트된다.
- **비트0(OCF1C : Output Compare match Flag 1 C) :** 타이머1의 TCNT1레지스터와 출력 비교 레지스터 OCR1C의 값을 비교하여 같으면 OCF1C는 1로 세트되고 출력 비교 인터럽트가 요청된다. 인터럽트가 서비스되기 시작하면 자동적으로 클리어된다.

3.2 타이머/카운터1, 3의 동작 모드

타이머/카운터1, 3은 앞서 설명한 8비트 타이머/카운터인0, 2와 마찬가지로 일반 모드, CTC 모드, 고속 WPM 모드, PC PWM 모드에 더하여 PFC PWM 모드가 추가로 있다. 모드 설정은 TCCRnA ~ B 레지스터 WGMn3 : n0를 이용하여 설정하고, 각 모드에 따른 출력 파형 형태는 TCCRn 레지스터 COMnx1 : nx0를 설정하여 정한다. 이 5가지 모드와 출력 파형의 형태에 대하여 자세히 설명하겠다.

타이머1, 3의 일반 모드

- **설정 :** TCCRxA ~ B의 WGMx3 ~ 0 = 00으로 설정한다.
- **동작 :** 타이머x는 항상 상향 카운터로만 동작한다. TCNTx의 값이 0xFFFF에서 0으로 바뀌는 순간 TOVx 비트가 세트되며 오버플로 인터럽트가 발생이 요청된다. 출력 비교 인터럽트를 일반 모드에서 사용할 수도 있으나 FAST PWM 모드를 사용하는 것이 좋다.
- **시간 간격 설정 :** 오버플로 인터럽트가 요청될 때 마다 인터럽트를 발생시켜 TCNTx의 초기값 T_0을 적당하게 설정하면 원하는 시간 간격을 얻을 수 있다. TCCRxB의 비트2 ~ 0(CSx 2 ~ 0)값에 따라 1, 8, 64, 256, 1024가 될 수 있으므로 클럭을 fMHz로 사용하는 경우 분주비를 N이라 하면 다음에 의해 주기 T가 결정된다. 즉 오버플로 인터럽트가 요청되는 시간 간격은 T이다.

$$T[\mu\,\mathrm{sec}] = N \times (65536 - T_0)/f$$

타이머1, 3의 CTC 모드

- **설정 :** TCCRxB 레지스터의 WGMx3 ~ 0을 4 또는 12로 설정한다.
- **동작 :** CTC(Clear Timer on Compare match)모드의 4번 모드에서는 TCNTx의 값이 OCRxA 레지스터에 설정한 값과 일치되면 그 다음 클럭 사이클에서 TCNTx의 값이 0으로 클리어된다. 이때 OCFxA 비트가 세트되며 출력 비교 인터럽트 발생이 요청된다. 이때 인터럽트를 발생시켜 OCRxA의 값을 바꾸면 주기를 원하는 대로 변경할 수 있다. OCx 단자로 하여금 출력 파형을 발생하도록 할 수 있는데, COMxn 1 ~ 0을 01로 설정하고 OCRxA레지스터 값을 바꿔가면서 출력 비교에 의해 OCxn의 신호를 토글하는 경우는 [그림 6-16]과 비슷하다(여기에서 x = 1, 3, n = A, B, C). 12번 모드에서는 TCNTx의 값이 입력 캡처 레지스터 ICRx에 설정한 값과 일치되면 그 다음 클럭 사이클에서 TCNTx의 값이 0으로 클리어된다. 이때 ICFx 비트가 세트되며 입력 캡처 인터럽트 발생이 요청된다. 이때 인터럽트를 발생시켜 ICRx의 값을 바꾸면 주기를 원하는 대로 변경할 수 있다. OCxn 단자로 하여금 출력 파형을 발생하도록 할 수 있는데 COMxn1 ~ 0을 01로 설정하고 OCRxn 레지스터 값을 바꿔가면서 출력 비교에 의해 OCxn의 신호를 토글하는 경우는 [그림 6-34]과 같다.

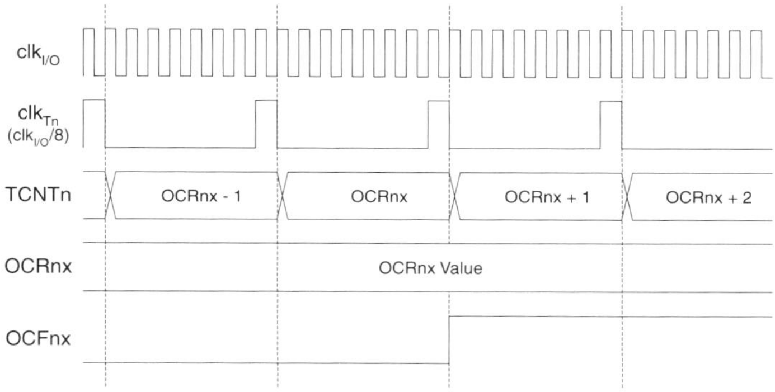

그림 6-33 • 8 분주비에서의 OCFnx 동작 타이밍도

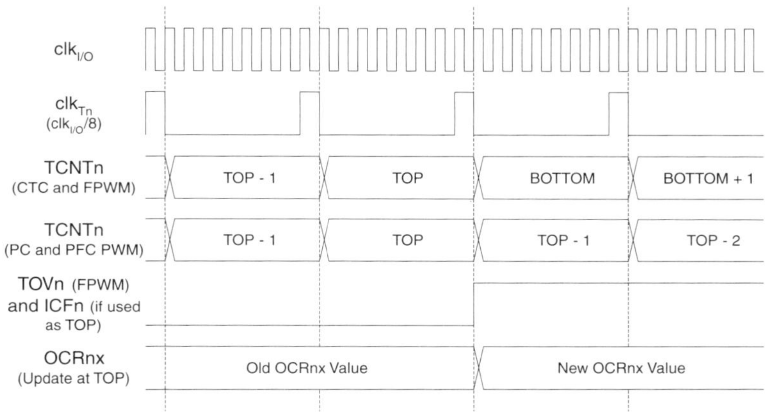

그림 6-34 • 각 모드에서의 8분주비에서의 OCRnx 업데이트 타이밍도

- **주기 설정 :** COMxn1 ~ 0을 01로 설정하고 OCRxA나 ICRx 레지스터 값을 어떤 일정한 값 CR0로 놓고 출력 비교에 의해 OCxn의 신호를 토글하는 경우 TCCRxB의 비트2 ~ 0(CSx2 ~ 0)값에 따라 1, 8, 64, 256, 1024의 분주비가 되므로 클럭을 f MHz로 사용하고 분주비를 N이라 하면 다음에 의해 주기 T가 결정된다. 즉 오버플로 인터럽트가 요청되는 시간 간격은 $T/2$이다.

$$T[\mu\,\text{sec}] = 2N(1 + CR0)/f$$

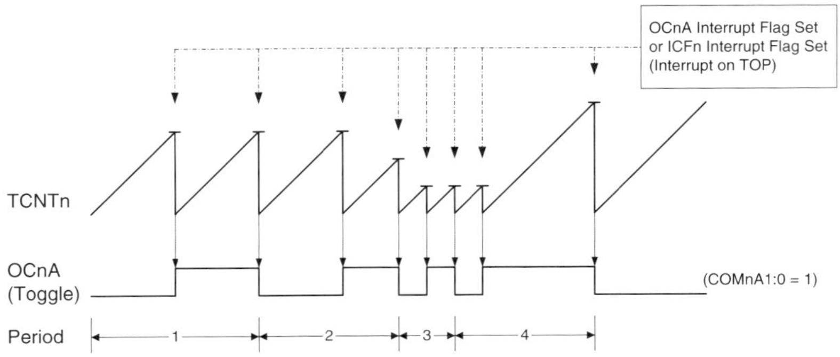

그림 6-35 • 타이머/카운터1, 3의 CTC 모드 동작 (출처:ATMEL)

타이머1, 3의 고속 PWM 모드

- **설정 :** TCCRxB 레지스터의 WGMx3 ~ 0 을 5, 6, 7, 14, 15로 설정한다.

- **동작 :** TCNTx는 반복적으로 상향 카운팅하며 항상 0x0000 ~ TOP의 값을 갖는다. TOP의 값은 모드 번호에 따라 0x00FF, 0x1FF, 0x03FF, ICRx, OCRxA를 갖는다([그림 6-25] 참조). TCNTx의 값이 TOP 값과 일치되면 그 다음 사이클에서 0으로 클리어되며, OCFxA 비트가 세트되어 출력 비교 인터럽트가 요청되거나 ICFx 비트가 세트되어 입력 캡처 인터럽트가 요청되거나 TOVx 비트가 세트되어 오버플로 인터럽트가 요청될 수 있으며, OCRxA와 TOP 값을 업데이트할 수 있다. COMxn1 ~ 0을 10으로 세팅한 경우 TCNTx의 값은 ICRx나 OCRxn 값과 같아지면 OCxn의 값은 0으로 클리어된다. 그리고 TCNTx는 상향 카운팅을 계속하여 TOP까지 증가했다가 0으로 바뀌는 순간 OCxn는 1로 세트된다. 인터럽트가 요청될 때 인터럽트를 발생시켜 TOP 값이나 OCRxn의 값을 바꾸어 듀티비를 제어할 수 있다. 레귤레이터, 정류 및 DA 변환에 적합하다. 특히 고주파를 사용하기 때문에 코일, 콘덴서 등 외부 소자가 필요 없어 비용을 절감시킬 수 있다.

- **주기 설정 :** 0 ~ TOP 값을 상향 카운팅하므로 TCCRxB의 비트2 ~ 0(CS x2 ~ x0)값에 따라 1, 8, 64, 256, 1024의 분주비가 되므로 클럭을 f MHz로 사용하고 분주비를 N이라 하면 다음에 의해 파형의 주기 T가 결정된다. 즉 오버플로 인터럽트가 요청되는 시간 간격은 T이다.

$$T[\mu \sec] = N \times (1 + \mathrm{TOP}) f$$

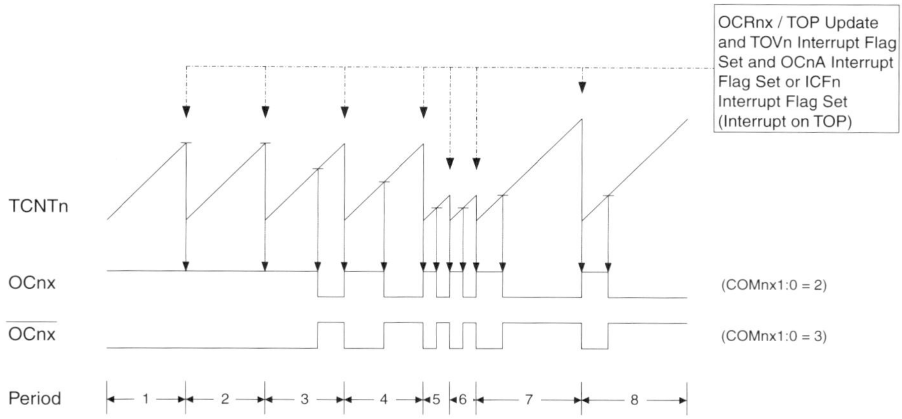

그림 6-36 • 타이머/카운터1, 3의 고속 모드 동작 (출처:ATMEL)

타이머 1, 3의 Phase Correct PWM 모드

- **설정 :** TCCRxB 레지스터의 WGMx3 ~ 0 를 1, 2, 3, 10, 11로 설정한다.
- **동작 :** TCNTx는 상향 카운팅하여 TOP으로 증가하다가 하향 카운팅으로 0x0000으로 감소를 반복한다. TOP의 값은 모드 번호에 따라 0x00FF, 0x1FF, 0x03FF, ICRx, OCRxA을 갖는다([그림 6-25] 참조). TCNTx가 TOP 값에 도달하면 OCRxn, TOP의 값이 갱신되고 OCFxA 비트가 세트되어 출력 비교 인터럽트가 요청되거나 ICFx 비트가 세트되어 입력 캡처 인터럽트가 요청될 수 있다. TCNTx가 0x0000에 도달하면 TOVx 비트가 세트되어 오버플로 인터럽트가 요청될 수 있다. COMxn1 ~ 0를 10으로 세팅한 경우 TCNTx의 값이 OCRxn 레지스터에 설정한 값과 일치되면 OCxn의 값은 상향 카운팅의 경우에는 0으로 하향의 경우에는 1로 세트된다. 그리고 TCNTx는 상향 카운팅을 계속하여 TOP에 도달하면 하향 카운팅이 시작된다([그림 6-37] 참조). PC PWM 모드에서는 OCRxn 레지스터에 이중 버퍼링 기능이 있어 PWM 주기를 변경하기 위해 OCRxn 레지스터에 새로운 값을 기록하더라도 즉시 변경되지 않고 TCNTxn이 TOP에 도달하면 갱신된다([그림 6-37] 참조). OCRxn 레지스터 값과 듀티비가 비례함을 [그림 6-37]에서 알 수 있다.
- **주기 설정 :** 0 ~ TOP 값을 상향/하향 카운팅하므로 TCCRxB의 비트2 ~ 0(CSx2 ~ x0)값에 따라 1, 8, 64, 256, 1024의 분주비가 되므로 클럭을 f MHz로 사용하고 분주비를 N이라 하면 다음에 의해 주기 T가 결정된다. 즉 오버플로 인터럽트가 요청되는 시간 간격은 T이다.

$$T[\mu\,\mathrm{sec}] = 2N \times \mathrm{TOP}/f$$

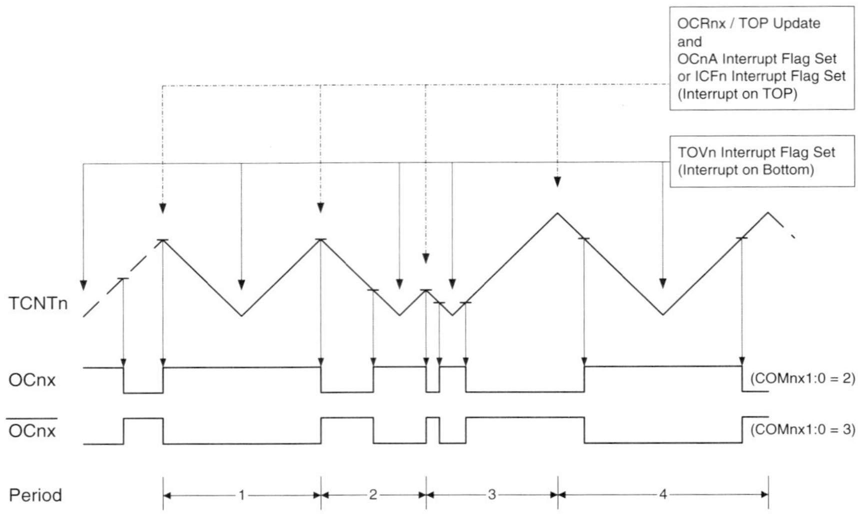

그림 6-37 • 타이머/카운터1, 3의 Phase Correct PWM 모드 동작 (출처:ATMEL)

타이머1, 3의 Phase and Frequency Correct PWM 모드

- **설정 :** TCCRxB 레지스터의 WGMx3 ~ 0 을 8, 9로 설정한다.
- **동작 :** PC PWM 모드와 거의 똑같고 다른 점은 TOP의 값이 모드 번호에 따라 ICRx, OCRxA만을 갖는다는 것이고 새로운 값으로의 갱신이 TCNTx가 0일 때 이루어진다는 것이다([그림 6-25] 참조).TCNTx는 상향 카운팅하여 TOP으로 증가하다가 하향 카운팅하여 0x0000으로 감소를 반복한다. TCNTx가 TOP 값에 도달하면 OCFxA 비트가 세트되어 출력 비교 인터럽트가 요청되거나 ICFx비트가 세트되어 입력 캡처 인터럽트가 요청될 수 있다. TCNTx가 0x0000에 도달하면 OCRxn, TOP의 값이 갱신되고 TOVx 비트가 세트되어 오버플로 인터럽트가 요청될 수 있다. COMxn1 ~ 0을 10으로 세팅한 경우 TCNTx의 값이 OCRxn 레지스터에 설정한 값과 일치되면 OCxn의 값은 상향 카운팅의 경우에는 0으로 하향의 경우에는 1로 세트된다. 그리고 TCNTx는 상향 카운팅을 계속하여 TOP에 도달하면 하향 카운팅이 시작된다([그림 6-37] 참조).
- **주기 설정 :** Phase Correct PWM과 동일.

출력 비교 변조

- **설정 :** 타이머1용 출력 비교 설정을 위한 TCCR1A 레지스터의 비트3 ~ 2(COM1C1 ~ 0)를 10 이나 11로 설정하여 출력 비교가 이루어지도록 하는 동시에 타이머2용 출력 비교 설정을 위한 TCCR2 레지스터의 비트5 ~ 4(COM21 ~ 0)를 01 ~ 11로 설정하여 출력 비교가 이루어지도록 하고 DDRB.7 = 1로 한다.

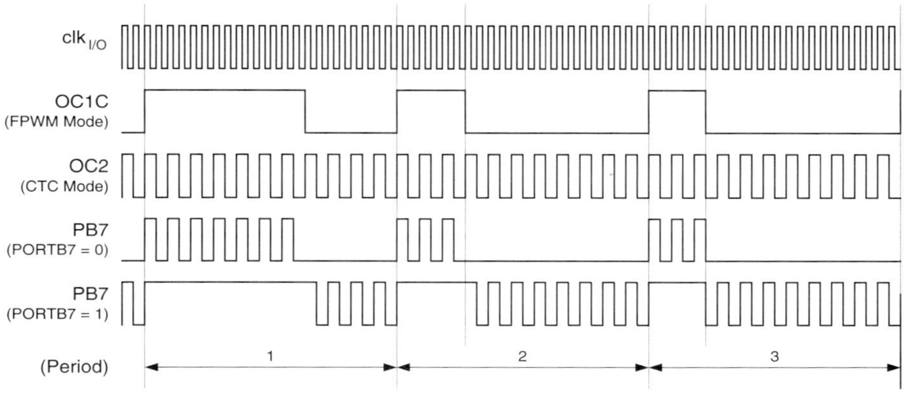

그림 6-38 • FC PWM 모드의 8분주비에서의 OCFn 동작 타이밍 도

- **동작 :** PORTB.7의 값을 1로 세트시키면 OC1C와 OC2의 신호를 OR시킨 것이 17번 핀(PB7, OC1C, OC2)에서 출력되고 0으로 하면 0C1C와 OC2를 AND시킨 신호가 17번 핀에서 출력된다.

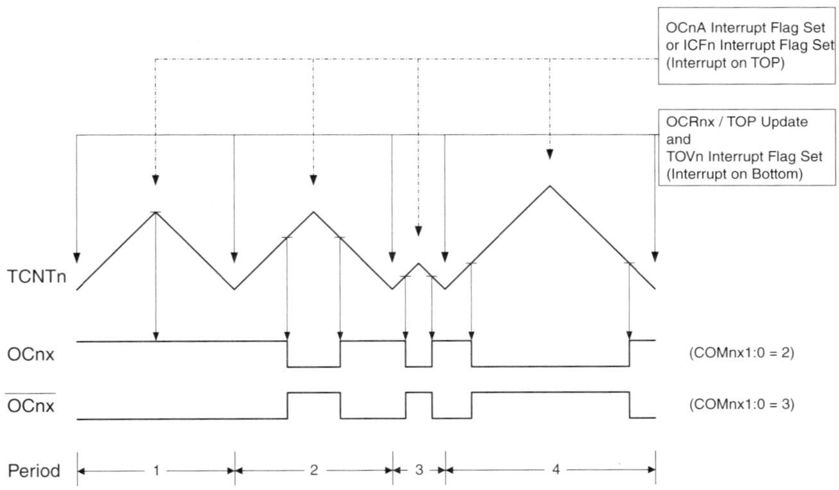

그림 6-39 • 타이머/카운터1, 3의 PFC PWM 모드 동작 (출처:ATMEL)

4 타이머/카운터 실험

실험 6-1 | 타이머를 이용한 LED 점멸 1

타이머0의 일반 모드를 이용하여 10밀리초 간격으로 오버플로 인터럽트를 발생시켜 PORTC에 연결된 LED가 1칸씩 왼쪽으로 회전시키며 점멸시킨다.

회로도

[실험 4-12]와 동일

유의점

디버깅 시 [Auto Step]을 누르고 IO View 창의 TCNT0와 PORTC의 변화를 관찰하라. [그림 5-3]과 같이 타이머0 ~ 3의 오버플로 인터럽트는 17, 15, 11, 30번이다. CodeVisoinAVR에서 인터럽트 번호에 따른 이름을 TIM0_OVF ~ TIM3_OVF로 mega128.h에 정의해놓았다. 이를 이용해도 된다. 시뮬레이션에서는 10밀리초의 간격으로 회전시키면 시간이 너무 많이 걸리므로 줄여서 구현하라.

프로그램 예

```
#include <mega128.h>
unsigned char led = 0xfe;
unsigned int cnt;
interrupt [17] void timerint0(void)          /* interrupt [TIM0_OVF]
                                                void timerint0(void)로 해도 됨 */
{
  if(cnt++ >= 9999)                          // 10000*1 = 10000 usec
  {
    cnt = 0;
    if(led!=0x7f) led = (led << 1) | 0x01;   /* 비트7을 안켰으면 1비트씩 좌로 시프트
                                                하고 빈자리에는 1을 채운다. */
    else led = 0xfe                          /* 비트7을 켰으면 다시 처음으로 와서
                                                비트0을 켠다. */
  }
  TCNT0 = 240;                               /* 재정의 1usec = 1*(256-240)/16,
                                                16MHz와 분주비 1 사용시 */
  PORTC = led;
}
void main(void)
{
  DDRC = 0xff;                               // 포트C를 출력으로
  PORTC = led;
  SREG |= 0x80;                              // 인터럽트 전체 허용
  TIMSK |= 1;                                // 타이머0 오버플로 인터럽트 개별 허용
  TCCR0 |= 1;                                // 분주비를 1로 설정
```

```
    TCNT0 = 240;
    while(1);
}
```

하드웨어 예

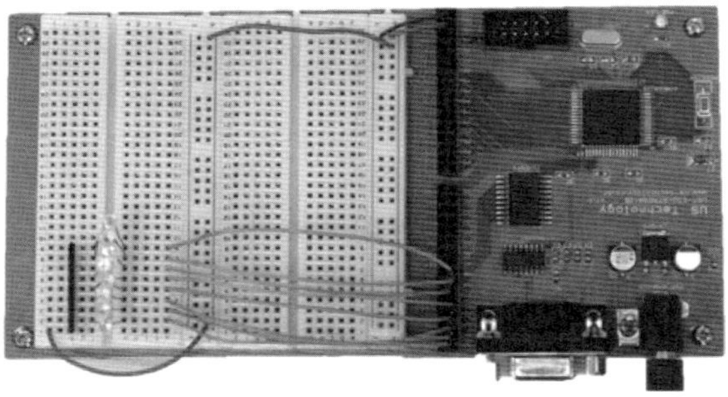

그림 6-40 • 타이머를 이용한 LED 점멸 실험 하드웨어 구성 예

과제

❶ 동일한 일을 타이머1 ~ 3을 이용하여 수행해보자.

❷ 1초 간격으로 LED가 증가하는 형태로 켜지도록 프로그밍해보자.

NOTE AVR Studio 4를 이용한 시뮬레이션 4

AVR Studio 4를 이용하여, 타이머/카운트 관련 레지스터들의 비트를 확인할 수 있다. [실험 6-1]의 내용을 시뮬레이션을 해보자. 먼저 [Step Into]를 이용하여 메인 함수의 while 문까지 진행하여 타이머/카운트 레지스터의 값을 확인하여 보자. TCCR0의 값은 0x01로 분주비가 1로 설정되었고, TCNT0 값은 0xf0 (240)의 값이 들어가 있다. TIMSK의 값이 0x01로 타이머/카운트0의 인터럽트를 허용하고 TIFR 레지스터의 값은 0x02로 0비트인 타이머/카운터2 오버플로우 플래그(TOV2)는 0으로 되어있다.

다시 [Step Into]를 이용하여 TCNT0 값이 0x00이 될 때까지 증가시키면 TIFR의 0비트가 1로 바뀌는 것을 볼 수가 있다.

그 후 [Step Into]를 한번 더 클릭하면 TIFR의 0비트가 자동적으로 0으로 클리어되면서 타이머/카운트0의 오버플로우 함수로 커서가 향함을 알 수 있다.

[Run]을 이용하여 시뮬레이션을 계속하여 실행하면 PORTC의 값이 변함을 관찰할 수 있다.

실험 6-2 | 타이머를 이용한 LED 점멸 2

타이머1의 일반 모드를 이용하여 오버플로 인터럽트를 발생시키지 말고 100밀리초 간격으로 PORTC에 연결된 LED가 1칸씩 왼쪽으로 회전시키며 점멸시킨다.

유의점

타이머1는 초기값에서 시작하여 0xFFFF까지 전부 세면(오버플로가 발생하면) TOV1가 1로 세트된다. while 문을 이용하여 TOV1가 세트되는 것을 감시하여 인터럽트 발생 없이 PORTC에 연결된 LED를 왼쪽으로 회전시키며 점멸시킨다. 인터럽트를 발생시키지 않았기 때문에 TOV1는 자동으로 클리어되지 않으므로 오버플로가 발생할 때마다 클리어시켜야 됨을 유의해야 한다. 인터럽트 플랙의 클리어는 1을 기록해야 된다. 시뮬레이션에서는 100밀리초의 간격으로 회전시키면 시간이 너무 많이 걸리므로 줄여서 구현하라.

회로도

[실험 4-12]와 동일

프로그램 예

```
#include <mega128.h>
unsigned char led = 0xfe;
void delay_i_ms(unsigned int i)
{
   do
   {
      while(!(TIFR & 0x04));              // TOV1이 세트되었는지 확인
      TIFR |= 0x04;                       /* 인터럽트 발생 없이 타이머를 사용했기 때문에
                                             자동적으로 클리어되지 않으므로 강제로 클리어 */
      TCNT1H = (65536-16000)/256;
      TCNT1L = (65536-16000)%256;         // 재정의, 1msec초를 얻기 위한 시간 정수
      i--;
   }
   while(i);
}
void main(void)
{
   DDRC = 0xff;                           // 포트C를 출력으로
   TCCR1B |= 1;                           // 분주비를 1로 설정
   TCNT1H = (65536-16000)/256;
   TCNT1L = (65536-16000) % 2;
   for(;;)
   {
      PORTC = led;
      if (led != 0x7f) led = (led << 1 ) | 0x01; else led = 0xfe;
```

```
        delay_i_ms(100);                    // 100*1msec 시간 지연
    }
}
```

과제

❶ 동일한 일을 타이머0, 2, 3을 이용하여 수행해보자.

❷ 0.1초 간격으로 LED가 증가하는 형태로 켜지도록 프로그램을 구현해보자.

실험 6-3 | CTC 모드를 이용한 LED 점멸

타이머2의 CTC 모드를 이용하여 500밀리초 간격으로 출력 비교 인터럽트를 발생시켜 PORTC에 연결된 LED가 1칸씩 왼쪽으로 회전시키며 점멸시킨다.

유의점

[그림 5-3]과 같이 출력 비교 인터럽트는 16(타이머0), 13(타이머1A), 14(타이머1B) 25(타이머1C), 10(타이머2), 27(타이머3A), 28(타이머3B), 29(타이머3C)번이다. CodeVisoinAVR에서 인터럽트 번호에 따른 이름을 TIMx_COMPn(여기에서 x는 0 ~ 3, n은 A, B, C)로 mega128.h에 정의해놓았다. 이를 이용해도 된다. 시뮬레이션에서는 500밀리초의 간격으로 회전시키면 시간이 너무 많이 걸리므로 줄여서 구현하라.

회로도

[실험 4-12]와 동일

프로그램 예

```
#include <mega128.h>
unsigned char led = 0xfe;
unsigned int cnt;
interrupt [10] void timerint(void)          /* interrupt [TIM2_COMP] void
                                               timerint(void)로 해도 됨 */
{
    if(cnt++ >= 49999)                      // 50000*10 = 500 msec
    {
        cnt = 0;
        if(led!=0x7f) led = (led << 1) | 0x01;   /* 비트7을 안켰으면 1비트씩 좌로 시프트
                                                    하고 빈자리에는 1을 채운다. */
        else led = 0xfe;                     /* 비트7을 켰으면 다시 처음으로 와서
                                                비트 0을 켠다. */
    }
    PORTC = led;
}
void main(void)
```

```
{
   DDRC = 0xff;                          // 포트C를 출력으로
   PORTC = led;
   SREG |= 0x80;                         // 인터럽트 전체 허용
   TIMSK |= 0x80;                        // 타이머 2 출력 비교 인터럽트 개별 허용
   TCCR2 |= 1;                           // 분주비를 1로 설정
   TCCR2 |= 0x20;                        // CTC mode
   OCR2 = 159;                           /* 10usec = 1*(1+159)/16,
                                            16MHz와 분주비 1 사용시 */

   for(;;);
}
```

과제

❶ 동일한 일을 타이머0, 1, 3을 이용해서 수행해보자.

❷ 동일한 일을 [실험 6-2]와 비슷한 요령으로 인터럽트 발생 없이 OCF2를 감시하면서 LED를 회전시키면 점멸하는 프로그램을 구현해보자.

실험 6-4 | Fast PWM 모드를 이용한 LED 점멸

타이머3의 Fast PWM 모드를 이용하여 500밀리초 간격으로 오버플로 인터럽트 플랙을 감시하여 인터럽트 발생 없이 PORTC에 연결된 LED가 1칸씩 왼쪽으로 회전시키며 점멸시킨다.

유의점

타이머3는 초기값에서 시작하여 TOP(모드 번호에 따라 다른 값을 갖는다) 값까지 전부 세면(오버플로가 발생하면) TOV3가 1로 세트된다. while 문을 이용하여 TOV3가 세트되는 것을 감시하여 인터럽트 발생없이 PORTC에 연결된 LED를 왼쪽으로 회전시키며 점멸시킨다. 인터럽트를 발생시키지 않았기 때문에 TOV3는 자동으로 클리어되지 않으므로 오버플로가 발생할 때마다 클리어시켜야 됨을 유의해야 한다. 인터럽트 플랙의 클리어는 1을 써주어야 한다. 시뮬레이션에서는 500밀리초의 간격으로 회전시키면 시간이 너무 많이 걸리므로 줄여서 구현하라.

회로도

[실험 4-12]와 동일

프로그램 예

```
#include <mega128.h>
unsigned char led = 0xfe;
void delay_i_ms(unsigned int i)
{
   do
   {
```

```
        while(!(ETIFR & 0x04));                    // TOV3가 세트되었는지 확인
        ETIFR |=0x04;                              // 인터럽트 발생 없이 타이머 사용했으므로 강제로 클리어
        i--;
    }
    while(i);
}
void main(void)
{
    DDRC = 0xff;                                   // 포트C를 출력으로
    TCCR3B |= 1;                                   // 분주비를 1로 설정
    TCCR3A |= 0b00000011;                          /* 고속 PWM 모드의 15번으로 설정하여
                                                      TOP를 OCR3A로 설정 */
    TCCR3B |= 0b00011000;                          /* 고속 PWM 모드의 15번으로 설정하여
                                                      TOP를 OCR3A로 설정 */
    ETIMSK |= 0x04;                                // 타이머3 오버플로 인터럽트 개별 허용
    OCR3AH = (unsigned char) 15999/256;
    OCR3AL = (unsigned char) 15999%256;  // 1msec 시간 지연
    for(;;)
    {
        PORTC = led;
        if (led != 0x7f) led = (led << 1 ) | 0x01;
        else led = 0xfe;
        delay_i_ms(500);                           // 500*1 msec 시간 지연
    }
}
```

과제

❶ 동일한 일을 타이머1을 이용하여 수행해보자.

❷ 1초 간격으로 LED가 증가하는 형태로 켜지도록 프로그램을 구현해보자.

❸ 인터럽트를 사용해서 동일한 일을 하도록 구현해보자.

실험 6-5 | Phase Correct PWM 모드를 이용한 LED 점멸

타이머1의 Phase Correct PWM 모드를 이용하여 500밀리초 간격으로 오버플로 인터럽트을 사용하여 PORTC에 연결된 LED가 1칸씩 왼쪽으로 회전시키며 점멸시킨다.

유의점

타이머1은 초기값에서 시작하여 모드 번호에 따라 다른 값을 갖는 TOP 값까지 상향 카운팅을 하다가 다시 하향 카운팅을 하여 0에 도달하면 TOV1가 1로 세트된다. 시뮬레이션에서는 500밀리초의 간격으로 회전시키면 시간이 너무 많이 걸리므로 줄여서 구현하라.

회로도

[실험 4-12]와 동일

프로그램 예

```
#include <mega128.h>
unsigned char led = 0xfe;
unsigned int cnt;
interrupt [15] void timerint(void)          /* interrupt [TIM1_OVF]
                                               void timerint(void)로 해도 됨 */
{
   if(cnt++ == 499)                         // 500*1 = 500 msec
   {
      cnt = 0;
      if(led!=0x7f) led = (led << 1) | 0x01;  /* 비트7을 안켰으면 1비트씩 좌로
                                               시프트하고 빈자리에는 1을 채운다.
      else led = 0xfe;                      /* 비트7을 켰으면 다시 처음으로 와서
                                               비트 0을 켠다.*/
   }
   PORTC = led;
}
void main(void)
{
   DDRB = 0x20;                             // OC1A(PB.5)를 출력으로
   DDRC = 0xff;                             // 포트C를 출력으로
   PORTC = led;
   SREG |= 0x80;                            //인터럽트 전체 허용
   TCCR1B |= 1;                             // 분주비를 1로 설정
   TCCR1A |= 0b01000011;                    /* PC PWM 모드의 11번으로 설정하여
                                               TOP를 OCR1A로 설정 및
   TCCR1B |= 0b00010000;                       OC1A를 토글로 설정 */
   TIMSK |= 0x04;                           /* 타이머1 오버플로 인터럽트 개별 허용과
                                               타이머 스타트 */
   OCR1A = 8000;                            // 1msec 시간 지연
   for(;;);
}
```

과제

❶ 동일한 일을 타이머3을 이용해서 수행해보자.

❷ 1초 간격으로 LED가 증가하는 형태로 켜지도록 프로그램을 작성해보자.

❸ 인터럽트를 사용하지 말고 인터럽트 플랙을 감시하여 동일한 일을 하도록 구현해보자.

NOTE 오실로스코프를 통한 PWM 파형 측정

실제로 카운터를 사용한 PWM 파형이 생성되는지를 오실로스코프를 통하여 알아 보겠다. [실험 6-5]에서는 타이머1의 PC PWM 모드를 이용하여 50% 듀티비를 가진 500Hz의 PWM의 구형파를 핀 OC1A를 통하여 발생하도록 하였다. 프로그램 다운로드 후 회로의 전원을 켠 상태에서 오실로스코프를 이용하여 OC1A의 파형을 측정하여 보자.

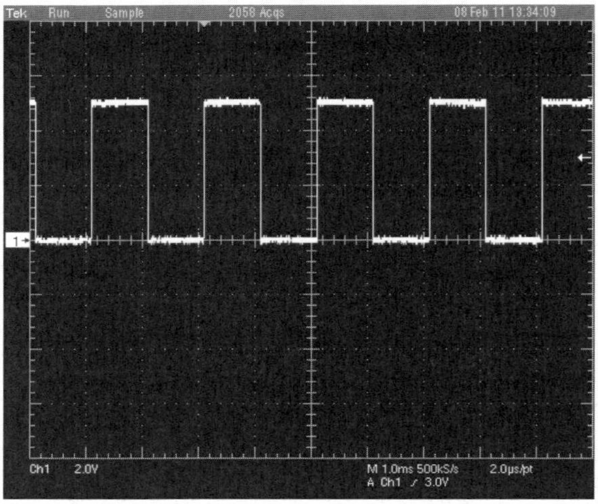

위에 그림에서와 같이 OC1A에서의 500Hz의 파형을 오실로스코프를 이용하여 측정할 수가 있다. 이처럼 타이머를 사용하여 PWM 파형을 발생시키고, 듀티비 또한 조정할 수도 있다.

실험 6-6 워치독 타이머

타이머0의 일반 모드를 이용하여 1초 간격으로 오버플로 인터럽트를 발생시켜 PORTC에 연결된 LED로 0 ~ 9를 반복적으로 쓴다. 워치독 타이머의 주기가 완료되기 전에 워치독 타이머를 리셋하지 않으면 워치독 리셋이 발생하는 것을 배워본다.

유의점

시뮬레이션에서는 1초의 간격으로 점멸시키면 시간이 너무 많이 걸리므로 줄여서 구현하라.

회로도

[실험 4-12]와 동일

프로그램 예

```
#include <mega128.h>
unsigned char led = 0x00;
unsigned int cnt;
```

```
interrupt [17] void timerint0(void)     /* interrupt [TIM0_OVF]
                                           void timerint0(void)로 해도 됨 */
{
    if(cnt++ >= 999)                    // 1000*1 = 1 sec
    {
        cnt = 0;
        if(led++==9) led=0;             // 9이면 다시 처음으로 와서 비트 0을 켠다.
    }
    TCNT0 = 6;          // 재정의 1 msec = 64*(256-6)/16, 16 MHz와 분주비 64사용 시
    PORTC =  ~ led;
    #asm("wdr");
}
void main(void)
{
    DDRC = 0xff;                        // 포트C를 출력으로
    PORTC =  ~ led;
    SREG |= 0x80;                       // 인터럽트 전체 허용
    TIMSK |= 1;                         // 타이머0 오버플로 인터럽트 개별 허용
    TCCR0 |= 4;                         // 분주비를 64로 설정
    TCNT0 = 6;
    WDTCR = 0x18;
    WDTCR = 0x0f;                       // 워치독 타이머 타임아웃 주기 약 2초로 설정
    while(1);
}
```

과제

❶ #asm("wdr")를 삭제하고 수행해보자.

❷ 동일한 일을 타이머1 ~ 3을 이용하여 수행해보자.

실험 6-7　펄스 폭 측정

IC1(PD 4, 29번핀)에 연결된 스위치가 눌린 시간 즉, 펄스 폭을 측정하여 PORTC에 연결된 LED에 msec 단위로 표시한다.

유의점

스위치가 눌리면 하강 에지가 발생한다. 이때 입력 캡처 인터럽트 플랙 ICF1을 클리어하고 스위치가 해제될 때 상승 에지가 발생하므로 시뮬레이션에서는 1초의 간격으로 점멸시키면 시간이 너무 많이 걸리므로 줄여서 구현하라.

회로도

[실험 4-16]과 동일

프로그램 예

```
#include <mega128.h>
#include <delay.h>
void main(void)
{
  unsigned char pwidth;
  DDRC = 0xff;                              // 포트C를 출력으로
  while(1)
  {
    TCCR1B  |= 0x03;                        // 64분주 타이머 시작
    TIFR |= 0x20;                           // ICF1 클리어
    while(!(TIFR & 0x20));                  // 하강 에지가 검출될 때까지 기다린다.
    TIFR   |= 0x20;                         // 하강 에지가 검출되었으므로 ICF1을 클리어
    TCNT1 = 0;
    TCCR1B  |=0x40;                         // 상승 에지에서 캡처하도록 설정
    TCCR1B  |= 0x03;                        // 64분주
    while(!(TIFR & 0x20));                  // 상승 에지가 검출될 때까지 기다린다.
    pwidth = (unsigned char) (( 256*ICR1H + ICR1L )*4 /1000);
    PORTC =  ~ pwidth;
    delay_ms(50);
  }
}
```

하드웨어 예

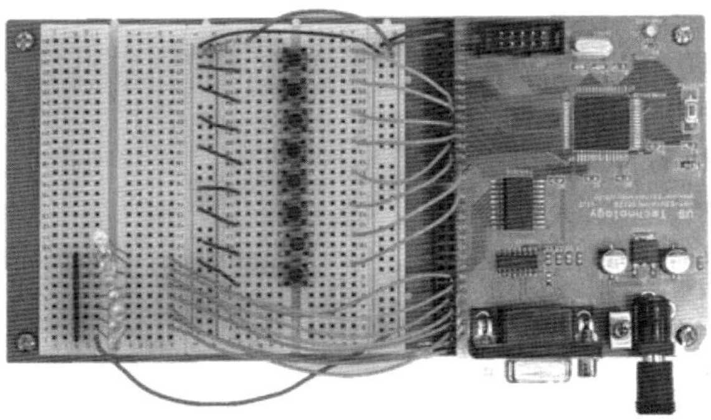

그림 6-41 • LED 펄스 폭 측정 실험 하드웨어 구성 예

과제

타이머3을 사용해서 구현해 보라.

5 인터럽트와 타이머 복합 실험

실험 6-8 LED 점멸 속도 조절

PORTC에 연결된 LED가 0.1초 간격으로 왼쪽으로 회전하며 점멸하다가 INT0(PORTD.0, 핀 25)에 연결된 스위치를 누르면 상승 에지 트리거에 의한 인터럽트가 발생하여 속도가 느려지고 INT1(PORTD.1, 핀 26)에 연결된 푸시 버튼을 누르면 회전 속도가 빨라진다.

유의점

일정한 시간 간격을 얻기 위해 타이머0의 일반 모드 인터럽트를 사용한다. 최대로 느린 회전 속도 간격은 0.15초이고 빠른 간격은 0.05초로 한다. 시뮬레이션에서는 너무 느리므로 타이머 인터럽트 서비스 루틴의 시간 지연을 조정한다. 실제 하드웨어 구현할 때는 제거한다.

회로도

[실험 4-16]과 동일

프로그램 예

```
#include <mega128.h>
unsigned char led=0xfe;
unsigned int cnt, delaytime, step, delaymax, delaymin;
interrupt [2] void exint0(void)         /* interrupt [EXT_INT0]
                                           void exint0(void)로 해도 됨 */
{
   if( delaytime + step <= delaymax ) delaytime += step;
}
interrupt [3] void exint1(void)         /* interrupt [EXT_INT1]
                                           void exint1(void)로 해도 됨 */
{
   if( delaytime - step >= delaymin ) delaytime -= step;
}
interrupt [17] void timerint0(void)     /* interrupt [TIM0_OVF]
                                           void timerint0(void)로 해도 됨 */
{
   if(cnt-- == 1)
   {
      cnt = delaytime;
      if(led!=0x7f) led = (led << 1) | 0x01;
      else led = 0xfe;
   }
   TCNT0 = 6; PORTC = led;
}
void main(void)
{
```

```
    DDRC = 0xff;                            // 포트C를 출력으로
    PORTC = led;
    SREG |= 0x80;                           // 인터럽트 전체 허용
    EIMSK |= 0b00000011;                    // INT0, 1 개별 허용
    EICRA |= 0x0f;                          // INT0, 1 상승 에지 트리거
    TIMSK |= 1;                             // 타이머0 오버플로 인터럽트 개별 허용
    TCCR0 |= 4;                             // 분주비를 64로 설정
    TCNT0 = 6;                              // 64*(256-6)/16=1000usec = 1msec
    delaytime = 100;
    cnt = delaytime;                        // 점멸 회전 주기를 100*0.001 = 0.1초로 초기화
    delaymax = 1000;
    delaymin = 10;                          /* 점멸 회전 주기의 최대값과 최소값을
                                               1초와 0.01초로 초기화 */
    step = 10;                              // 주기 변경 폭을 10으로 초기화
    while(1);
}
```

과제

❶ 동일한 일을 수행하되 타이머0 대신에 타이머1 ~ 3을 사용하는 프로그램을 작성해보자.

❷ INT3(PORTD.2, 핀27)에 연결된 푸시 버튼를 누르면 속도가 변하지 않고 LED 점멸 회전 방향이 바뀌는 프로그램을 작성해보자.

실험 6-9 스톱 워치

INT0(PORTD.0, 핀25)에 연결된 스위치를 누르면 상승 에지 트리거에 의한 인터럽트가 발생하여 타이머 1의 카운팅이 정지되고 다시 한번 누르면 카운팅을 시작한다.

회로도

[실험 4-16]과 동일

프로그램 예

```
#include <mega128.h>
unsigned char led, onoff=1;
interrupt [2] void exint0(void)         /* interrupt [EXT_INT0]
                                           void exint0(void)로 해도 됨 */
{
    if(onoff == 0) onoff = 1; else onff=0;
}
void delay_i_ms(unsigned int i)
{
    do
    {
```

```
        while(!(TIFR & 0x04));              // TOV1가 세트되었는지 확인
        TIFR |= 0x04;                       /* 인터럽트 발생 없이 타이머 사용했기 때문에
                                               자동적으로 클리어되지 않으므로 강제로 클리어 */

        TCNT1H = (65536-16000)/256;
        TCNT1L = (65536-16000)%256;         // 재정의 , 1 msec 초를 얻기 위한 시간 정수
        i--;
    }
    while(i);
}
void main(void)
{
    DDRC = 0xff;                            // 포트C를 출력으로
    DDRD = 0x00;                            /* 포트D가 디폴트 입력으로 설정되어
                                               있으므로 필요하지는 않음 */

    SREG.7 = 1;                             // 인터럽트 전체 허용
    EIMSK |= 0x01;                          // INT0 개별 허용
    EICRA |= 3;                             // 상승 에지 트리거
    TCCR1B |= 1;                            // 타이머에 클록을 1분주로 클록 공급
    TCNT1H = (65536-16000)/256;
    TCNT1L = (65536-16000) % 256;
    for(;;)
    {
        PORTC = ~ led ;
        delay_i_ms(1000);                   // 1 sec 시간 지연
        if(onoff==0) led++;
    }
}
```

과제

❶ 타이머0, 2, 3를 사용하는 프로그램을 작성해보자.

❷ 타이머0 ~ 3의 인터럽트를 사용하여 구현해해보자.

실험 6-10 | PWM 신호 발생 1

PORTC에 연결된 LED가 INT0(PORTD.0, 핀25)에 연결된 푸쉬 버튼을 누르면 점점 밝아지고 INT1 (PORTD.1, 핀26)에 연결된 푸시 버튼을 누르면 어두워진다.

유의점

일정한 시간 간격에서 1이 지속되는 시간을 조절하여 밝기를 조절한다. 일정한 시간 간격을 얻기 위해 타이머2를 사용한다.

회로도

[실험 4-16]과 동일

프로그램 예

```
#include <mega128.h>
unsigned char led;
unsigned int cnt, step=10, duration=500, MAX=999;
interrupt [2] void exint0(void)       /* interrupt [EXT_INT0]
                                         void exint0(void)로 해도 됨 */
{
  if(MAX > duration+step ) duration += step;
}
interrupt [3] void exint1(void)       /* interrupt [EXT_INT1]
                                         void exint1(void)로 해도 됨 */
{
  if( duration-step >0 ) duration -=step;
}
interrupt [10] void timerint(void)    /* interrupt [TIM2_COMP]
                                         void timerint(void)로 해도 됨 */
{
  if(cnt < duration) led = 0xff;
  else led = 0x00;
  if(cnt++ >= MAX) cnt = 0;           // 1000*10 = 10 msec
}
void main(void)
{
  DDRC = 0xff;                        // 포트C를 출력으로
  SREG |= 0x80;                       // 인터럽트 전체 허용
  EIMSK |= 0b00000011;                // INT0, 1 개별 허용
  EICRA |= 0x0f;                      // INT0, 1 상승 에지 트리거
  TIMSK |= 0x80;                      // 타이머2 출력 비교 인터럽트 개별 허용
  TCCR2 |= 1;                         // 분주비를 1로 설정
  TCCR2 |= 0x20;                      // CTC mode
  OCR2 = 159;                         /* 1usec = 1*(1+159)/16,
                                         16MHz와 분주비 1 사용 시 */
  for(;;) PORTC = led;
}
```

과제

❶ MAX와 duration을 10배 이상으로 하고 수행해보자. 어떤 현상이 일어나나 살피고 그 원인에 대하여 생각해보자.

❷ 타이머 0, 1, 3으로 구현해보자.

실험 6-11 | PWM 신호 발생 2

타이머의 PWM 모드를 이용해서 LED의 밝기를 조절한다. INT0(PORTD.0, 핀 25)에 연결된 푸쉬 버튼을 누르면 점점 밝아지고 INT1(PORTD.1, 핀 26)에 연결된 푸시 버튼을 누르면 어두워진다.

회로도

[그림 4-6]의 SW_CON과 [그림 6-42]의 L2를 각각 [그림 4-4]의 D_CON과 B_CON에 연결한다. 또한 [그림 4-6]의 SW1, SW2를 누르면서 실험한다.

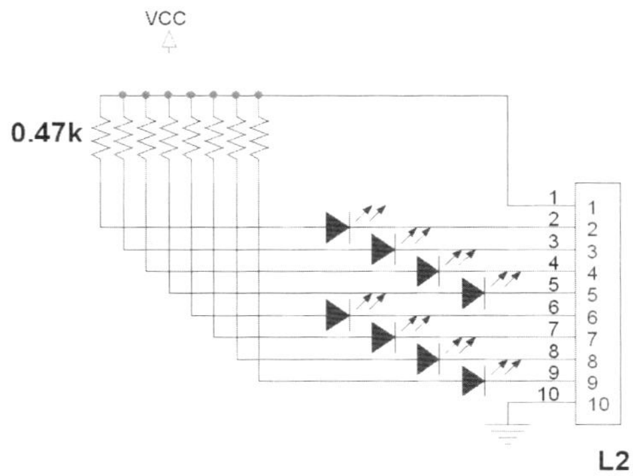

그림 6-42 • LED 배열 회로

유의점

타이머0의 PWM 신호는 OC0(14번 핀, PB4)에서 출력된다. 시뮬레이션을 할 때는 타이머의 카운트가 너무 오래 걸릴 수 있으므로 분주비를 적절하게 조절해야 한다.

프로그램 예

```
#include <mega128.h>
unsigned int step=5;
interrupt [2] void exint0(void)        /* interrupt [EXT_INT0]
                                          void exint0(void)로 해도 됨 */
{
   if( OCR0 < 0xff - step ) OCR0 += step;
}
interrupt [3] void exint1(void)        /* interrupt [EXT_INT1]
                                          void exint1(void)로 해도 됨 */
{
   if( OCR0  > step ) OCR0 -=step;
}
void main(void)
{
   DDRB.4 = 1;                         // PORTB bit 4를 출력으로
```

```
    SREG |= 0x80;                              // 인터럽트 전체 허용
    EIMSK |= 0b00000011;                       // INT0, 1 개별 허용
    EICRA |= 0x0f;                             // INT0, 1 상승 에지 트리거
    TCCR0 |= 6;                                // 분주비를 256로 설정
    TCCR0 |= 0b01001000;                       // 타이머0 FAST PWM 모드로 설정
    TCCR0 |= 0x20;                             // 출력 비교 모드 설정
    OCR0 = 0x7F;
    for(;;);
}
```

과제

타이머0, 1, 3으로 구현해보자.

연습문제

1. 다음의 ATmega128의 타이머/카운터에 대한 설명에서 옳은 것을 모두 골라라.
   a. ATmega128에는 타이머0 ~ 3 모두 4개의 타이머/카운터가 존재한다.
   b. ATmega128의 타이머는 인터럽트와 PWM 출력 기능을 갖고 있다.
   c. ATmega128의 타이머에서 타이머0, 1는 8비트로 서로 기능이 유사하고 타이머2, 3은 16비트로 서로 기능이 유사하다. 다만 타이머0은 다른 타이머와 달리 32.768 KHz의 수정 진동자에 접속하는 TOSC1, 2 단자를 가지고 있어서 Real Time Clock의 기능을 갖고 있다.
   d. ATmega128의 타이머 인터럽트는 오버플로에 의해 발생하는 오버플로 인터럽트, 카운터값이 출력 비교 레지스터의 값과 같게 되는 경우 발생하는 출력 비교 인터럽트, 입력 캡처 인터럽트가 있다.
   e. ATmega128 타이머의 PWM은 출력 비교 기능을 이용하여 출력 비교 신호에 주기와 duty ratio를 가변할 수 있는 출력 신호를 생성하여 OC0, OC2, OC1A ~ C, OC3A ~ C 단자로 출력하는 것이다.
   f. ATmega128 타이머0, 1은 외부 트리거 신호에 의해 현재의 카운터값을 캡처할 수 있는 기능을 갖고 있다.
   g. ATmega128 타이머0, 1은 PWM 및 비동기 동작 모드를 갖는 8비트 업/다운 카운터로 10비트의 프리스케일러를 갖고 있어 이를 통하여 내부 클럭을 소스로 받아 타이머나 카운터로 동작한다.
   h. ATmega128 타이머0, 2에는 각각 일반 모드, CTC 모드, 고속 WPM 모드, PC PWM 모드로 총 네가지의 동작 모드가 있다.
   i. ATmega128 타이머 2, 3은 3개의 PWM 출력 및 캡처 기능을 갖는 16비트 업/다운 카운터로 10비트의 프리스케일러를 갖고 있어 이를 통하여 내부 클럭을 소스로 받아 타이머나 카운터로 동작한다. 오버플로와 출력 비교에 의한 인터럽트 이외에 입력 캡처 인터럽트 기능을 갖고 있고 주파수를 발생할 수 있는 기능과 출력 비교와 재장전 기능을 갖고 있다.

2. ATmega128의 타이머1, 3에서 발생하는 인터럽트 플랙을 저장하는 레지스터는?

3. ATmega128의 타이머0, 1, 2가 발생하는 인터럽트를 개별적으로 허용 제어하는 레지스터는?

4. ATmega128의 타이머 0의 클럭소스를 선택하거나 외부 클럭에 의해 비동기 모드로 동작하는 경우 제어를 위한 레지스터는?

5. ATmega128의 타이머들을 동기화시키는데 사용되는 레지스터는?

6. ATmega128의 타이머1, 3이 발생하는 인터럽트를 개별적으로 허용 제어하는 레지스터는?

7. ATmega128의 타이머0 ~ 2가 발생하는 인터럽트 플랙을 저장하는 레지스터는?

8. ATmega128에서 TCLK 클럭을 제어 로직에 따라 업/다운 카운팅을 수행하거나 리셋되는 타이머의 카운터값을 저장하는 레지스터는?

9. ATmega128에서 타이머0, 2의 동작 모드를 설정하는 레지스터는?

10. ATmega128에서 타이머1, 3의 동작 모드를 설정하는 레지스터는?

11. ATmega128에서 TCNTn(여기에서 n은 0, 2)의 값과 출력 비교되기 위한 8비트 데이터 값을 저장하고 있는 레지스터는 ?

12. ATmega128에서 입력 캡처 핀 ICx(여기에서 x는 1, 3)으로 들어오는 신호 변화를 검출하여 입력 캡처를 할 때 TCNTx의 카운터값을 저장하는 16비트 레지스터는?

13. ATmega128에서 TCNTx(여기에서 x는 1, 3)의 값과 출력 비교되기 위한 16비트 데이터 값을 저장하고 있는 레지스터는?

CHAPTER 07

출력 및 입력장치 실험

학습목차

학습개요

입출력 장치는 사용자와 MCU간의 의사소통을 가능하게 해주는데 오늘날 사용자 친화적 입출력 장치들이 시장에서 많은 선택을 받는 것에서 알 수 있듯이 입출력 장치는 매우 중요한 장치이다.

이번 장에서는 ATmega128을 통한 출력 및 입력장치 제어에 관하여 소개한다. 출력장치란 MCU에서 처리한 일련의 데이터 및 상태를 사용자에게 청각, 시각 정보 등으로 제공하는 것을 일컫는다. 먼저 시각 정보를 제공하는 출력장치를 살펴보는 데 본 교재에서는 FND와 문자형 LCD를 소개한다. 또한 청각 정보를 제공하는 간단한 출력장치인 부저를 설명할 것이다. 입력장치로는 키스캔 매트릭스를 활용한 키패드를 설계하는 실험을 통하여 학습하도록 한다.

1 FND(Flexible Numeric Display)

1.1 FND의 개요

- **구성 :** FND는 7세그먼트 표시기로도 불리며 [그림 7-1]처럼 보통 8개의 LED 중 7개의 LED를 8자 형태로 배열하고 0 ~ 9까지의 숫자와 ABCDEF(HEX 값)을 표시하는 데 사용한다. 나머지 LED는 소수점의 표시에 사용한다.
- **종류 :** 모든 LED의 양극을 한데 묶은 양극공통형(CA, Common Anode), 음극을 묶은 음극공통형(CC, Common Collector)형이 있다.
- **핀배치 :** 정면에서 보았을 때 왼쪽 아래에서부터 핀 번호가 1번으로 시작하여 반시계 방향으로 배열되어 있다([그림 7-1] 참조). 만약 CA형의 경우 1을 표시하려면 3번과 8번핀에 Vcc를 연결하고 6번과 4번핀에 0을 연결한다. 만약 CA형의 경우 3을 표시하려면 3번과 8번핀에 Vcc를 연결하고 2, 4, 6, 7, 10번핀에 0을 연결한다.
- **특성 :** LED는 소형으로 발열이 거의 없고, 수명이 반영구적이며 응답 속도가 빠르고 발광효율이 높으며 가격이 싸고 보통 10 mA 이상의 구동 전류가 필요한데 직류의 저전압에서 동작이 가능하다는 등의 장점이 있고 FND도 동일한 장점이 있다. 또한 16x2 캐릭터 LCD가 만원 정도인데 비해 FND는 개당 수백원 정도이기 때문에 값싼 시스템을 위한 표시 장치로 쓰인다. CA형을 위한 디코딩용 구동 TTL은 7447, CC형을 위한 디코딩용 구동 TTL은 7446이 있다.

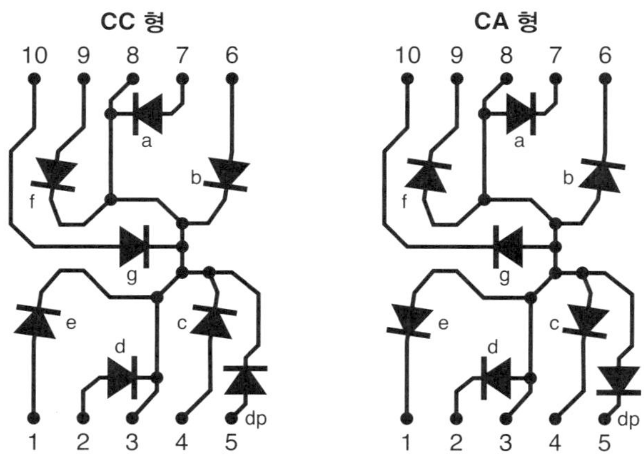

그림 7-1 • FND의 내부구성과 핀배치

실험 7-1 디코더 없는 FND 구동

CA형의 FND를 C_CON에 직접 연결시키고 00 ~ FFH 값을 넣었을 때 패턴을 살핀다.

유의점

너무 빨리 패턴이 지나가지 않도록 시간 지연을 준다.

회로도

[그림 7-2]의 왼쪽 디코더 없는 회로를 구현하고 FND_CON을 [그림 4-4]에 보여진 시스템의 C_CON에 연결한다.

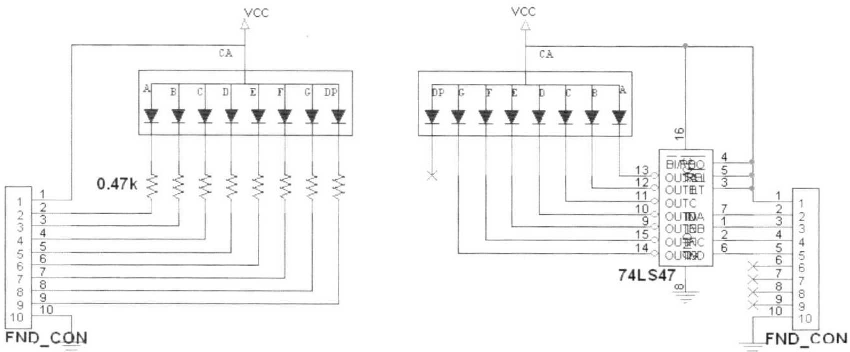

그림 7-2 • [실험 7-1, 7-2]를 위한 FND 기초 실험도(왼쪽:디코더 비사용, 오른쪽:디코더 사용)

프로그램 예

```
#include <mega128.h>
#include <delay.h>
unsigned char led=0;
void main(void)
{
   DDRC = 0xff;                              // 포트C를 출력으로
   for(;;)
   {
      delay_ms(500);
      PORTC = led++;
   }
}
```

하드웨어 구성 예

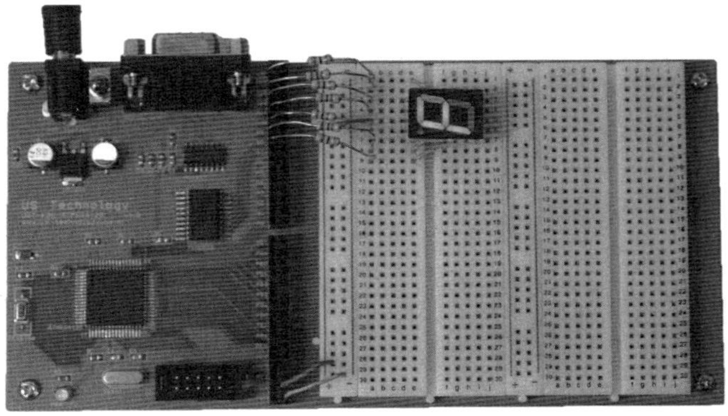

그림 7-3 • 디코더 없는 FND 구동을 위한 실험 하드웨어 예

과제

❶ 0 ~ 9, A, B, C, D, E, F값을 표시하기 위한 입력 패턴값을 찾아보자.

❷ 찾은 패턴값을 이용하여 0 ~ 9, A, B, C, D, E, F 값을 1초 간격으로 표시하는 프로그램을 작성해보자.

실험 7-2 | 디코더를 사용한 FND 구동

CA형의 FND를 7447을 이용하여 구동하고 패턴을 살핀다.

유의점

너무 빨리 패턴이 지나가지 않도록 시간 지연을 준다.

회로도

[그림 7-2]의 오른쪽 회로를 구현하고 FND_CON을 [그림 4-4]에 보여진 시스템의 C_CON에 연결한다.

프로그램 예

```
#include <mega128.h>
#include <delay.h>
unsigned char led=0;
void main(void)
{
   DDRC = 0xff;
   for(;;)
   {
      delay_ms(500);
      PORTC = led++;
   }
```

```
}
```

하드웨어 구성 예

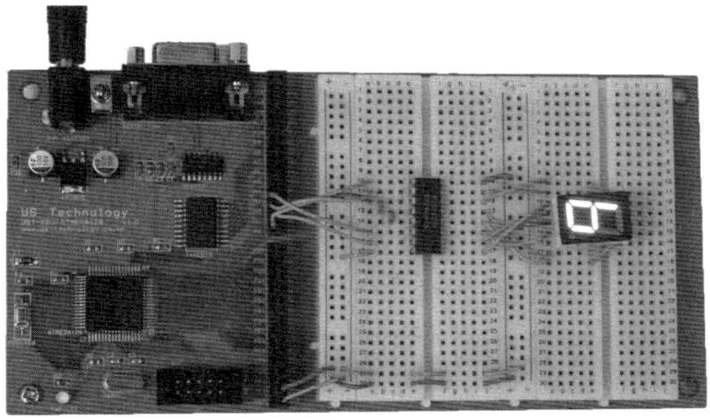

그림 7-4 • 디코더를 사용한 FND 구동 실험 하드웨어 예

과제

❶ 위의 프로그램은 0x00 ~ 0xff의 오름차순으로 표시하는 것이다. 내림차순으로 표시하는 프로그램을 작성해보자.

❷ 0 ~ 9값을 반복적으로 표시하는 프로그램을 작성해보자.

❸ `delay_ms()`를 사용하지 말고 타이머0 ~ 3을 사용하여 시간 지연을 주어 표시하는 프로그램을 작성해보자.

실험 7-3 | FND 동적 구동

CA형의 FND0 ~ 5의 6개를 C_CON 하나만을 할애하여 동적으로 구동한다. 2msec 마다 각 FND들을 번갈아 구동시켜 잔상에 의해 6개 모두가 켜져 동작하는 것처럼 보이게 한다.

유의점

2msec의 주기를 얻기 위해 타이머0의 일반 모드 인터럽트를 이용한다. 각 FND에 표시할 데이터값은 1,2,3,4,5,6이라고 가정한다. 시뮬레이션을 수행할 때는 너무 오래 걸릴 수 있으므로 시간 지연을 적절히 조절해서 한다. PORTC로 출력되는 값의 상위 4비트가 데이터값이고 하위 4비트로 활성화될 FND를 지정한다.

회로도

[그림 7-5]의 회로를 구현하고 FND_CON을 [그림 4-4]에 보여진 시스템의 C_CON에 연결한다.

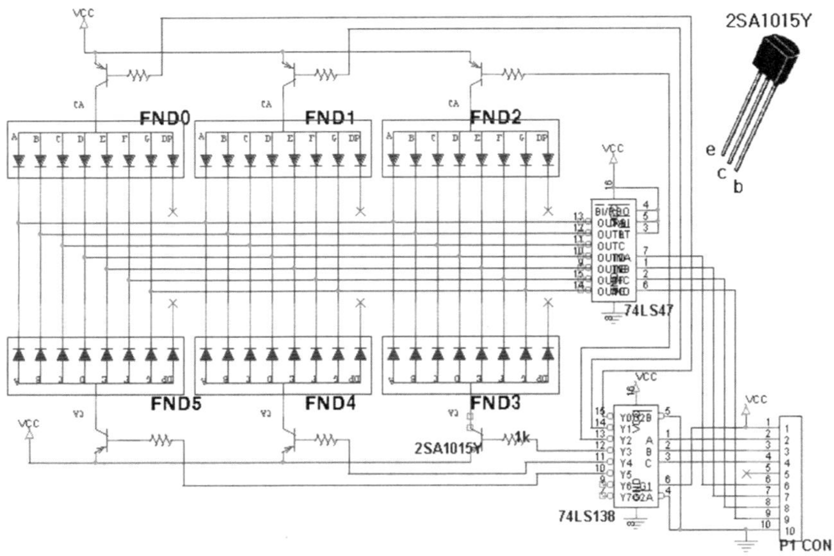

그림 7-5 • FND의 동적 구동을 위한 회로도

프로그램 예

```
#include <mega128.h>
unsigned char dbuf[6], dbuf_index;
unsigned int cnt;
interrupt [17] void timerint0(void)
{
   unsigned char tmpbuf;
   if( ++cnt == 2 )
   {
      cnt = 0; if( dbuf_index++ == 5 ) dbuf_index= 0;
   }
   tmpbuf = dbuf[dbuf_index];
   PORTC = (( tmpbuf << 4 )&0xf0) | dbuf_index;
                        // 표시할 데이터와 FND의 위치는 tmpbuf의 상위 비트와 하위 비트로
   TCNT0 = 6;           // 재정의 1msec = 64*(256-6)/16, 시뮬레이션할 때는 조절할 필요가 있음
}
void main(void)
{
   DDRC = 0xff;             // 포트C를 출력으로
   SREG |= 0x80;            // 인터럽트 전체 허용
   TIMSK |= 1;              // 타이머0 오버플로 인터럽트 개별 허용
   TCCR0 |= 4;              // 분주비를 64로 설정, 시뮬레이션할 때는 조절할 필요가 있음
   TCNT0 = 6;               // 1msec = 64*(256-6)/16, 시뮬레이션할 때는 조절할 필요가 있음
```

```
    dbuf[0]= 1; dbuf[1] = 2; dbuf[2]=3; dbuf[3] = 4; dbuf[4] = 5; dbuf[5] = 6;
                                // 표시할 데이터 초기화
    for(;;);                    // 인터럽트 발생할 때까지 대기
}
```

하드웨어 구성 예

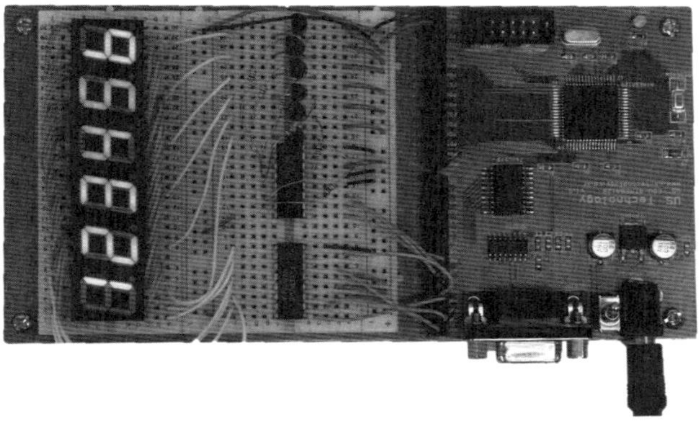

그림 7-6 • FND의 동적 구동 실험 하드웨어 예

과제

❶ 타이머0 대신 타이머1 ~ 3을 사용하고 주기를 1 msec로 하여라.

❷ 주기를 12 msec 이상 예로 40 msec로 하여 하드웨어를 구현해보고 어떤 현상이 나타나는지 살펴보자.

실험 7-4 시계

CA형의 FND5에 시간의 10의 자리값, FND4에 시간의 1의 자리값, FND에 분의 10의 자리값, FND2에 분의 1의 자리값, FND1에 초의 10의 자리값, FND0에 초의 1의 자리값을 표시하는 시계를 만든다.

유의점

타이머0의 일반 모드를 사용하였고 1 msec를 주기로 FND를 동적으로 구동한다.

회로도

[실험 7-3]과 같음.

프로그램 예

```
#include <mega128.h>
unsigned char dbuf[6], dbuf_index;
unsigned char hou, min, sec;
unsigned int cnt;
```

```
void hex2bcd(unsigned char hex, unsigned char *ptr)   /* 0x63 이하의 헥사값을
                                                          bcd로 바꾼다 */
{
   *ptr = hex % 10;
   *(ptr+1) = hex / 10;
}
void watch(void)
{
   if( ++sec == 60)
   {
      sec = 0;
      if( ++min == 60 )
      {
         min = 0;
         if( ++hou == 24 ) hou = 0;
      }
   }
   hex2bcd(sec, &dbuf[0]);
   hex2bcd(min, &dbuf[2]);
   hex2bcd(hou, &dbuf[4]);
}
interrupt [17] void timerint0(void)          /* interrupt [TIM0_OVF]
                                                 void timerint0(void)로 해도 됨 */
{
   unsigned char tmpbuf;
   if( ++cnt == 1000 )
   {
      cnt = 0; watch();
   }
   if( dbuf_index++ == 5 ) dbuf_index= 0;
   tmpbuf = dbuf[dbuf_index];
   PORTC = (( tmpbuf << 4 )&0xf0) | dbuf_index;
                    // 표시할 데이터와 FND의 위치는 tmpbuf의 상위 비트와 하위 비트로
   TCNT0 = 6;       // 재정의 1msec = 64*(256-6)/16, 시뮬레이션할 때는 조절할 필요가 있음
}
void main(void)
{
   DDRC = 0xff;                          // 포트C를 출력으로
   SREG |= 0x80;                         // 인터럽트 전체 허용
   TIMSK |= 1;                           // 타이머0 오버플로 인터럽트 개별 허용
   TCCR0 |= 4;                           /* 분주비를 64로 설정,
                                            시뮬레이션할 때는 조절할 필요가 있음 */
```

```
    TCNT0 = 6;                             /* 1msec = 64*(256-6)/16,
                                              시뮬레이션할 때는 조절할 필요가 있음 */
    for(;;);                               // 인터럽트 발생할 때까지 대기
}
```

과제

타이머0 대신 타이머1 ~ 3을 사용해보자.

실험 7-5 | 스톱 워치

CA형의 FND5에 시간의 10의 자리값, FND4에 시간의 1의 자리값, FND3에 분의 10의 자리값, FND2에 분의 1의 자리값, FND1에 초의 10의 자리값, FND0에 초의 1의 자리값을 표시하는 시계를 만든다. INT0(PORTD.0, 핀25)에 연결된 스위치를 누르면 상승 에지 트리거에 의한 인터럽트가 발생하여 타이머1의 카운팅이 정지되고 다시 한번 누르면 카운팅을 시작한다.

유의점

타이머0의 일반 모드를 사용하여 10msec를 주기로 FND를 동적으로 구동한다. 그리고 타이머2의 일반 모드를 사용하여 시간을 잰다.

회로도

[그림 7-5]의 회로를 구현하고 FND_CON을 [그림 4-4]에 보여진 시스템의 C_CON에 연결한다. [그림 4-6]의 SW_CON을 그림 4-4의 D_CON에 연결한다. 또한 [그림 4-6]의 SW1를 누르면서 실험한다.

프로그램 예

```
#include <mega128.h>
unsigned char dbuf[6], dbuf_index;
unsigned char hou, min, sec, onoff;
unsigned int cnt0, cnt2;
void hex2bcd(unsigned char hex, unsigned char *ptr)   /* 0x63 이하의 헥사값을
                                                          bcd로 바꾼다 */
{
    *ptr = hex % 10;
    *(ptr+1) = hex / 10;
}
void watch(void)
{
    if( ++sec == 60)
    {
        sec = 0;
        if( ++min == 60 )
        {
            min = 0;
```

```
        if( ++hou == 24 ) hou = 0;
      }
   }
   hex2bcd(sec, &dbuf[0]);
   hex2bcd(min, &dbuf[2]);
   hex2bcd(hou, &dbuf[4]);
}
interrupt [2] void exint0(void)
{
   if(onoff == 0) onoff = 1; else onoff = 0;
}
interrupt [17] void timerint0(void)
{
   if(onoff == 0) if( ++cnt0 == 1000 )
   {
      cnt0 = 0; watch();
   }
   TCNT0 = 6;                           /* 재정의 1msec = 64*(256-6)/16,
                                           시뮬레이션할 때는 조절할 필요가 있음 */
}
interrupt [11] void timerint2(void)
{
   unsigned char tmpbuf;
   if( ++cnt2 == 10 )
   {
      if( dbuf_index++ == 5 ) dbuf_index= 0;
      tmpbuf = dbuf[dbuf_index];
      PORTC = (( tmpbuf << 4 )&0xf0) | dbuf_index;
   }
        // 표시할 데이터와 FND의 위치는 tmpbuf의 상위 비트와 하위 비트로
   TCNT2 = 6;                           /* 재정의 1msec = 64*(256-6)/16,
                                           시뮬레이션할 때는 조절할 필요가 있음 */
}
void main(void)
{
   DDRC = 0xff;                         // 포트C를 출력으로
   DDRD = 0x00;                         /* 포트D를 입력으로 디폴트 입력으로 설정되어
                                           있으므로 필요하지는 않음 */
   SREG.7 = 1;                          // 인터럽트 전체 허용
   EIMSK |= 0x01;                       // INT0 개별 허용
   EICRA |= 3;                          // 상승 에지 트리거
   TIMSK |= 1;                          // 타이머0 오버플로 인터럽트 개별 허용
```

```
    TCCR0 |= 4;                             /* 분주비를 64로 설정,
                                               시뮬레이션할 때는 조절할 필요가 있음 */
    TCNT0 = 6;                              /* 1msec = 64*(256-6)/16,
                                               시뮬레이션할 때는 조절할 필요가 있음 */
    TIMSK |= 0x40;                          // 타이머2 오버플로 인터럽트 개별 허용
    TCCR2 |= 3;                             /* 분주비를 64로 설정,
                                               시뮬레이션할 때는 조절할 필요가 있음 */
    TCNT2 = 6;                              /* 1msec = 64*(256-6)/16,
                                               시뮬레이션할 때는 조절할 필요가 있음 */
    for(;;);                                // 인터럽트 발생할 때까지 대기
}
```

과제

❶ 타이머0과 2의 역할을 바꿔 프로그램을 구현해보자.

❷ 타이머1, 3을 이용하여 구현해보자.

실험 7-6 | 시간 조절이 가능한 시계

CA형의 FND5에 시간의 10의 자리값, FND4에 시간의 1의 자리값, FND3에 분의 10의 자리값, FND2에 분의 1의 자리값, FND1에 초의 10의 자리값, FND0에 초의 1의 자리값을 표시하는 시계를 만든다. INT0(PORTD.0, 핀25)에 연결된 스위치를 누르면 상승 에지 트리거에 의한 인터럽트가 발생하여 타이머1의 카운팅이 정지되고 다시 한번 누르면 카운팅을 시작한다. INT1(PORTD.1, 핀26)에 연결된 스위치를 누르면 상승 에지 트리거에 의한 인터럽트가 발생하여 분값이 증가하고 INT2(PORTD.1, 핀27)에 연결된 스위치를 누르면 상승 에지 트리거에 의한 인터럽트가 발생하여 시간값이 증가한다.

회로도

[실험 7-5]와 같음.

프로그램 예

```
#include <mega128.h>
unsigned char dbuf[6], dbuf_index;
unsigned char hou, min, sec, onoff=1;
unsigned int cnt0, cnt2;
void hex2bcd(unsigned char hex, unsigned char *ptr)   /* 0x63 이하의 헥사값을
                                                         bcd로 바꾼다 */
{
    *ptr = hex % 10;
    *(ptr+1) = hex / 10;
}
void watch(void)
{
```

```
  if( ++sec == 60)
  {
    sec = 0;
    if( ++min == 60 )
    {
      min = 0;
      if( ++hou == 24 ) hou = 0;
    }
  }
  hex2bcd(sec, &dbuf[0]);
  hex2bcd(min, &dbuf[2]);
  hex2bcd(hou, &dbuf[4]);
}
interrupt [2] void exint0(void)        /* interrupt [EXT_INT0]
                                          void exint0(void)로 사용해도 됨 */
{
  if(onoff == 0) onoff = 1; else onoff = 0;
}
interrupt [3] void exint1(void)        /* interrupt [EXT_INT1]
                                          void exint1(void)로 사용해도 됨 */
{
  if( ++min == 60 ) { min = 0; if( ++hou == 24 ) hou = 0; }
}
interrupt [4] void exint2(void)        /* interrupt [EXT_INT2]
                                          void exint2(void)로 사용해도 됨 */
{
  if( ++hou == 24 ) hou = 0;
}
interrupt [17] void timerint0(void)    /* interrupt [TIM0_OVF]
                                          void timerint0(void)로 해도 됨 */
{
  if(onoff == 0) if( ++cnt0 == 1000 )
  {
    cnt0 = 0; watch();
  }
  TCNT0 = 6;                            /* 재정의 1msec = 64*(256-6)/16,
                                          시뮬레이션할 때는 조절할 필요가 있음 */
}
interrupt [11] void timerint2(void)    /* interrupt [TIM2_OVF]
                                          void timerint0(void)로 해도 됨 */
{
  unsigned char tmpbuf;
```

```
    if( ++cnt2 == 10 )
    {
        if( dbuf_index++ == 5 ) dbuf_index= 0;
        tmpbuf = dbuf[dbuf_index];
        PORTC = (( tmpbuf << 4 )&0xf0) | dbuf_index;
                            // 표시할 데이터와 FND의 위치는 tmpbuf의 상위 비트와 하위 비트로
    }
    TCNT2 = 6;                                  /* 재정의 1msec = 64*(256-6)/16,
                                                   시뮬레이션할 때는 조절할 필요가 있음 */
}
void main(void)
{
    DDRC = 0xff;                                // 포트C를 출력으로
    DDRD = 0x00;                                /* 포트D를 입력으로 디폴트 입력으로
                                                   설정되어 있으므로 필요하지는 않음 */
    SREG.7 = 1;                                 // 인터럽트 전체 허용
    EIMSK |= 0x01;                              // INT0 개별 허용
    EIMSK |= 0x02;                              // INT1 개별 허용
    EIMSK |= 0x04;                              // INT2 개별 허용
    EICRA |= 3;                                 // 상승 에지 트리거
    TIMSK |= 1;                                 // 타이머0 오버플로 인터럽트 개별 허용
    TCCR0 |= 4;                                 /* 분주비를 64로 설정
                                                   시뮬레이션할 때는 조절할 필요가 있음 */
    TCNT0 = 6;                                  /* 1msec = 64*(256-6)/16
                                                   시뮬레이션할 때는 조절할 필요가 있음 */
    TIMSK |= 0x40;                              // 타이머2 오버플로 인터럽트 개별 허용
    TCCR2 |= 3;                                 /* 분주비를 64로 설정
                                                   시뮬레이션할 때는 조절할 필요가 있음 */
    TCNT2 = 6;                                  /* 1msec = 64*(256-6)/16
                                                   시뮬레이션할 때는 조절할 필요가 있음 */
    for(;;);                                    /* 인터럽트 발생할 때까지 대기 */
}
```

과제

❶ 타이머1, 3를 사용하여 프로그래밍해보자.

❷ 초값은 표시하지 않아 시간과 분만을 표시하여 FND 4개만을 사용하는 시간 조정이 가능한 시계용 프로그램을 작성해보자.

2 16x2 문자 LCD

2.1 16x2 문자 LCD 모듈 개요

- **LCD 개요:** 동적 LCD와 전계 효과 LCD가 있는데 전계 효과형이 가장 흔히 사용되어 전자계산기, 시계와 컴퓨터 등에 사용된다. 일반적으로 약 300 μA의 작은 구동 전류에서 작동하나 교류전원을 요구한다. LCD 표시부와 LCD 제어부를 하나로 하여 LCD 모듈로 시판된다. 문자형과 그래픽형 2가지가 있다. 영문자와 숫자 표시에는 문자형이 적당하며 한글이나 그래픽 표시를 자유롭게 하려면 그래픽형을 사용해야 한다. 문자형에는 8x1(8문자를 1라인에 표시), 8x2, 16x1, ..., 16x4, 20x1, ..., 20x4 등 다양한 종류가 있다.

- **HD44780 16x2 LCD 제어기 특징 :** 16x2 LCD제어기에 가장 보편적으로 사용되는 히타치사의 제어기, 5 V 단일 전원 사용, 5x7 나 5x10 도트의 내장 폰트 존재, 8비트와 4비트 데이터 버스 방식, 최대 80문자까지 저장할 수 있는 80바이트 DDRAM(Display Data RAM) 내장, 5x7 폰트는 160개, 5x10 폰트는 32개를 수용할 수 있는 CGROM(Character Generator ROM) 내장.

- **핀 배치 :** 1번(Vss : GND), 2번(Vdd : +5V), 3번(Vo : 휘도 조절, 보통 GND에 연결), 4번(RS : Register Select 핀으로 1레벨이면 데이터 레지스터가 선택되고 0레벨이면 명령 레지스터가 선택됨), 5번(R/W : 읽기(H), 쓰기(L) 제어), 6번(E : Enable신호로 1레벨이면 LCD에 명령이나 데이터를 보낼 수 있다), 15번(A : 백라이트 양극), 16번(K : 백라이트 음극), 7-14번(DB0-DB7 : 데이터 버스, 4비트 모드의 경우 D4-D7를 사용하여 상위 4비트 하위 4비트 순으로 읽고 씀)

2.2 LCD 제어기의 내부 구성

명령(Instruction)과 데이터(Data)를 위한 2개의 레지스터, BF(Busy Flag), AC(Address Counter), 문자발생램(CGRAM), 문자발생롬(CGROM), 데이터표시램(DDRAM)이 있다.

레지스터

명령 레지스터(IR) : DDRAM과 CGRAM에 대한 어드레스와 클리어, 커서 시프트 등 제어명령을 보유

데이터 레지스터(DR): DDRAM과 CGRAM에 쓴 데이터나 읽은 데이터를 일지적으로 저장

레지스터 선택 방법 : RS(4번 핀)과 R/W(5번 핀)을 사용하여 선택

RS = 0, R/W =0 : IR 쓰기(각종 제어 명령 쓰기)

RS =0, R/W =1 : BF 읽기, AC 읽기

RS =1, R/W =0 : DR 쓰기

RS =1, R/W =1 : DR 읽기

- **BF :** 1이면 LCD의 콘트롤러가 동작 중으로 명령 수행 불능, 0이면 다음 명령 수행 가능 표시
- **AC :** DDRAM과 CGRAM의 주소를 지정할 때 사용하는데 IR에 주소 정보를 쓰면 주소 정보가 AC로 전송되고 DDRAM이나 DDROM에 데이터를 쓰면 AC는 자동으로 +1혹은 −1이 된다.
- **DDRAM(Data Display RAM) :** 80x8비트 용량으로 80개의 8비트 아스키코드를 저장할 수 있다. 0x00 ~ 0F 주소가 LCD 1행의 1 ~ 16번째, 0x40 ~ 4F 주소가 LCD 2행의 1 ~ 16번째 문자로 표시된다(1행 2행의 번호가 불연속임에 주의해야 한다).
- **CGRAM(Character Generator RAM) :** 사용자가 자유로이 문자를 만들 때 사용하는 램으로 5x7은 8개, 5x10은 4개 만들어 저장 가능하다.
- **CGROM(Character Generator ROM) :** 5x7, 5x10 도트의 문자를 내장하고 있다. 특수 기호, 숫자, 영문자의 문자 코드는 아스키코드와 일치한다.

2.3 명령어

4번(RS), 5번(R/W), 6번(E : ENABLE 신호), 15번(A : 백라이트 양극), 16번(K : 백라이트 음극), 7-14번(DB0-DB7) 값을 이용하여 제어한다. E = 1이어야 명령이 유효하다.

- **표시 클리어 :** RS = R/W = 0, DB = 0b00000001, 실행 시간 1.64 msec, 표시 내용을 소거하고 커서는 홈(1행1열, 0번지)로 돌아감, DDRAM에 스페이스 코드(0x20)가 쓰여지고 AC = 0으로 됨
- **커서홈 :** RS=R/W=0, DB=0b0000001x, 실행 시간 1.64msec, DDRAM의 AC=0x00로 세트되어 커서가 홈으로 가며 DDRAM의 내용은 변동 없음
- **엔트리 모드 설정:** 커서의 이동 방향과 표시 내용의 시프트 여부 설정, 실행 시간 0.04 msec

  RS = R/W = 0, DB = 0b00000101 : DDRAM에 데이터를 써넣은 후 표시 전체를 좌로 이동, 커서는 이동 안함

  RS = R/W = 0, DB = 0b00000111 : DDRAM에 데이터를 써넣은 후 표시 전체를 우로 이동, 커서는 이동 안함

RS = R/W = 0, DB = 0b00000100 : 표시를 이동하지 않고 AC를 감소시키고 커서가 좌측으로 이동하게 함

RS = R/W = 0, DB = 0b00000110 : 표시를 이동하지 않고 AC를 증가시키고 커서가 우측으로 이동하게 함

- **표시 온오프제어 :** 커서나 전체표시의 온오프제어 및 커서 위치 문자의 깜박임 제어, 실행 시간 0.04 msec

RS = R/W = 0, DB = 0b00001dcb : d = 1일 때 전체 온, c = 1 커서 온, b = 1 커서 위치 문자 점멸

- **커서/표시 시프트 :** DDRAM의 내용을 변경시키지 않은 상태에서 커서를 움직이거나 전체 문자를 이동, 실행 시간 0.04 msec

RS = R/W = 0, DB = 0b000100xx : AC를 1감소시키고 커서를 좌로 이동

RS = R/W = 0, DB = 0b000101xx : AC를 1증가시키고 커서를 우로 이동

RS = R/W = 0, DB = 0b000110xx : 모든 표시와 커서를 좌로 이동

RS = R/W = 0, DB = 0b000111xx : 모든 표시와 커서를 우로 이동

- **기능 설정 :** 표시행수와 문자 폰트, 인터페이스 길이를 설정, 실행 시간 0.04 msec

RS = R/W = 0, DB = 0b0011NFxx : 8비트 인터페이스

RS = R/W = 0, DB = 0b0010NFxx : 4비트 인터페이스

여기에서 NF = 00(1행 5x7 폰트), NF = 01(1행 5x10 폰트), NF = 1x(2행 5x7 폰트)

- **CGRAM 주소 설정 :** CGRAM의 6비트 주소를 설정, 설정 후 전송 데이터는 CGRAM의 데이터로 취급됨, 실행 시간 0.04 msec

RS = R/W = 0, DB = 0b01xxxxxx : xxxxxx 부분의 값이 AC로 설정됨

- **DDRAM 주소 설정 :** DDRAM의 7비트 주소를 설정, 설정 후 전송 데이터는 DDRAM의 데이터로 취급됨, 실행 시간 0.04msec

RS = R/W = 0, DB = 0b1xxxxxxx : xxxxxxx 부분의 값이 AC로 설정됨

- **BF와 AC 읽기 :** BF의 값이나 AC의 값을 읽어 들인다. 실행 시간 0.04msec

RS = 0, R/W = 1 : DB7이 BF의 값이고 DB6-0가 AC값이다.

- **CGRAM, DDRAM에 데이터 쓰기 :** 이전에 주소가 설정된 램에 쓰고 엔트리 모드에 따라 주소값이 +1 혹은 −1

RS = 1, R/W = 0 : 기능 설정의 인터페이스 길이에 따라 DB를 통해 쓴다.

- **CGRAM, DDRAM에 데이터 읽기 :** 읽기 전에 주소 설정 명령을 해야 함, 그렇지 않으면 두 번째 데이터부터 유효

  RS = 1, R/W = 1 : 기능 설정의 인터페이스 길이에 따라 DB를 통해 읽는다.

2.4 초기화 방법(4비트 인터페이스 경우)

전원 온 → Vdd가 4.5 V 이상된 후 15 msec 지연 → RS = R/W = 0, DB = 0b0010xxxx 출력
→ 5 msec 지연 → RS = R/W = 0, DB = 0b0010xxxx → 0.1 msec 지연
→ 4비트 인터페이스 기능 설정 RS = R/W = 0, DB = 0b0010NFxx(NF는 적절한 값)
→ 표시 온오프 제어 RS = R/W = 0, DB = 0b00001100
→ 표시 클리어 RS = R/W = 0, DB = 0b00000001
→ 엔트리 모드 설정 RS = R/W = 0, DB = 0b000001**(**는 적절한 값) → 초기화 완료

실험 7-7 | LCD 초기화

PORTC에 연결된 LCD를 4비트 인터페이스 모드로 초기화하고 Enjoy yourselves라는 문자열을 1행에 mega128 u-COM라는 문자열을 2행에 출력한다.

유의점

다른 응용에서도 include시켜 써먹을 수 있도록 작성하였다. 그러므로 작성된 프로그램으로 실험할 때에는 `main()`의 앞뒤에 있는 `/**********`과 `*******/` 주석 표시를 제거한다. 다른 응용에서 사용할 때는 lcdchoi.h 헤더 파일을 다음처럼 `include`시키면 된다.

```
#include "lcdchoi.h"
```

그러면 다음 함수를 사용해서 lcd를 제어할 수 있다.

`lcd_init()` : LCD를 사용할 수 있도록 초기화한다.
`lcd_cmd(unsigned char ch)` : LCD 명령어를 써 넣는다.
`lcd_cmd(LCDCLR)` : LCD를 클리어 시킨다.
`lcd_cmd(LCDON)` : LCD를 on 시킨다.
`lcd_cmd(LCDOFF)` : LCD를 off 시킨다.
`lcd_ln11()` : 커서를 1열, 1행 위치로 보낸다.
`lcd_ln21()` : 커서를 1열, 2행 위치로 보낸다.
`lcd_dat(unsigned char ch)` : LCD의 현재 커서에 문자 ch를 표시한다.
`lcd_str(char flash *str)` : 스트링을 LCD의 현재 커서를 시작점으로 하여 표시한다.

한편 Codevision AVR C 컴파일러에서 제공하는 LCD 사용을 위한 헤더 파일인 lcd.h를 다음처럼 include시켜서 프로그래밍을 할 수도 있다.

```
#asm
.equ __lcd_port= 0x15 ;포트C에 LCD 위치, 다른 포트에 LCD를 연결할 경우에는 적절하게 수정해야 함
#endasm
#include <lcd.h>
```

그러면 다음 함수를 사용해서 lcd를 제어할 수 있다.

lcd_init(unsigned char lcd_columns) : lcd_columns개의 열을 갖는 LCD를 사용할 수 있도록 초기화한다.

lcd_clear() : LCD에 써진 것을 지운다.

lcd_gotoxy(unsighed char x, unsigned char y) : 커서를 x+1열, y+1행 위치로 보낸다.

lcd_putchar(char c) : LCD의 현재 커서에 문자 c를 표시한다.

lcd_putsf(char flash *str) : flash에 위치한 스트링을 LCD의 현재 커서를 시작점으로 하여 표시한다.

회로도

[그림 7-7]의 회로를 구현하고 LCD_CON을 [그림 4-4]의 C_CON에 연결한다.

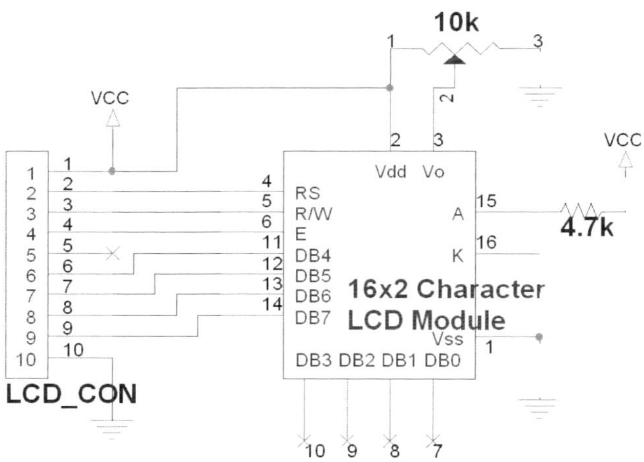

그림 7-7 • 16x2 문자 LCD 실험 회로도

프로그램 예 1

```
#include <mega128.h>
#include <delay.h>
#define CUR11      0x02    /* 커서 홈에 위치시키는 명령어 값 */
#define CUR21      0xC0    /* 커서 2라인 1열에 위치시키는 명령어 값 */
#define LCDON      0x0C    /* LCD ON 명령어 값 */
```

```
#define LCDOFF     0x08    /* LCD OFF 명령어 값 */
#define MODE4      0x20    /* 4비트 인터페이스 설정 */
#define FSET       0x28    /* 기능 설정, 4비트 인터페이스, NF=10 : 2행 5x7 폰트 */
#define LCDCLR     0x01    /* LCD 클리어 */
#define MODENT     0x06    /* 엔트리 모드 설정, 표시는 이동 않고, AC 증가, 커서 우측 이동 */
void lcd_cmd(unsigned char ch){    /* LCD에 명령어값 1바이트 쓰는 서브루틴,
                                      ch는 명령어 값 */
   unsigned char temp0, temp1;
   delay_ms(15);                   /* 약 15msec delay */
   DDRC = 0xff;                    // 포트C를 출력으로
   temp0 = ch & 0xf0;              /* 상위 4비트 마스크 */
   temp1 = temp0 | 0x04;           /* 하위 4비트에 0100b(RS=R/W=0, E=1) 써넣기 */
   PORTC = temp1;                  /* LCD에 명령어값의 상위 4비트 써넣기 */
   temp1 = temp0 & 0xf0;           /* 하위 4비트에 0000b(RS=R/W=0, E=0) 써넣기 */
   PORTC = temp1;                  /* LCD에 입력 불허 */
   delay_us(10);                   /* 약 0.01 msec 시간 지연 */
   temp0 = (ch << 4) & 0xf0 ;      /* 하위 4비트를 상위로 옮기고 마스크 */
   temp1 = temp0 | 0x04 ;          /* 하위 4비트에 0100b(RS=R/W=0, E=1) 써넣기 */
   PORTC = temp1;                  /* LCD에 명령어값의 하위 4비트 써넣기 */
   temp1 = temp0 & 0xf0;           /* 하위 4비트에 0000b(RS=R/W=0, E=0) 써넣기 */
   PORTC = temp1;                  /* LCD에 입력 불허 */
   delay_ms(1);                    /* 약 1 msec 시간 지연 */
}
void lcd_ln11(void){               /* LCD의 1행 1열에 커서를 위치시키는 서브루틴 */
   lcd_cmd(CUR11);
}
void lcd_ln21(void){               /* LCD의 2행 1열에 커서를 위치시키는 서브루틴 */
   lcd_cmd(CUR21);
}
void lcd_dat(unsigned char ch){    /* LCD에 1글자 쓰는 서브루틴, ch는 글자의 아스키코드값 */
   unsigned char temp0, temp1;
   delay_ms(15);                   /* 약 15 msec delay */
   DDRC = 0xff;                    // 포트C를 출력으로
   temp0 = ch & 0xf0;              /* 상위 4비트 마스크 */
   temp1 = temp0 | 0x05;           /* 하위 4비트에 0101b(RS=1, R/W=0, E=1) 써넣기 */
   PORTC = temp1;                  /* LCD에 DATA값의 상위 4비트 써넣기 */
   temp1 = temp0 | 0x01;           /* 하위 4비트에 0001b(RS=1, R/W=0, E=0) 써넣기 */
   PORTC = temp1;                  /* LCD에 입력 불허 */
   delay_us(10);                   /* 약 0.01 msec 시간 지연 */
   temp0 = (ch << 4) & 0xf0 ;      /* 하위 4비트를 상위로 옮기고 마스크 */
   temp1 = temp0 | 0x05;           /* 하위 4비트에 0101b(RS=1, R/W=0, E=1) 써넣기 */
```

```
  PORTC = temp1;                        /* LCD에 DATA값의 하위 4비트 써넣기 */
  temp1 = temp0 | 0x01;                 /* 하위 4비트에 0001b(RS=1, R/W=0, E=0) 써넣기 */
  PORTC = temp1;                        /* LCD에 입력 불허 */
  delay_ms(1);                          /* 약 1 msec 시간 지연 */
}
void lcd_init(void){                    /* LCD 초기화 서브루틴 */
  delay_ms(15);                         /* 약 15 msec delay */
  lcd_cmd(MODE4);
  delay_ms(5);                          /* 약 5 msec delay */
  lcd_cmd(MODE4); delay_us(100);
  lcd_cmd(MODE4);
  lcd_cmd(FSET);                        /* 기능 설정, 4비트 인터페이스, NF=10 : 2행 5x7 폰트 */
  lcd_cmd(LCDON);                       /* LCD ON 명령어 값 */
  lcd_cmd(LCDCLR);                      /* LCD Clear 명령어 값 */
  lcd_cmd(MODENT);                      /* 엔트리 모드 설정, 표시는 이동 않고, AC 증가,
                                           커서 우측 이동 */
}
void lcd_str(char flash *str){         /* LCD에 flash에 저장된 문자열을 출력하는 함수 */
  unsigned int i=0;
  for(;str[i] != 0; i++) lcd_dat(str[i]);
}
/****************************************
void main(void){
  lcd_init();
  lcd_ln11();
  lcd_str("Enjoy yourselves");
  lcd_ln21();
  lcd_str("mega128 u-COM");
}
***********************************/
```

프로그램 예 2

프로그램 예 1의 프로그램(함수 main()을 제거한 것)을 lcdchoi.h라고 저장하고 이를 include시키면 다음처럼 쉽게 작성할 수 있다.

```
#include "lcdchoi.h"
void main(void){
  lcd_init();
  lcd_ln11();     lcd_str("Enjoy yourselves");
  lcd_ln21();     lcd_str("mega128 u-COM");
}
```

프로그램 예 3

Codevision AVR C 컴파일러에서 제공하는 LCD 사용을 위한 헤더 파일인 lcd.h를 `include`시키면 다음처럼 쉽게 작성할 수 있다.

```
#include <mega128.h>
#include <delay.h>
#asm
.equ __lcd_port= 0x15 ; 포트C에 LCD 위치
#endasm
#include <lcd.h>
void main(void){
  lcd_init(16);        lcd_gotoxy(0,0);     lcd_putsf("Enjoy yourselves");
                       lcd_gotoxy(0,1);     lcd_putsf("mega128 u-COM");
}
```

하드웨어 예

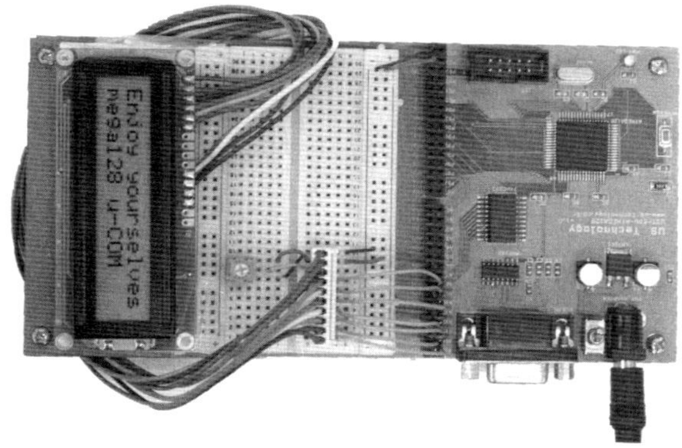

그림 7-8 • 문자형 LCD 실험 하드웨어 예

실험 7-8 | 점멸하며 문자 표시하기

PORTC에 연결된 LCD를 4비트 인터페이스 모드로 초기화하고 Enjoy yourselves라는 문자열을 1행에 mega128 u-COM라는 문자열을 2행에 출력하되 1초 정도 간격으로 깜박이도록 한다.

유의점

[실험 7-7] 프로그램 예 1을 lcdchoi.h라고 저장하고 이를 `include`시켜 초기화하기 위한 서브루틴 `lcd_init`, 커서 위치를 위한 서브루틴 `lcd_ln11`과 `lcd_ln21`, 명령 출력을 위한 서브루틴 `lcd_cmd`, 데이터 출력을 위한 서브루틴 `lcd_str()`을 재정의 없이 사용한다.

회로도

[실험 7-7]과 같음.

프로그램 예

```
#include "lcdchoi.h"
void main(void)
{
  lcd_init();
  lcd_ln11();
  lcd_str("Enjoy yourselves");
  lcd_ln21();
  lcd_str("mega128 u-COM");
  for(;;)
  {
    lcd_cmd(LCDOFF);
    delay_ms(1000);                    // 약 1초 시간 지연
    lcd_cmd(LCDON);
    delay_ms(1000);
  }
}
```

과제

❶ lcd.h를 사용하여 같은 기능의 프로그램을 작성해보자.

❷ 다른 문자열을 출력해보자.

실험 7-9 사용자 폰트 이용하기

최한호라는 폰트를 만들고 등록하여 LCD의 1행에는 'Choi Han Ho is' 라는 문자열을 출력하고 2행에는 '최한호' 라는 문자열을 출력한다.

유의점

CGRAM은 5x8 폰트 8개, 5x10 폰트 4개를 사용자가 정의해서 자유롭게 사용할 수 있다. 폰트의 패턴제작은 [그림 7-9]를 참조하면 알 수있다. 5x8의 행렬에 원하는 문자를 형상화한다고 생각하고 채워야 하는 곳은 1을 써넣고 공백으로 남겨야 하는 곳에 0을 써서 만든다([그림 7-9]에서 x는 무정의 조건으로 1이 되도 상관없다. 그러므로 패턴값 0x09, 0x49, 0x89 모두 같다). 문자 폰트를 등록하기 위해서는 CGRAM 번지 설정 명령을 LCD에 보내고 패턴값 데이터를 보내주면 된다. 한 개의 문자 폰트를 등록하기 위해서는 5x8 폰트의 경우 번지 설정 명령과 패턴값 데이터 보내는 것을 8번 수행해야 한다. 문자 폰트의 등록은 한 문자당 8개 번지가 소요되면 0 ~ 7, 8 ~ 15, 16 ~ 23번지 등과 같이 등록이 된다. 등록된 문자 폰트의 코드는 차례로 0부터 일련 번호가 붙으므로 두 번째로 등록된 문자 폰트(8 ~ 15번지에 등록이 되어 있는 문자 폰트)를 불러 쓸려면 `lcd_dat(0x01)` (lcdchoi.h에 있는 서브루틴)명령을 사용하면 된다.

회로도

[실험 7-7]과 같음.

프로그램 예

```
#include "lcdchoi.h"
void main(void)
{
   unsigned char i, chhcode[24] = {
      0x09, 0x1D, 0x09, 0x15, 0x15, 0x01, 0x09, 0x1D,
      0x0A, 0x1E, 0x0A, 0x17, 0x0A, 0x02, 0x10, 0x1E,
      0x04, 0x1F, 0x0E, 0x11, 0x11, 0x0E, 0x04, 0x1F };
   lcd_init();
   for(i=0;i<24;i++)                    // CGRAM에 패턴 저장하기
   {
      lcd_cmd(0x40+i);                  // CGRAM 주소는 0x40부터 시작
      lcd_dat(chhcode[i]);              // data write
   }
   lcd_ln11();
   lcd_str("Choi Han Ho is");
   lcd_ln21();
   lcd_dat(0x00);
   lcd_dat(0x01);
   lcd_dat(0x02);
}
```

데이터								패턴값
x	x	x	0	1	0	0	1	09H
x	x	x	1	1	1	0	1	1DH
x	x	x	0	1	0	0	1	09H
x	x	x	1	0	1	0	1	15H
x	x	x	1	0	1	0	1	15H
x	x	x	0	0	0	0	1	01H
x	x	x	0	1	0	0	1	09H
x	x	x	1	1	1	0	1	1DH

데이터								패턴값
x	x	x	0	1	0	1	0	0AH
x	x	x	1	1	1	1	0	1FH
x	x	x	0	1	0	1	0	0AH
x	x	x	1	0	1	1	1	17H
x	x	x	0	1	0	1	0	0AH
x	x	x	0	0	0	1	0	02H
x	x	x	1	0	0	0	0	10H
x	x	x	1	1	1	1	0	1EH

데이터								패턴값
x	x	x	0	0	1	0	0	04H
x	x	x	1	1	1	1	1	1FH
x	x	x	0	1	1	1	0	0EH
x	x	x	1	0	0	0	1	11H
x	x	x	1	0	0	0	1	11H
x	x	x	0	1	1	1	0	0EH
x	x	x	0	0	1	0	0	04H
x	x	x	1	1	1	1	1	1FH

그림 7-9 • LCD에 문자 등록을 위해 패턴값 구하는 예

하드웨어 예

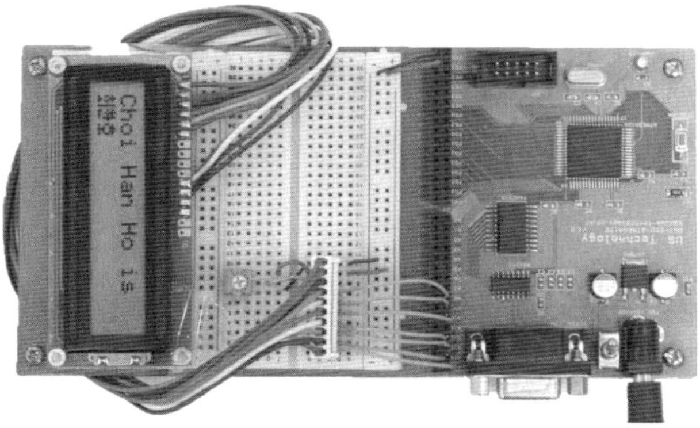

그림 7-10 • 사용자 폰트 실험 하드웨어 예

과제

❶ lcd.h를 사용하여 같은 기능의 프로그램을 작성해보자.

❷ 자신의 이름을 문자열로 나타내보자.

실험 7-10 | 시간 조정이 가능한 시계

INT0(PORTD.0, 핀 25)에 연결된 스위치를 누르면 상승 에지 트리거에 의한 인터럽트가 발생하여 타이머1의 카운팅이 정지되고 다시 한번 누르면 카운팅을 시작한다. INT1(PORTD.1, 핀 26)에 연결된 스위치를 누르면 상승 에지 트리거에 의한 인터럽트가 발생하여 분값이 증가하고 INT2(PORTD.2, 핀 27)에 연결된 스위치를 누르면 상승 에지 트리거에 의한 인터럽트가 발생하여 시간값이 증가한다. LCD의 1행에는 ' Hour Min Sec '라는 문자열을 출력하고 2행에는 ' hh mm ss' 형태로 시간, 분, 초가 나타난다.

유의점

타이머0의 모드1을 사용하였고 메인 프로그램에서는 키가 눌렸는지를 감시한다. lcdchoi.h라고 저장하고 이를 include시켜 초기화하기 위한 서브루틴 lcd_init, 커서 위치를 위한 서브루틴 lcd_ln11()과 lcd_ln21(), 명령 출력을 위한 서브루틴 lcd_cmd(), 데이터 출력을 위한 서브루틴 lcd_dat(), 그리고 시간 지연 서브루틴 delay()를 재정의 없이 사용한다. 타이머로 계산한 시간 데이터 숫자값을 출력하기 위해서는 숫자에 해당하는 코드를 LCD에 써줘야 하는데 '0'의 코드는 0x30, '1'의 코드는 0x31, '2'의 코드는 0x32식이다. 그러므로 이를 감안해서 lcd_dat() 서브루틴을 Call 해야 LCD에 표시된다.

회로도

[그림 7-7]의 회로를 구현하고 LCD_CON을 [그림 4-4]의 C_CON에 연결한다. [그림 4-6]의 SW_CON을 [그림 4-4]의 D_CON에 연결한다.

프로그램 예

```
#include "lcdchoi.h"
unsigned char hou, min, sec, onoff=1;
unsigned char dbufh[2], dbufm[2], dbufs[2];
unsigned int cnt0;
void h2b2asc(unsigned char hex, unsigned char *ptr)    /* lcd로 출력위해
                                                          아스키코드로 변환 */
{
   *ptr = (hex / 10) + '0';
   *(ptr+1) = (hex % 10) + '0';
}
void watch(void)
{
   if( ++sec == 60)
   {
      sec = 0;
      if( ++min == 60 )
      {
         min = 0;
         if( ++hou == 24 ) hou = 0;
      }
   }
   h2b2asc(sec, dbufs);
   h2b2asc(min, dbufm);
   h2b2asc(hou, dbufh);
   lcd_ln21();                                   // lcd 2행 1렬에 커서를 위치시킨다.
   lcd_str(" ");
   lcd_dat(dbufh[0]); lcd_dat(dbufh[1]);    /* 시간값 출력 */
   lcd_str(" ");
   lcd_dat(dbufm[0]); lcd_dat(dbufm[1]);    /* 분값 출력 */
   lcd_str(" ");
   lcd_dat(dbufs[0]); lcd_dat(dbufs[1]);    /* 초값 출력 */
}
interrupt [2] void exint0(void)
{
   if(onoff == 0) onoff = 1;   else onoff = 0;
}
interrupt [3] void exint1(void)
{
   if( ++min == 60 ) { min = 0; if( ++hou == 24 ) hou = 0; }
}
interrupt [4] void exint2(void)
```

```
{
   if( ++hou == 24 ) hou = 0;
}
interrupt [17] void timerint0(void)
{
   if(onoff == 0) if( ++cnt0 == 1000 ){ cnt0 = 0; watch(); }
   TCNT0 = 6;                              /* 재정의 1msec = 64*(256-6)/16,
                                              시뮬레이션할 때는 조절할 필요가 있음 */
}
void main(void)
{
   DDRC = 0xff;                            // 포트C를 출력으로
   DDRD = 0x00;                            /* 포트D가 디폴트 입력으로 설정되어 있으므로
                                              필요하지는 않음 */
   SREG.7 = 1;                             // 인터럽트 전체 허용
   EIMSK |= 0x07;                          // INT0,1,2 개별 허용
   EICRA |= 0x3f;                          // 상승 에지 트리거
   TIMSK |= 1;                             // 타이머0 오버플로 인터럽트 개별 허용
   TCCR0 |= 4;                             /* 분주비를 64로 설정,
                                              시뮬레이션할 때는 조절할 필요가 있음 */
   TCNT0 = 6;                              /* 1msec = 64*(256-6)/16,
                                              시뮬레이션할 때는 조절할 필요가 있음 */
   lcd_init();
   lcd_str(" Hour Min Sec  ");
   for(;;);
}
```

하드웨어 예

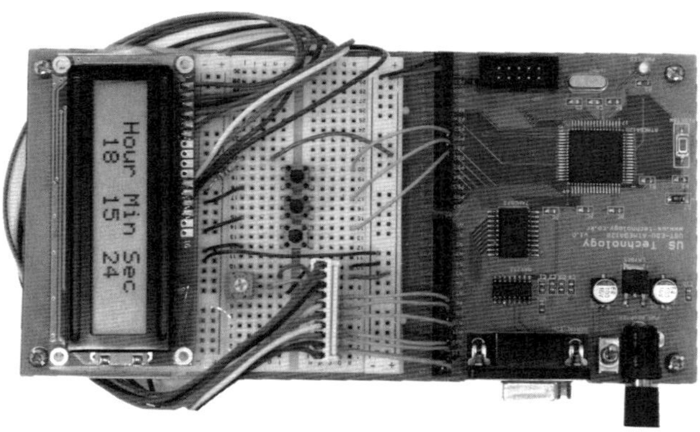

그림 7-11 • 시계 실험 하드웨어 예

과제

❶ lcd.h를 사용하여 같은 기능의 프로그램을 작성해보자.

❷ 타이머1 ~ 3를 사용하여 프로그램을 작성해보자.

❸ 초값은 표시하지 않아 시간과 분만을 표시하는 시간 조정이 가능한 시계용 프로그램을 작성해보자.

3 음향 발생

3.1 음향 발생 개요

- **음향 발생 원리:** 스피커에 1레벨과 0레벨 신호를 반복적으로 주어 온오프시키는데 주기를 바꾸어 주면 음의 고저가 다른(주파수가 다른 신호)를 발생시킬 수 있고 지속 시간을 바꾸어 주어 장단이 다른 신호를 발생시킨다.
- **음계 발생 프로그램 기법 :** 내고자 하는 음계의 주파수(주기의 역수)와 지속 시간이 주어지면 반주기(주파수 역수의 반) 동안 스피커를 온시켜주고 반주기 동안은 스피커를 오프시키는 것을 반복하되 지속 시간(1/32박자를 1로 정규화한 time_data)이 지나면 끝내도록 하면 된다. [표 7-1]과 [표 7-2]에 음계와 박자에 따른 시간 정보를 보였다.

표 7-1 • 음계에 따른 tone_data 값

음계	주파수x2(2/T)	반주기(msec)	음계	주파수x2(2/T)	반주기(msec)
도	1046.5	0.95	도#	1100.7	0.90
레	1174.7	0.84	레#	1244.5	0.80
미	1318.5	0.75	파	1396.9	0.71
파#	1479.9	0.67	솔	1567.9	0.63
라	1760.0	0.56	라#	1864.6	0.53
시	1975.6	0.50	도	2093.0	0.47
도#	2201.4	0.45	레	2349.4	0.42
레#	2489.0	0.39	미	2637.0	0.37
파	2793.8	0.35	파#	2959.8	0.33
솔	3135.8	0.31	솔#	3322.4	0.29
라	3520.0	0.28	라#	3729.2	0.26
시	3951.2	0.25	도	4186.0	0.23

표 7-2 • 박자에 따른 지속 시간값

박자	시간(msec)	time_data	박자	시간(msec)	time_data
1/32	21.306	1	1/16	42.613	2
1/8	85.227	4	1/4	170.454	8
1/2	340.909	16	1	681.818	32
1과 1/2	1,022.727	48	2	1,363.636	64
2와 1/2	1,704.545	80	3	2,045.454	96

실험 7-11 | 사이렌 소리내기

저주파의 소리에서 점점 고주파의 소리를 변하게 하는 것을 반복적으로 한다. PORTD.0에 연결된 스위치를 누르면 PORTC.0에 연결된 스피커에서 소리를 내기 시작한다. 3박자마다 주파수를 변하게 한다.

유의점

이 경우에는 음계에 따라 반주기값을 바꿔 줄 필요가 없다.

회로도

[그림 7-12]의 회로를 구현하고 BUZZ_CON을 [그림 4-4]의 C_CON에 연결한다. [그림 4-6]의 SW_CON을 [그림 4-4]의 D_CON에 연결하고 [그림 4-6]의 SW1을 누르면서 실험한다. [그림 7-12]에서 2SC1815Y와 PORTC.0 사이에 들어가는 콘덴서와 저항과 다이오드는 필터 역할을 하는 것으로 생략 가능하다. 즉 다이오드를 없애 2SC1815Y의 베이스와 에미터를 개방시키고 콘덴서와 저항을 없애고 PORTC.0과 2SC1815Y의 베이스를 연결해서 사용해도 된다.

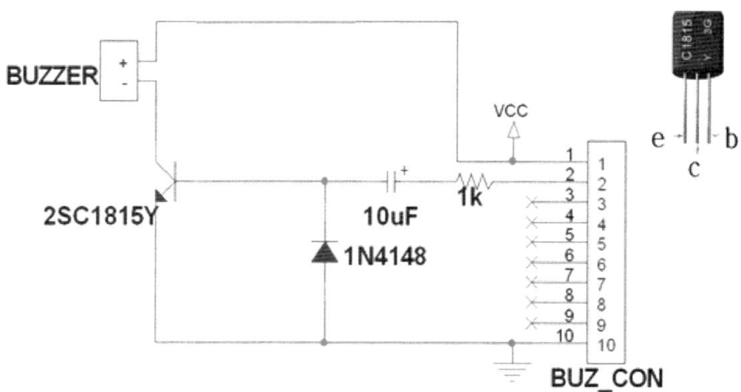

그림 7-12 • 음향 발생을 위한 회로도

프로그램 예

```
#include <mega128.h>
#include <delay.h>
```

```
unsigned char time_data;
interrupt [17] void timerint0(void)
{
  time_data--;
  TCNT0 = 77;                              /* 21.306msec = 1024*(256-77)/16,
                                              시뮬레이션할 때는 조절할 필요가 있음 */
}
void playtone(unsigned int tone, unsigned char time)
                                           // tone는 반주기값 1usec, time는 박자값
{
  unsigned int buf;
  TCCR0 |= 7;                              /* 분주비를 1024로 설정,
                                              시뮬레이션할 때는 조절할 필요가 있음 */
  TCNT0 = 77;                              /* 21.306msec = 1024*(256-77)/16,
                                              시뮬레이션할 때는 조절할 필요가 있음 */
  time_data = time;
  buf = tone;
  do
  {
    PORTC.0 = 1;    do{ delay_us(1);} while(buf--);
    PORTC.0 = 0;    do{ delay_us(1);} while(tone--);
  }
  while(time_data);
  time_data = time;
  TCNT0 = 77;                              /* 21.306msec = 1024*(256-77)/16,
                                              시뮬레이션할 때는 조절할 필요가 있음 */
  while(time_data);
  TCCR0 =0x00;
}
void main(void)
{
  unsigned int tone_data=0xffff;
  DDRC = 0xff;                             // 포트C를 출력으로
  DDRD = 0x00;                             /* 포트D가 디폴트 입력으로 설정되어 있으므로
                                              필요하지는 않음 */
  SREG.7 = 1;                              // 인터럽트 전체 허용
  TIMSK |= 1;                              // 타이머0 오버플로 인터럽트 개별 허용
  for(;;)
  {
  loop:
    while(PIND.0 == 1);                    // PORTD.0가 눌릴 때까지 대기
    delay_ms(50);
```

```
        if(PIND.0 == 1) goto loop;        // 눌림이 50msec 동안 지속 안되면 키 입력은 무시된다
        while(PIND.0 !=1);                // PORTD.0가 해제될 때까지 대기
        if(tone_data > 100)
        {
            tone_data -=200;
            playtone(tone_data,250);
        }
        else tone_data=0xffff;
    }
}
```

하드웨어 예

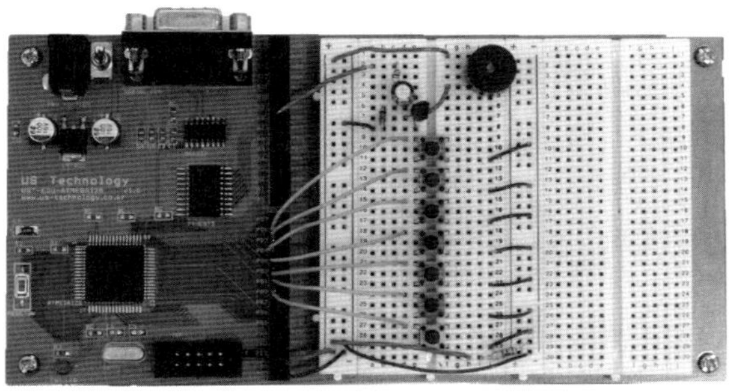

그림 7-13 • 음향 발생 실험 하드웨어 예

과제

❶ 타이머1 ~ 3를 사용하여 구현해보자.

❷ PORTD.0에 연결된 스위치를 누르면 소리가 나고 5초 후에 멈추는 프로그램을 작성해보자.

실험 7-12 | 전화벨 소리내기

PORTD.0에 연결된 스위치가 눌리면 소리를 내기 시작하여 480Hz 1/32박자, 320Hz 1/32박자를 20번 반복하여 소리를 내고 멈춘다.

유의점

480Hz와 320Hz의 주기는 각각 2.083msec와 3.125msec이다. 1/32박자만큼 지속하므로 time_data를 1로 주면 된다.

회로도

[실험 7-11]과 같음

프로그램 예

```
#include <mega128.h>
```

```
#include <delay.h>
unsigned char time_data;
interrupt [17] void timerint0(void)
{
  time_data--;
  TCNT0 = 77;                          /* 21.306msec = 1024*(256-77)/16,
                                          시뮬레이션할 때는 조절할 필요가 있음 */
}
void playtone(unsigned char tone, unsigned char time)
                                       // tone는 반주기값 10usec, time는 박자값
{
  unsigned char buf;
  TCCR0 |= 7;                          /* 분주비를 1024로 설정,
                                          시뮬레이션할 때는 조절할 필요가 있음 */
  TCNT0 = 77;                          /* 21.306msec = 1024*(256-77)/16,
                                          시뮬레이션할 때는 조절할 필요가 있음 */
  time_data = time;
  buf = tone;
  do
  {
    PORTC.0 = 1; do{ delay_us(10);} while(buf--);
    PORTC.0 = 0; do{ delay_us(10);} while(tone--);
  }
  while(time_data);
  time_data = time;
  TCNT0 = 77;                          /* 21.306msec = 1024*(256-77)/16,
                                          시뮬레이션할 때는 조절할 필요가 있음 */
  while(time_data);
  TCCR0 =0x00;
}
void main(void)
{
  unsigned char i;
  DDRC = 0xff;                         // 포트C를 출력으로
  DDRD = 0x00;                         /* 포트D가 디폴트 입력으로 설정되어 있으므로 필
                                          요하지는 않음 */
  SREG.7 = 1;                          // 인터럽트 전체 허용
  TIMSK |= 1;                          // 타이머0 오버플로 인터럽트 개별 허용
  for(;;)
  {
  loop:
    while(PIND.0 == 1);                // PORTD.0가 눌릴 때까지 대기
```

```
    delay_ms(50);
    if(PIND.0 == 1) goto loop;      // 눌림이 50msec 동안 지속 안되면 키 입력은 무시된다.
    while(PIND.0 !=1);              // PORTD.0가 해제될 때까지 대기
    for(i=0;i<20;i++)
    {
      playtone(208/2,1);
      playtone(313/2,1);
    }
  }
}
```

과제

❶ 타이머1 ~ 3를 사용해 구현해 보자.

❷ PORTC.0에 연결된 스위치를 누르면 전화벨 소리가 나고 PORTC.1에 연결된 스위치를 누르면 사이렌 소리가 나는 프로그램을 작성해보자.

실험 7-13 | 동요 재생하기

PORTD.0에 연결된 스위치를 누르면 동요 곰 세마리가 연주된다.

회로도

[실험 7-11]와 같음

프로그램 예

```
#include <mega128.h>
#include <delay.h>
unsigned char time_tone[ ] = { 95, 95, 95, 95, 75, 63, 63, 75, 95, 63, 63,
                               75, 63, 63, 75, 95, 95, 95, 95, 63, 63, 75,
                               95, 63, 63, 63, 63, 63, 75, 95, 63, 63, 63,
                               63, 63, 75, 95, 63, 63, 63, 63, 63, 31, 63,
                               31, 63, 75, 84, 95, 0 };

unsigned char time_length[ ] = { 32, 16, 16, 32, 32, 32, 16, 16, 32, 32, 32,
                                 32, 64, 32, 32, 64, 32, 32, 64, 32, 32, 32,
                                 32, 32, 32, 64, 32, 32, 32, 32, 32, 32, 64,
                                 32, 32, 32, 32, 24,  8, 16, 16, 64, 16, 16,
                                 16, 16, 32, 32, 64,  0 };
void main(void)
{
  unsigned char tone_data, j,i;
  unsigned int k, tone_time;
```

```
    DDRC = 0xff;                            // 포트C를 출력으로
    DDRD = 0x00;                            /* 포트D가 디폴트 입력으로 설정되어 있으므로
                                               필요하지는 않음 */
    PORTD = 0xff;
    for(;;)
    {
      loop:
      while(PIND.0 == 1);                   // PORTD.0가 눌릴 때까지 대기
      delay_ms(50);
      if(PIND.0 == 1) goto loop;            // 눌림이 50msec 동안 지속 안되면 키 입력은 무시된다.
      while(PIND.0 !=1);                    // PORTD.0가 해제될 때까지 대기
      for(i=0;i<50;i++)
      {
        tone_data = time_tone[i];
        tone_time = time_length[i]*60;
        for(k=0;k<tone_time;k++)
        {
          PORTC = 0xff;
          for(j=0;j<tone_data;j++) { delay_us(1);}
          PORTC = 0x00;
          for(j=0;j<tone_data;j++) { delay_us(1);}
        }
        delay_us(200);
      }
    }
}
```

과제

❶ 타이머1 ~ 3를 사용해 구현해보자.

❷ 다른 동요를 저장하고 연주하는 프로그램을 작성해보자.

실험 7-14 | 전자 오르간

PORTD에 연결된 스위치가 눌리면 맞는 음계의 소리를 발생시킨다.

유의점

박자를 위해 타이머를 쓸 필요 없이 눌림을 감지한다. 감지되면 한 주기 동안만 해당 음계의 소리가 나도록 한다. SW1이 눌리면 '도' 음계가 발생하고 SW2가 눌리면 '레' 음계가 발생하는 식으로 작성한다.

회로도

[실험 7-11]와 같음

프로그램 예

```
#include <mega128.h>
#include <delay.h>
void main(void)
{
   unsigned char tone_data, keybuf, j;
   DDRC = 0xff;                               // 포트C를 출력으로
   DDRD = 0x00;                               /* 포트D가 디폴트 입력으로 설정되어 있으므로
                                                 필요하지는 않음 */

   PORTD = 0xff;
   SREG.7 = 1;                                // 인터럽트 전체 허용
   TIMSK |= 1;                                // 타이머0 오버플로 인터럽트 개별 허용
   for(;;)
   {
      keybuf = PIND;                          // 읽은 값을 keybuf에 저장
      if((keybuf == PIND) && (keybuf !=0xff) )
                                   // 두 번 읽어 같은 값이고 0xff가 아니면 유효한 키 입력이다.
      {
         if(keybuf == 0xfe) tone_data= 95;
         else if (keybuf == 0xfd) tone_data = 84;
         else if (keybuf == 0xfb) tone_data = 75;
         else if (keybuf == 0xf7) tone_data = 71;
         else if (keybuf == 0xef) tone_data = 63;
         else if (keybuf == 0xef) tone_data = 56;
         else if (keybuf == 0xbf) tone_data = 50;
         else if (keybuf == 0x7f) tone_data = 47;
         else tone_data = 0;
      }
      if(keybuf==0xff) {}
      else
      {
         PORTC = 0xff;
         for(j=0;j<tone_data;j++) { delay_us(1); }
         PORTC = 0x00;
         for(j=0;j<tone_data;j++) { delay_us(1); }
      }
   }
}
```

과제

타이머를 사용하여 구현해보자.

4 키보드 스캐닝

가장 일반적인 입력장치로 컴퓨터의 키보드 역할과 같은 키 스캐닝 프로그램을 다루겠다. 단순 키보드 스캐닝 방법은 하나의 키를 하나의 포트에 [그림 4-6]처럼 연결하여, 포트를 입력 모드로 하여 스위치가 눌렸는지 확인하는 방법이 있다. 하지만 이것은 8개의 스위치와 8개의 포트가 필요하기에 비효율적이다. 이를 개선한 키 매트릭스 방식이 보편적으로 사용되고 있다. 먼저 [실험 7-15]에서 단순 키보드 스캔을 활용하여 실험을 하고 [실험 7-16]에서는 좀 더 효율적인 방법인 키 매트릭스 방식에 대하여 실험하기로 하자.

실험 7-15 단순 키보드 스캔

D_CON에 연결된 8개의 누름키에서 PORTD.0에 연결된 것부터 차례대로 SW1, SW2, ...SW8의 일련번호를 붙이고 눌린 번호키의 2진수값을 PORTC에 연결된 LED에 표시하는 프로그램을 작성한다.

유의점

채터링 현상을 소프트웨어적으로 처리하여 유효한 값을 읽기 위해 [그림 7-14]의 순서도에 주어진 대로 따라한다. 먼저 연속해서 두 번 읽어 같은 값이 감지되었는지 확인한다. 그 후 감지된 값이 키가 눌린 경우(읽힌 값은 0xff가 아니다)인지 여부를 확인한다. 읽힌 값이 이전에 읽어 oldkey에 보관된 값과 같으면 유효한 키값으로 keybuf에 저장하고, 그렇지 않으면 20-50msec시간 정도의 지연 후에 같은 과정을 반복한다. 즉 두 번 확인하는 방식을 택한다.

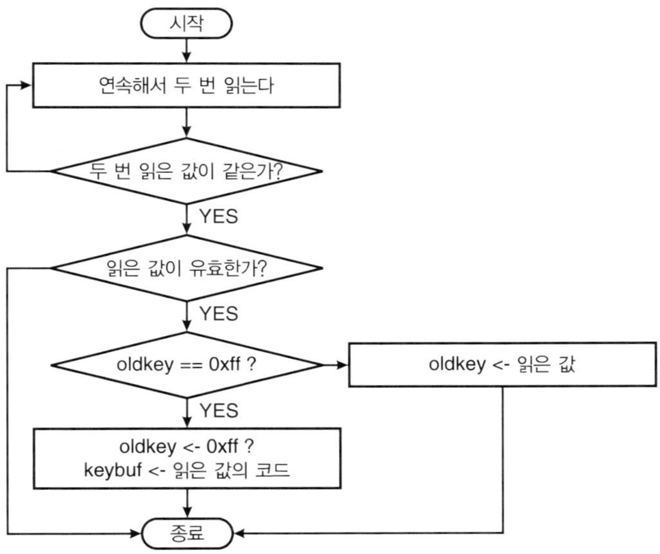

그림 7-14 ◦ 키보드 스캔을 위한 순서도

회로도

[그림 4-6]의 SW_CON을 [그림 4-4]의 D_CON에 연결하고 실험할 때는 LEDSW를 닫고 한다. 또한 [그림 4-6]의 SW1을 누르면서 실험한다.

프로그램 예

```
#include <mega128.h>
#include <delay.h>                          // delay_ms(), delay_us()를 이용할 것이다.
unsigned char keybuf=0xff, oldkey=0xff;
void scankey(void)
{
   unsigned char tmp;
   do
   {
      tmp = PIND;                           /* 첫 번째 읽은 것을 tmp에 저장 */
   }
   while( tmp != PIND );                    /* 첫 번째 읽은 값과 두 번째 읽은 값이 일치하지
                                               않으면 다시 읽는다 */
   if(tmp != 0xff)                          /* 두 번 읽은 것이 키가 눌린 경우이면 (0xff이면
                                               아무 키도 안눌린 상태임) 아래로 */
   {
      if(tmp == oldkey)                     /* 현재 읽어들인 값(tmp)과 oldkey가 같으면
                                               아래로 */
      {
         if(tmp == 0xfe) keybuf = 1;
         else if( tmp == 0xfd ) keybuf = 2;
         else if( tmp == 0xfb ) keybuf = 3;
         else if( tmp == 0xf7 ) keybuf = 4;
         else if( tmp == 0xef ) keybuf = 5;
         else if( tmp == 0xdf ) keybuf = 6;
         else if( tmp == 0xbf ) keybuf = 7;
         else if( tmp == 0x7f ) keybuf = 8;
         else oldkey = 0xff;
         oldkey = 0xff;
      }
      else oldkey = tmp;                    /* 현재 읽어들인 값(tmp)과 oldkey가 다르면
                                               oldkey를 tmp로 바꾼다. */
   }
}
void main(void)
{
   DDRC = 0xff;                             // 포트C를 출력으로
```

```
    DDRD = 0x00;                          /* 포트D가 디폴트 입력으로 설정되어 있으므로
                                             필요하지는 않음 */

    for(;;)
    {
        scankey();
        PORTC = keybuf;
        delay_ms(50);                     /* 50msec 시간 지연 */
    }
}
```

하드웨어 예

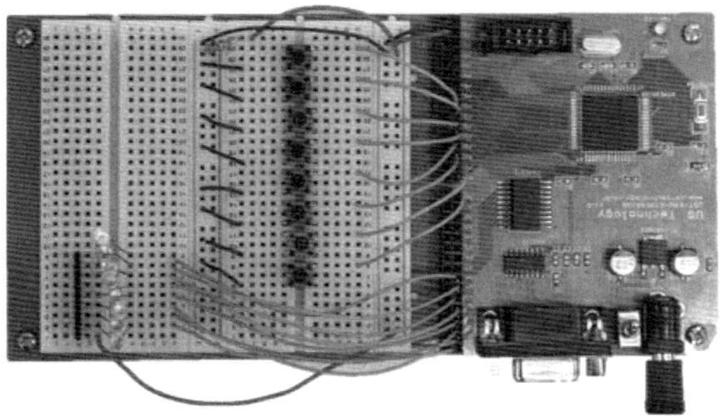

그림 7-15 • 키보드 스캔을 위한 하드웨어 예

과제

타이머 인터럽트를 사용하여 30 msec마다 키보드 스캔을 하는 프로그램를 작성해보자.

실험 7-16 | 키 매트릭스 스캔

D_CON에 연결된 8개의 누름키에서 PORTD.0에 연결된 것부터 차례대로 SW1, SW2, ...SW8의 일련 번호를 붙이고 눌린 번호키의 2진수값을 PORTC에 연결된 LED에 표시하는 프로그램을 작성한다.

회로도

[그림 7-16]의 PAD_CON을 [그림 4-4]의 F_CON에 연결하고 [그림 7-7]의 회로를 구현하고 LCD_CON을 [그림 4-4]의 C_CON에 연결한다.

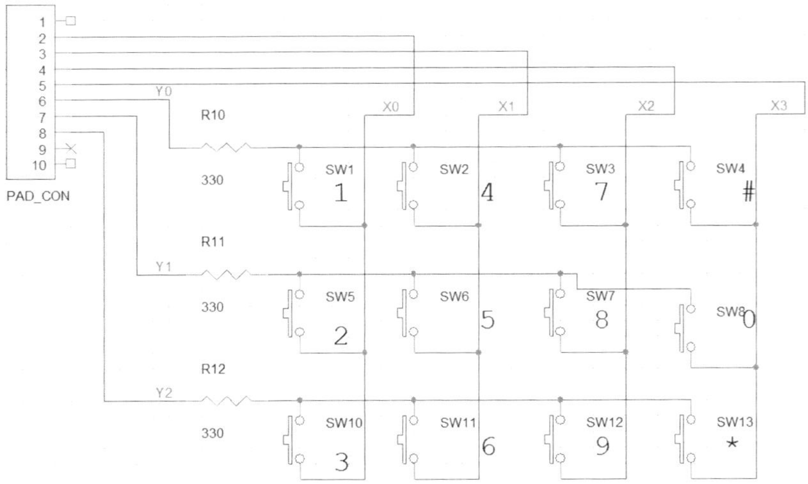

그림 7-16 • 키 매트릭스 스캔의 회로도

프로그램 예

```
#include <mega128.h>
#include <delay.h>
#include "lcdchoi.h"
unsigned int key_scan(unsigned int key_buf)
{
  unsigned char i=0x00;
  unsigned char in=0x00;
  unsigned char temp_key=0x00;

  key_buf=0xdd;

  for(i=0;i<0x04;i++)
  {
    DDRF=0xff;                          // all out
    PORTF=1<<i;                         // switch 값 출력
    delay_us(1);

    DDRF=0x0f;                          // Port C7~C4(In) C3~C0(Out)
    delay_us(1);
    in = PINF&0x70;
    delay_us(1);
    if(in != 0x00)
    {
      in |= 1<<i;
```

```
            DDRF = 0xFF;
            PORTF = 0x7f;
            temp_key|=in;
            delay_us(1);
        }
    }
    in = temp_key;
    switch(in)
    {
        case  0x11 : key_buf=1;   break;
        case  0x21 : key_buf=2;   break;
        case  0x41 : key_buf=3;   break;
        case  0x12 : key_buf=4;   break;
        case  0x22 : key_buf=5;   break;
        case  0x42 : key_buf=6;   break;
        case  0x14 : key_buf=7;   break;
        case  0x24 : key_buf=8;   break;
        case  0x44 : key_buf=9;   break;
        case  0x18 : key_buf='*'; break;
        case  0x28 : key_buf=0;   break;
        default    :              break;
    }
    return key_buf;
}
void main()
{
    unsigned int key_out=0;
    unsigned int chattering = 0;
    DDRC = 0xFF;
    lcd_init();
    lcd_ln11();
    lcd_str("KEY PAD TEST");
    lcd_ln21();
    for(;;)
    {
        key_out=key_scan(key_out);
        if(key_out<10) lcd_dat('0'+key_out);
        if(key_out>11 & key_out<0xd0) lcd_dat(key_out);
        for(chattering=0;chattering<0xd0;)
        {
            chattering = key_scan(chattering);
        }
```

```
    }
}
```

하드웨어 예

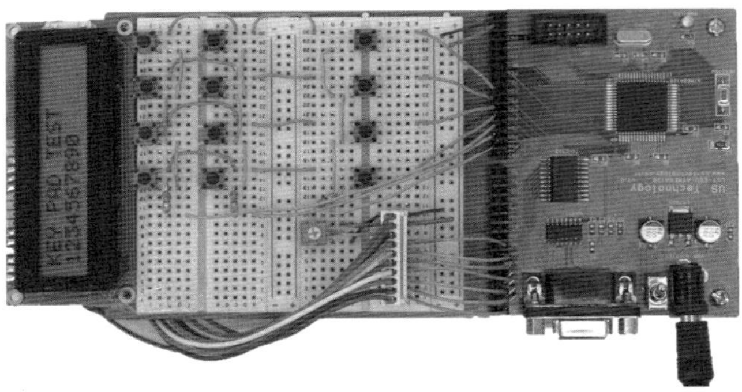

그림 7-17 • 키 매트릭스 스캔 실험 하드웨어 예

과제

타이머 인터럽트1 ~ 3를 사용하는 프로그램를 작성해보자.

연습문제

1. 다음에서 마이컴용 입출력 장치를 모두 골라라.

a. FND
b. LED
c. 타이머 인터럽트
d. 플래쉬 메모리
e. 부저
f. LCD
g. ALU

2. FND의 설명 중 틀린 것을 모두 골라라.

a. LED 장점의 대부분을 갖는다.
b. 응답 속도가 비교적 늦으며, 발광 효율이 높고 가격이 싸다.
c. 보통 10 mA 이상의 구동 전류가 필요하다.
d. 직류의 높은 전압에서 동작이 가능하다.
e. 소형으로 발열이 많아 수명이 비교적 짧다.
f. 0 ~ 9까지의 숫자와 ABCDEF(HEX 값) 그리고 소수점을 표시할 수 있다.
g. 모든 LED의 양극을 한데 묶은 양극공통형(CA), 음극을 묶은 음극공통형 (CC)으로 분류 가능하다.
h. CA형을 위한 디코딩용 구동 TTL은 7447, CC형을 위한 디코딩용 구동 TTL은 7446이 있다.

3. 가장 흔히 사용되는 형태의 LCD로 전자계산기, 시계, 컴퓨터 등에 사용되는 LCD 형은?

4. HD44780 16x2 LCD에서 사용자가 자유로이 문자를 만들 때 사용하는 램으로 폰트를 5x7은 8개, 5x10은 4개 만들어 저장 가능한 특징을 갖는 메모리는?

5. HD44780 16x2 LCD 제어기의 내부 구성은?

6. 스피커(부저)에서 음의 고저를 표현하기 위해서는 어떻게 해야 하는가?

7. 키보드 입력 방식 중 비교적 적은 I/O 포트를 활용하여 많은 키 입력의 확장을 가능하게 하는 방법은?

8. 기계식 키를 누를 때 사람은 단지 1번 누른 것처럼 느끼지만 탄성에 의해 매우 많이 누르게 되는 현상을 무엇이라 하는가?

CHAPTER 08

직렬 통신 실험

학습목차

1. | SPI 포트 제어
2. | USART 포트 제어
3. | TWI 포트 제어

연습문제

학습개요

ATmega128은 SPI, TWI 직렬 통신과 RS232C 방식의 USART 채널 2개가 내장되어 있다. 우선 1절에서는 SPI 통신에 관하여 알아보고, SPI 통신 실험을 통하여 2대의 AVR의 데이터 송수신, AVR과 외부 EEPROM의 데이터 송수신에 관하여 공부할 것이다. 이어서 2절에서는 USART에 대하여 설명한 후 RS232C 방식을 위한 MAX232 하드웨어를 구현하고, AVR과 컴퓨터와의 데이터 송수신에 대하여 실험을 통해 설명할 것이다. 마지막으로 3절에서는 TWI에 대하여 이해하고 SPI 통신과 마찬가지로 AVR 2개 사이의 데이터 송수신, AVR과 외부 EEPROM의 데이터 송수신을 실험을 통하여 알아보겠다.

1 SPI 포트 제어

ATmega128은 주변 장치 또는 동일한 AVR 계열간의 고속 직렬 동기 통신용 모듈인 SPI(Serial Peripheral Interface)를 제공하는데 SS(PB0, pin 10), SCK(PB1, pin 11), MOSI(PB2, pin 12), MISO(PB3, pin 13) 4선을 이용하여 전이중으로 통신이 가능하며, 마스터 및 슬레이브 동작을 가능하게 하며, 7개의 전송 속도를 제공하여 최대 수십 MHz까지의 통신이 가능하며 전송 완료 인터럽트를 제공한다. 또한 아이들 모드를 해제하는 기능도 제공한다. [그림 8-1]은 ATmega128의 SPI 포트의 블록선도이다. SPI는 ATmega128의 플래쉬롬에 프로그램을 다운로드하는 ISP 기능도 제공한다.

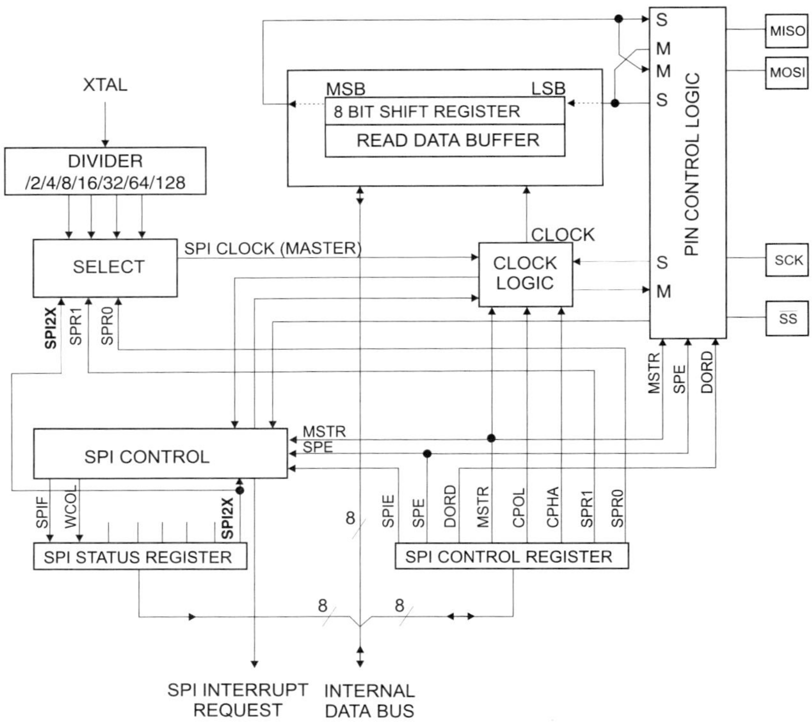

그림 8-1 • SPI 포트의 블록선도 (출처:ATMEL)

1.1 SPI의 동작

- 반드시 1개의 마스터와 1개의 슬레이브 사이에서만 이루어지며, 마스터가 슬레이브에게 데이터를 보내려면 여러 슬레이브에서 원하는 슬레이브에게 SS(Slave Select) 신호를 0레벨로 출력하여 선택하고 마스터는 클록 신호를 발생하여 SCK(Serial Clock)을 통해 출력하고 송신할 데이터를 시프트 레지스터에 데이터를 준비하여 MOSI(Master Output Slave

Input) 단자로 출력한다. 이때 동시에 MISO(Master Input Slave Output) 단자를 통해서는 더미 데이터가 입력된다([그림 8-2] 참조).

- **슬레이브 모드 :** SS가 입력 핀으로 동작하며 0레벨 상태로 입력되는 경우에만 SPI가 활성화되고 MISO가 출력단자로 된다. 이때 외부에서 입력된 SCK 신호에 의하여 데이터 레지스터의 1바이트가 전송되고 나면 SPSR(SPi Status Register)의 비트7(SPIF)이 1로 되면서 SPI 전송 완료 인터럽트가 요청된다. 만약 슬레이브 모드에서 SS 단자에 1레벨 상태가 입력되면 송신 및 수신 로직을 즉시 리셋시키고 시프트 레지스터에 일부 수신된 데이터도 버리고 SPI는 입력되는 데이터를 받을 수 없는 비활성 상태가 된다.

- **마스터 모드 :** SPCR(SPi Control Register)의 비트4(MSTR)가 1로 설정되면 마스터가 되며 사용자는 SS 핀의 방향을 DDRB0 비트를 사용하여 결정할 수 있다. 마스터 모드에서 SS 핀이 입력으로 설정되어 있고 0레벨이면 외부에서 다른 마스터가 슬레이브로 지정하고 데이터를 전송하기 시작하는 것으로 해석될 수 있으므로 SS 핀을 입력으로 설정하면 반드시 풀업저항과 같은 외부 회로에 의해 1레벨로 유지되어야 한다. 마스터가 되어 SS 핀을 출력으로 설정하고 0레벨을 출력시켜 슬레이브를 지정한 경우 SPDR(SPi Data Register)에 데이터를 기록하여 송신할 수 있다. 이 때 클럭이 발생되고 하드웨어적으로 SPDR이 쉬프트되며 슬레이브로 전송된다. 전송이 끝나면 클럭이 정지되고 SPSR의 비트7(SPIF)이 세트되면서 SPI 전송 완료 인터럽트가 요청된다. 이후 SPDR에 데이터를 다시 기록하면 다시 전송이 반복된다. 데이터 패킷의 전송을 마치려면 SS로 1레벨을 출력시키면 된다.

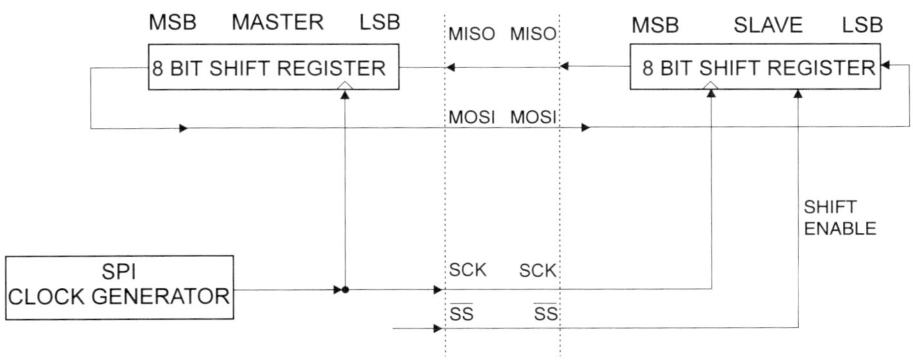

그림 8-2 • SPI의 동작 (출처:ATMEL)

1.2 SPCR 레지스터

Bit	7	6	5	4	3	2	1	0	
	SPIE	SPE	DORD	MSTR	CPOL	CPHA	SPR1	SPR0	SPCR
Read/Write	R/W	R/W	R/W	R/W	R/W	R/W	R/W	R/W	
Initial Value	0	0	0	0	0	0	0	0	

그림 8-3 • SPCR 레지스터의 구성 (출처:ATMEL)

- **비트7(SPIE : SPi Interrupt Enable) :** 1로 세트하면 SPI 전송 완료 인터럽트 개별 허용
- **비트6(SPE : SPi Enable) :** 1로 세트하면 SPI 직렬 통신을 허용
- **비트5(DORD : Data ORDer) :** 1로 설정하면 LSB부터 전송하고, 0으로 하면 MSB부터 전송한다.
- **비트4(MSTR : Master/Slaver Select) :** 1로 설정하면 마스터로 동작하고, 0으로 하면 슬레이브로 동작한다. 마스터로 설정하고 SS 핀이 입력으로 설정되어 0레벨이 입력되면 MSTR 비트는 자동으로 클리어되며 슬레이브 모드로 되고 SPSR의 비트7(SPIF)이 세트되면서 인터럽트가 요청된다.
- **비트3(CPOL : Clock POLarity) :** 데이터 샘플링 동작이 수행되는 SCK 클록의 극성을 설정한다. 디폴트값인 0이면 Leading Edge의 경우는 상승 에지로, Trailing Edge의 경우에는 하강 에지로 선정된다. CPOL = 1이면 Leading Edge의 경우는 하강 에지로, Trailing Edge의 경우에는 상승 에지로 선정된다.

CPOL	Leading edge	Trailing edge
0	Rising	Falling
1	Falling	Rising

그림 8-4 • SCK 클록의 극성 설정 (출처:ATMEL)

- **비트2(CPHA : Clock PHAse) :** 데이터 샘플링 동작이 수행되는 SCK 클록의 위상을 설정한다. 디폴트값인 0이면 Leading Edge의 경우는 샘플링이 되고, Trailing Edge의 경우에는 셋업된다. CPHA = 1이면 반대로 된다.

CPHA	Leading edge	Trailing edge
0	Sample	Setup
1	Setup	Sample

그림 8-5 • SCK 클록의 위상 설정 (출처:ATMEL)

- **비트1 ~ 0(SPR1 ~ 0 : SPi clock Rate select 1 ~ 0):** SPSR의 비트0(SPI2X비트)과 함께 SCK 클럭 신호의 주파수 분주비를 설정한다. SPSR의 비트0이 0인 상태에서 00이면 시스템 클록의 4분주, 01이면 16분주, 10이면 64분주, 11이면 128분주로 설정된다. SPSR의 비트0이 1인 상태에서는 주파수를 두배로 하여 분주비를 반감시키는데 00이면 시스템 클록의 2분주, 01이면 8분주, 10이면 32분주, 11이면 64분주로 설정된다.

SPI2X	SPR1	SPR0	SCK Frequency
0	0	0	$f_{osc}/4$
0	0	1	$f_{osc}/16$
0	1	0	$f_{osc}/64$
0	1	1	$f_{osc}/128$
1	0	0	$f_{osc}/2$
1	0	1	$f_{osc}/8$
1	1	0	$f_{osc}/32$
1	1	1	$f_{osc}/64$

그림 8-6 • SCK 클럭 신호의 주파수 분주시 설정 (출처:ATMEL)

1.3 SPSR 레지스터

Bit	7	6	5	4	3	2	1	0	
	SPIF	WCOL	–	–	–	–	–	SPI2X	SPSR
Read/Write	R	R	R	R	R	R	R	R/W	
Initial Value	0	0	0	0	0	0	0	0	

그림 8-7 • SPSR 레지스터의 구성 (출처:ATMEL)

- **비트7(SPIF : SPi Interrupt Flag) :** 전송이 완료되면 1로 세트되면서 인터럽트가 요청된다. 마스터로 설정하고 SS 핀이 입력으로 설정되어 0레벨이 입력되면 SPCR의 비트4(MSTR)는 자동으로 클리어되며 슬레이브 모드로 되고 SPIF가 세트되면서 인터럽트가 요청된다. 인터럽트가 서비스되면 자동으로 클리어된다. SPSR을 읽고 SPDR에 접근하는 경우에 WCOL과 함께 클리어된다.
- **비트6(WCOL : Write COLision flag) :** SPI를 통해 데이터를 전송하고 있는 동안에 SPDR 레지스터를 기록하려고 하면 세트된다. SPSR을 읽고 SPDR에 접근하는 경우에 SPIF와 함께 클리어된다.
- **비트0(SPI2X : SPI Double speed) :** 마스터로 동작할 때 SCK 클록 신호의 주파수를 2배로 설정한다.

1.4 외부 메모리 AT93Cxx

- ATMEL사의 외부 메모리인 EEPROM AT93Cxx는 SPI 통신을 이용하여 데이터를 읽고 쓰는 장치이다. AT93Cxx마다 주소지정 방식이 틀리므로 매뉴얼을 참조하여 프로그램한다. 그 중 이 책에서 실험한 AT93C46은 1024 bit의 용량을 가지고 있고 회로도 구성은 [그림 8-8]과 같다. 또한 각 핀에 관한 내용은 [그림 8-9]와 같다.

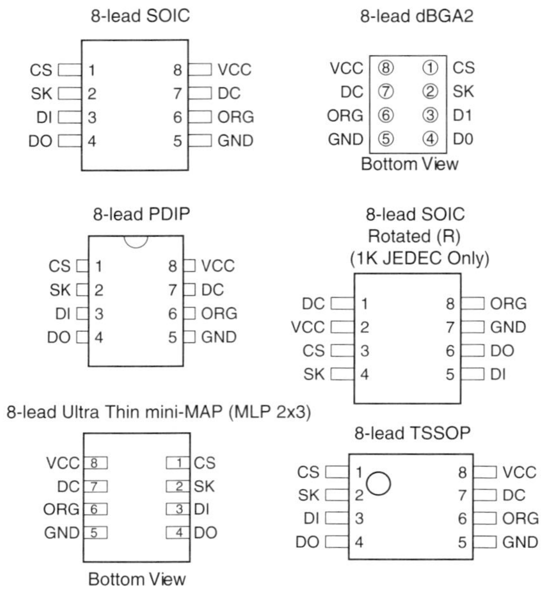

그림 8-8 • AT93C46의 회로도 (출처:ATMEL)

Pin Name	Function
CS	Chip Select
SK	Serial Data Clock
DI	Serial Data Input
DO	Serial Data Output
GND	Ground
VCC	Power Supply
ORG	Internal Organization
DC	Don!t Connect

그림 8-9 • AT93C46의 핀 구성 (출처:ATMEL)

▌외부 메모리의 명령

- EEPROM과 관련된 명령은 [그림 8-10]과 같다. [그림 8-10]은 AT93C46의 명령으로 제품

마다 명령 지정이 틀림으로 해당 매뉴얼을 참조하자. 각각 명령들은 지정된 SB와 Op Code를 통하여 실행된다.

Instruction	SB	Op Code	Address		Data		Comments
			x 8	x 16	x 8	x 16	
READ	1	10	$A_6 - A_0$	$A_5 - A_0$			Reads data stored in memory, at specified address
EWEN	1	00	11XXXXX	11XXXX			Write enable must precede all programming modes
ERASE	1	11	$A_6 - A_0$	$A_5 - A_0$			Erases memory location $A_n - A_0$
WRITE	1	01	$A_6 - A_0$	$A_5 - A_0$	$D_7 - D_0$	$D_{15} - D_0$	Writes memory location $A_n - A_0$
ERAL	1	00	10XXXXX	10XXXX			Erases all memory locations. Valid only at V_{CC} = 4.5V to 5.5V
WRAL	1	00	01XXXXX	01XXXX	$D_7 - D_0$	$D_{15} - D_0$	Writes all memory locations. Valid only at V_{CC} = 4.5V to 5.5V
EWDS	1	00	00XXXXX	00XXXX			Disables all programming instructions

Note: The Xs in the address field represent *DON T CARE* values and must be clocked.

그림 8-10 • AT93Cxx의 명령 (예:AT93C46) (출처:ATMEL)

- **READ :** 지정된 주소의 데이터를 읽음. DO 핀으로 데이터가 출력됨.
- **EWEN(Erase / Write ENable) :** 데이터 쓰기 허용.
- **ERASE :** 지정된 주소의 데이터를 지움.
- **WRITE :** 지정된 주소에 원하는 데이터를 씀.
- **ERAL(ERase ALl) :** 모든 주소에 데이터를 지움.
- **WRAL(WRite ALl) :** 모든 주소에 원하는 데이터를 씀.
- **EWDS(Erase/Write DiSable) :** 데이터 쓰기 불가.

EEPROM에 데이터를 쓰기 위해서는 먼저 EWEN 명령을 사용하여 데이터 쓰기를 허용한 후 WRITE 명령을 사용하여 데이터를 저장하고, 데이터 저장을 마친 후 EWDS를 사용하여 종료한다. 이와 별개로 READ 명령은 선명령이 필요 없이 바로 사용하여 EEPROM의 데이터를 읽을 수 있다.

외부 메모리의 명령의 타이밍표

[그림 8-10]에서는 SB와 Op Code를 이용하여 외부 메모리에 명령을 하달하는 방법을 나타내었다. 예를 들어 READ 명령과 같은 경우 SB = 1, Op Code = 10을 사용하여 지정된 주소에 데이터를 읽어 오는데 그 타이밍은 [그림 8-11]과 같다. 또한 WRITE 명령은 [그림 8-12]와 같다. 읽기 명령에 대한 타이밍표를 살펴보면 SB = 1, Op Code = 1을 먼저 지정하고 주소의 최상위 비트에 0을 지정함으로써 읽기 동작을 한다. WRITE 명령은 SB = 1, Op Code

= 0을 지정하고 주소의 최상위 비트에 1을 지정함으로써 쓰기 동작을 한다. 기타 다른 명령에 대한 타이밍도는 해당 제품의 매뉴얼을 찾아보면 쉽게 알 수 있다.

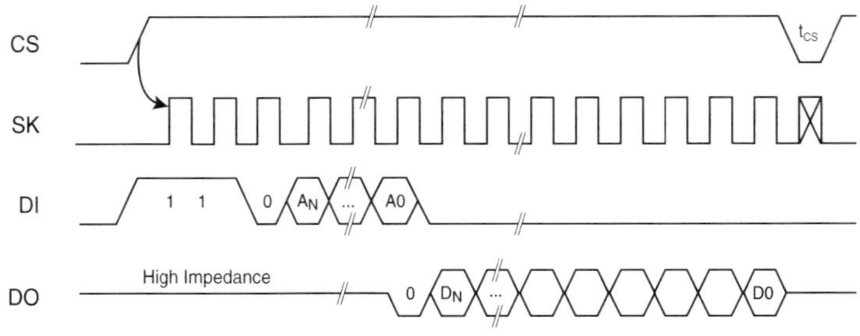

그림 8-11 • AT93C48의 읽기 타이밍표 (출처:ATMEL)

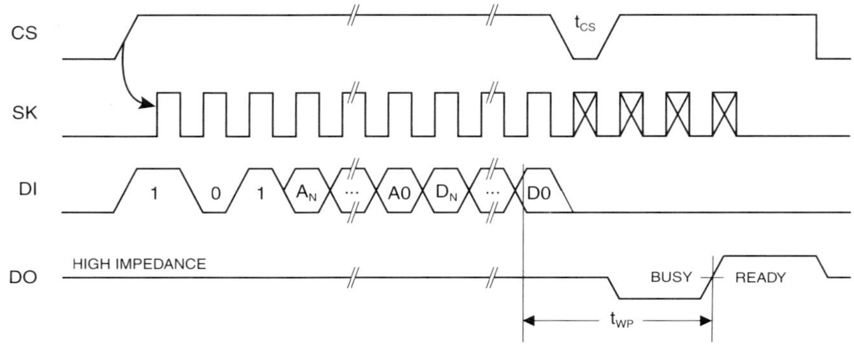

그림 8-12 • AT93C48의 쓰기 타이밍표 (출처:ATMEL)

실험 8-1 Master-AVR과 Slave-AVR 의 SPI 통신 1

Master-AVR을 통하여 키 입력을 받고 키가 입력되면 그 상태를 Slave에 전달하여 Slave의 LCD를 통하여 출력한다.

유의점

Master-AVR과 Slave-AVR에 서로 다른 프로그램을 다운하여야 한다. 프로그램 다운 시 혼동하지 않도록 주의한다.

회로도

[그림 8-13]의 회로를 구현하고 SPI_MASTER_CON을 Master AVR의 B_CON에 연결하고 SPI_SLAVE_CON을 Slave AVR의 B_CON에 연결한다. 또한 Master AVR에는 [그림 4-5]를 D_CON에 연결하고 Slave AVR에는 [그림 7-7]의 LCD_CON을 [그림 4-4]의 C_CON에 연결한다.

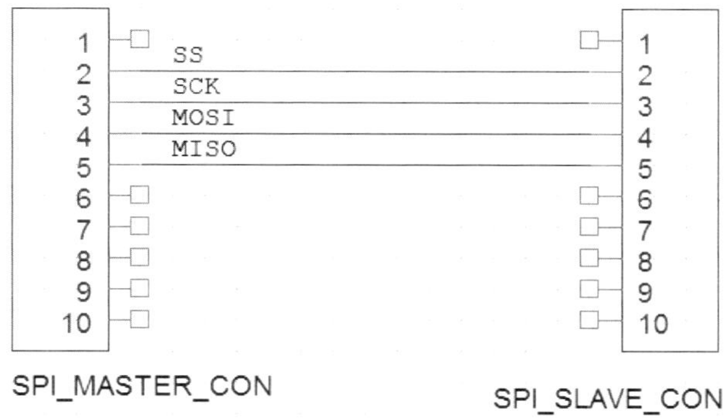

그림 8-13 • AVR간의 통신을 위한 회로도

프로그램 예

❶ Master-AVR 프로그램

```
#include <mega128.h>
#include <delay.h>
void Init_Serial(void)
{
  UCSR0A = 0x00;
  UCSR0B = 0x10;
  UCSR0C = 0x06;
  UBRR0H = 0x00;
  UBRR0L = 0x17;
}
void Init_Port(void)
{
  DDRD = 0x00;
  PORTD = 0xff;
}
void Init_Master(void)
{
  DDRB = 0x07;
  PORTB = 0x00;

  SPCR = 0x5C;                    // SCK 클럭 신호의 주파수 fosc/4
  SPSR = 0x00;
}
void M2S_data(unsigned char data)
{
  PORTB.0 = 0;
  SPDR = data;
```

```
    while(!(SPSR & 0x80));          // SPIF ON
    PORTB.0 = 1;
}
void main(void)
{
    Init_Master();
    Init_Serial();
    Init_Port();
    while(1)
    {
        if(PIND.0 == 0) M2S_data(1);
    }
}
```

❷ Slave-AVR 프로그램

```
#include <mega128.h>
#include <delay.h>
#include "lcdchoi.h"
int SPI_buf = 0;
int SPI_flag = 0;
char SPI_getch(void)
{
    while(!(SPSR & 0x80));          // SPIF ON
    return SPDR;
}
interrupt [SPI_STC] void SPI_interrupt(void)
{
    SPI_buf = SPI_getch();
    SPI_flag = 1;
}
void Init_Slave(void)
{
    SPCR = 0xCC;                    // 1100 1100 : SPI 및 SPI인터럽트 사용, MODE = 3
    SPSR = 0x80;                    // 1000 0000
    SREG.7 = 1;                     // 인터럽트 전체 허용.
}
void Init_Port(void)
{
    PORTB = 0x00;
    DDRB = 0x08;
    PORTA = 0x00;
    DDRA = 0xff;
```

```
    PORTC = 0x00;
    DDRC = 0xff;
}
void main(void)
{
    SPI_flag = 0;
    Init_Port();
    Init_Slave();
    lcd_init();
    lcd_ln11();                              // lcd 1행 1열 위치
    while(1)
    {
        if(SPI_flag==1)
        {
            lcd_str("Pressed key D0");
            SPI_flag=0;
        }
    }
}
```

하드웨어 예

그림 8-14 • AVR간의 통신을 위한 실험 하드웨어 예

과제

❶ Master-AVR의 외부 인터럽트를 통하여 Slave에서 명령을 받도록 구현해보자.

❷ 타이머를 사용하여 구현해보자.

실험 8-2 Master-AVR과 Slave-AVR 의 SPI 통신 2

Master-AVR에서의 키 입력을 받아서 Slave에서 그 값을 LCD에 표시한다.

회로도

[실험 8-1]과 같음

프로그램 예

❶ Master-AVR 프로그램

```
#include <mega128.h>
#include <delay.h>
void Init_SPI(void)
{
 SPCR = 0x5C;                // SPI가능, 마스터 설정 SCK 클럭 신호의 주파수 fosc/128
 SPSR = 0x00;
}
void Init_Port(void)
{
 DDRD = 0x00;
 PORTD = 0xff;
}
unsigned char Scan_Key(void)
{
  unsigned char key_buf=0;
  if(PIND.0 == 0) { delay_us(5); if(PIND.0 == 0){key_buf = 1;}
                    while(PIND.0 == 0); }
  if(PIND.1 == 0) { delay_us(5); if(PIND.1 == 0){key_buf = 2;}
                    while(PIND.1 == 0); }
  if(PIND.2 == 0) { delay_us(5); if(PIND.2 == 0){key_buf = 3;}
                    while(PIND.2 == 0); }
  if(PIND.3 == 0) { delay_us(5); if(PIND.3 == 0){key_buf = 4;}
                    while(PIND.3 == 0); }
  if(PIND.4 == 0) { delay_us(5); if(PIND.4 == 0){key_buf = 5;}
                    while(PIND.4 == 0); }
  if(PIND.5 == 0) { delay_us(5); if(PIND.5 == 0){key_buf = 6;}
                    while(PIND.5 == 0); }
  if(PIND.6 == 0) { delay_us(5); if(PIND.6 == 0){key_buf = 7;}
                    while(PIND.6 == 0); }
  if(PIND.7 == 0) { delay_us(5); if(PIND.7 == 0){key_buf = 8;}
                    while(PIND.7 == 0); }
  return key_buf;
}
void Init_Master(void)
{
```

```
    DDRB = 0x07;
    PORTB = 0x00;
}
void M2S_data(unsigned char data)
{
    PORTB.0 = 0;
    SPDR = data;
    while(!(SPSR & 0x80));          // SPIF ON
    PORTB.0 = 1;
}
void main(void)
{
    unsigned char key_data;
    Init_Master();
    Init_SPI();
    Init_Port();
    while(1)
    {
        key_data = Scan_Key();
        M2S_data(key_data);
    }
}
```

❷ Slave-AVR 프로그램

```
#include <mega128.h>
#include <delay.h>
#include "lcdchoi.h"
int SPI_buf = 0;
int SPI_flag = 0;
char SPI_getch(void)
{
    while(!(SPSR & 0x80));          // SPIF ON
    return SPDR;
}
interrupt [SPI_STC] void SPI_interrupt(void)
{
    SPI_buf = SPI_getch();
    SPI_flag = 1;
}
void Init_Slave(void)
{
    SPCR = 0xCC;                // 1100 1100 : SPI 및 SPI인터럽트 사용, MODE = 3
    SPSR = 0x80;                // 1000 0000
```

```
  SREG.7 = 1;                    // 인터럽트 전체 허용.
}
void Init_Port(void)
{
  PORTB = 0x00;
  DDRB = 0x08;
  PORTA = 0x00;
  DDRA = 0xff;
  PORTC = 0x00;
  DDRC = 0xff;
}
void main(void)
{
  SPI_flag = 0;
  Init_Port();
  Init_Slave();
  lcd_init();
  lcd_ln11();                    // lcd 1행 1열 위치
  while(1)
  {

    if(SPI_flag && (SPI_buf != 0))
    {
      lcd_dat('0' + SPI_buf);
      SPI_flag=0;
    }
  }
}
```

과제

❶ 문자열 송수신하는 것으로 구현해보자.

❷ Slave AVR을 한 대 더 추가하여 구현해보자.

실험 8-3 외부 메모리와의 SPI 통신

외부 메모리에 SPI를 이용하여 데이터를 저장하고 다시 그 값을 불러들여 LCD에 표시한다.

유의점

외부 메모리 AT93C46에 데이터를 저장하는 과정에서는 최소 0.1ms의 시간 지연이 필요하다. 이를 고려하여서 프로그램을 작성하여라.

회로도

[그림 8-15]의 회로를 구현하고 SPI_CON을 [그림 4-4]의 B_Con에 연결하고 [그림 7-7]의 LCD_CON을 [그림 4-4]의 C_CON에 연결한다.

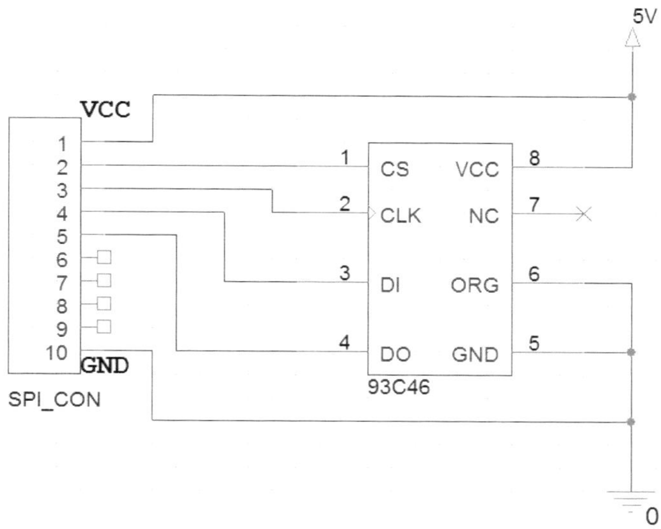

그림 8-15 • AT93C48의 회로

프로그램 예

```
#include <mega128.h>
#include <delay.h>
#include "lcdchoi.h"
void SPI_eeprom_ewen(void)                // EEPROM WRITE 허용
{
   PORTB = 0x01;
   SPDR = 0x02;
   while((SPSR & 0x80) == 0x00);          // 전송 완료 대기
   SPDR = 0x60;
   while((SPSR & 0x80) == 0x00);          // 전송 완료 대기
   PORTB = 0x00;
}
void SPI_eeprom_ewds(void)                // EEPROM WRITE 종료
{
   PORTB = 0x01;
   SPDR = 0x02;
   while((SPSR & 0x80) == 0x00);          // 전송 완료 대기
   SPDR = 0x00;
   while((SPSR & 0x80) == 0x00);          // 전송 완료 대기
```

```
    PORTB = 0x00;
}
unsigned char SPI_eeprom_read(unsigned char address)    // EEPROM의 데이터 읽기
{
    unsigned char address_high, address_low;
    PORTB = 0x01;
    SPDR = 0x03;                            // read 모드, [그림 8-11] 참조
    while((SPSR & 0x80) == 0x00);           // 전송 완료 대기
    SPDR = address;                         // 주소 전송
    while((SPSR & 0x80) == 0x00);
    SPDR = 0x00;                            // 데이터 수신 대기
    while((SPSR & 0x80) == 0x00);
    address_high = SPDR;                    // 상위 데이터
    SPDR = 0x00;                            // 데이터 수신 대기
    while((SPSR & 0x80) == 0x00);
    address_low = SPDR;                     // 하위 데이터
    PORTB = 0x00;
    return (address_high << 1) + (address_low >> 7);
}
void SPI_eeprom_write(unsigned char address, unsigned char data)
                                        //EEPROM에 데이터 쓰기
{
    PORTB = 0x01;
    SPDR = 0x02;                            // write 모드, [그림 8-11] 참조
    while((SPSR & 0x80) == 0x00);
    SPDR = address | 0x80;       // SPDR 7bit의 값을 1로 하여 OP code 지정, 주소값 지정
    while((SPSR & 0x80) == 0x00);
    SPDR = data;                            // 데이터 수신
    while((SPSR & 0x80) == 0x00);
    PORTB = 0x00;
    delay_ms(3);                            // write 대기 시간
}
SPI_init()
{
    UCSR0B = 0x18;
    UBRR0L = 8;
    SPCR = 0x5D;                            // SPI enable, Master setting, 1Mhz
    SPSR = 0x00;
}
void main(void)
{
    unsigned char data[] = {1, 2, 3, 'a', 'b', 'c'};
    unsigned int i;
```

```
    DDRB = 0x07;
    lcd_init();
    lcd_ln11();
    SPI_init();

    SPI_eeprom_ewen();
    for(i=0;i<6;i++)
    {
      SPI_eeprom_write(i,data[i]);
    }
    SPI_eeprom_ewds();

    for(i=0;i<6;i++)
    {
      data[i] = SPI_eeprom_read(i);
      if(data[i]<10) lcd_dat('0'+data[i]);
      else lcd_dat(data[i]);
    }
}
```

하드웨어 예

그림 8-16 ◦ 외부 메모리와의 SPI 통신 실험 하드웨어 예

과제

❶ 쓰기 과정 중 delay_ms의 값을 변화시켜보자.

❷ 문자열 저장하고 읽는 것으로 구현해보자.

2 USART 포트 제어

ATmega128은 8비트 병렬 데이터를 직렬 형태로 바꾸어 송신하고 수신된 직렬 데이터를 병렬 데이터로 바꿔 CPU에 입력하는 기능의 직렬 통신 포트를 2개 내장하고 있다. 직렬 통신 포트는 송신과 수신을 동시에 할 수 있는 완전 이중 방식이며 동기 및 비동기 전송이 가능하다. 또한 멀티 프로세서 통신 모드로 동작하는 것도 가능하며 높은 정밀도의 보레이트 발생기를 내장하고 있다. 송신 완료, 송신 데이터 레지스터 준비 완료, 수신 완료 등 3가지의 인터럽트를 제공한다.

2.1 데이터 프레임 포맷

[그림 8-17]에 보여진 것처럼 (1 비트의 스타트 비트) + (5, 6, 7, 8, 9 비트의 데이터 비트) + (0, 1 비트의 패리티 비트) + (1, 2 비트의 스탑비트) 프레임으로 이루어져 최소 7비트, 최대 13비트로 구성 가능하다.

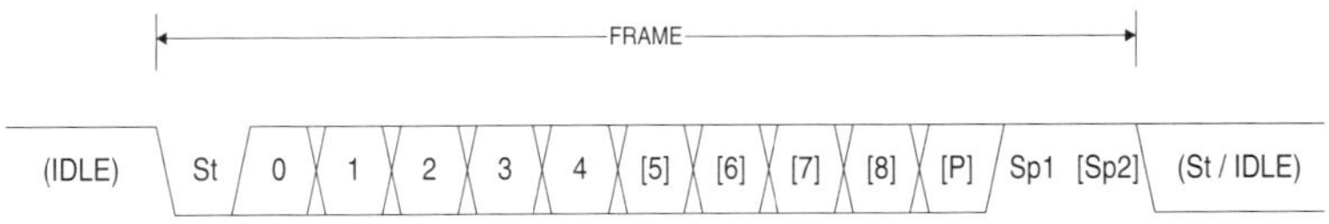

그림 8-17 • USART 통신의 데이터 프레임 (출처:ATMEL)

- **스타트 비트 :** 1비트로 이루어 졌으며 항상 0레벨이다. 송신 시에 자동적으로 생성된다.
- **데이터 비트 :** 5, 6, 7, 8, 9비트가 가능하다.
- **패리티 비트 :** 패리티를 사용하지 않을 수도 있고, 사용하는 경우 홀수 혹은 짝수 패리티 1비트를 사용한다.
- **스탑 비트 :** 1, 2개의 비트가 가능하며 항상 1레벨이다. 송신 시에 자동적으로 생성된다.

2.2 UDRn 레지스터

- UDRn(Usart i/o Data Register n) 레지스터는 USARTn 포트의 송수신 데이터의 버퍼의 기능을 수행하는 8비트 레지스터이다(여기에서 n은 0 또는 1). 송신 및 수신 버퍼는 동일한 번지에 위치하지만 내부적으로는 서로 다른 별개의 레지스터로 송신할 데이터를 UDRn에 쓰면 송신 데이터 버퍼 TXBn에 저장되고 수신된 데이터를 UDRn으로 읽으면 수신 데이터 버퍼 RXBn에 수신되어 있는 값이 읽힌다.

Bit	7	6	5	4	3	2	1	0	
	RXBn[7:0]								UDRn (Read)
	TXBn[7:0]								UDRn (Write)
Read/Write	R/W	R/W	R/W	R/W	R/W	R/W	R/W	R/W	
Initial Value	0	0	0	0	0	0	0	0	

그림 8-18 • UDRn 레지스터의 비트 구성 (출처:ATMEL)

- 송신 버퍼는 UCSRnA 레지스터의 UDREn 비트가 세트된 경우에만 쓰기가 가능하다.

2.3 UCSRnA 레지스터

UCSRnA(Usart Control and Status Register n A) 레지스터는 USART 포트의 송수신 동작을 제어하거나 상태를 저장하는 8비트 레지스터이다.

Bit	7	6	5	4	3	2	1	0	
	RXCn	TXCn	UDREn	FEn	DORn	UPEn	U2Xn	MPCMn	UCSRnA
Read/Write	R	R/W	R	R	R	R	R/W	R/W	
Initial Value	0	0	1	0	0	0	0	0	

그림 8-19 • UCSRnA 레지스터의 비트 구성 (출처:ATMEL)

- **비트7(RXCn : Receive Complete n) :** UDRn의 수신 버퍼에 읽히지 않은 수신 문자가 있으면 세트되고 읽은 경우 0으로 클리어 된다. 세트되는 경우 수신 완료 인터럽트가 요청된다. 1을 쓰면 소프트웨어적으로 클리어된다.
- **비트6(TXCn : Transmit Complete n) :** UDRn의 송신 버퍼에 아직 새로운 송신 문자가 기록되지 않은 경우 세트된다. 이 경우 송신 완료 인터럽트를 요청하고 인터럽트가 서비스 시작되면 자동으로 0으로 클리어된다.
- **비트5(UDREn : Usart Data Register Empty n) :** UDRn의 송신 버퍼가 비어 있어서 송신 문자를 받을 준비가 되어 있으면 세트된다. 세트되는 경우 송신 데이터 레지스터 준비 완료 인터럽트가 요청된다. 1을 쓰면 소프트웨어적으로 강제로 클리어된다.
- **비트4(FEn : Frame Error n) :** UDRn의 수신 버퍼에 저장되어 있는 문자를 수신하는 동안에 수신 문자의 첫번째 스톱 비트가 0으로 검출되는 프레임 에러가 발생하였음을 나타내며, 이 때 세트된 것은 플랙 비트로 UCSRnA 레지스터를 기록하면 클리어된다.
- **비트3(DORn : Data Overrun Error n) :** 수신 동작에서 UDRn의 수신 버퍼에 읽지 않은 수신 문자가 들어 있는 상태에서 수신 시프트 레지스터에 새로운 문자가 수신 완료되고 다

시 그 다음 수신 문자의 스타트 비트가 검출되는 오버런 에러가 발생하였음을 나타내며, 세트되는 플랙 비트로 UCSRnA 레지스터를 기록하면 클리어된다.

- **비트2(UPEn : Usart Parity Error n) :** UDRn의 수신 버퍼에 저장된 문자에 패리티 에러가 발생하였음을 나타내는 플랙 비트로 UCSRnC레지스터의 UPMn1이 세트되어 패리티 비트를 사용하도록 설정된 경우에만 세트될 수 있다. UCSRnA 레지스터를 기록하면 클리어된다.
- **비트1(U2Xn : Usart 2 transmission speed) :** 비동기 모드에서만 유효한 것으로 1로 세트하면 클럭의 분주비를 16에서 8로 낮추어 전송 속도를 2배 증가시킬 수 있다.
- **비트0(MPCMn : Multi-Processor Communication Mode n) :** 1로 세트하면 멀티 프로레서 통신 모드로 설정한다.

2.4 UCSRnB 레지스터

Bit	7	6	5	4	3	2	1	0	
	RXCIEn	TXCIEn	UDRIEn	RXENn	TXENn	UCSZn2	RXB8n	TXB8n	UCSRnB
Read/Write	R/W	R/W	R/W	R/W	R/W	R/W	R	R/W	
Initial Value	0	0	0	0	0	0	0	0	

그림 8-20 • UCSRnB 레지스터의 비트 구성 (출처:ATMEL)

- **비트7(RXCIEn : RX Complete Interrupt Enable n) :** 수신 완료 인터럽트 개별 허용 비트
- **비트6(TXCIEn : TX Complete Interrupt Enable n) :** 송신 완료 인터럽트 개별 허용 비트
- **비트5(UDRIE : UDR empty Interrupt Enable n) :** 송신 데이터 레지스터 준비 완료 인터럽트 개별 허용 비트
- **비트4(RXENn : RX ENable n) :** 1로 세트하면 RxD0, 1(PE0, PD2)가 USART용 수신 단자로 동작하는 것을 허용하고 에러 플랙 비트 DORn, UPEn, U2Xn의 동작을 허용한다.
- **비트3(TXENn : TX ENable n) :** 1로 세트하면 TxD0, 1(PE1, PD3)가 USART용 송신 단자로 동작하는 것을 허용한다. 클리어하더라도 송신이 완료될 때까지는 송신 단자로 동작한다.
- **비트2(UCSZn2 : Usart Character SiZe n2) :** UCSRnC 레지스터의 비트2 ~ 1(UCSZn1 ~ 0)과 함께 전송 문자의 데이터 비트수를 설정하는 데 사용한다. ❶ 000 : 5비트, ❷ 001 : 6비트, ❸ 010 : 7비트, ❹ 011 : 8비트, ❺ 111 : 9비트, ❻ 100 ~ 110: 보류.
- **비트1(RXB8n : RX data Bit 8 n) :** 전송 문자가 9비트로 설정된 경우 수신된 문자의 9번째

비트를 저장한다. 반드시 UDRn 레지스터보다 먼저 읽혀져야 한다.

- **비트0(TXB8n : TX data Bit 8 n) :** 전송 문자가 9비트로 설정된 경우 송신할 문자의 9번째 비트를 저장한다. 반드시 UDRn 레지스터보다 먼저 기록되어야 한다.

2.5 UCSRnC 레지스터

Bit	7	6	5	4	3	2	1	0	
	–	UMSELn	UPMn1	UPMn0	USBSn	UCSZn1	UCSZn0	UCPOLn	UCSRnC
Read/Write	R/W	R/W	R/W	R/W	R/W	R/W	R/W	R/W	
Initial Value	0	0	0	0	0	1	1	0	

그림 8-21 • UCSRnC의 레지스터 구성 (출처:ATMEL)

- **비트6(UMSELn : Usart Mode SELect n) :** 1이면 USARTn 포트를 동기 모드로, 0이면 비동기 모드로 설정

UMSELn	Mode
0	Asynchronous Operation
1	Synchronous Operation

그림 8-22 • USARTn의 동기/비동기 모드 설정 (출처:ATMEL)

- **비트5 ~ 4(UPMn1 ~ 0 : Usart Parity Mode 1 ~ 0) :** 패리티 모드를 설정한다.
  ❶ 00 : 패리티 체크 기능을 사용하지 않는다. ❷ 01 : 보류 ❸ 10 : 짝수 패리티 사용
  ❹ 11 : 홀수 패리티 사용

UPMn1	UPMn0	Parity Mode
0	0	Disabled
0	1	(Reserved)
1	0	Enabled, Even Parity
1	1	Enabled, Odd Parity

그림 8-23 • 패리티 모드 설정 (출처:ATMEL)

- **비트3(USBSn : Usart Stop Bit Select n) :** 1로 세트하면 스톱 비트를 2개로 설정하고, 0이면 스톱 비트를 1개로 설정한다.

USBSn	Stop Bit(s)
0	1-bit
1	2-bits

그림 8-24 • 스톱 비트 설정 (출처:ATMEL)

- **비트2 ~ 1(UCSZn1 ~ 0 : Usart Character SiZe n1 ~ 0) :** UCSRnB 레지스터의 비트 2(UCSZn2)와 함께 전송 문자의 비트수를 설정한다.
  ❶ 000 : 5비트 ❷ 001 : 6비트 ❸ 010 : 7비트 ❹ 011 : 8비트 ❺ 111 : 9비트 ❻ 100 ~ 110: 보류

UCSZn2	UCSZn1	UCSZn0	Character Size
0	0	0	5-bit
0	0	1	6-bit
0	1	0	7-bit
0	1	1	8-bit
1	0	0	Reserved
1	0	1	Reserved
1	1	0	Reserved
1	1	1	9-bit

그림 8-25 • 전송문자의 비트수 설정 (출처:ATMEL)

- **비트0(UCPOLn : Usart Clock POLarity n) :** 동기 전송 모드의 슬레이브 동작에서만 유효한 것으로 1로 설정하면 송신 데이터는 XCKn 클럭의 하강 에지에서 새로운 값이 출력되고 수신 문자는 XCKn의 상승 에지에서 얻어진다. 클리어된 경우는 반대로 된다.

UCPOLn	Transmitted Data Changed (Output of TxDn Pin)	Received Data Sampled (Input on RxDn Pin)
0	Rising XCKn Edge	Falling XCKn Edge
1	Falling XCKn Edge	Rising XCKn Edge

그림 8-26 • 상승 및 하강 에지 설정 (출처:ATMEL)

2.6 UBRRnH, UBRRnL 레지스터

UBRRn(Usart Baud Rate Register n)은 16비트 레지스터로 그 중 하위 12비트가 유효한 것으로 송수신 속도를 다음의 공식에 따라 설정한다. [그림 8-27]은 클럭이 16 MHz인 경우의 보레이트와 UBRRn 레지스터의 설정값, UCSRnA 레지스터의 비트1(U2Xn)의 설정값, 그리고 에러를 보여준다. 230,400 bps를 제외하고 모든 전송 속도에서 해당 보레이트와 UBRRn,

U2Xn을 설정하여 에러를 무시하고 사용될 수 있다.

Bit	15	14	13	12	11	10	9	8	
	–	–	–	–	UBRRn[11:8]				**UBRRnH**
	UBRRn[7:0]								**UBRRnL**
	7	6	5	4	3	2	1	0	
Read/Write	R	R	R	R	R/W	R/W	R/W	R/W	
	R/W	R/W	R/W	R/W	R/W	R/W	R/W	R/W	
Initial Value	0	0	0	0	0	0	0	0	
	0	0	0	0	0	0	0	0	

그림 8-27 • UBRRnH, UBRRnL의 비트 구성 (출처:ATMEL)

$$\text{Baud Rate} = 2^{U2Xn} \times f_{OSC}/16(\text{UBRRn} + 1),\quad \text{U2Xn} = 0, 1$$

Baud Rate (bps)	f_{osc} = 16.0000MHz			
	U2X = 0U		U2X = 1	
	UBRR	Error	UBRR	Error
2400	416	-0.1%	832	0.0%
4800	207	0.2%	416	-0.1%
9600	103	0.2%	207	0.2%
14.4k	68	0.6%	138	-0.1%
19.2k	51	0.2%	103	0.2%
28.8k	34	-0.8%	68	0.6%
38.4k	25	0.2%	51	0.2%
57.6k	16	2.1%	34	-0.8%
76.8k	12	0.2%	25	0.2%
115.2k	8	-3.5%	16	2.1%
230.4k	3	8.5%	8	-3.5%
250k	3	0.0%	7	0.0%
0.5M	1	0.0%	3	0.0%
1M	0	0.0%	1	0.0%

그림 8-28 • 보레이트와 UBRR의 관계 (출처:ATMEL)

2.7 RS232C 개요

- **용도 :** 저가로 동기식 혹은 비동기식으로 직렬 통신하기 위한 규격으로 프린터나 모뎀 등 각종 주변 장치를 컴퓨터에 연결할 때 사용된다.
- **특징 :** 통신 속도는 110 bps ~ 수십 kbps 이상까지 다양하게 사용하며, 신호를 노이즈에 강하고 멀리 보낼 수 있도록 하기 위해 TTL 레벨과 달리 10 V이면 0레벨, 0 V이면 1레벨로

한다. PC에 장착된 직렬 포트의 경우 9개의 핀으로 구성되어 있지만 컴퓨터간의 통신에서는 송신선과 수신선, 그라운드선 등 3개를 연결하여 통신이 가능하다.

- **연결 길이 :** 규격에서는 선의 길이는 약 15 m로 되어 있으나 실제의 경우에 고품질의 케이블을 사용하면 최장 3 km까지 사용 가능하고 일반적으로 보레이트가 1 kbps 이하로 작은 경우 고품질 케이블을 사용하면 1 km까지, 보통의 케이블을 사용하면 300 m까지 사용 가능하고 보레이트가 증가하면 사용 가능 거리도 줄어 9600에서 고품질의 케이블을 사용하면 75 m, 보통 케이블을 사용하면 30 m 까지 사용 가능하다.
- **인터페이스 칩 :** PC의 직렬 포트에서 나오는 신호는 RS232C 레벨로 10 V와 0 V를 사용하고 반전된 상태이다. TTL 레벨을 사용하는 마이컴으로 PC와 직렬 통신하기 위해서는 RS232C 레벨과 TTL 레벨로 바꿔주고 반전시켜주기 위한 인터페이스가 필요하다. 이러한 기능을 하는 가장 흔한 칩에 MAX232가 있다.
- **터미널 프로그램 설치 :** 마이컴과 PC의 직렬 통신 시 PC 측에서 표시를 담당할 터미널 프로그램으로 윈도우 기본 프로그램 중 하나인 하이퍼터미널을 사용하면 된다. [시작 메뉴 → 보조 프로그램 → 통신 → 하이퍼터미널]을 선택하여 실행한다. 설치가 되어 있지 않은 경우에는 [제어판 → 프로그램 추가/제거 → 윈도우 구성요소 추가/제거]를 선택하여 설치하면 된다. 하이퍼터미널을 실행하면 "연결 설명" 창이 나타난다. 여기에서 [이름(N)]에 적절한 이름을 입력하고 [아이콘(I)]에 적절한 아이콘을 선택한다. "연결 대상" 창이 나타나면 [연결에 사용할 모뎀(N)]에 COM1이나 COM2 등에서 사용자에 맞는 포트를 선택한다. 포트설정을 위한 창이 나타나면 [흐름제어(F)]메뉴에서 없음을 선택하고 [비트/초(B)]에서 9600으로 보레이트를 설정하고, [데이터 비트(D)]에서 8, 패리티(P)에서 없음, [정지 비트(S)]에서 1을 선택한다(여기에서는 보레이트로 9600bps를 사용한다고 가정한 것인데 포트 설정값들은 마이컴에 탑재할 응용프로그램의 직렬 통신 모드 설정에 따라 달라짐).

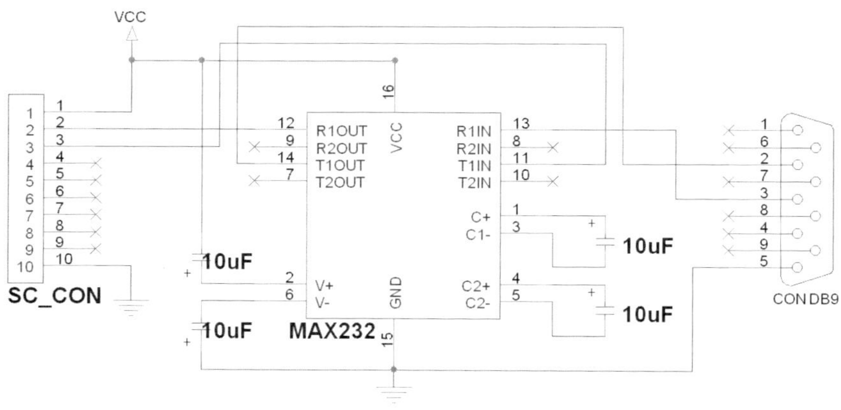

그림 8-29 • RS232C 통신을 위한 인터페이스

실험 8-4 PC와 통신 1

직렬 통신을 통해 문자열을 전송해 PC의 하이퍼터미널에 표시한다.

유의점

USART0 비동기 모드로 보레이트 9600을 사용한다고 가정한다.

회로도

[그림 8-29]의 회로를 구현하고 SC_CON을 [그림 4-4]의 E_CON에 연결한다. [그림 8-29]의 9핀 코넥터(CONDB9)를 PC의 시리얼포트에 연결한다. ISP와 USART가 서로 간섭을 일으킬 수 있으므로 될 수 있으면 프로그램을 다운로드할 때에는 9핀 코넥터를 연결하지 않도록 하고 USART 통신을 할 때는 ISP 케이블을 연결하지 않도록 한다.

프로그램 예

```
#include <mega128.h>
#include <delay.h>
void serial_init(void)
{
   delay_ms(10);
   DDRE = 0xfe;
   UBRR0H = 0;
   UBRR0L = 103;                        // baud rate 9600
   UCSR0A = 0;                          // 비동기 모드
   UCSR0B = 0x18;                       // usart 통신 enable,
   UCSR1C = 0x06;                       // no parity, 1 stop bit, 8 data bit
}
void putch(unsigned char ch)            // 한 개의 문자를 pc로 송신한다.
{
   while((UCSR0A & 0x20) == 0); UDR0 = ch;
   UCSR0A |= 0x20;
}
void putstrf(flash unsigned char *str) // 문자열을 pc로 송신한다.
{
   unsigned int i=0;
   for(;str[i] != 0; i++) putch(str[i]);
}
void main(void)
{
   serial_init();
   putch(0x0d); putch(0x0a);            // 0x0d는 리턴의, 0x0a는 라인피드의 아스키코드
   putstrf("MY NAME IS HAN HO CHOI\r\n");  // \r은 리턴, \n은 라인피드
}
```

하드웨어 예 :

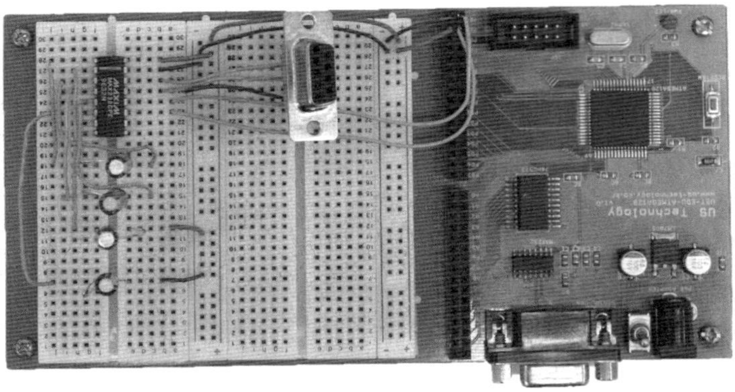

그림 8-30 • PC와 통신 실험 1의 하드웨어 구성 예

과제

❶ 다른 글자를 보내는 프로그램을 작성해보자.

❷ [그림 4-6]의 SW_CON을 [그림 4-4]의 D_CON에 연결하고 [그림 4-6]의 SW1을 누를 때마다 글자를 보내게 하는 프로그램을 작성해보자.

실험 8-5 | PC와 통신 2

PC의 키보드를 치면 아스키코드값이 직렬 포트를 통해 전송되어 PORTC에 연결된 LED에 표시된다.

회로도

[실험 8-4]의 회로도를 구현한 후 [그림 4-4]의 LEDSW를 닫고 실험한다.

프로그램 예

```
#include <mega128.h>
#include <delay.h>
void serial_init(void)
{
   delay_ms(10);
   DDRE = 0xfe;
   UBRR0H = 0;
   UBRR0L = 103;                          // baud rate 9600
   UCSR0A = 0;
   UCSR0B = 0x18;
   UCSR1C = 0x06;
}
unsigned char getch(void)                 // 한 개의 문자를 pc에서 수신한다.
```

```
{
   while((UCSR0A & 0x80) == 0);
   UCSR0A |= 0x80;
   return(UDR0);
}
void main(void)
{
   serial_init();
   DDRC = 0xff;                          // 포트C를 출력으로
   for(;;) PORTC = getch();
}
```

하드웨어 예

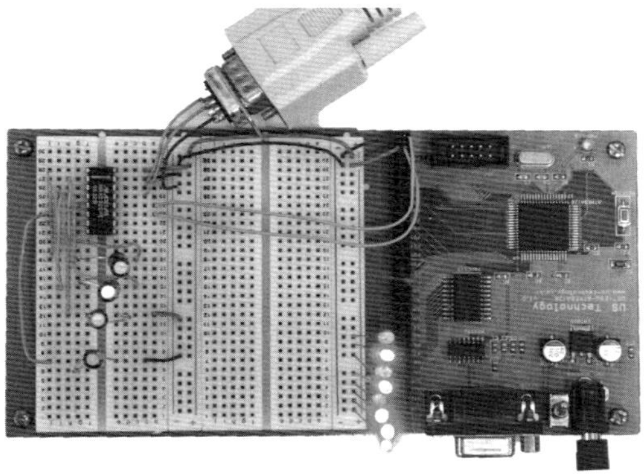

그림 8-31 • PC와 통신 실험 2의 하드웨어 구성 예

과제

타이머0 모드2를 사용하는 프로그램을 작성해보자.

실험 8-6 PC와 통신 3

USART 인터럽트를 이용해 PC에서 보낸 아스키코드값을 다시 송신한다.

회로도

[실험 8-4]와 같음

프로그램 예

```
#include <mega128.h>
#include <delay.h>
void serial_init(void)
{
```

```
    delay_ms(10);
    DDRE = 0xfe;
    UBRR0H = 0;
    UBRR0L = 103;                        // baud rate 9600
    UCSR0A = 0;
    UCSR0B = 0x18;
    UCSR1C = 0x06;
}
void putch(unsigned char ch)             // 한 개의 문자를 pc로 송신한다.
{
    while((UCSR0A & 0x20) == 0); UDR0 = ch;
    UCSR0A |= 0x20;                      // 문자 송신 준비 완료
}
void putstrf(flash unsigned char *str) // 문자열을 pc로 송신한다.
{
    unsigned int i=0;
    for(;str[i] != 0; i++) putch(str[i]);
}
interrupt [19] void u0rx(void)
{
    putch(0x0d);
    putch(0x0a);
    putstrf("Pressed key is   ");
    putch(UDR0);
    putstrf("\r\n");                     // \r은 리턴, \n은 라인피드
    UCSR0A |= 0x80;
    putch(0x0d); putch(0x0a);            // 0x0d는 리턴의, 0x0a는 라인피드의 아스키코드
    putstrf("PRESS ANY KEY!!!!\r\n");
}
void main(void)
{
    serial_init();
    SREG.7 = 1;
    UCSR0B |=0x80;                       // rx interrupt 개별 허용
    putch(0x0d); putch(0x0a);            // 0x0d는 리턴의, 0x0a는 라인피드의 아스키코드
    putstrf("PRESS ANY KEY!!!!\r\n");    // \r은 리턴, \n은 라인피드
    for(;;);
}
```

과제

인터럽트를 사용하지 말고 프로그램을 작성해보자.

실험 8-7 PC와 통신 4

PORTD에 연결된 누름 스위치가 눌리면 그 값이 눌렸음을 직렬 포트를 통해 PC에 알리고 표시한다.

회로도

[실험 8-4]의 회로도를 구현한 후 [그림 4-6]의 SW_CON을 [그림 4-4]의 D_CON에 연결한 후 실험한다.

프로그램 예

```
#include <mega128.h>
#include <delay.h>
void serial_init(void)
{
   delay_ms(10);
   DDRE = 0xfe;
   UBRR0H = 0;
   UBRR0L = 103;                          // baud rate 9600
   UCSR0A = 0;
   UCSR0B = 0x18;
   UCSR1C = 0x06;
}
void putch(unsigned char ch)              // 한 개의 문자를 pc로 송신한다.
{
   while((UCSR0A & 0x20) == 0); UDR0 = ch;
   UCSR0A |= 0x20;                        // 문자 송신 준비 완료
}
void putstrf(flash unsigned char *str) // 문자열을 pc로 송신한다.
{
   unsigned int i=0;
   for(;str[i] != 0; i++) putch(str[i]);
}
void main(void)
{
   DDRD = 0x00;
   PORTD = 0xff;
   serial_init();
   for(;;)
   {

if(PIND.0 == 0)

{

   putstrf("PRESSED KEY IS D.0\r\n");   // D.0가 눌렸으므로 D.0.가 눌렸음을 알린다.
   delay_ms(50);
```

```
    while(PIND.0 == 0);                        // D.0가 눌렸다가 안눌린 상태로 복귀할 때가지 기다린다.
  }
    if(PIND.1 == 0)
  {
    putstrf("PRESSED KEY IS D.1\r\n");
    delay_ms(50);
    while(PIND.1 == 0);}
    if(PIND.2 == 0)
    {
      putstrf("PRESSED KEY IS D.2\r\n");
      delay_ms(50);
      while(PIND.2 == 0);
    }
  }
}
```

하드웨어 예

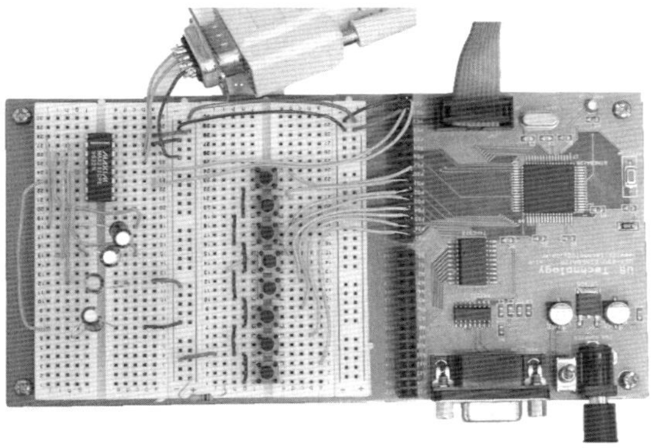

그림 8-32 ∘ PC와 통신 실험 4의 하드웨어 구성 예

과제

타이머0 모드2를 사용하는 프로그램을 작성해보자.

실험 8-8 | PC와 통신 5

프로그램을 실행하면 맨 처음에 터미널 프로그램인 하이퍼터미널 화면에 뒤에 설명할 'P', 'A', 'R', 'I', 'H' 명령에 대한 설명이 나타나고 그 다음 'Com〉〉'이라는 프롬프트가 나타난다. P라고 PC의 키보드를 치면 'Enter PortC value!'라는 문자가 나타나고 이때 16진수값을 1바이트 입력시키면 그 값이 직렬 포트를 통해 전송되어 PORTC에 연결된 LED에 표시된다. A라고 PC의 키보드를 치면 내부 메모리 0x00 ~ 0xFF의 값들이 PC로 전송되어 하이퍼터미널 화면에 나타난다. R과 I는 내부 메모리 범용 레지스터의 값과 I/O 레지스터의 값들을 하이퍼터미널 화면에 나타낸다. H와 ?는 메뉴에 대한 설명을 화면에 나타낸다.

유의점

10개까지의 문자열을 입력받기 위한 서브루틴 gets를 위한 순서도는 [그림 8-33]과 같다. P라는 명령에 의해 입력된 값을 LED에 표시할 때 입력된 값은 아스키코드이므로 이를 16진수값으로 변환할 때 아스키코드로 0 ~ 9의 값은 0x30 ~ 39이고, A ~ F의 값은 0x41 ~ 46, a ~ f의 값은 0x61 ~ 66이라는 점을 염두에 두어야 한다.

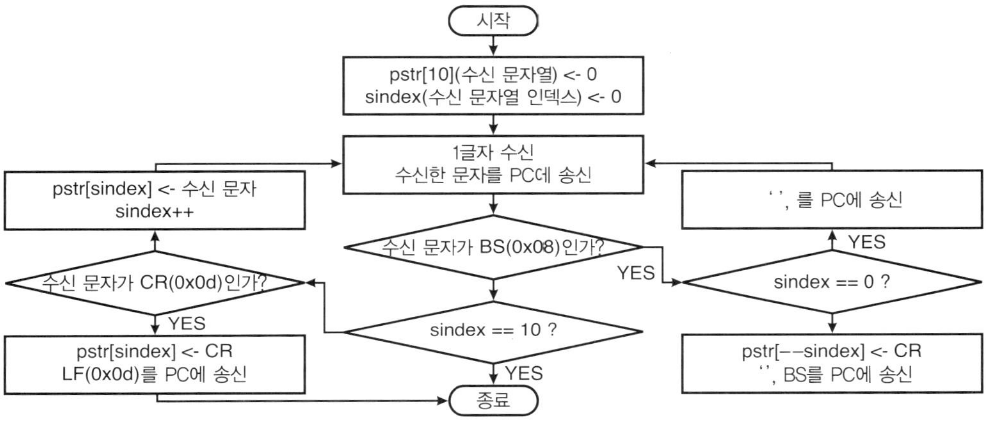

그림 8-33 • 직렬 통신에 의한 문자열 수신 순서도

회로도

[실험 8-6]과 같음

프로그램 예

```
#include <mega128.h>
#include <delay.h>
#define DBYTE ((unsigned char *) 0)
#define BS 0x08                              // 백스페이스 정의
unsigned char pstr[10];
void serial_init(void)
{
  delay_ms(10);
  DDRE = 0xfe;
  UBRR0H = 0;
  UBRR0L = 103; // baud rate 9600
  UCSR0A = 0;
  UCSR0B = 0x18;
  UCSR1C = 0x06;
```

```
}
void putch(unsigned char ch)
{
  while((UCSR0A & 0x20) == 0); UDR0 = ch;
  UCSR0A |= 0x20;
}
void putstrf(flash unsigned char *str)
{
  unsigned int i=0;
  for(;str[i] != 0; i++) putch(str[i]);
}
unsigned char asc2hex(unsigned char asc)  // 아스키코드를 헥사값으로 바꾼다.
{
  if ((asc >= '0') && (asc <= '9')) return (asc - '0');
  else if ((asc >= 'A') && (asc <= 'F')) return ((asc - 'A')+10);
  else if ((asc >= 'a') && (asc <= 'f')) return ((asc - 'a')+10);
  else return(0xff);
}
unsigned char hex2asc(unsigned char num)  // 헥사값을 아스키코드로 바꾼다.
{
  if(num>=10) return(num+'A'-10);
  else return(num+'0');
}
void putstr(unsigned char *str)           // 문자열을 pc로 송신한다.
{
  unsigned int i=0;
  for(;str[i] != 0; i++) putch(str[i]);
}
void puthex(unsigned char num){       /* 1 byte 헥사값을 2 byte 아스키코드로
                                         변환해 pc로 송신한다. */
  putch(hex2asc(num>>4));
  putch(hex2asc(num&0x0f));
}
unsigned char getch(void)                 // 한 개의 문자를 pc에서 수신한다.
{
  while((UCSR0A & 0x80) == 0); UCSR0A |= 0x80;
  return(UDR0);
}
void gets(void)   /* pc로부터 10개까지의 문자를 수신한다. 10개 이상의 문자는 무시된다. */
{
  unsigned char ch, sindex=0;
  gets1: ch = getch();
```

```
    putch(ch);
    if(ch == BS)
    {
      if(sindex == 0) putch('');
      else
      {
        pstr[--sindex] = 0x0d;
        putch('');
        putch(BS);
      }
      goto gets1;
    }
    else
    {
      if(sindex != 10)
      {
        if(ch != 0x0d)
        {
          pstr[sindex++] = ch; goto gets1;
        }
        else
        {
          pstr[sindex] = ch; putch(0x0a);
        }
      }
    }
}
void psubrt(void)                               // P메뉴의 서비스루틴
{
    DDRC = 0xff;                                // PORTC를 출력으로 설정
    psubrt1: putstrf("\r\nEnter PortC value ! : ");
    gets();
    if(pstr[0] != 0x0d)
    {
      PORTC = ~((asc2hex(pstr[0]) << 4) | asc2hex(pstr[1]));
      goto psubrt1;
    }
}
void asubrt(void) // a 메뉴의 서비스루틴
{
    unsigned char i,j;
    putstrf("\r\n\r\n\r\n");
```

```
  putstrf("Address 00--01--02--03--04--05--06--07--08--09--0A--0B--0C--
0D--0E--0F\r\n");
  putstrf("------+---+---+---+---+---+---+---+---+---+---+---+---+-
--+---+---\r\n");
  do
  {
    putstrf(" 0x");
    puthex(j);
    putstrf(" : ");                        // 내부 램의 번지를 pc로 송신
    for(i=0;i<=15;i++)
    {                                       // 내부 램의 값 16개를 pc로 송신
      puthex(DBYTE[j++]);
      putstrf("");
    }
    putstrf("\r\n");
  }
  while(j != 0);
}
void rsubrt(void)                           // r 메뉴의 서비스루틴
{
  unsigned char i, j;
  putstrf(""\r\n\r\n\r\n");
  putstrf("Address 00--01--02--03--04--05--06--07--08--09--0A--0B--0C--
0D--0E--0F\r\n");
  putstrf("------+---+---+---+---+---+---+---+---+---+---+---+---+-
--+---+---\r\n");
  do
  {
    putstrf("0x");
    puthex(j);
    putstrf(" : ");
    for(i=0; i<=15; i++)
    {
      puthex(DBYTE[j++]);
      putstrf("");
    }
    putstrf("\r\n");
  }
  while(j != 0x20);
}
void isubrt(void)                           // i 메뉴의 서비스루틴
{
```

```
  unsigned char i,j=0x20;
  putstrf("\r\n\r\n\r\n");
  putstrf("Address 00--01--02--03--04--05--06--07--08--09--0A--0B--0C--
0D--0E--0F\r\n");
  putstrf("------+---+---+---+---+---+---+---+---+---+---+---+---+-
--+---+---\r\n");
  do
  {
    putstrf(" 0x");
    puthex(j);
    putstrf(" : ");
    for(i=0;i<=15;i++)
    {
      puthex(DBYTE[j++]);
      putstrf("");
    }
    putstrf("\r\n");
  }
  while(j != 0x60);
}
void hsubrt(void)                                 // help 메뉴
{
  putstrf("\r\n---------------------------------");
  putstrf("\r\n H : Help ");
  putstrf("\r\n ? : Help ");
  putstrf("\r\n P : Output 0xXX to PortC ");
  putstrf("\r\n A : Dump memory 0x00~FF ");
  putstrf("\r\n R : Dump R0~R31 ");
  putstrf("\r\n I : Dump I/O memory ");
  putstrf("\r\n----------------------------\r\n");
}
void main(void)
{
  serial_init();
  hsubrt();
  for(;;)
  {
    putstrf("-\r\n\r\nCom >> -");
    gets();                                       // 문자열을 입력받는다.
    switch(pstr[0])
    {
      case 'P': psubrt(); break;
```

```
        case 'p': psubrt(); break;
        case 'A': asubrt(); break;
        case 'a': asubrt(); break;
        case 'R': rsubrt(); break;
        case 'r': rsubrt(); break;
        case 'I': isubrt(); break;
        case 'i': isubrt(); break;
        case 'H': hsubrt(); break;
        case 'h': hsubrt(); break;
        case '?': hsubrt(); break;
        case '\r': break;
        default: putstrf("\r\n\r\nINVALID COMMAND!!\r\n");
      }
    }
}
```

과제

❶ 문자열 입력을 인터럽트를 사용해서 받는 것으로 구현해보자.

❷ EEPROM 데이터 값을 읽거나 쓰는 메뉴 아니면 포트 A, B, D, F에 쓰거나 값을 읽어들이는 등의 다른 메뉴도 구현해보자.

3 TWI 포트 제어

ATmega128은 SPI와 USART를 이용한 통신 방식 이외에도 TWI를 지원하는데 이는 AVR과 AVR 또는 AVR과 다른 장치들을 2가닥의 선만 이용하여 데이터를 전달하는 방식이다. TWI 포트로는 PD0와 PD1를 각각 SCL과 SDA로 사용하는데 SCL(TWI Serial CLock)은 항상 단방향으로 클럭을 제공하고 SDA(TWI Serial DAta)는 양방향으로 데이터를 전송하는 버스로 사용된다. TWI는 필립스 사에서 제안한 근거리 통신 방식인 I2C(Inter Integrated Circuit)의 축소판으로 기본적인 통신 방식은 I2C를 따른다. AVR의 TWI 통신의 특징은 다음과 같다.

- 2개의 선(SDA, SCL)으로 양방향 시리얼 통신.
- 마스터와 슬레이브 동작 및 송신기와 수신기로 동작 가능.
- 7비트 주소로 최대 128개의 다른 슬레이브 주소를 만들어 통신할 수 있음.
- 멀티 마스터 조정(Arbitration) 기능.
- 최대 400 Khz 데이터 전달 속도를 지원.

- 노이즈 제거 회로 내장.
- 일반 호출 기능으로 모든 슬레이브 주소를 프로그램할 수 있음.
- TWI 신호선의 주소 인식을 통한 AVR 슬립 모드 해제.

TWI는 128개의 다른 장치를 연결할 수 있는데 SCL와 SDA 단자는 오픈 콜렉터 또는 오픈 드레인 방식으로 되어 있어 외부에 풀업저항(수 K 옴)을 연결하여야 함.

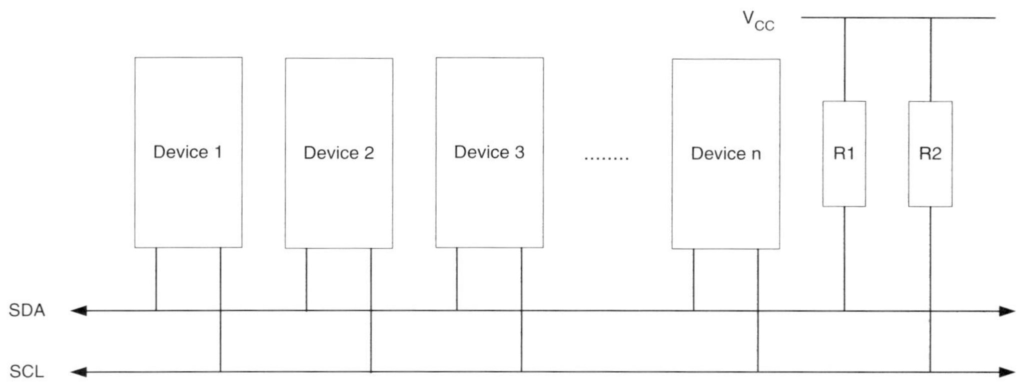

그림 8-34 • TWI의 BUS 연결 (출처:ATMEL)

3.1 TWI의 구조

TWI는 [그림 8-35]와 같이 구성되어 있으며 그 내용은 다음과 같다.

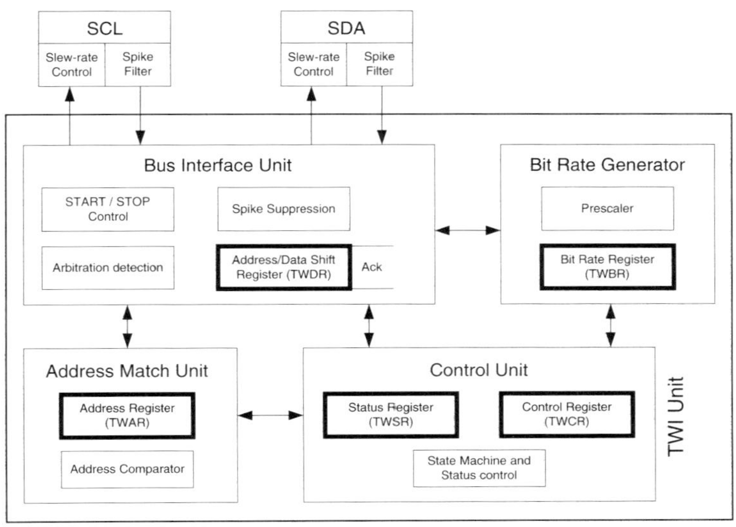

그림 8-35 • TWI 구성 (출처:ATMEL)

SCL, SDA핀

SCL과 SDA 핀에는 Slew-rate 드라이버와 Spike Filter가 내장되어 있다. Slew-rate 드라이버는 I2C 통신 사양을 맞추기 위하여 Slew-rate를 제안하며, Spike Filter는 50 ns 이하의 짧은 펄스를 제거한다. 또한 AVR PORT 설정을 통하여 내부 풀업 사용이 가능하다. 아래 [그림 8-36]은 TWI 버스의 데이터 전송을 그림으로 표현한 것이다. SCL(클럭)신호에 맞추어 SDA(데이터) 신호가 동기화되어 움직이는 것이며, SCL 신호의 HIGH 영역에서 SDA의 데이터가 안정한지 보여준다.

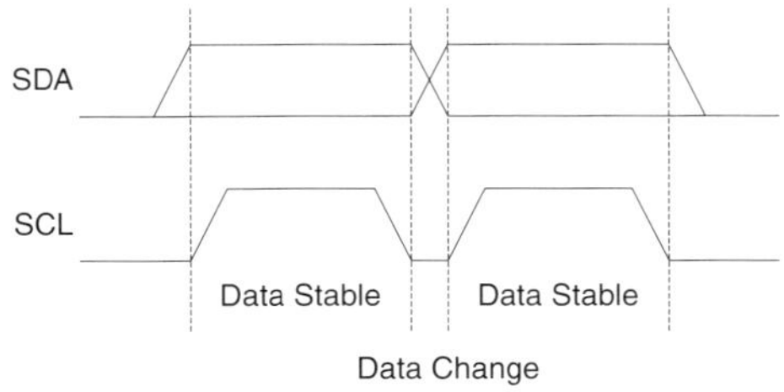

그림 8-36 • 데이터 유효성 (출처:ATMEL)

비트 발생기(Bit Rate Generator)

비트 발생기에서는 TWI가 마스터 모드로 동작할 경우 SCL의 주기를 제어하며, SCL의 주기(f_{SCL})는 아래 식과 같이 TWI 레지스터인 TWBR과 TWSR 레지스터의 값에 의하여 결정된다.

$$f_{SCL} = \frac{f_{CPU\ Clock}}{16 + 2 \cdot TWBR \cdot 4^{TWPS}}$$

여기서 TWBR은 항상 10 이상이여야 하며, 슬레이브 모드의 경우에는 Bit Rate와 Prescalar 설정을 하지 않지만, SCL 주파수는 CPU 클록 주파수($f_{CPU\ Clock}$) 보다 16배 낮아야함을 주의하라. TWBR와 TWPS 레지스터의 구성은 3.2절에서 설명하겠다.

버스 인터페이스 장치(Bus Interface Unit)

버스 인터페이스 장치는 [그림 8-35]에서 보이는 바와 같이 START/STOP Control, Spike Suppression, 조정 검출(Arbitration detection) 장치, 어드레스/데이터 시프트 레지스터로 구성되어 있다. START/STOP Control을 통하여 START, REPEATED START, STOP 조건을 발생하고 검출한다. 또한 START, STOP 조건을 통하여 MCU의 슬립 모드를 해제한다. Spike Suppression 장치는 스파이크 노이즈를 억제시킨다. 중개 검출 장치는 TWI가 마스터 모드로 동작을 시작할 때 항상 동작 가능 여부를 확인하는 장치로, 마스터가 TWI가 조정에서 실패하면 정해진 동작을 취하고 해당 상황에 맞는 코드를 발생하여 제어장치(Control unit)에 이를 알린다. 어드레스/데이터시프트 레지스터는 TWDR 레지스터에 송수신시 (N)ACK(ACK-nowledge) 비트를 추가한다. 송신시 TWCR에 의해서 ACK가 결정되며 수신시는 TWSR에 의하여 결정된다.

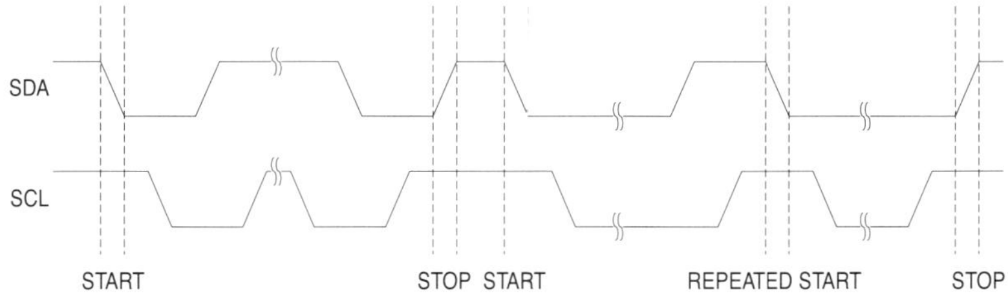

그림 8-37 • START, REPEATED START, STOP 조건 (출처:ATMEL)

마스터와 슬레이브의 결정은 모두 마스터에 의해 이루어지며, 마스터가 송신할 경우 자동적으로 슬레이브는 수신측이 된다. 반대의 경우 마스터가 수신을 할 경우 자동적으로 슬레이브는 송신측이 된다. 이러한 동작을 위해 SCL, START, STOP 신호는 모두 마스터가 발생시킨다.

예를 들어 마스터가 데이터를 송신할 경우를 설명한다. 마스터가 데이터를 슬레이브측에 송신할 경우이다. 이와 반대의 경우는 아래 설명에서 마스터측의 설명을 반대로 생각하면 된다.

MASTER	1. 마스터가 7 bit의 슬레이브 주소를 보낸다 2. 송신(WRITE)을 의미하는 Low 상태의 1 bit를 보낸다.
SLAVE	3. 지정된 주소를 갖고 있던 슬레이브는 ACK (1 bit Low 상태인 확인 비트)로 응답한다.

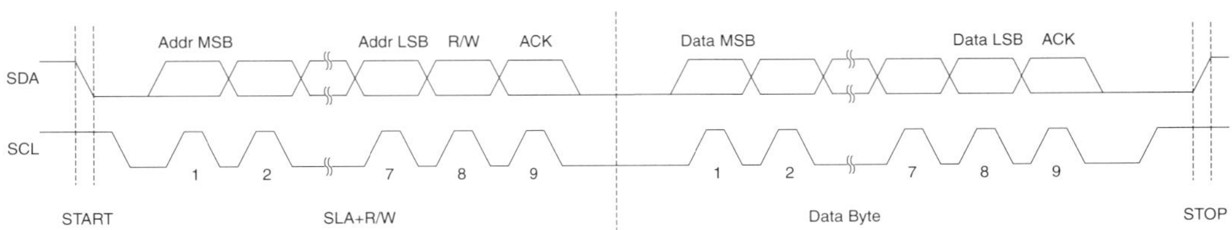

그림 8-38 • TWI 버스의 데이터 송수신 (출처:ATMEL)

주소 매치 장치(Address Match Unit)

주소 매치 장치는 수신받은 주소의 값이 TWAR 레지스터의 7비트 주소와 매치한다. 만약 어드레스가 서로 일치하면 해당 동작을 처리할 수 있도록 Control Unit에 정보를 전달한다. 또한

TWGCE(TWi General Call recognition Enable)가 검출된 경우도 이와 같이 처리한다. 주소 매치 장치의 동작은 슬립 모드에서도 수행되며 슬립 모드의 해제 기능으로도 사용 가능하다.

제어장치(Control Unit)

제어장치는 TWI의 모든 동작을 제어하는 장치로 항상 TWI 버스를 감시하여 그 상태를 파악하고 그에 맞는 동작을 하게 한다. 동작 방법은 TWI 버스와 TWCR(TWI Control Register)에 의해 결정된다. 과정은 TWI 버스에 신호가 발생하게 될 경우 TWCR의 7번 비트(TWINT : TWI 인터럽트 플래그)를 셋트하게 되고, TWSR(TWI Status Register) 역시 셋트하게 된다. 또한 TWCR의 7번 비트(TWINT)가 셋트되게 될 경우 SCL은 Low를 유지한다.

TWCR의 7번 비트(TWINT : TWI 인터럽트 플래그)는 다음 상황에서 셋트된다.

- TWI가 START/REPEATED START 조건 전송을 완료한 경우
- TWI가 주소 패킷(SLA + R 또는 SLW + W) 전송을 완료한 경우
- TWI가 주소 바이트를 전송한 후
- TWI가 중재 실패 후
- TWI가 데이터 1바이트를 수신한 후
- TWI가 슬레이브로서 주소 비교 일치 또는 전체 슬레이브 호출(general call) 수신 후
- TWI가 슬레이브로서 STOP/REPEATED START를 수신한 후
- 잘못된 START/STOP 조건으로 버스 오류 발생 시

3.2 TWI의 레지스터

TWBR(TWI Bit Rate Register) 레지스터

Bit	7	6	5	4	3	2	1	0	
	TWBR7	TWBR6	TWBR5	TWBR4	TWBR3	TWBR2	TWBR1	TWBR0	TWBR
Read/Write	R/W	R/W	R/W	R/W	R/W	R/W	R/W	R/W	
Initial Value	0	0	0	0	0	0	0	0	

그림 8-39 • TWBR 레지스터의 구성 (출처:ATMEL)

- **비트7 ~ 0 :** TWBR은 비트 레이트 발생기의 나눗셈 부분의 요소를 결정. 비트 레이트 발생기는 마스터 모드에서 SCL의 주파수를 발생시키는 주파수 분배기임.

TWCR(TWI Control Register) 레지스터

Bit	7	6	5	4	3	2	1	0	
	TWINT	TWEA	TWSTA	TWSTO	TWWC	TWEN	–	TWIE	TWCR
Read/Write	R/W	R/W	R/W	R/W	R	R/W	R	R/W	
Initial Value	0	0	0	0	0	0	0	0	

그림 8-40 • TWCR 레지스터의 구성 (출처:ATMEL)

- **비트7(TWINT : TWI Interrrupt Flag) :** 현재 작업 및 응답 대기시 1로 세트. TWINT가 1로 세트되면 SCL은 low 상태로 유지. 자동으로 클리어되지 않으므로 소프트웨어적으로 클리어해야함.
- **비트6(TWEA : TWI Enable Acknoledge bit) :** 1로 세트하면 확인 신호 발생
- **비트5(TWSTA : TWI START Condition bit) :** START 신호를 구성
- **비트4(TWSTO : TWI STOP Condition bit) :** STOP 신호를 구성
- **비트3(TWWC : TWI Write Collision Flag) :** 데이터 레지스터 (TWDR)에 쓰려고 할 때 1로 셋, TWDR에 데이터가 라이트되면 클리어됨
- **비트2(TWEN : TWI Enable bit) :** 1로 세트하면 TWI을 허용
- **비트0(TWIE : TWI Interrupt Enable bit) :** 1로 세트하면 TWI의 인터럽트를 허용

TWSR(TWI Status Register) 레지스터

Bit	7	6	5	4	3	2	1	0	
	TWS7	TWS6	TWS5	TWS4	TWS3	–	TWPS1	TWPS0	TWSR
Read/Write	R	R	R	R	R	R	R/W	R/W	
Initial Value	1	1	1	1	1	0	0	0	

그림 8-41 • TWSR 레지스터의 구성 (출처:ATMEL)

- **비트7 ~ 3(TWS : TWI Status) :** TWI의 동작 모드에 따라 다른 값을 가지게 되어, 상태 및 정보를 확인할 수 있다.
- **비트1 ~ 0(TWPS : TWI Prescaler bits) :** 읽고 쓸 수 있는 비트로, [그림 8-36]처럼 비트 레이트 프리스케일러를 제어.

TWPS1	TWPS0	Prescaler Value
0	0	1
0	1	4
1	0	16
1	1	64

그림 8-42 • TWI 비트 레이트 프리스케일러 (출처:ATMEL)

TWDR(TWI Data Register) 레지스터

Bit	7	6	5	4	3	2	1	0	
	TWD7	TWD6	TWD5	TWD4	TWD3	TWD2	TWD1	TWD0	TWDR
Read/Write	R/W	R/W	R/W	R/W	R/W	R/W	R/W	R/W	
Initial Value	1	1	1	1	1	1	1	1	

그림 8-43 • TWDR 레지스터의 구성 (출처:ATMEL)

- **비트7 ~ 0(TWD : TWI Data) :** 송신측에서 7 ~ 0 bit는 전송할 데이터를 나타내며, 반대로 수신측의 경우 TWI 직렬 통신 버스에서 마지막 수신된 데이터 바이트를 나타낸다.

TWAR(TWI(Slave) Address Register) 레지스터

Bit	7	6	5	4	3	2	1	0	
	TWA6	TWA5	TWA4	TWA3	TWA2	TWA1	TWA0	TWGCE	TWAR
Read/Write	R/W	R/W	R/W	R/W	R/W	R/W	R/W	R/W	
Initial Value	1	1	1	1	1	1	1	0	

그림 8-44 • TWAR 레지스터의 구성 (출처:ATMEL)

- **비트7 ~ 1(TWA : TWI Address) :** TWA6 ~ 0 bit는 TWI 유닛의 슬레이브 주소를 나타낸다.
- **비트0(TWGCE : TWI General Call Recognition Enable) :** TWGCE bit는 TWI 직렬 버스에서 전체 슬레이브 호출의 인식을 가능하게 하는 bit이다.

3.3 ATmega128의 TWI의 동작

AVR과 AVR의 통신을 위해서 ATmega128은 다음과 같은 4가지 모드로 TWI 동작을 한다.

- 마스터 송신(Master Transmitter) 모드
- 마스터 수신(Master Receiver) 모드

• 슬레이브 송신(Slave Transmitter) 모드

• 슬레이브 수신(Slave Receiver) 모드

마스터 송신 모드는 AVR이 마스터 역할을 하여 슬레이브로 데이터를 보내고, 마스터 수신 모드는 슬레이브로 데이터를 받는다. 마찬가지로 슬레이브 송신 모드은 AVR이 슬레이브 역활을 하여 마스터로부터 데이터를 받고 슬레이브 수신 모드는 마스터에 데이터를 보낸다. 한 개의 AVR을 마스터로 지정하면 다르 AVR은 슬레이브가 되어야 한다. 또한 마스터 AVR이 MT 모드일 때는 슬레이브는 SR 모드가 되어야 하며, 반대로 마스터 AVR이 MR 모드일 때는 슬레이브는 ST 모드가 되어야 한다.

마스터 송신 모드

마스터 송신 모드란 [그림 8-45]와 같이 여러 개의 데이터를 슬레이브로 전달하는 것으로 Clock은 SCL 선을 통하여 마스터에서 슬레이브로, 데이터는 SDA 선을 통하여 마스터에서 슬레이브로 전달된다.

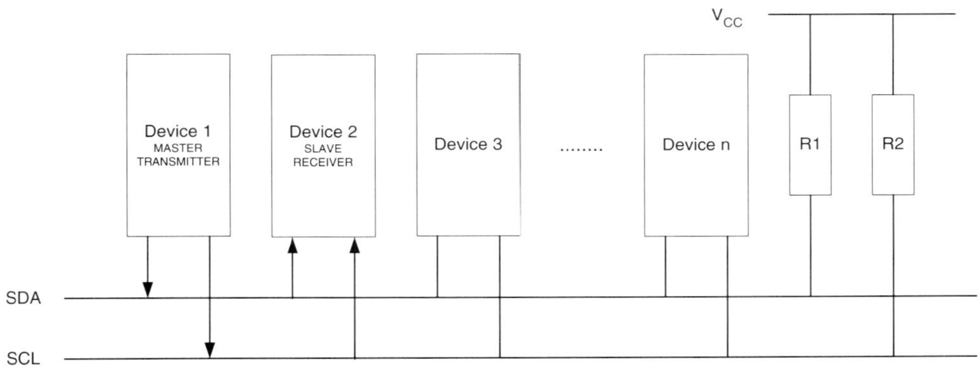

그림 8-45 • 마스터 송신 모드에서의 데이터 전송 (출처:ATMEL)

[그림 8-46]은 마스터 송신 모드를 위한 진행 형식과 상태에 대하여 나타내었다.

S : START condition

Rs : REPEATED START condition

R : Read bit(high level at SDA)

W : Write bit(low level at SDA)

A : Acknowledge bit(low level at SDA)

$\bar{A}$: Not acknowledge bit(high level at SDA)

Data : 8-bid data byte

P : Stop condition

SLA : Slave Address

이를 START 조건 전송 단계, SLA+R 조건 전송 단계, DATA 전송 단계, STOP 조건 및 REPEATED STAR 조건 전송 단계로 나누어 자세히 살펴보자.

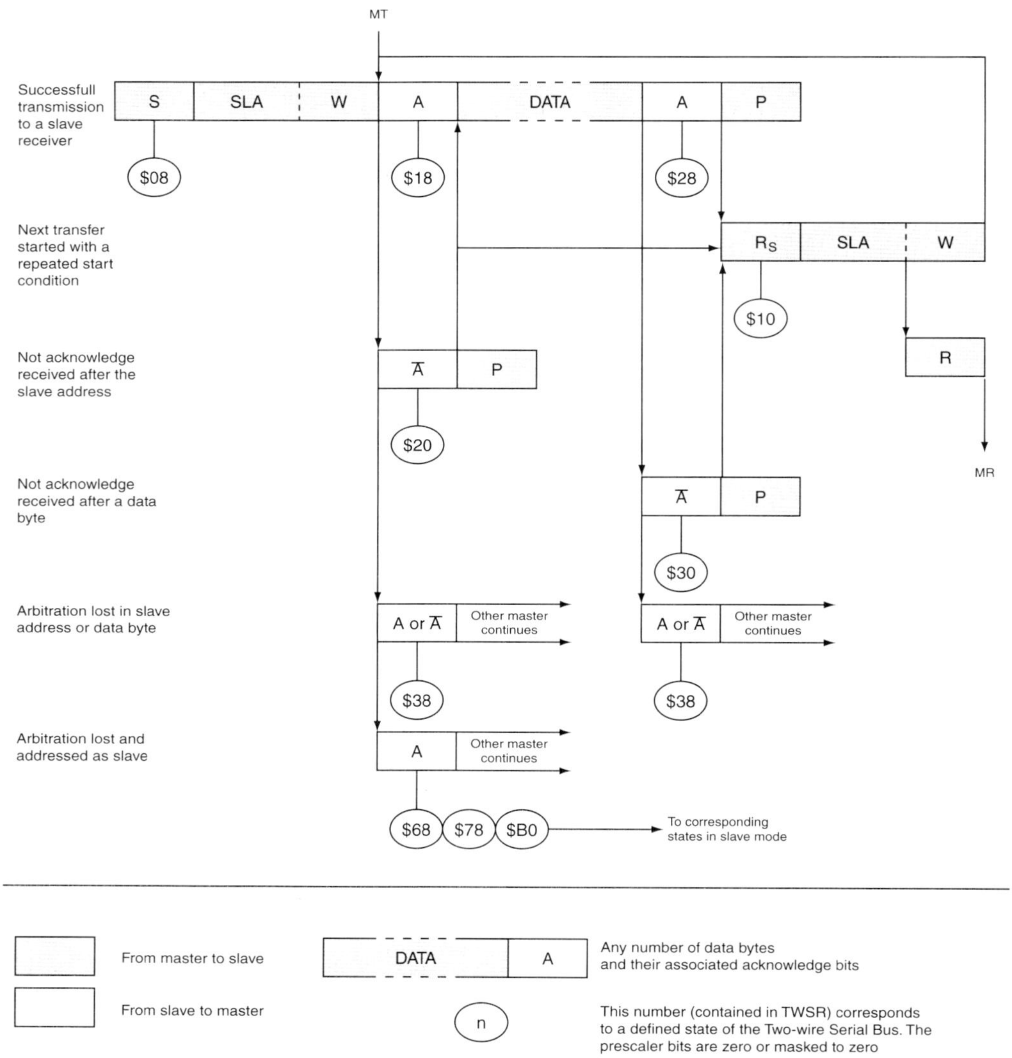

그림 8-46 • 마스터 전송 모드의 진행 형식과 상태 (출처:ATMEL)

- **START 조건 전송 단계 :** AVR이 마스터로 지정하기 위해서는 먼저 START 조건을 전송하여야 한다. 이는 마스터 송신, 마스터 수신에 상관없이 AVR을 마스터로 지정되기 위하여 필요하다. 마스터 지정을 위한 START 신호는 [그림 8-47]과 같이 TWCR 레지스터로 설정함으로 가능하다.

TWCR	TWINT	TWEA	TWSTA	TWSTO	TWWC	TWEN	–	TWIE
value	1	X	1	0	X	1	0	X

그림 8-47 • START 조건 전송을 위한 TWCR 레지스터 구성(TWCR = 0xa4) (출처:ATMEL)

START 조건 전송 후 TWSR의 레지스터를 통하여 TWI의 상태를 확인한다. [그림 8-51]은 마스터 송신 모드에서의 TWSR 레지스터의 상태 코드에 대하여 나타내었다. 그림에서 보이는 바와 같이 START 조건이 전달되면 TWSR = 0x08로 구성된다.

- **SLA + W 조건 전송 단계 :** START 조건으로 AVR을 마스터로 선택한 후 마스터가 송신을 할 것인지 수신을 할 것인지 결정해야 한다. 이것은 TWDR 레지스터를 통하여 SLA + W 또는 SLA+R을 전송함으로 결정된다. SLA + W와 SLA + R은 각각 마스터를 마스터 송신 모 드 및 마스터 수신 모드로 결정한다. SLA + W 조건을 전송하여 AVR을 마스터 송신 모드로 선택하고 슬레이브로부터 확인 신호(ACK)를 수신한다. SLA + W 조건 전송 및 확인 신호에 따른 결과 또한 START 조건 전송 단계와 마찬가지로 TWSR을 통하여 알 수 있다. [그림 8-51]과 같이 TWSR = 0x18이면 SLA + W 신호 및 확인 신호(ACK)가 전송이 완료됨을 알 수 있다. TWSR = 0x20 또는 TWSR = 0x38로 구성되면 이는 SLA + W 신호 전송이 제대로 동작하지 않았으므로 각각에 대한 적절한 조취를 취해야 한다. SLA + W 신호 전송 후 TWINT 비트는 1로 설정된다. 따라서 TWINT 비트의 클리어를 위하여 [그림 8-48]과 같이 TWCR의 레지스터를 설정해야 한다.

TWCR	TWINT	TWEA	TWSTA	TWSTO	TWWC	TWEN	–	TWIE
value	1	X	0	0	X	1	0	X

그림 8-48 • TWINT의 클리어를 위한 TWCR 레지스터 구성(TWCR = 0x84) (출처:ATMEL)

- **DATA 전송 단계 :** 데이터를 전송하기 위해서는 TWINT가 1인 상태에서 전송해야 한다. DATA를 TWDR 레지스터에 쓴 후, TWINT 비트를 [그림 8-48]과 같이 라이트하여 TWINT 비트를 클리어한다. DATA 전송이 끝나면 확인 신호(ACK)를 수신함으로써 DATA 송신 상태를 확인할 수 있다. DATA 송신 상태를 확인하기 위하여 TWSR의 레지스터를 확인해보면, DATA와 확인 신호가 모두 제대로 동작하였으면 TWSR = 0x28로 세트된다.

TWSR = 0x30 또는 TWSR = 0x38로 구성되는 이는 DATA 전동이 제대로 동작하지 않았으므로 각각에 대한 적절한 조취를 취해야 한다. DATA 전송 STOP 신호나 REPEATED START 신호 전까지 반복된다.

- **STOP 및 REPEATED START 조건 전송 단계 :** 마지막 데이터 송신이 끝나면 데이터 전송을 끝낼 것인지, 재시작할 것인지를 정해야 한다. [그림8-49]와 [그림 8-50]은 각각 STOP 조건과 REPEATED START 조건 전송을 위한 TWCR 레지스터의 구성을 나타내었다. REPEATED START 조건을 전송한 후에 TWI는 STOP 신호를 보내지 않고도 같은 슬레이브를 다시 액세스 하거나 새로운 슬레이브를 액세스 할 수 있다.

TWCR	TWINT	TWEA	TWSTA	TWSTO	TWWC	TWEN	–	TWIE
value	1	X	0	1	X	1	0	X

그림 8-49 • STOP 조건 전송을 위한 TWCR 레지스터 구성(TWCR = 0x94) (출처:ATMEL)

TWCR	TWINT	TWEA	TWSTA	TWSTO	TWWC	TWEN	–	TWIE
value	1	X	1	0	X	1	0	X

그림 8-50 • REPEATED START 조건 전송을 위한 TWCR 레지스터 구성(TWCR=0xA4) (출처:ATMEL)

Status Code (TWSR) Prescaler Bits are 0	Status of the Two-wire Serial Bus and Two-wire Serial Interface Hardware	Application Software Respons					Next ActionTaken by TWI Hardware
		To/fromTWDR	To TWCR				
			STA	STO	TWINT	TWEA	
$08	A START condition has been transmitted	Load SLA+W	0	0	1	X	SLA+W will be transmitted; ACK or NOT ACK will be received
$10	A repeated START condition has been transmitted	Load SLA+W or	0	0	1	X	SLA+W will be transmitted; ACK or NOT ACK will be received
		Load SLA+R	0	0	1	X	SLA+R will be transmitted; Logic will switch to master receiver mode
$18	SLA+W has been transmitted; ACK has been received	Load data byte or	0	0	1	X	Data byte will be transmitted and ACK or NOT ACK will be received
		No TWDR action or	1	0	1	X	Repeated START will be transmitted
		No TWDR action or	0	1	1	X	STOP condition will be transmitted and TWSTO flag will be reset
		No TWDR action	1	1	1	X	STOP condition followed by a START condition will be transmitted and TWSTO flag will be reset
$20	SLA+W has been transmitted; NOT ACK has been received	Load data byte or	0	0	1	X	Data byte will be transmitted and ACK or NOT ACK will be received
		No TWDR action or	1	0	1	X	Repeated START will be transmitted
		No TWDR action or	0	1	1	X	STOP condition will be transmitted and TWSTO flag will be reset
		No TWDR action	1	1	1	X	STOP condition followed by a START condition will be transmitted and TWSTO flag will be reset
$28	Data byte has been transmitted; ACK has been received	Load data byte or	0	0	1	X	Data byte will be transmitted and ACK or NOT ACK will be received
		No TWDR action or	1	0	1	X	Repeated START will be transmitted
		No TWDR action or	0	1	1	X	STOP condition will be transmitted and TWSTO flag will be reset
		No TWDR action	1	1	1	X	STOP condition followed by a START condition will be transmitted and TWSTO flag will be reset
$30	Data byte has been transmitted; NOT ACK has been received	Load data byte or	0	0	1	X	Data byte will be transmitted and ACK or NOT ACK will be received
		No TWDR action or	1	0	1	X	Repeated START will be transmitted
		No TWDR action or	0	1	1	X	STOP condition will be transmitted and TWSTO flag will be reset
		No TWDR action	1	1	1	X	STOP condition followed by a START condition will be transmitted and TWSTO flag will be reset
$38	Arbitration lost in SLA+W or data bytes	No TWDR action or	0	0	1	X	Two-wire Serial Bus will be released and not addressed slave mode entered
		No TWDR action	1	0	1	X	A START condition will be transmitted when the bus becomes free

그림 8-51 • 마스터 송신 모드에서 TWSR 레지스터의 상태 코드 (출처:ATMEL)

마스터 수신 모드

마스터 수신 모드란 마스터 송신 모드와는 반대로 [그림 8-52]와 같이 여러 개의 데이터를 슬레이브로부터 전달받는 것으로 Clock은 SCL선을 통하여 마스터에서 슬레이브로, 데이터는 SDA선을 통하여 슬레이브에서 마스터로 전달된다.

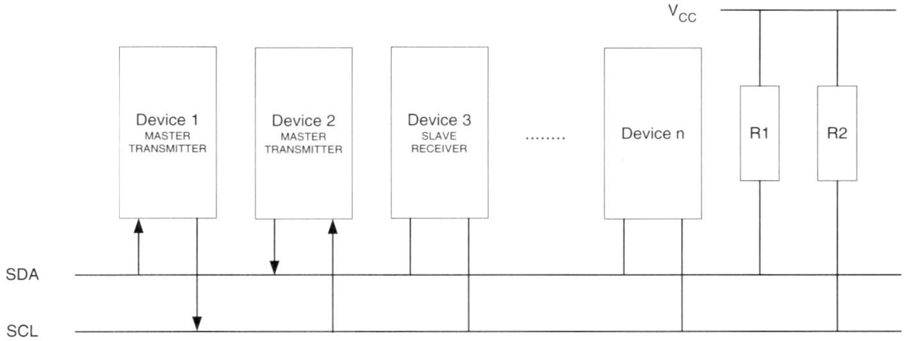

그림 8-52 • 마스터 수신 모드에서의 데이터 전송 (출처:ATMEL)

[그림 8-53]은 마스터 수신 모드를 위한 진행 형식과 상태에 대하여 나타내었다. 이를 마스터 송신 모드와 마찬가지로 단계별로 나누어 자세히 살펴보자.

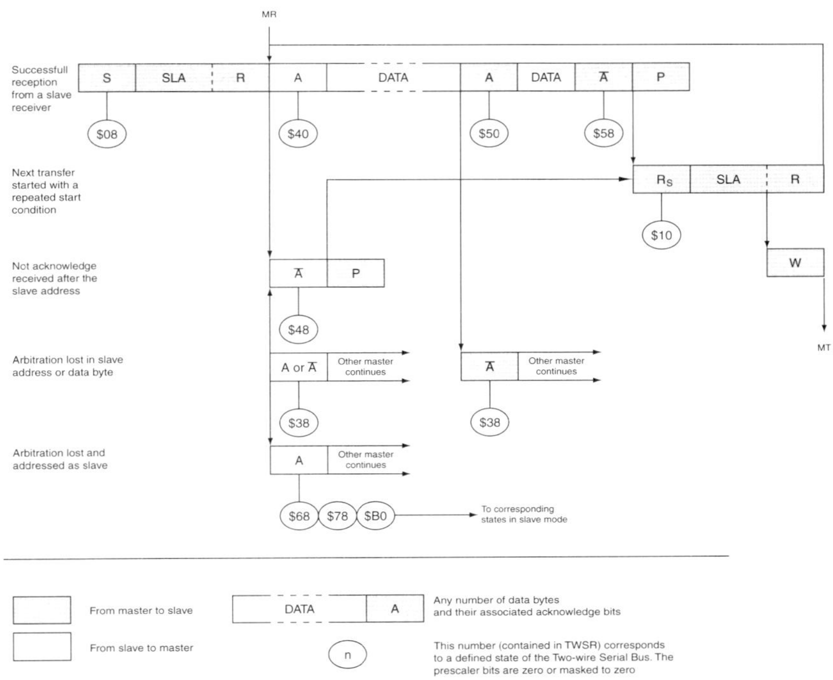

그림 8-53 • 마스터 수신 모드의 진행 형식 및 상태 (출처:ATMEL)

- **START 조건 전송 단계 :** 마스터 송신 모드와 같음
- **SLA + R 조건 전송 단계 :** 마스터 송신 모드와는 다르게 TWDR 레지스터를 SLA+R로 설정하여 마스터 송신 모드를 선택한다. 이후 진행은 마스터 송신 모드와 같다. SLA+R 조건 전송 및 확인 신호(ACK) 수신 완료 후 TWSR 레지스터를 통하여 상태를 확인한다. TWSR = 0x38이면 SLA+R 조건 전송 단계가 완료된 것이고 TWSR = 0x40 또는 TWSR = 0x48이면 이는 SLA = R 신호 전송이 제대로 동작하지 않았으므로 각각에 대한 적절한 조취를 취해야 한다.
- **DATA 전송 단계 :** 데이터 송신 과정은 마스터 송신 모드와 동일하다. 단 마지막 데이터 송신 후 NACK 신호를 송신함으로써 슬레이브에게 DATA 전송 단계의 마침을 알린다.
- **STOP 및 REPEATED START 조건 전송 단계 :** 마스터 송신 모드와 같음

Status Code (TWSR) Prescaler Bits are 0	Status of the Two-wire Serial Bus and Two-wire Serial Interface Hardware	Application Software Respons					Next ActionTaken by TWI Hardware
		To/fromTWDR	To TWCR				
			STA	STO	TWINT	TWEA	
$08	A START condition has been transmitted	Load SLA+R	0	0	1	X	SLA+R will be transmitted ACK or NOT ACK will be received
$10	A repeated START condition has been transmitted	Load SLA+R or	0	0	1	X	SLA+R will be transmitted ACK or NOT ACK will be received
		Load SLA+W	0	0	1	X	SLA+W will be transmitted Logic will switch to master transmitter mode
$38	Arbitration lost in SLA+R or NOT ACK bit	No TWDR action or	0	0	1	X	Two-wire Serial Bus will be released and not addressed slave mode will be entered
		No TWDR action	1	0	1	X	A START condition will be transmitted when the bus becomes free
$40	SLA+R has been transmitted; ACK has been received	No TWDR action or	0	0	1	0	Data byte will be received and NOT ACK will be returned
		No TWDR action	0	0	1	1	Data byte will be received and ACK will be returned
$48	SLA+R has been transmitted; NOT ACK has been received	No TWDR action or	1	0	1	X	Repeated START will be transmitted
		No TWDR action or	0	1	1	X	STOP condition will be transmitted and TWSTO flag will be reset
		No TWDR action	1	1	1	X	STOP condition followed by a START condition will be transmitted and TWSTO flag will be reset
$50	Data byte has been received; ACK has been returned	Read data byte or	0	0	1	0	Data byte will be received and NOT ACK will be returned
		Read data byte	0	0	1	1	Data byte will be received and ACK will be returned
$58	Data byte has been received; NOT ACK has been returned	Read data byte or	1	0	1	X	Repeated START will be transmitted
		Read data byte or	0	1	1	X	STOP condition will be transmitted and TWSTO flag will be reset
		Read data byte	1	1	1	X	STOP condition followed by a START condition will be transmitted and TWSTO flag will be reset

그림 8-54 • 마스터 수신 모드에서의 TWSR 레지스터의 상태 코드 (출처:ATMEL)

슬레이브 수신 모드

슬레이브 수신 모드란 [그림 8-55]와 같이 여러 개의 데이터를 마스터로부터 전달받는 것으로 Clock은 SCL선을 통하여 마스터에서 슬레이브로, 데이터는 SDA선을 통하여 마스터에서 슬레이브로 전달된다.

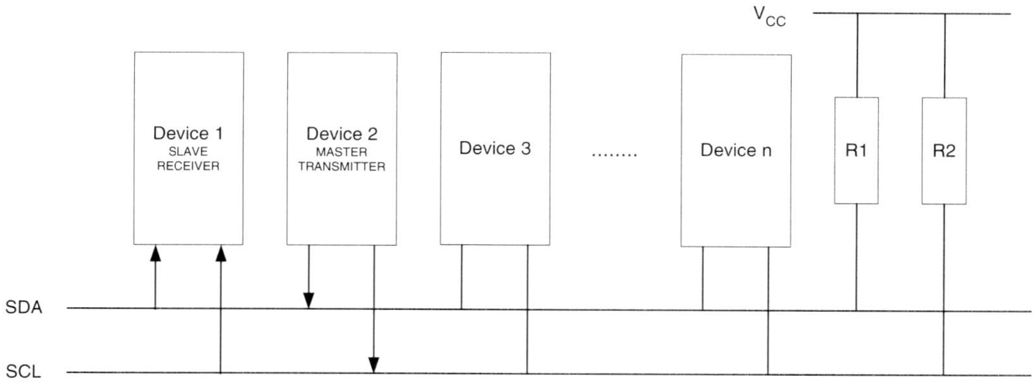

그림 8-55 • 슬레이브 송신 모드에서의 데이터 전송 (출처:ATMEL)

[그림 8-56]은 슬레이브 수신 모드를 위한 진행 형식과 상태에 대하여 나타내었다.

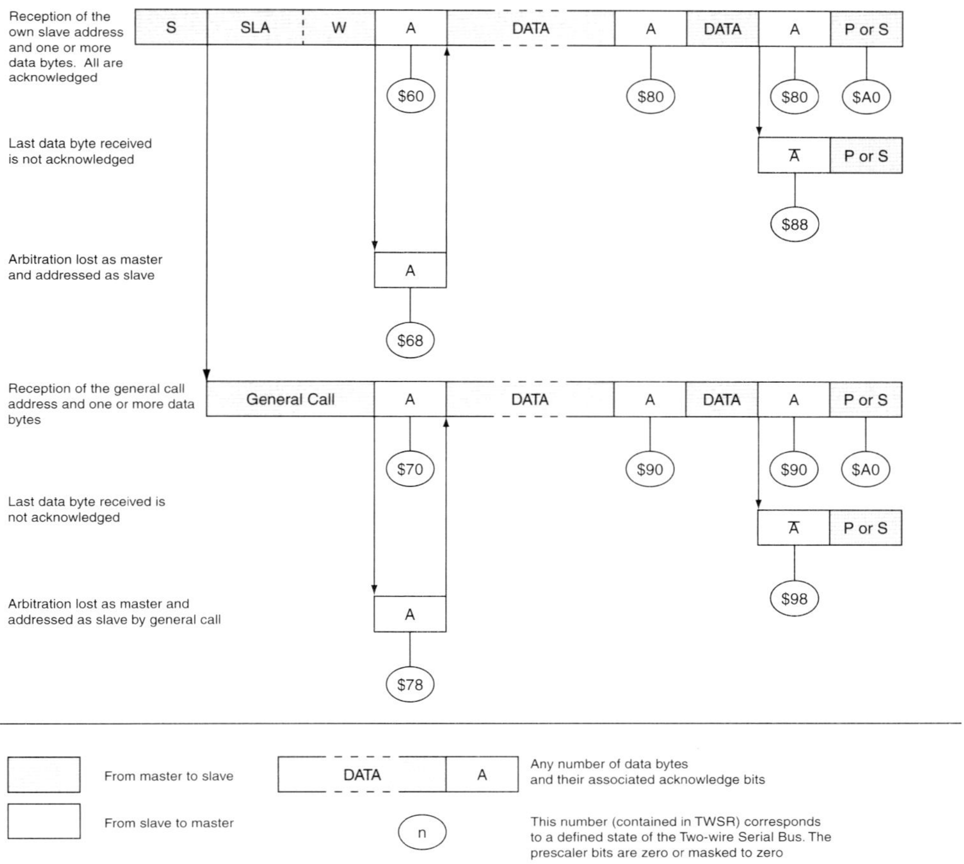

그림 8-56 • 슬레이브 송신 모드의 진행 형식 및 상태 (출처:ATMEL)

마스터가 데이터를 전송한 슬레이브를 선택하기 위하여 슬레이브 주소가 존재한다. 따라서 AVR이 슬레이브로 사용되기 위해서는 슬레이브 주소를 가져야 한다. 슬레이브 주소 구성은 TWAR 레지스터를 통하여 구성한다. TWAR의 비트7 ~ 1은 슬레이브의 주소값을 지정한다. TWAR의 비트0을 1로 세트하면 마스터가 general call 주소(0x00)를 통해 슬레이브를 선택할 수 있다.

TWAR	TWA6	TWA5	TWA4	TWA3	TWA2	TWA1	TWA0	TWGCE
value	Device's Own Slave Address							

그림 8-57 • TWAR 레지스터의 비트 구성 (출처:ATMEL)

슬레이브가 마스터로부터 선택을 당하고 SLW + R 조건을 수신받으면 확인 신호(ACK)를 송신해야 한다. 확인 신호를 송신하기 위한 TWCR 레지스터 구성은 [그림 8-58]과 같다. 확인 신호 송신 후 TWINT 플래그는 1로 세트되고 TWSR로부터 상태 코드를 읽을 수 있다. TWSR = 0x60일 경우 SLA + W 수신과 확인 신호의 리턴이 이루어졌고, TWSR = 0x68 또는 TWSR = 0x78로 구성되는 이는 SLA + W 조건 수신 및 확인 신호가 제대로 동작하지 않았으므로 각각에 대한 적절한 조취를 취해야 한다. SLW + R 조건을 수신한 경우 AVR은 슬레이브 수신 모드가 되고, SLW + W 조건이 수신된 경우는 슬레이브 송신 모드가 된다. 슬레이브 송신 모드 후 TWDR 레지스터에서 데이터를 읽어들여 데이터를 수신한다.

TWCR	TWINT	TWEA	TWSTA	TWSTO	TWWC	TWEN	–	TWIE
value	0	1	0	0	0	1	0	X

그림 8-58 • 슬레이브 수신 모드를 위한 TWCR 레지스터 구성 (TWCR = 0x66) (출처:ATMEL)

Status Code (TWSR) Prescaler Bits are 0	Status of the Two-wire Serial Bus and Two-wire Serial Interface Hardware	Application Software Response					Next Action Taken by TWI Hardwar
		To/from TWDR	To TWCR				
			STA	STO	TWINT	TWEA	
$60	Own SLA+W has been received; ACK has been returned	No TWDR action or	X	0	1	0	Data byte will be received and NOT ACK will be returned
		No TWDR action	X	0	1	1	Data byte will be received and ACK will be returned
$68	Arbitration lost in SLA+R/W as master; own SLA+W has been received; ACK has been returned	No TWDR action or	X	0	1	0	Data byte will be received and NOT ACK will be returned
		No TWDR action	X	0	1	1	Data byte will be received and ACK will be returned
$70	General call address has been received; ACK has been returned	No TWDR action or	X	0	1	0	Data byte will be received and NOT ACK will be returned
		No TWDR action	X	0	1	1	Data byte will be received and ACK will be returned
$78	Arbitration lost in SLA+R/W as master; General call address has been received; ACK has been returned	No TWDR action or	X	0	1	0	Data byte will be received and NOT ACK will be returned
		No TWDR action	X	0	1	1	Data byte will be received and ACK will be returned
$80	Previously addressed with own SLA+W; data has been received; ACK has been returned	Read data byte or	X	0	1	0	Data byte will be received and NOT ACK will be returned
		Read data byte	X	0	1	1	Data byte will be received and ACK will be returned
$88	Previously addressed with own SLA+W; data has been received; NOT ACK has been returned	Read data byte or	0	0	1	0	Switched to the not addressed slave mode; no recognition of own SLA or GCA
		Read data byte or	0	0	1	1	Switched to the not addressed slave mode; own SLA will be recognized; GCA will be recognized if TWGCE = "1"
		Read data byte or	1	0	1	0	Switched to the not addressed slave mode; no recognition of own SLA or GCA; a START condition will be transmitted when the bus becomes free
		Read data byte	1	0	1	1	Switched to the not addressed slave mode; own SLA will be recognized; GCA will be recognized if TWGCE = "1"; a START condition will be transmitted when the bus becomes free
$90	Previously addressed with general call; data has been re-ceived; ACK has been returned	Read data byte or	X	0	1	0	Data byte will be received and NOT ACK will be returned
		Read data byte	X	0	1	1	Data byte will be received and ACK will be returned
$98	Previously addressed with general call; data has been received; NOT ACK has been returned	Read data byte or	0	0	1	0	Switched to the not addressed slave mode; no recognition of own SLA or GCA
		Read data byte or	0	0	1	1	Switched to the not addressed slave mode; own SLA will be recognized; GCA will be recognized if TWGCE = "1"
		Read data byte or	1	0	1	0	Switched to the not addressed slave mode; no recognition of own SLA or GCA; a START condition will be transmitted when the bus becomes free
		Read data byte	1	0	1	1	Switched to the not addressed slave mode; own SLA will be recognized; GCA will be recognized if TWGCE = "1"; a START condition will be transmitted when the bus becomes free
$A0	A STOP condition or repeated START condition has been received while still addressed as slave	No Action	0	0	1	0	Switched to the not addressed slave mode; no recognition of own SLA or GCA
			0	0	1	1	Switched to the not addressed slave mode; own SLA will be recognized; GCA will be recognized if TWGCE = "1"
			1	0	1	0	Switched to the not addressed slave mode; no recognition of own SLA or GCA; a START condition will be transmitted when the bus becomes free
			1	0	1	1	Switched to the not addressed slave mode; own SLA will be recognized; GCA will be recognized if TWGCE = "1"; a START condition will be transmitted when the bus becomes free

그림 8-59 • 슬레이브 수신 모드에서의 TWSR 레지스터의 상태 코드 (출처:ATMEL)

슬레이브 송신 모드

슬레이브 송신 모드란 [그림 8-60]과 같이 마스터로 여러 개의 데이터를 전달하는 것으로 Clock은 SCL선을 통하여 마스터에서 슬레이브로, 데이터는 SDA선을 통하여 슬레이브에서 마스터로 전달된다.

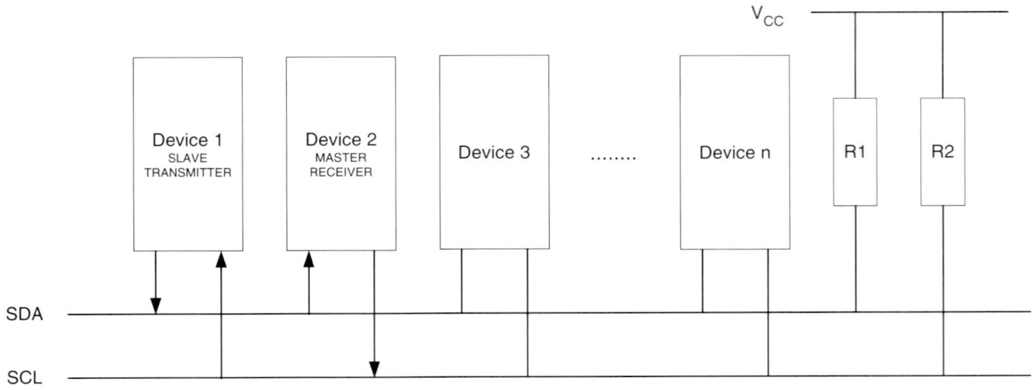

그림 8-60 • 슬레이브 수신 모드에서의 데이터 전송 (출처:ATMEL)

[그림 8-61]은 마스터 수신 모드를 위한 진행 형식과 상태에 대하여 나타내었다.

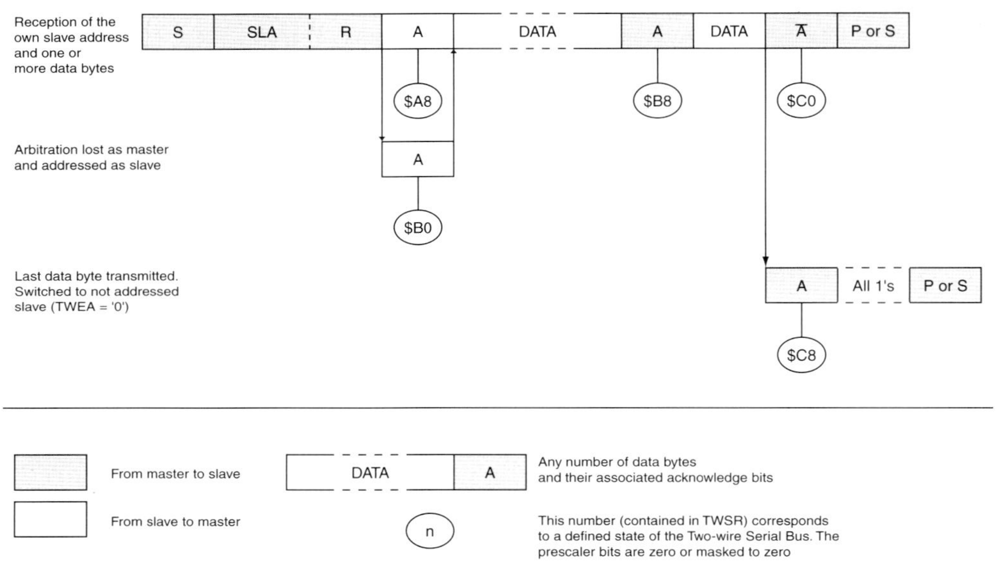

그림 8-61 • 슬레이브 수신 모드의 진행 형식 및 상태 (출처:ATMEL)

슬레이브가 수신 모드로 동작하기 위한 TWAR 및 TWCR 레지스터의 설정은 슬레이브 송신 모드와 같다. 슬레이브 송신 모드에서는 슬레이브 수신 모드와 반대로 TWDR 레지스터에 데이터를 라이트하여 데이터를 전송한다.

Status Code (TWSR) Prescaler Bits are 0	Status of the Two-wire Serial Bus and Two-wire Serial Interface Hardware	Application Software Respons					Next Action Taken by TWI Hardware
		To/from TWDR	To TWCR				
			STA	STO	TWINT	TWEA	
$A8	Own SLA+R has been received; ACK has been returned	Load data byte or	X	0	1	0	Last data byte will be transmitted and NOT ACK should be received
		Load data byte	X	0	1	1	Data byte will be transmitted and ACK should be received
$B0	Arbitration lost in SLA+R/W as master; own SLA+R has been received; ACK has been returned	Load data byte or	X	0	1	0	Last data byte will be transmitted and NOT ACK should be received
		Load data byte	X	0	1	1	Data byte will be transmitted and ACK should be received
$B8	Data byte in TWDR has been transmitted; ACK has been received	Load data byte or	X	0	1	0	Last data byte will be transmitted and NOT ACK should be received
		Load data byte	X	0	1	1	Data byte will be transmitted and ACK should be received
$C0	Data byte in TWDR has been transmitted; NOT ACK has been received	No TWDR action or	0	0	1	0	Switched to the not addressed slave mode; no recognition of own SLA or GCA
		No TWDR action or	0	0	1	1	Switched to the not addressed slave mode; own SLA will be recognized; GCA will be recognized if TWGCE = "1"
		No TWDR action or	1	0	1	0	Switched to the not addressed slave mode; no recognition of own SLA or GCA; a START condition will be transmitted when the bus becomes free
		No TWDR action	1	0	1	1	Switched to the not addressed slave mode; own SLA will be recognized; GCA will be recognized if TWGCE = "1"; a START condition will be transmitted when the bus becomes free
$C8	Last data byte in TWDR has been transmitted (TWEA = "0"); ACK has been received	No TWDR action or	0	0	1	0	Switched to the not addressed slave mode; no recognition of own SLA or GCA
		No TWDR action or	0	0	1	1	Switched to the not addressed slave mode; own SLA will be recognized; GCA will be recognized if TWGCE = "1"
		No TWDR action or	1	0	1	0	Switched to the not addressed slave mode; no recognition of own SLA or GCA; a START condition will be transmitted when the bus becomes free
		No TWDR action	1	0	1	1	Switched to the not addressed slave mode; own SLA will be recognized; GCA will be recognized if TWGCE = "1"; a START condition will be transmitted when the bus becomes free

그림 8-62 • 슬레이스 송신 모드에서의 TWSR 레지스터의 상태 코드 (출처:ATMEL)

3.4 외부 메모리 AT24Cxx

ATMEL사의 외부 메모리인 EEPROM AT24Cxx는 TWI 통신을 이용하여 데이터를 읽고 쓸 수 있는 장치이다. AT24Cxx마다 TWI 통신 명령 방식이 다르므로 반드시 먼저 매뉴얼을 참조하자. 이 책에서는 AT24C02와 AT24C128에 대하여 설명한다. AT24C02는 2K bit, AT24C128은 128K bit의 용량을 가지고 있고 각각의 회로도 구성은 [그림 8-63]과 같다. 또한 각 핀에 관한 내용은 [그림 8-64]와 같다. AT24Cxx를 슬레이브로 사용하기 위해서는 [그림 8-72] 처럼 TWI 버스에 SCL과 SDA에 풀업저항을 연결해야 한다.

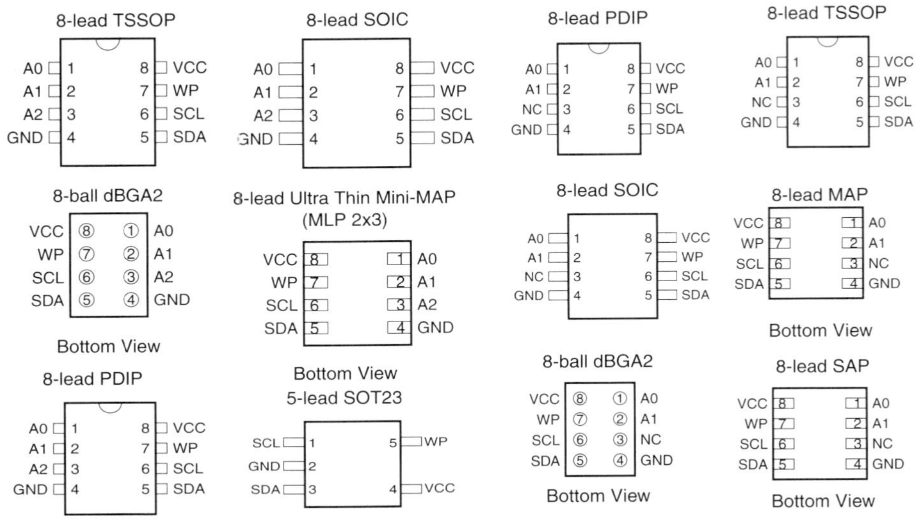

그림 8-63 • AT24C02(좌)와 AT24C128(우)의 회로도 (출처:ATMEL)

Pin Name	Function
A0 - A2	Address Inputs
SDA	Serial Data
SCL	Serial Clock Input
WP	Write Protect
NC	No Connect
GND	Ground
VCC	Power Supply

Pin Name	Function
A0 - A1	Address Inputs
SDA	Serial Data
SCL	Serial Clock Input
WP	Write Protect
NC	No Connect
GND	Ground

그림 8-64 • AT24C02(좌)와 AT24C128(우)의 핀 구성 (출처:ATMEL)

- **A0 ~ A2 :** 디바이스 주소지정
- **WP(Write Protect) :** 데이터 보호(0 : 데이터 쓰기 가능, 1 : 데이터 쓰기 불가능)

외부 메모리의 동작과 명령

- 기본적으로 DATA 전달 조건 및 START, STOP 조건은 [그림 8-36, 8-37]과 같다. EEPROM의 동작은 다음과 같이 나뉜다.

  ❶ **바이트 쓰기(Byte Write) :** 지정 주소에 데이터를 저장함

  ❷ **페이지 쓰기(PAGE Write) :** STOP 조건 발생 전까지 주소를 증가시키면서 연속으로 데이터를 저장함

  ❸ **현재 주소 읽기(Current Address Read) :** 현재 저장된 주소에 데이터를 읽음

④ **임의의 주소 읽기(Random Address Read) :** 지정된 주소에 데이터를 읽음

⑤ **연속적인 주소 읽기(Sequential Address Read) :** STOP 조건 발생 전까지 주소를 증가시키면서 연속적으로 데이터를 읽음

- START 조건 발생 후 먼저 쓰고자 하는 디바이스의 주소를 지정하는데 이는 EEPROM의 핀 Ax을 통하여 확인한다. 이는 다중 슬레이브로 구성되어 있을 시 사용하고자 하는 슬레이브를 선택하기 위함이다. AT24C02는 A0 ~ 2를 통해 디바이스 주소를 8개까지 구성할 수 있다. 디바이스 주소는 [그림 8-65]에서 보이는 바와 같이 상위 4비트는 1010으로 구성되어 있고 하위 3비트를 이용하여 디바이스 주소를 구성한다. LSB 비트를 통해서는 디바이스의 읽기/쓰기 동작을 결정하는데 1을 쓰면 읽기 동작을, 0을 쓰면 쓰기 동작을 실행한다. [실험 8-10]에서 A2 ~ A0까지 접지를 하여 모두 로우 레벨로 지정하였다. 따라서 [실험 8-10]에서는 1010000x를 통하여 AT24C02의 사용을 지정한다. 디바이스 주소의 지정 방식은 디바이스마다 다르므로 해당 매뉴얼을 참조하라.

	MSB							LSB
1K/2K	1	0	1	0	A_2	A_1	A_0	R/W
4K	1	0	1	0	A_2	A_1	P0	R/W
8K	1	0	1	0	A_2	P1	P0	R/W
16K	1	0	1	0	P2	P1	P0	R/W

그림 8-65 • AT24Cxx의 디바이스 주소 설정 (출처:ATMEL)

- 바이트 쓰기 및 현재 주소 읽기의 타이밍 표는 [그림 8-66 ~ 69]과 같다.

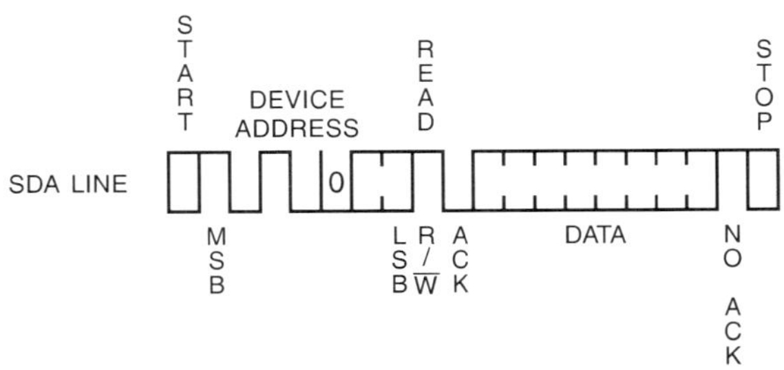

그림 8-66 • AT24C02의 쓰기 타이밍표 (출처:ATMEL)

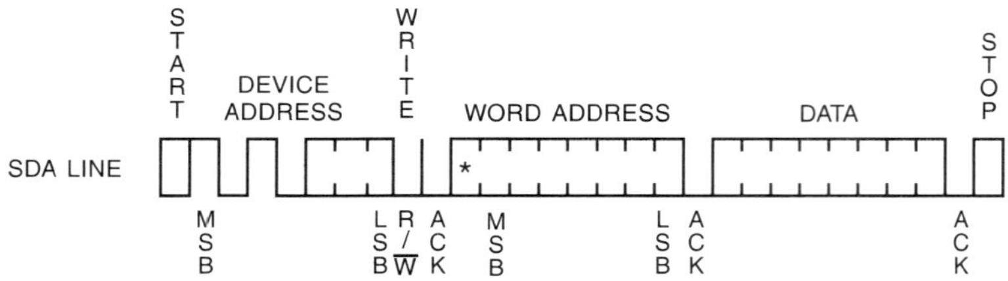

그림 8-67 • AT24C128의 읽기 타이밍표 (출처:ATMEL)

- [그림 8-66]과 [그림 6-69]는 바이트 쓰기의 타이밍표를 나타내었다. START 조건이 발생하면 디바이스 주소를 확인한다. 디바이스 주소가 확인되면 EEPROM에서는 로우 ACK 신호를 발생하여 확인한다. 마스터는 데이터를 쓰고자 하는 주소를 입력하면 EEPROM에서 다시 로우 레벨의 ACK 신호를 발생한다. ACK 신호 발생 후 쓰고자하는 데이터를 전달하고 EEPROM을 통해 로우 레벨의 ACK 신호를 확인한 후 STOP 조건으로 바이트 쓰기가 처리된다. EEPROM 사양에 따라서 일정 시간의 데이터 쓰기 지연이 발생함으로 주의하라.

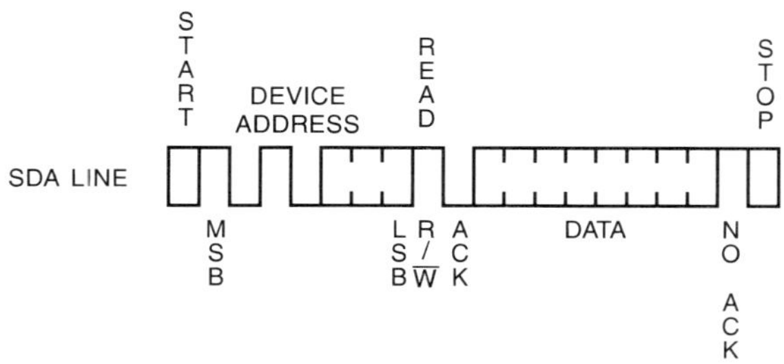

그림 8-68 • AT24C02의 읽기 타이밍표 (출처:ATMEL)

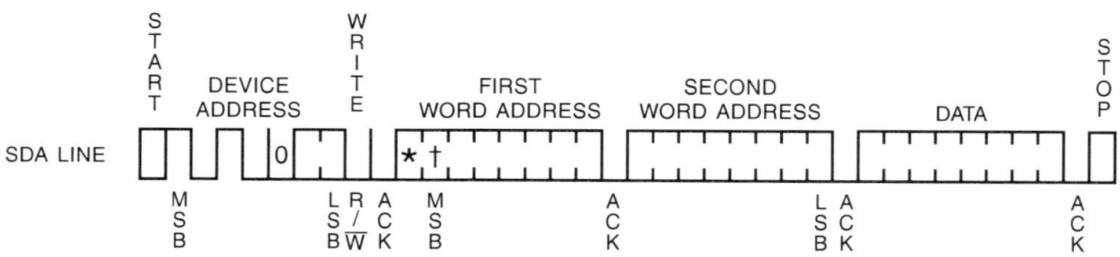

그림 8-69 • AT24C128의 쓰기 타이밍표 (출처:ATMEL)

- [그림 8-68]과 [그림 8-69]는 읽기 동작의 타이밍 표를 나타내었다. EEPROM의 내부 데이터 워드 어드레스 카운터는 전원이 인가된 상태에서는 항상 현재 사용하였던 데이터 주소를 기억하고 있으므로, 전원이 차단되지 않은 상태에서 읽기 동작을 하면 한단계 증가한 데이터 주소의 값을 읽는다. 현재 주소 읽기는 START 조건 이후 쓰기 조건과 마찬가지로

디바이스 주소를 확인하고 EEPROM의 ACK 신호를 확인하고 데이터를 전달받는다. 데이터를 전달받은 후 별도의 ACK 신호없이 바로 STOP 신호를 통하여 현재 주소 읽기의 동작을 종료한다.

- 다른 동작 명령은 해당 매뉴얼을 참조하면 쉽게 알 수 있다.

실험 8-9 Master-AVR과 Slave-AVR 의 TWI 통신 1

2대의 TWI를 이용하여 통신한다. Master AVR에서 정보를 보내고 그 정보를 Slave AVR에서 표시한다.

회로도

[그림 8-70]의 회로를 Master AVR과 Slave-AVR의 D_CON에 연결하고 Slave AVR에는 추가적으로 [그림 7-7]의 LCD_CON을 [그림 4-4]의 C_CON에 연결한다.

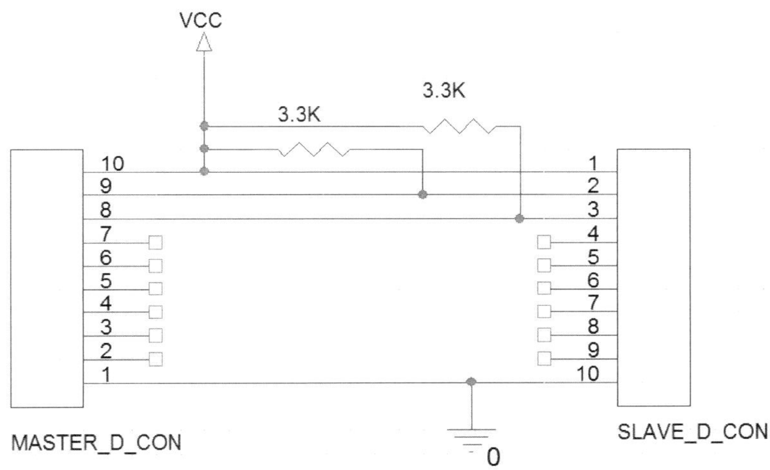

그림 8-70 ◦ Master AVR과 Slave AVR의 회로도

프로그램 예

❶ Master-AVR 프로그램

```
#include <mega128.h>
#include <delay.h>
void TWI_MW(unsigned char address, unsigned char data_buf)
{
   TWCR = 0xa4;
   while(((TWCR&0x80) == 0x00)  || ((TWSR&0xf8) != 0x08));
   TWDR = address << 1;

   TWCR = 0x84;
```

```
  while(((TWCR&0x80) == 0x00)  || ((TWSR&0xf8) != 0x18));

  TWDR = data_buf;
  TWCR = 0x84;
  while(((TWCR&0x80) == 0x00)  || ((TWSR&0xf8) != 0x28));

  TWCR = 0x94;
}
void TWI_init(void)
{
  TWBR = 12;                              // 400kHz
  TWSR = 0x00;
}
void main(void)
{
  unsigned int i=0;
  TWI_init();
  delay_ms(10);


  for(i=0;i<10;i++)
  {

    TWI_MW(0x01,i);

    delay_ms(10);
  }
}
```

❷ Slave-AVR 프로그램

```
#include <mega128.h>
#include <delay.h>
#include "lcdchoi.h"
unsigned char TWI_SR(unsigned char address)
{
  unsigned char data_buf;

  TWAR = address << 1;
  TWCR = 0x44;
  while(((TWCR&0x80) == 0x00)  || ((TWSR&0xf8) != 0x60));

  TWCR = 0xc4;
```

```
    while(((TWCR&0x80) == 0x00)  || ((TWSR&0xf8) != 0x80));

    data_buf = TWDR;
    TWCR = 0xc4;
    while(((TWCR&0x80) == 0x00)  || ((TWSR&0xf8) != 0xa0));

    TWCR = 0xc4;
    return data_buf;
}
void TWI_init(void)
{
    TWSR = 0x00;
}
void main(void)
{
    unsigned int data_buf;

    TWI_init();
    lcd_init();
    lcd_ln11();
    lcd_str("TWI EXAM-1");
    lcd_ln21();
    delay_ms(10);
    for(;;)
    {
        data_buf = TWI_SR(0x01);
        lcd_dat('0'+data_buf);
        delay_ms(10);
    }
}
```

하드웨어 예

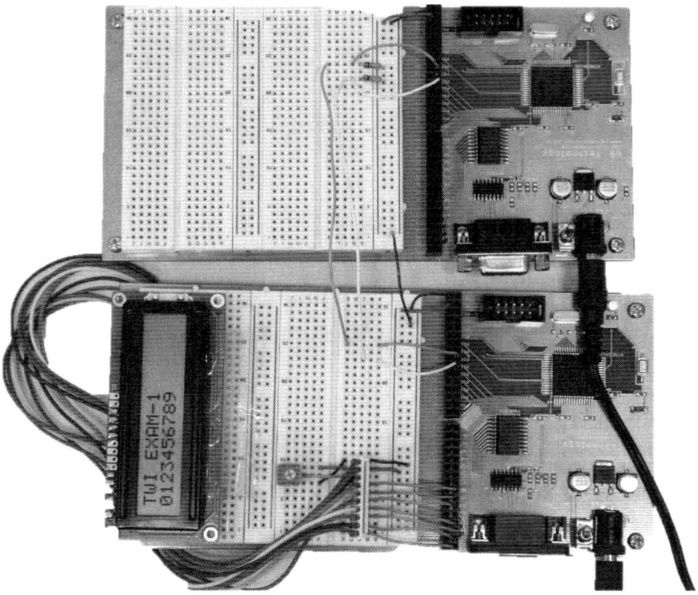

그림 8-71 • AVR간의 TWI 통신 실험 하드웨어 구성 예

과제

❶ Master-AVR에 키 입력을 통한 데이터를 송신해보자.

❷ 타이머를 통하여 데이터를 송신해보자.

실험 8-10 Master-AVR과 Slave-AVR 의 TWI 통신 2

2대의 TWI를 이용하여 통신한다. [실험 8-9]와는 반대로 Slave-AVR에서 정보를 보내고 그 정보를 Master-AVR에서 표시한다.

회로도

[실험 8-9]와 반대로 LCD Display를 Master-AVR에 연결한다.

프로그램 예

❶ Master-AVR 프로그램

```
#include <mega128.h>
#include <delay.h>
#include "lcdchoi.h"
unsigned int TWI_MR(unsigned char address)
{
   unsigned int data_buf;
```

```
  TWCR = 0xa4;
  while(((TWCR&0x80) == 0x00)  || ((TWSR&0xf8) != 0x08));

  TWDR = ( address << 1 ) | 1 ;
  TWCR = 0x84;
  while(((TWCR&0x80) == 0x00)  || ((TWSR&0xf8) != 0x40));

  TWCR = 0x84;
  while(((TWCR&0x80) == 0x00)  || ((TWSR&0xf8) != 0x58));

  data_buf = TWDR;
  TWCR = 0x94;
  return data_buf;
}
void TWI_init(void)
{
  TWBR = 12;
  TWSR = 0x00;
}
void main(void)
{
  unsigned int data_buf;
  unsigned int i;

  TWI_init();
  lcd_init();
  lcd_ln11();
  lcd_str("TWI EXAM-2");
  lcd_ln21();
  delay_ms(10);

  for(i=0;i<10;i++)
  {
    data_buf = TWI_MR(0x01);
    lcd_dat('0'+data_buf);
    delay_ms(10);
  }
}
```

❷ Slave-AVR 프로그램

```
#include <mega128.h>
#include <delay.h>
```

```
void TWI_SW(unsigned char address, unsigned char data_buf)
{
  TWAR = address << 1;
  TWCR = 0x44;
  while(((TWCR&0x80) == 0x00)  || ((TWSR&0xf8) != 0xa8));

  TWDR = data_buf;
  TWCR = 0xc4;
  while(((TWCR&0x80) == 0x00)  || ((TWSR&0xf8) != 0xc0));

  TWCR = 0xc4;
}
void TWI_init(void)
{
  TWSR = 0x00;
}
void main(void)
{
  unsigned int i=0;
  TWI_init();

  delay_ms(10);

  for(i=0;i<10;i++)
  {
    TWI_SW(0x01,i);
    delay_ms(10);
  }
}
```

과제

❶ Slave-AVR에 키 입력을 통한 데이터를 송신해보자.

❷ 타이머를 통하여 데이터를 송신해보자.

실험 8-11 Master-AVR과 Slave-AVR 의 TWI 통신 3

2대의 TWI를 이용하여 통신한다. [실험 8-9]와 같이 Master-AVR에서 데이터를 Slave-AVR로 보내나, Slave-AVR의 주소를 General call을 통하여 지정한다.

회로도

[실험 8-9]와 같음

프로그램 예

❶ Master-AVR 프로그램

```
#include <mega128.h>
#include <delay.h>
void TWI_MW(unsigned char address, unsigned char data_buf)
{
  TWCR = 0xa4;
  while(((TWCR&0x80) == 0x00)  || ((TWSR&0xf8) != 0x08));
  TWDR = address << 1;

  TWCR = 0x84;
  while(((TWCR&0x80) == 0x00)  || ((TWSR&0xf8) != 0x18));

  TWDR = data_buf;
  TWCR = 0x84;
  while(((TWCR&0x80) == 0x00)  || ((TWSR&0xf8) != 0x28));

  TWCR = 0x94;
}
void TWI_init(void)
{
  TWBR = 12;                              // 400kHz
  TWSR = 0x00;
}
void main(void)
{
  unsigned int i=0;
  TWI_init();
  delay_ms(10);

  for(i=0;i<10;i++)
  {
    TWI_MW(0x00,i);
    delay_ms(10);
  }
}
```

❷ Slave-AVR 프로그램

```
#include <mega128.h>
#include <delay.h>
#include "lcdchoi.h"
unsigned char TWI_SR(unsigned char address)
```

```
{
  unsigned char data_buf;

  TWAR = address << 1;
  TWCR = 0x44;
  while(((TWCR&0x80) == 0x00)  || ((TWSR&0xf8) != 0x60));

  TWCR = 0xc4;
  while(((TWCR&0x80) == 0x00)  || ((TWSR&0xf8) != 0x80));

  data_buf = TWDR;
  TWCR = 0xc4;
  while(((TWCR&0x80) == 0x00)  || ((TWSR&0xf8) != 0xa0));

  TWCR = 0xc4;
  return data_buf;
}
void TWI_init(void)
{
  TWSR = 0x01;
}
void main(void)
{
  unsigned int data_buf;

  TWI_init();
  lcd_init();
  lcd_ln11();
  lcd_str("TWI EXAM-3");
  lcd_ln21();
  delay_ms(10);
  for(;;)
  {
    data_buf = TWI_SR(0x00);
    lcd_dat('0'+data_buf);
    delay_ms(10);
  }
}
```

과제

Slave-AVR을 추가로 연결하여 데이터를 송수신해보자.

실험 8-12 외부 메모리에 데이터 읽고 쓰기 1

TWI를 이용하여 외부 메모리 AT24C02A에 데이터를 저장하고 다시 그 데이터를 읽어들여 LCD에 표시한다.

유의점

외부 메모리 AT24C02A에 데이터 저장 과정에서는 약간의 부가적인 클럭이 소모되므로 시간 지연이 필요하다. 이를 고려하여 프로그램을 작성한다.

회로도

[그림 8-72]의 회로를 구현하고 TWI_CON을 [그림 4-4]의 D_CON에 연결한다. 또한 [그림 7-7]의 LCD_CON을 [그림 4-4]의 C_CON에 연결한다.

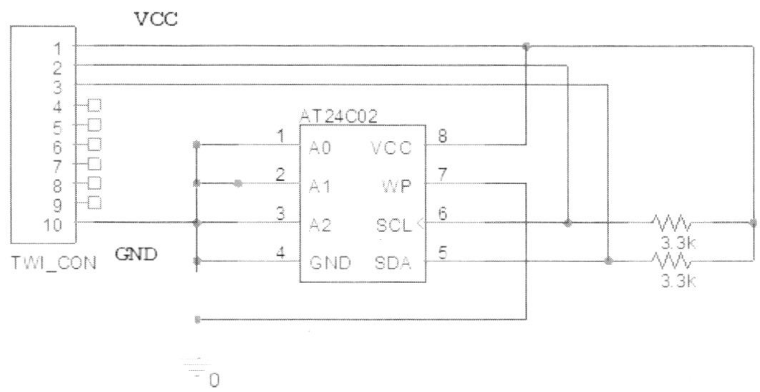

그림 8-72 • AT24C02A의 회로도

프로그램 예

```
#include <mega128.h>
#include <delay.h>
#include "lcdchoi.h"
void TWI_eeprom_write (unsigned int address, unsigned int data_buf)
{
  TWCR = 0xa4;                              // 시작 조건
  while(((TWCR & 0x80) == 0x00) || ((TWSR & 0xf8) != 0x08));

  TWDR = 0xa0;                              // 슬레이브 어드레스 지정(라이트)
  TWCR = 0x84;                              // TWINT = 1로 클리어
  while(((TWCR & 0x80) == 0x00) || ((TWSR & 0xf8) != 0x18));

  TWDR = address;                           // 데이터 주소 전달
  TWCR = 0x84;
```

```
  while(((TWCR & 0x80) == 0x00) || ((TWSR & 0xf8) != 0x28));

  TWDR = data_buf;                          // 데이터 전달
  TWCR = 0x84;
  while(((TWCR & 0x80) == 0x00) || ((TWSR & 0xf8) != 0x28));

  TWCR = 0x94;                              // 완료 조건
  delay_ms(10);
}
unsigned char TWI_eeprom_read(unsigned int address)
{
  unsigned char data_buf;
  TWCR = 0xa4;
  while(((TWCR & 0x80) == 0x00) || ((TWSR & 0xf8) != 0x08));

  TWDR = 0xa0;                              // 슬레이브 지정 (쓰기)
  TWCR = 0x84;
  while(((TWCR & 0x80) == 0x00) || ((TWSR & 0xf8) != 0x18));

  TWDR = address;
  TWCR = 0x84;
  while(((TWCR & 0x80) == 0x00) || ((TWSR & 0xf8) != 0x28));

  TWCR = 0xa4;                              // 재시작 조건
  while(((TWCR & 0x80) == 0x00) || ((TWSR & 0xf8) != 0x10));

  TWDR = 0xa1;                              // 슬레이브 지정 (읽기)
  TWCR = 0x84;
  while(((TWCR & 0x80) == 0x00) || ((TWSR & 0xf8) != 0x40));

  TWCR = 0x84;
  while(((TWCR & 0x80) == 0x00) || ((TWSR & 0xf8) != 0x58));

  data_buf = TWDR;
  TWCR = 0x94;
  return data_buf;
}
void TWI_init(void)
{
  TWBR = 8;                                 // 400kHz
  TWSR = 0x00;
```

```
}
void main(void)
{
   unsigned int i=0;
   unsigned int data[]= {1,2,8,'T','E','S','T'};
   TWI_init();
   lcd_init();
   lcd_ln11();
   lcd_str("TWI EXAM");
   lcd_ln21();
   for(i=0;i<7;i++)
   {
      TWI_eeprom_write(i,data[i]);
   }
   for(i=0;i<7;i++)
   {
      data[i] = TWI_eeprom_read(i);
      if(data[i]<10) lcd_dat('0'+data[i]);
      else lcd_dat(data[i]);
   }

}
```

하드웨어 예

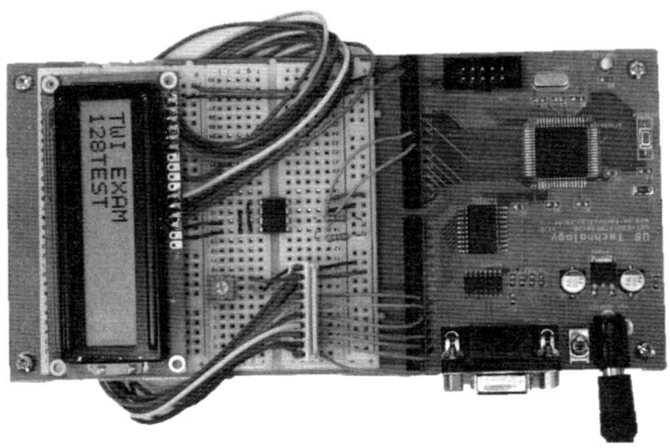

그림 8-73 • 외부 메모리에 읽고 쓰기 실험 하드웨어 예

과제

문자열을 저장하고 출력하는 것으로 구현해보자.

실험 8-13 | 외부 메모리에 데이터 읽고 쓰기 2

TWI를 이용하여 외부 메모리 AT24C128에 데이터를 저장하고 다시 그 데이터를 읽어들여 LCD에 표시한다.

유의점

이번 실험에서 사용하는 AT24C128는 [실험 8-10]의 AT24C02A와 주소지정 방식이 다르다. [그림 8-63]에서 보이는 것처럼 2번의 주소지정을 통하여 외부 메모리에 접근하여야 한다.

회로도

[실험 8-12]의 회로도에서 의부 메모리를 AT24C128로 교체.

프로그램 예

```
#include <mega128.h>
#include <delay.h>
#include "lcdchoi.h"
void TWI_eeprom_write (unsigned int address, unsigned int data_buf)
{
  TWCR = 0xa4;
  while(((TWCR & 0x80) == 0x00) || ((TWSR & 0xf8) != 0x08));

  TWDR = 0xa0;
  TWCR = 0x84;
  while(((TWCR & 0x80) == 0x00) || ((TWSR & 0xf8) != 0x18));

  TWDR = address/256;
  TWCR = 0x84;
  while(((TWCR & 0x80) == 0x00) || ((TWSR & 0xf8) != 0x28));

  TWDR = address%256;
  TWCR = 0x84;
  while(((TWCR & 0x80) == 0x00) || ((TWSR & 0xf8) != 0x28));

  TWDR = data_buf;
  TWCR = 0x84;
  while(((TWCR & 0x80) == 0x00) || ((TWSR & 0xf8) != 0x28));

  TWCR = 0x94;
  delay_ms(10);
}
unsigned char TWI_eeprom_read(unsigned int address)
{
  unsigned char data_buf;
```

```
    TWCR = 0xa4;
    while(((TWCR&0x80) == 0x00) || ((TWSR&0xf8) != 0x08));

    TWDR = 0xa0;
    TWCR = 0x84;
    while(((TWCR&0x80) == 0x00) || ((TWSR&0xf8) != 0x18));

    TWDR = address/256;
    TWCR = 0x84;
    while(((TWCR&0x80) == 0x00) || ((TWSR&0xf8) != 0x28));

    TWDR = address%256;
    TWCR = 0x84;
    while(((TWCR&0x80) == 0x00) || ((TWSR&0xf8) != 0x28));

    TWCR = 0xa4;
    while(((TWCR&0x80) == 0x00) || ((TWSR&0xf8) != 0x10));

    TWDR = 0xa1;
    TWCR = 0x84;
    while(((TWCR&0x80) == 0x00) || ((TWSR&0xf8) != 0x40));

    TWCR = 0x84;
    while(((TWCR&0x80) == 0x00) || ((TWSR&0xf8) != 0x58));

    data_buf = TWDR;
    TWCR = 0x94;
    return data_buf;
}

void TWI_init(void)
{
    TWBR = 12;                              // 400kHz
    TWSR = 0x00;
}

void main(void)
{
    unsigned int i=0;
    unsigned int data[]= {1,2,3,'a','b','c'};
    TWI_init();
    lcd_init();
```

```
  lcd_ln11();

  for(i=0;i<6;i++)
  {
    TWI_eeprom_write(i,data[i]);
  }

  for(i=0;i<6;i++)
  {
    data[i] = TWI_eeprom_read(i);
    if(data[i]<10) lcd_dat('0'+data[i]);
    else lcd_dat(data[i]);
  }
}
```

과제

문자열을 저장하고 출력하는 것으로 구현해보자.

연습문제

1. 다음의 SPI 포트 제어에 관련한 설명 중 옳지 않은 것을 모두 골라라.

a. SS(PB0, pin 10), SCK(PB1, pin 11), MOSI(PB2, pin 12), MISO(PB3, pin 13) 4선을 이용하여 전이중으로 통신이 가능하다.

b. 마스터 및 슬레이브 동작이 가능하다.

c. 7개의 전송 속도를 제공하여 최대 수십 MHz까지의 통신이 가능하지만 전송 완료 인터럽트를 제공하지는 않는다.

d. 아이들 모드를 해제시키기 위해서는 다른 방법을 이용하여야 한다.

e. SPI는 ATmega128의 플래쉬롬에 프로그램을 다운로드하는 ISP 기능도 제공한다.

2. 다음중 SPSR 의 특정 비트에 대한 설명이다. 설명되는 비트의 번호와 명칭은 무엇인가?

"전송이 완료되면 1로 세트되면서 인터럽트가 요청된다. 마스터로 설정하고, SS가 입력 핀으로 동작하고, 이때 외부에서 입력된 SCK 신호에 의하여 데이터 레지스터의 1바이트가 전송되고 SPSR의 특정 비트가 셋트되어 SPI 전송 완료 인터럽트가 요청된다."

3. 마스터 모드와 슬레이브 모드를 설정하기 위해서 셋트하는 레지스터와 해당 비트는?

4. 다음의 USART 포트 제어에 대한 설명 중 옳지 않은 것을 모두 골라라.

a. ATmega128은 직렬 통신 포트를 2개 내장하고 있다.

b. 직렬 통신 포트는 송신과 수신을 동시에 할 수 있는 완전 이중 방식이다. 전송 방식으로는 동기 전송만 가능하다.

c. 멀티프로세서 통신 모드로 동작하는 것도 가능하며 높은 정밀도의 보레이트 발생기를 내장하고 있다.

d. 송신 완료, 송신 데이터 레지스터 준비 완료의 2가지 인터럽트를 제공한다.

5. USART 포트의 송수신 동작을 제어하거나 상태를 저장하는 8비트 레지스터는 무엇인가?

6. UBRRn(Usart Baud Rate Register n)을 활용한 송수신 속도를 결정하는 공식은 무엇인가?

7. 다음의 RS232C에 대한 설명 중 옳지 않은 것을 모두 골라라.

a. 저가로 동기식 혹은 비동기식으로 직렬 통신하기 위한 규격으로 프린터나 모뎀 등 각종 주변 장치를 컴퓨터에 연결할 때 사용된다.

b. 통신 속도는 110 bps ~ 수십 kbps 이상까지 다양하게 사용한다.

c. 신호를 노이즈에 강하고 멀리 보낼 수 있도록 하기 위해 TTL 레벨과 달리 7 V이면 0레벨, 0 V이면 1레벨로 한다.

d. PC에 장착된 직렬 포트의 경우 9개의 핀으로 구성되어 있지만 컴퓨터간의 통신에서는 송신선과 수신선, 그라운드선 등 3개를 연결하여 통신이 가능하다.

e. 규격에서의 선의 길이는 15 m로 되어 있으며, 그 제한을 넘을 경우 통신이 불가능하다.

8. TWI 통신 시 이용되는 PORTD.0 과 PORTD.1 의 용도는 무엇인가?

9. 다음 설명에 부합하는 것은 무엇인가?

"이것은 수신받은 주소의 값과 TWAR 레지스터의 7비트 주소와 매치한다. 만약 어드레스가 서로 일치하면 해당 동작을 처리할 수 있도록 Control Unit에 정보를 전달한다. 또한 TWGCE(TWi General Call recognition Enable)이 검출된 경우도 이와 같이 처리한다. 주소 매치 장치의 동작은 슬립 모드에서도 수행되며 슬립 모드의 해제 기능으로도 사용 가능하다."

CHAPTER 09

AD 변환과 DA 변환

학습목차

학습개요

9장에서는 ADC와 DAC에 관하여 배운다. ADC(Analog to Digital Converter)란 아날로그 신호를 부호화된 디지털값으로 변환하는 것이다. ATmega128에서는 10비트 8채널의 축차 비교형 단극성 변환기와 아날로그 비교기가 내장되어 있다. 먼저 단순 ADC 과정을 통한 실험으로 어떻게 아날로그 신호를 디지털값으로 부호화되는지 알아본 후 아날로그 비교기에 대하여 설명하겠다. DAC(Digital to Analog Converter)는 ADC와 반대로 디지털값을 아날로그 신호로 변환한다. ATmega128에서는 DAC가 내장되어 있지 않다. 따라서 외부 하드웨어를 구성하여 쉬운 실험을 통하여 DAC 변화에 대하여 알아볼 것이다.

1 AD 변환

1.1 AD 변환 과정

AD의 변환은 다음 과정을 통해 이루어진다.

❶ **전처리 :** 아날로그 신호에 포함된 잡음을 제거하고 신호의 대역폭을 제한하여 엘리어싱(aliasing)을 줄인다.

❷ **표본화 :** 신호 대역폭 두 배 이상의 일정한 샘플링(sampling) 주파수에 따라 신호값을 취하여, 즉 신호에 포함된 최고 주파수 성분 주기의 1/2보다 작은 주기로 신호값을 취하여 저장한다.

❸ **양자화 :** 표본화된 아날로그 신호는 연속적인 양으로 이를 2진화하면 무한한 자리수를 요구할 수도 있다. 그러므로 표본화된 값을 소구간으로 분할하여 유한한 단계의 유한한 자리수를 갖는 불연속적인 대표값에 할당할 필요가 있는 데 이것을 양자화라 한다. 양자화 단계의 갯수가 많으면 실제값과 대표값의 차인 양자화 오차를 줄일 수 있으나 디지털 출력의 비트수가 증가하여 이를 처리하기 위한 시간과 장치가 많이 요구된다.

❹ **부호화 :** 양자화된 값에 2진 디지털 코드를 부여하는 것을 부호화라 한다.

1.2 AD 변환기의 종류

AD 변환기는 적분 방식과 비교 방식으로 크게 나뉠 수 있다. 적분 방식은 저속으로 변환이 이루어지는데 전압 시간 변환, 이중적분, 전압 주파수 변환형이 있고, 비교 방식은 적분 방식에 비해 고속으로 변환이 이루어지는데 축차 비교, 추종 비교, 병렬 비교형이 있다.

❶ **전압 시간 변환형 :** 기준 신호를 적분한 것과 샘플링된 입력 전압을 비교하여 입력 전압의 크기에 비례하는 계수 시간을 결정하고 그 시간 동안 기준펄스의 수를 계수하여 변환하는 방식으로 비교적 간단하나 빠른 속도와 높은 정도를 기대하기 힘들다.

❷ **이중적분형 :** 샘플링된 +의 입력 전압을 미리 설정된 일정한 시간동안 적분한 값을 초기치로 하여 −의 기준 신호를 적분한 값이 0에 도달할 때까지 기준펄스의 수를 계수하여 변환하는 방식으로 전압 시간 변환형보다는 안정되어 디지털 전압계 등에 많이 활용된다.

❸ **전압 주파수 변환형 :** 샘플링된 입력 신호에 비례하는 반복 주파수 펄스를 발생시키고 카운터로 계수하여 A/D 변환한다.

❹ **계수비교형 :** 샘플링 회로, D/A 변환기, 업카운터, 비교기로 구성되어 있다. 0부터 차례로

증가시킨 카운터의 값을 D/A 변환기로 아날로그값으로 변환하여 샘플링된 입력 신호와 비교기에서 비교하여 같아지면 업카운터의 카운팅을 중지시켜 A/D 변환한다. 최악의 경우 n비트형의 경우 2^{n-1}번 비교를 실행해야 하므로 변환 속도가 느리나 회로 구성이 비교적 간단하고 가격이 저렴하다.

⑤ **축차 비교형(연속근사형) :** 샘플링 회로, D/A 변환기, 연속근사 레지스터, 비교기로 구성되어 있다. 계수 비교형과 달리 카운터의 최상위 비트값만 1로 세트해 놓고 입력 신호와 비교하여 최상위 비트값을 결정하기 시작하여 다음 상위 비트값들의 값을 결정해 나가는 방식의 A/D 변환기로 n비트형의 경우 n번의 비교로 변환이 완료되어 변환 시간은 백 μs 이하로 계수 비교형에 비해 작고 일반적인 응용 범위에 널리 사용된다. 저가로 많이 사용되는 내셔날세미컨덕터사의 ADC08 시리즈는 8비트 축차 비교형 A/D 변환기의 대표적 예이다.

⑥ **병렬 비교형 :** 샘플링 회로, 사다리형 저항기, 다수개의 비교기, 디코더로 구성되어 있다. n비트 변환기의 경우 2^{n-1}개의 비교기를 사용하여 사다리형 저항기에 따라 적절히 분압된 입력 전압을 동시에 병렬 처리하여 디코더를 통해 디지털 출력값을 만들어 내기 때문에 현재 변환기 중 변환 속도가 수십 ns 이하로 가장 빠르나 가장 고가이다. 아날로그디바이스사의 AD5010이나 AD6020은 6비트 병렬 비교형 A/D 변환기의 대표적 예이다.

1.3 ATmega128의 ADC

특징

- 10비트 8채널(PF0 ~ 7, 핀 번호 61 ~ 54)의 축차 비교형 단극성 변환기 제공
- 7채널의 차동 입력 변환기로 사용 가능
- 10배 또는 200배의 증폭률을 가진 2채널의 차동 입력 변환 기능 제공
- 0 ~ Vref 범위의 전압을 입력으로 갖을 수 있다. 차동의 경우 −Vref ~ Vref 까지 가능하다. 기준 전압 Vref는 VCC를 초과할 수 없다.
- 변환 완료 인터럽트가 제공된다. 완료시 ADCSRA 레지스터의 ADIF 플랙이 세트된다.
- 13 ~ 260 usec의 변환 시간을 사용자가 설정할 수 있다.

ADCH, ADCL 레지스터

ADC 결과를 단극성의 경우 1024 × V_{IN}/V_{ref}로 0 ~ 1023 범위값으로, 차동 입력의 경우 [그림

9-1]처럼 2의 보수를 사용하여 $512 \times Gain \times (V_{+} - V_{-})/V_{ref}$로 $-512 \sim 511$ 범위의 값으로 저장한다. 초기값은 0x0000이다. ADMMUX 레지스터의 ADLAR 값에 따라 [그림 9-2]에 보여진 방식으로 정렬하여 저장한다.

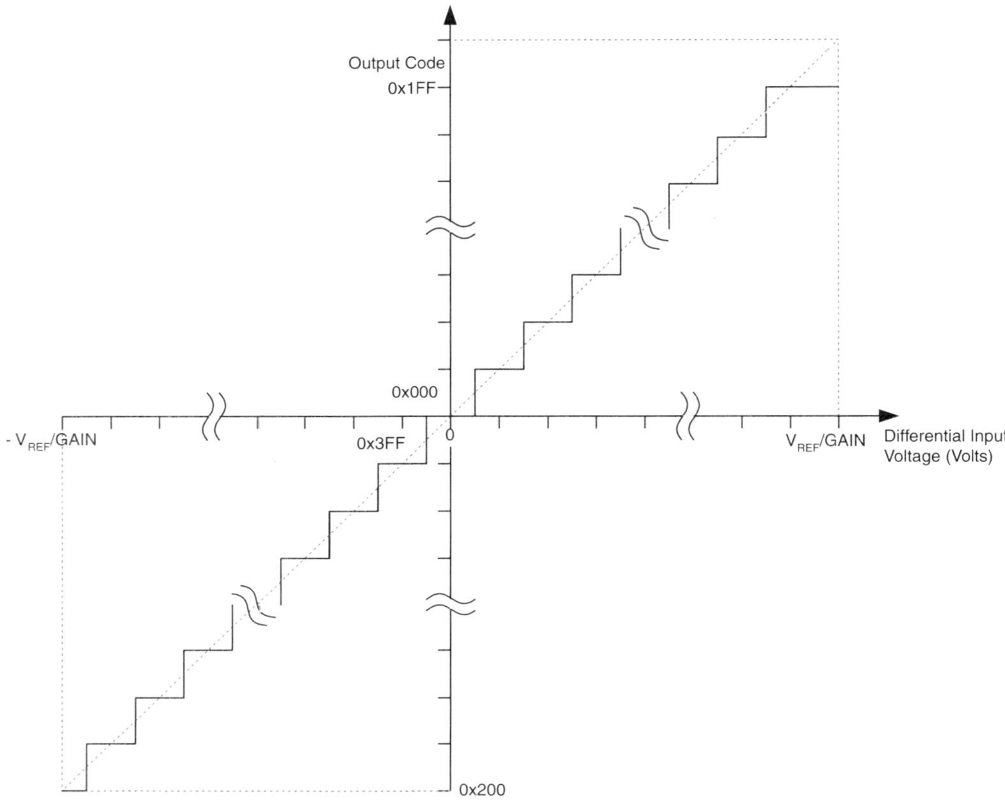

그림 9-1 • 차동 입력 채널의 측정 범위 (출처:ATMEL)

ADLAR = 0:

Bit	15	14	13	12	11	10	9	8	
	–	–	–	–	–	–	**ADC9**	**ADC8**	**ADCH**
	ADC7	**ADC6**	**ADC5**	**ADC4**	**ADC3**	**ADC2**	**ADC1**	**ADC0**	**ADCL**
	7	6	5	4	3	2	1	0	

ADLAR = 1:

Bit	15	14	13	12	11	10	9	8	
	ADC9	**ADC8**	**ADC7**	**ADC6**	**ADC5**	**ADC4**	**ADC3**	**ADC2**	**ADCH**
	ADC1	**ADC0**	–	–	–	–	–	–	**ADCL**
	7	6	5	4	3	2	1	0	

그림 9-2 • ADCH, ADCL 레지스터 (출처:ATMEL)

ADMUX 레지스터

ADSC, ADEN이 1로 세트되어 AD 변환이 시작될 때마다 ADMUX의 설정값에 따라 AD 변환이 진행된다. 설정값의 변환은 차동 입력을 사용하는 경우에는 AD 변환을 시작한 후 적어도 125 usec가 경과한 후에 한다.

Bit	7	6	5	4	3	2	1	0	
	REFS1	REFS0	ADLAR	MUX4	MUX3	MUX2	MUX1	MUX0	ADMUX
Read/Write	R/W	R/W	R/W	R/W	R/W	R/W	R/W	R/W	
Initial Value	0	0	0	0	0	0	0	0	

그림 9-3 • ADMUX 레지스터의 비트 구성 (출처:ATMEL)

- **비트7 ~ 6(REFS1 ~ 0 : REFerence Selection 1 ~ 0) :** 입력 전압의 범위의 기준 전압 Vref를 선택한다.

REFS1	REFS0	Voltage Reference Selection
0	0	AREF, Internal Vref turned off
0	1	AVCC with external capacitor at AREF pin
1	0	Reserved
1	1	Internal 2.56V Voltage Reference with external capacitor at AREF pin

그림 9-4 • ADC의 기준 전압의 선택 (출처:ATEML)

❶ **00 :** 외부의 AREF 단자(62번 핀)로 입력된 전압을 기준 전압으로 사용

❷ **01 :** 외부의 AVCC 단자(64번 핀)로 입력된 전압을 기준 전압으로 사용

❸ **10 :** 보류

❹ **11 :** 내부의 2.56 V를 기준 전압으로 사용

- **비트5(ADLAR : ADC Left Adjust Result) :** 변환 결과가 ADC 데이터 레지스터에 저장될 때 모양을 [그림 9-2]의 경우 처럼 결정한다.
- **비트4 ~ 0(MUX4 ~ 0) :** [그림 9-5]처럼 ADC의 입력 단자를 선택하고 차동 입력의 경우 이들을 선택하는데 사용한다.

MUX4..0	Single Ended Input	Positive Differential Input	Negative Differential Input	Gain
00000	ADC0			
00001	ADC1			
00010	ADC2			
00011	ADC3	N/A		
00100	ADC4			
00101	ADC5			
00110	ADC6			
00111	ADC7			
01000		ADC0	ADC0	10x
01001		ADC1	ADC0	10x
01010		ADC0	ADC0	200x
01011		ADC1	ADC0	200x
01100		ADC2	ADC2	10x
01101		ADC3	ADC2	10x
01110		ADC2	ADC2	200x
01111		ADC3	ADC2	200x
10000		ADC0	ADC1	1x
10001		ADC1	ADC1	1x
10010	N/A	ADC2	ADC1	1x
10011		ADC3	ADC1	1x
10100		ADC4	ADC1	1x
10101		ADC5	ADC1	1x
10110		ADC6	ADC1	1x
10111		ADC7	ADC1	1x
11000		ADC0	ADC2	1x
11001		ADC1	ADC2	1x
11010		ADC2	ADC2	1x
11011		ADC3	ADC2	1x
11100		ADC4	ADC2	1x
11101		ADC5	ADC2	1x
11110	1.23V (V_{BG})	N/A		
11111	0V (GND)			

그림 9-5 • ADC 채널과 Gain의 설정 (출처:ATMEL)

ADCSRA 레지스터

Bit	7	6	5	4	3	2	1	0	
	ADEN	**ADSC**	**ADFR**	**ADIF**	**ADIE**	**ADPS2**	**ADPS1**	**ADPS0**	**ADCSRA**
Read/Write	R/W	R/W	R/W	R/W	R/W	R/W	R/W	R/W	
Initial Value	0	0	0	0	0	0	0	0	

그림 9-6 • ADMUX 레지스터의 비트 구성 (출처:ATMEL)

- **비트7(ADEN : ADc ENable) :** 1로 설정하여 동작을 허용하고 0으로 하여 중지시킨다.
- **비트6(ADSC : ADc Start Conversion) :** 1로 설정하면 변환이 시작된다. 변환이 완료되면 자동적으로 클리어된다.
- **비트5(ADFR : ADc Free Running select) :** 1로하면 Free running 모드로 설정한다.
- **비트4(ADIF : ADc Interrupt Flag) :** ADCH, ADCL 레지스터가 갱신되면 ADIF가 1로 세트되며 인터럽트를 요청한다.
- **비트3(ADIE : ADc Interrupt Enable) :** 1로 세트된 경우 변환 완료 인터럽트를 개별적으로 허용한다.
- **비트2 ~ 0(ADPS2 ~ 0 : ADc Prescaleer Select 2 ~ 0) :** 시스템 클럭을 분주하여 clk_{ADC}를 만들 때 분주비를 결정한다. 000, 001이면 분주비를 2로, 010이면 분주비를 4로, 011이면 분주비를 8로, 100이면 분주비를 16으로, 101이면 32로, 110이면 64로, 111이면 분주비를 128로 한다.

ADPS2	ADPS1	ADPS0	Division Factor
0	0	0	2
0	0	1	2
0	1	0	4
0	1	1	8
1	0	0	16
1	0	1	32
1	1	0	64
1	1	1	128

그림 9-7 • ADC Prescaler의 선택 (출처:ATMEL)

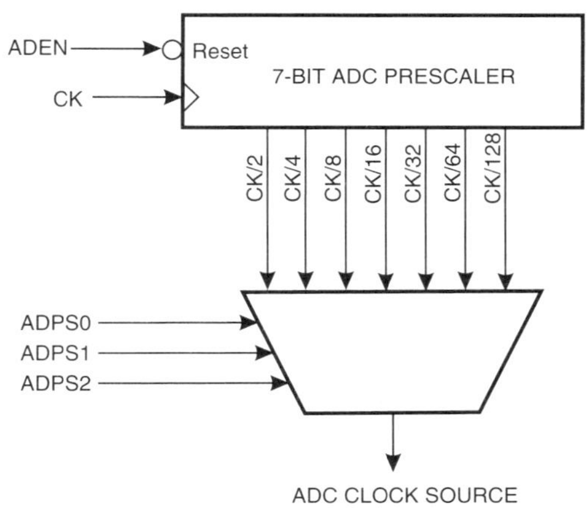

그림 9-8 • ADC의 Prescaler의 구성 (출처:ATMEL)

동작

- **단일 변환 모드 :** 단일 변환 모드는 [그림 9-10]에서 보이는 것과 같이 ADCSRA 레지스터에서 ADEN, ADSC 플랙을 1로 설정하여 변환을 시작시킬 수 있다. 최초 변환에 25개의 clk_{ADC}클록이 필요하다. 변환이 완료되면 변환 결과가 ADCH, ADCL 레지스스터에 결과가 저장되면 ADIF가 1로 세트되며 AD 변환 완료 인터럽트가 요청되고 ADSC 비트는 자동적으로 클리어된다. 다시 변환을 시작시키려면 ADSC 플랙을 1로 하면 된다. 그리고 이때부터는 13개의 clk_{ADC}클록이 필요하다([그림 9-9] 참조).

- **Free Running 모드 :** [그림 9-12]는 Free Running 모드의 동작을 설명하였다. [그림 9-12]를 보면 변환 ADCSRA 레지스터에서 ADEN, ADSC, ADFR 플랙을 1로 설정하여 시작시킨다. 변환 완료에 13개의 clk_{ADC}클록이 필요하다. 변환이 완료되면 변환 결과가 ADCH, ADCL 레지스터에 결과가 저장되면서 즉시 그 다음 차례의 AD변환이 자동적으로 시작된다.

Condition	Sample & Hold (Cycles from Start of Conversion)	Conversion Time (Cycles)
First conversion	13.5	25
Normal conversions, single ended	1.5	13
Normal conversions, differential	1.5/2.5	13/14

그림 9-9 • ADC의 변환 시간 (출처:ATMEL)

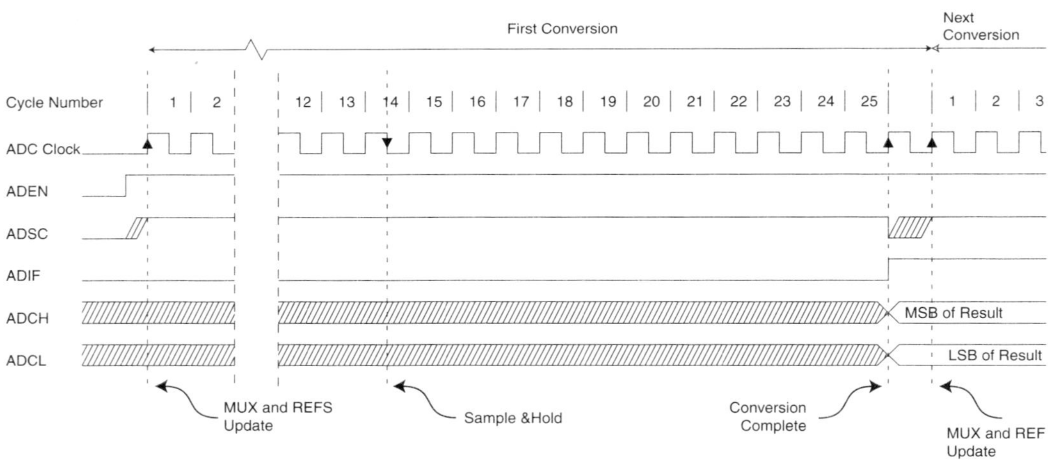

그림 9-10 • 단일 변환 모드의 첫 번째 ADC의 변환의 타이밍 (출처:ATMEL)

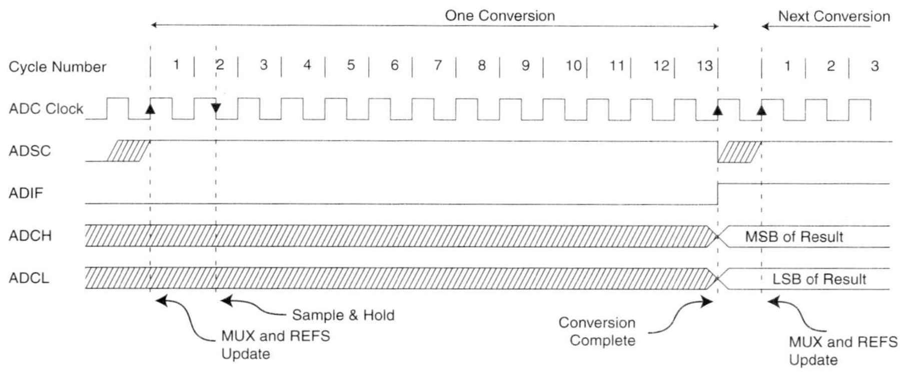

그림 9-11 • 단일 변환 모드의 ADC 변환의 타이밍 (출처:ATMEL)

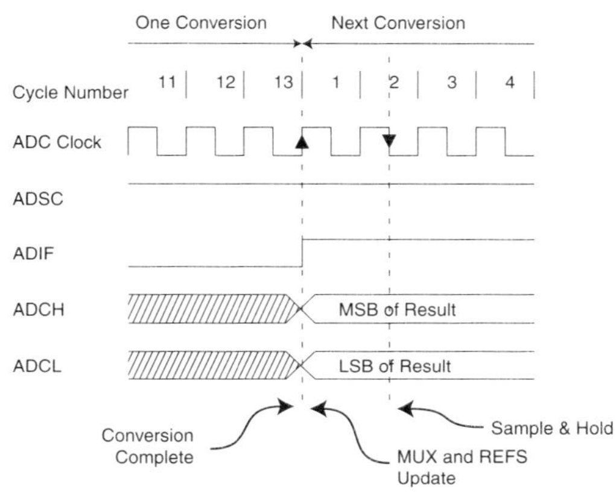

그림 9-12 • Free Runing 모드의 ADC 변환의 타이밍 (출처:ATMEL)

잡음 제거 방법

- 아날로그 입력 신호선을 최소한으로 짧게 한다.
- AVCC 단자에는 디지털 전원 VCC를 LC 필터로 안정화시켜 인가한다([그림 9-13] 참조).
- AD변환을 하는 중에는 나머지 PF7 ~ 0중에서 디지털 입출력 포트로 사용하는 포트의 값을 스위칭하지 않는다.
- ADC noise reduction 모드를 이용하면 매우 안정적인 변환을 이룰 수 있다.

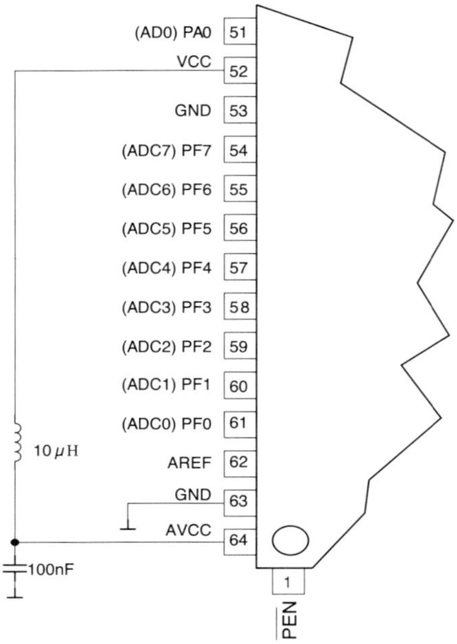

그림 9-13 • 아날로그 전원 단자의 처리 (출처:ATMEL)

ADC 변환 오차

- ADC 변환은 V_{REF}와 GND 사이를 2^n(LSBs)만큼 나눠서 아날로그 신호를 그에 대응되는 디지털값으로 부호화한다. ATmega128은 10비트의 ADC 변환기를 내장하고 있기 때문에 아날로그 신호가 0 ~ $2^{10}-1$로 부호화되고 아래 그림에서 보이는 것처럼 부호화 과정 중 오차가 존재한다. 그 대표적인 예들은 다음과 같다.

❶ **오프셋 오차 :** ADC의 값이 0으로 표시되지만 실제 아날로그 신호의 값이 최소 0.5 LBS가 존재할 수 있다. 이는 ADC값에 일정 상수를 더함으로써 보상할 수 있다.

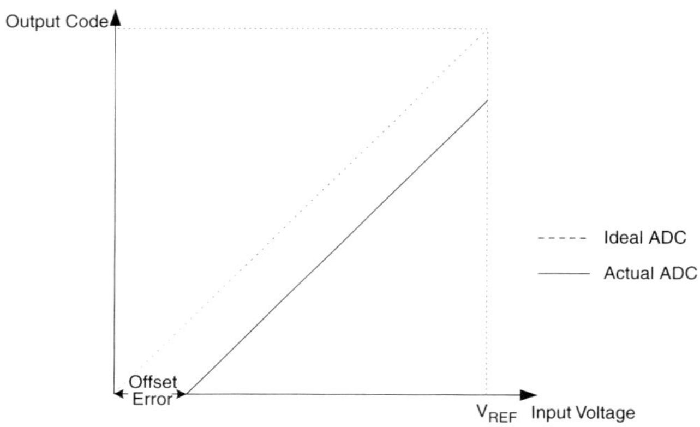

그림 9-14 • ADC 변환의 오프셋 오차 (출처:ATMEL)

❷ **이득 오차 :** 오프셋 오차를 조정하기 위해 일정 상수를 더하면, ADC값이 2^{10} 근처에 도달할수록 이득 오차가 발생한다. 이것은 일정비를 곱함으로써 보상할 수 있다.

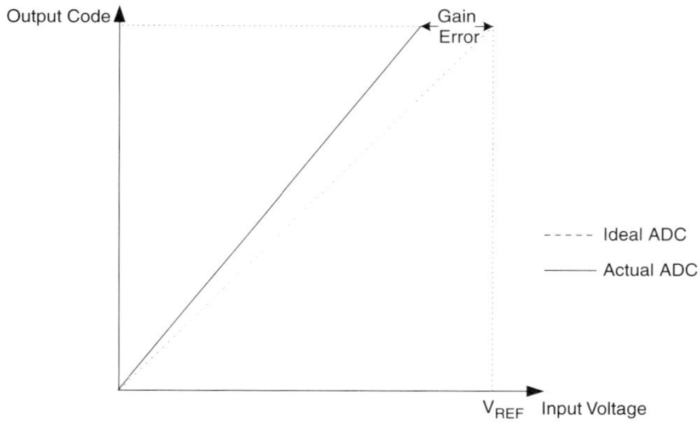

그림 9-15 • ADC 변환의 이득 오차 (출처:ATMEL)

❸ **비선형 오차 :** 오프셋 오차와 이득 오차를 보상하는 과정 중 생기는 오차로 0 ~ $2^{10}-1$ 사이의 변환값이 비선형적으로 나타난다.

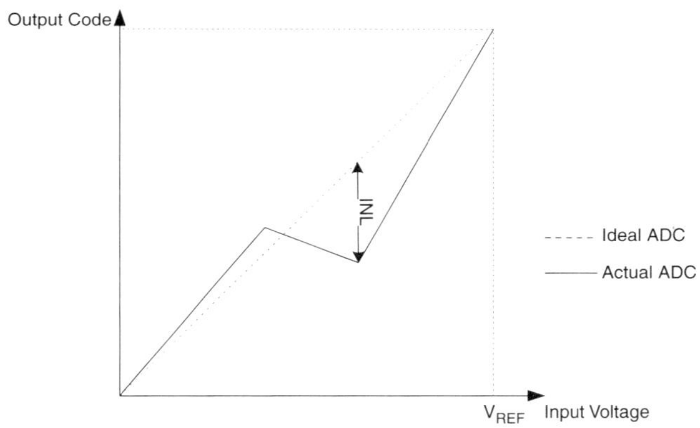

그림 9-16 • ADC 변환의 비선형 오차 (출처:ATMEL)

❹ **차동 비선형 오차 :** 차동 입력의 경우에 생기는 오차로 1 LSB까지 오차가 생길 수 있다.

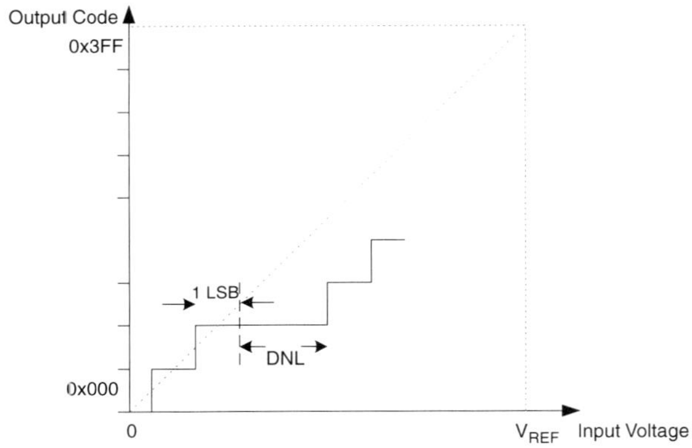

그림 9-17 • ADC 변환의 차동 비선형 오차 (출처:ATMEL)

❺ **양자화 오차 :** 아날로그 신호를 샘플링 한 후 부호화 과정에서 생기는 오차로 항상 0.5 LSB가 존재한다.

실험 9-1 ADC를 이용한 조도 변화 측정 1

조도에 따라 저항값이 변화하는 CdS의 저항 변화를 측정하여 표시한다.

회로도

[그림 9-18]의 회로를 구현하고 CdS_CON을 [그림 4-4]의 F_CON에 연결한다. 또한 [그림 7-7]의 LCD_CON을 [그림 4-4]의 C_CON에 연결한다.

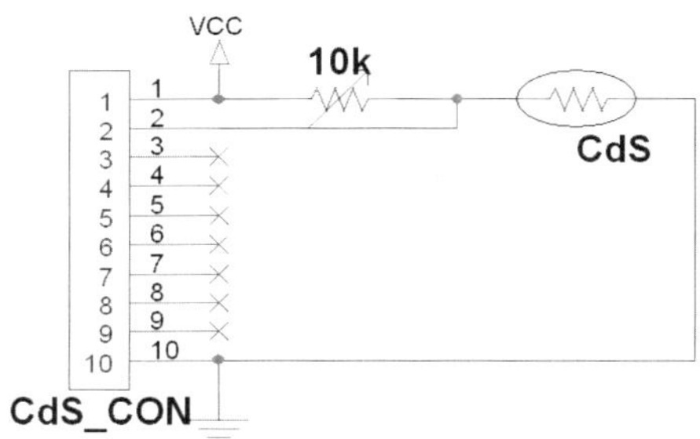

그림 9-18 • 조도 측정 회로

프로그램 예

```
#include <mega128.h>
#include <delay.h>
#include "lcdchoi.h"
```

```
unsigned char dbuf[4];
void hex2bcd(unsigned int hex, unsigned char *ptr)
                                        // 1024 이하의 헥사값을 3자리수 bcd로 변환한다.
{
  *ptr = hex / 1000;
  *(ptr+1) = (hex % 1000) / 100;
  *(ptr+2) = ((hex % 1000) % 100 ) / 10;
  *(ptr+3) = ((hex % 1000) % 100 ) %10;
}

void adc_init()
{
  ADMUX = 0x00;                         // ADC0를 사용하고 Vref = Vcc사용
  ADCSRA = 0x83;                        // ADEN = 1, 분주비는 8
}

void main(void)
{
  unsigned int sum;
  unsigned char i=0;
  unsigned int result_low=0, result_high=0;

  lcd_init();
  adc_init();
  SREG |= 0x80;                         // 인터럽트 전체 허용

  delay_ms(10);

  lcd_ln11();
  lcd_str("ADC EXAM 9-1");
  for(;;)
  {
    sum=0;
    for(i=0;i<16;i++)
    {
      ADCSRA |= 0x40;                   // ADSC = 1 , 변환 시작
      while((ADCSRA & 0x10) != 0x10); // 변환 완료 때까지 기다린다.
      result_low = ADCL;
      result_high = ADCH;
      sum += result_high*256 + result_low;
    }
    sum = sum >> 4;                     // 16으로 나누어 평균값을 구한다.
```

```
      hex2bcd(sum, dbuf);

      lcd_ln21();
      lcd_str("RESULT = ");
      for(i=0;i<4;i++) { lcd_dat('0'+dbuf[i]); }
   }
}
```

하드웨어 예

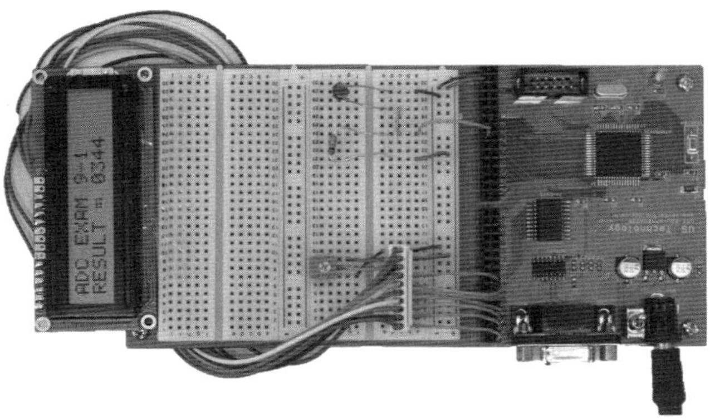

그림 9-19 • 조도 측정 실험을 위한 하드웨어 예

과제

❶ 디스플레이 장치로 LCD 대신에 FND를 사용하여 구현해보자.

❷ 분주비 설정을 바꾸어 구현해보자.

실험 9-2 ADC를 이용한 조도 변화 측정 2

Free Running 모드를 이용하여 연속적으로 AD 변환을 한다.

회로도

[실험 9-1]과 같음

프로그램 예

```
#include <mega128.h>
#include <delay.h>
#include "lcdchoi.h"

unsigned char dbuf[4];
unsigned int cnt;
```

```
void hex2bcd(unsigned int hex, unsigned char *ptr)
                                        // 1024 이하의 헥사값을 3자리수 bcd로 변환한다.
{
  *ptr = hex / 1000;
  *(ptr+1) = (hex % 1000) / 100;
  *(ptr+2) = ((hex % 1000) % 100 ) / 10;
  *(ptr+3) = ((hex % 1000) % 100 ) %10;
}

void adc_init()
{
  ADMUX = 0x00;                         // ADC0를 사용하고 Vref = Vcc 사용
  ADCSRA = 0xA3;                        // ADEN = 1, Free run 모드, 분주비는 8
  ADCSRA |= 0x40;                       // ADSC = 1, 변환 시작
}

void main(void)
{
  unsigned int sum;
  unsigned char i;

  lcd_init();
  adc_init();

  delay_ms(10);

  lcd_ln11();
  lcd_str("ADC EXAM 9-2");

  for(;;)
  {
    sum=0;
    for(i=0;i<16;i++) { sum += ADCH*256 + ADCL; }
    sum = sum >> 4;                     // 16으로 나누어 평균값을 구한다.
    hex2bcd(sum, dbuf);                 // 표시할 데이터 초기화

    lcd_ln21();
    lcd_str("RESULT = ");
    for(i=0;i<4;i++) { lcd_dat('0'+dbuf[i]); }
  }
}
```

과제

외부 인터럽트를 사용하여 프리런닝 모드를 설정 및 해제하는 프로그램을 구현해보자.

실험 9-3 | ADC를 이용한 조도 변화 측정 3

ADC 인터럽트를 사용하여 AD변환을 한다.

유의점

ADC 인터럽트를 사용할 경우 항상 ADCL을 먼저 계산하고 ADCH를 계산해야 함을 주의하라.

회로도

[실험 9-1]과 같음

프로그램 예

```
#include <mega128.h>
#include <delay.h>
#include "lcdchoi.h"

unsigned char dbuf[4];
unsigned char i;

void hex2bcd(unsigned int hex, unsigned char *ptr)
                                        // 1024 이하의 헥사값을 3자리수 bcd로 변환한다.
{
  *ptr = hex / 1000;
  *(ptr+1) = (hex % 1000) / 100;
  *(ptr+2) = ((hex % 1000) % 100 ) / 10;
  *(ptr+3) = ((hex % 1000) % 100 ) %10;
}

void adc_init()
{
  ADMUX = 0x00;                         // ADC0를 사용하고 Vref = Vcc사용
  ADCSRA = 0x8E;                        // ADEN = 1, 인터럽트 허용, 분주비는 8
}

interrupt [ADC_INT] void interrupt_adc(void)
{
  unsigned int sum;

  sum=0;
  for(i=0;i<16;i++)
  {
```

```
    sum += ADCL;
    sum += ADCH*256;
  }
  sum = sum >> 4;                          // 16으로 나누어 평균값을 구한다.
  hex2bcd(sum, dbuf);                      // 표시할 데이터 초기화
}

void main(void)
{
  lcd_init();
  adc_init();
  SREG.7 = 1;

  delay_ms(10);

  lcd_ln11();
  lcd_str("ADC EXAM 9-3");

  for(;;)
  {
    ADCSRA |= 0x40;                        // ADSC = 1, 변환 시작
    lcd_ln21();
    lcd_str("RESULT = ");
    for(i=0;i<4;i++)
    {
      lcd_dat('0'+dbuf[i]);
    }
  }
}
```

과제

ADC의 채널을 바꾸어 구현해보자.

실험 9-4 ADC를 이용한 전압의 측정

가변 저항기를 사용하여 저항의 변화에 따른 전압값을 ADC를 통하여 측정하고 LCD를 통하여 이를 표시한다.

유의점

기준 전압보다 큰 전압값을 측정하지 못하므로 이를 유의하여 프로그램하여라.

회로도

[그림 9-20]의 회로를 구현하고 Vol_CON을 [그림 4-4]의 F_CON에 연결한다. 또한 [그림 7-7]의 LCD_CON을 [그림 4-4]의 C_CON에 연결한다.

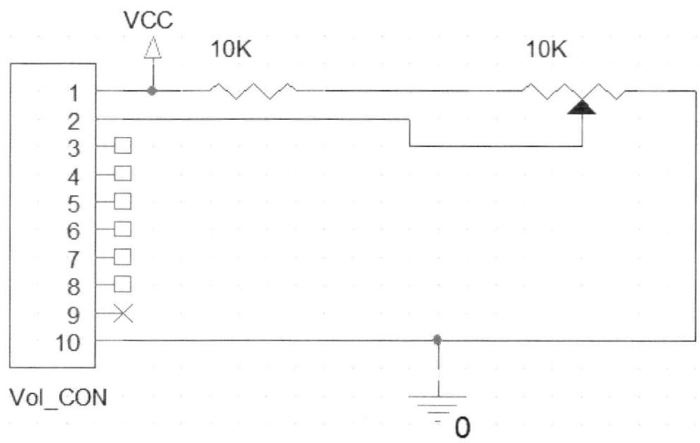

그림 9-20 • ADC를 이용한 전압 측정 회로도

프로그램 예

```
#include <mega128.h>
#include <delay.h>
#include "lcdchoi.h"

unsigned char dbuf[4];

void hex2bcd(unsigned int hex, unsigned char *ptr)
                                   // 1024 이하의 헥사값을 3자리수 bcd로 변환한다.
{
  *ptr = hex / 1000;
  *(ptr+1) = (hex % 1000) / 100;
  *(ptr+2) = ((hex % 1000) % 100 ) / 10;
  *(ptr+3) = ((hex % 1000) % 100 ) %10;
}

void adc_init()
{
  ADMUX = 0x00;                    // ADC0를 사용하고 Vref = Vcc 사용
  ADCSRA = 0x83;                   // ADEN = 1, 분주비는 8
}

void main(void)
```

```
{
  unsigned int sum;
  unsigned char i=0;
  unsigned int result_low=0, result_high=0;

  lcd_init();
  adc_init();
  SREG |= 0x80;                              // 인터럽트 전체 허용

  delay_ms(10);
  lcd_ln11();
  lcd_str("ADC EXAM 9-4");

  for(;;)
  {
    sum=0;
    for(i=0;i<16;i++)
    {
      ADCSRA |= 0x40;                        // ADSC = 1, 변환 시작
      while((ADCSRA & 0x10) != 0x10);        // 변환 완료 때까지 기다린다.
      result_low = ADCL;
      result_high = ADCH;
      sum += result_high*256 + result_low;
    }
    sum = sum >> 4;                          // 16으로 나누어 평균값을 구한다.
    hex2bcd(sum, dbuf);

    lcd_ln21();
    lcd_str("RESULT = ");
    for(i=0;i<4;i++) { lcd_dat('0'+dbuf[i]); }
  }
}
```

하드웨어 예

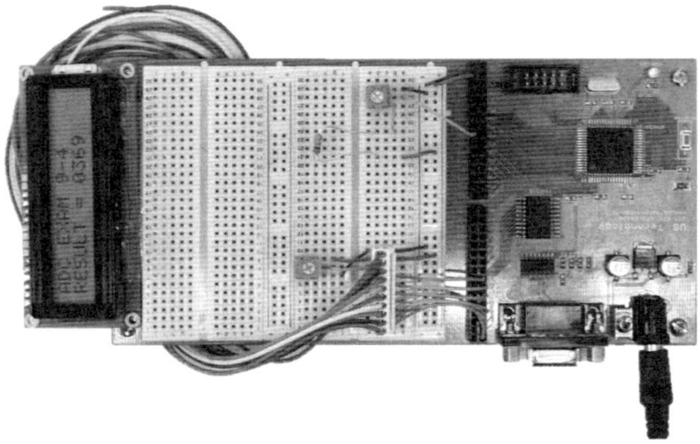

그림 9-21 • ADC를 이용한 전압 측정 하드웨어 예

과제

기준 전압을 바꿔서 구현해보자.

2 아날로그 비교기

2.1 구성

[그림 9-22]는 ATmega128에 내장된 아날로그 비교기의 구성을 보여준다.

- **AIN0 ~ 1(PE2 ~ 3 : 핀4 ~ 5) :** 비교기 양극성 입력, 비교기 음극성 입력
- **ACO(Analog Comparator Output) :** ACSR 레지스터의 비트5 플랙으로 양극성 입력이 음극성 입력보다 크면 1로 세트된다.
- **ACIS1 ~ 0 :** 아날로그 비교기의 인터럽트 모드를 설정한다.
- **밴드갭 레퍼런스 :** 양극성 입력으로 사용될 수 있는 1.23 V 내부 기준 전압
- **ADC MUX OUTPUT :** 음극성 입력으로 사용될 수 있는 ADC의 입력 신호들 ADC0 ~ 7

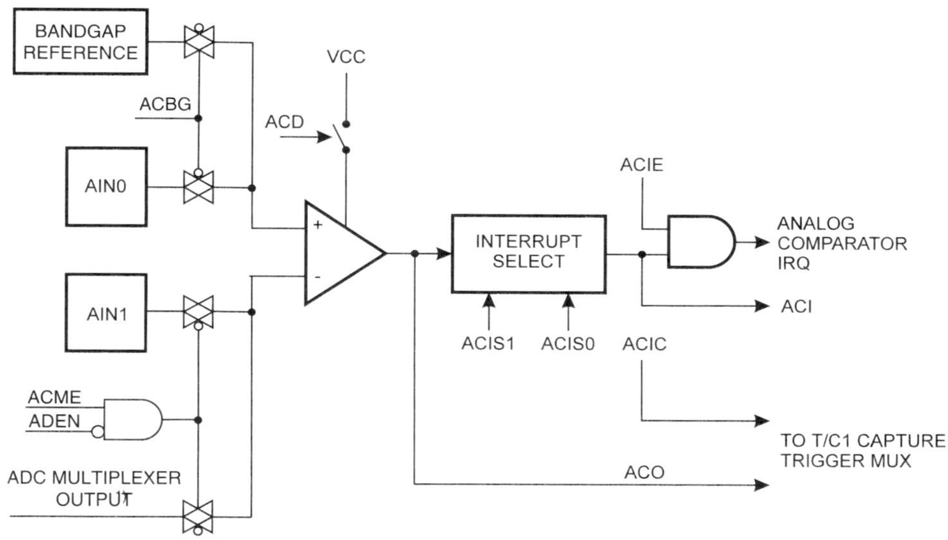

그림 9-22 • 아날로그 비교기의 블록 선도 (출처:ATMEL)

2.2 제어

ACSR(Analog Comparator control and Status Register)와 SFIOR(Special Function IO Register) 레지스터를 사용해서 아날로그 비교기의 기능과 입력 신호를 선택할 수 있고 동작 상태를 알아낼 수 있다.

ACSR 레지스터

Bit	7	6	5	4	3	2	1	0	
	ACD	ACBG	ACO	ACI	ACIE	ACIC	ACIS1	ACIS0	ACSR
Read/Write	R/W	R/W	R	R/W	R/W	R/W	R/W	R/W	
Initial Value	0	0	N/A	0	0	0	0	0	

그림 9-23 • ACSR 레지스터의 비트 구성 (출처:ATMEL)

- **비트7(ACD:Analog Comparator Disable) :** 1이면 아날로그 비교기의 동작을 금지시켜 소비 전력을 감소시킨다. 디폴트는 0이므로 비교기를 사용하지 않는 경우 1로 하면 전력 소비를 줄일 수 있다.
- **비트6(ACBG:Analog Comparator Bandgap Select) :** 아날로그 비교기의 양극성 입력을 선택하여 1이면 내부 기준 전압 1.23 V가 선택되고 0이면 AIN0 단자(PE2, 핀4)로 선택된다.

- **비트5(ACO:Analog Comparator Output) :** 비교기의 출력값으로 클럭과 동기되어 발생된다. 양극성 입력이 음극성 입력보다 크면 1로 세트된다.
- **비트4(ACI:Analog Comparator Interrupt Flag) :** 아날로그 비교기의 인터럽트 발생 플래그으로 ACIS1 ~ 0의 설정에 따라 결정된다. 비교기 인터럽트 개별 허용 비트가 ACIE가 1로 세트되어 있고 SREG.7이 1일 때 인터럽트는 서비스되고 그와 함께 자동적으로 ACI 비트는 클리어된다.
- **비트3(ACIE:Analog Comparator Interrupt Enable) :** 비교기 인터럽트 개별 허용 비트
- **비트2(ACIC:Analog Comparator Input Capture Enable) :** 아날로그 비교기의 출력 ACO 값을 타이머1의 입력 캡처 트리거 신호로 사용될 수 있도록 설정한다.
- **비트1 ~ 0(ACIS1 ~ 0 : Analog Comparator Interrupt mode Select 1 ~ 0) :** 아날로그 비교기 인터럽트 모드를 설정한다. 설정을 변경하는 경우 원하지 않는 인터럽트가 발생할 수 있으므로 ACIE는 클리어하고 변경한다.

ACIS1	ACIS0	Interrupt Mode
0	0	Comparator Interrupt on Output Toggle
0	1	Reserved
1	0	Comparator Interrupt on Falling Output Edge
1	1	Comparator Interrupt on Rising Output Edge

그림 9-24 • 아날로그 비교기 인터럽트 모드 설정 (출처:ATMEL)

❶ **00 :** ACO의 하강 및 상승 에지에서 아날로그 비교기 인터럽트 발생

❶ **01 :** 보류

❶ **10 :** ACO의 하강 에지에서 아날로그 비교기의 인터럽트 발생

❶ **11 :** ACO의 상승 에지에서 아날로그 비교기의 인터럽트 발생

SFIOR 레지스터

Bit	7	6	5	4	3	2	1	0	
	TSM	–	–	–	ACME	PUD	PSR0	PSR321	SFIOR
Read/Write	R/W	R	R	R	R/W	R/W	R/W	R/W	
Initial Value	0	0	0	0	0	0	0	0	

그림 9-25 • SFIOR 레지스터의 비트 구성 (출처:ATMEL)

- **비트3(ACME : Analog Comparator Multiplexer Enable) :** 아날로그 비교기의 음극성 입력에 ADC 입력을 사용할 수 있도록 허용한다. 0이며 음극성 입력으로 AIN1(핀5, PE3)가 사용되며 1로 세트시키고 ADCSRA 레지스터의 비트7(ADEN 비트)를 0으로 클리어하여 ADC의 동작을 정지시키면 ADC0 ~ 7중 하나를 음극성 입력으로 사용할 수 있다. 이때 ADC0 ~ 7중 하나를 선택하는 것은 ADMUX 레지스터의 비트2 ~ 0(MUX2 ~ 0비트)로 설정한다.

ACME	ADEN	MUX2..0	Analog Comparator Negative Input
0	x	xxx	AIN1
1	1	xxx	AIN1
1	0	000	ADC0
1	0	001	ADC1
1	0	010	ADC2
1	0	011	ADC3
1	0	100	ADC4
1	0	101	ADC5
1	0	110	ADC6
1	0	111	ADC7

그림 9-26 • 아날로그 비교기의 음극성 입력 설정 (출처:ATMEL)

실험 9-5 | 아날로그 비교기 실험

조도에 따라 저항값이 변화하는 CdS의 저항 변화가 어느 이상이면 소리를 낸다.

회로도

[그림 9-27]의 회로를 구현하고 CdS_CON을 [그림 4-4]의 F_CON에 연결한다. [그림 9-28]의 회로를 구현하고 C_CON을 [그림 4-4]의 C_CON에 연결한다.

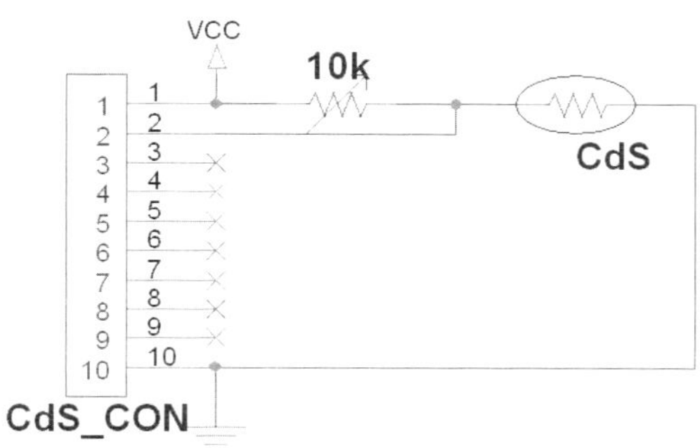

그림 9-27 • 조도 측정 회로

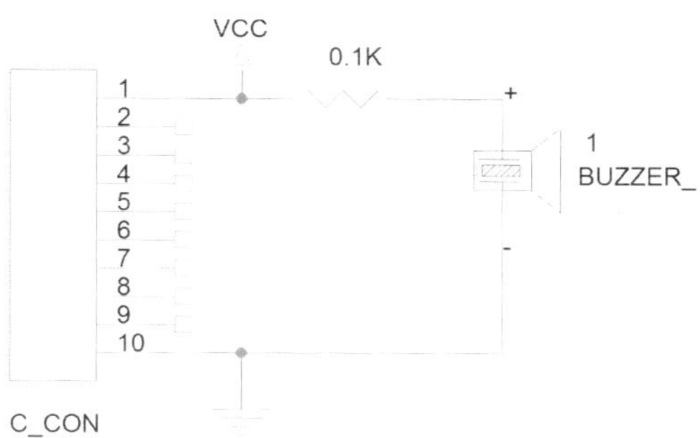

그림 9-28 • LED 부저 회로

프로그램 예

```
#include <mega128.h>
void main(void)
{
  DDRC = 0xff;                          // 포트C를 출력으로
  ACSR |= 0x40;                         // 양극성 입력을 1.23 V로 세트
  SFIOR |= 0x08;                        // ADC 입력을 음극성 입력으로 선택한다는 레지스스터 세트
  ADCSRA &=0x7f;                        // ADEN = 0
  ADMUX &=0xf8;                         // ADC0을 음극성 입력으로

  for(;;)
  {
    if((ACSR & 0x20) != 0x00)           // ACO는 양극성 입력이 음극성 입력보다 크면 1세트 된다.
    {                                   // 양극성 입력이 음극성 입력보다 크면 BUZZER ON
      PORTC.0 = 1;                      // BUZZER ON
    }
    else PORTC.0 = 0;                   // 음극성 입력이 양극성 입력보다 크면 BUZZER OFF
  }
}
```

하드웨어 예

그림 9-29 • 아날로그 비교기 실험 하드웨어 예

과제

양극성 전압 입력을 AIN0 단자(PE2, 핀4)로 하여 실험해보자.

3 DA 변환기의 종류

디지털-아날로그 변환기는 2진 부호로 표현된 디지털량을 그에 대응하는 직류 전압으로 변환하는 회로로 [그림 9-30]에 보여진 것처럼 가산형과 사다리형이 있다.

❶ **가산형(2진 하중 저항형) :** n비트의 디지털값을 아날로그량으로 변환하기 위해 R, 2 R, 4 R, ... , $2^{n-1}R$ 값의 저항들과 연산 증폭기를 사용하여 가산 증폭기 형태로 구성한 D/A 변환기로 정밀한 변환을 위해서는 최대 저항과 최소 저항 사이의 저항비가 정밀해야 하고 비트수가 많아지면 최대 저항과 최소 저항 사이의 저항비가 너무 커지며 각 디지털입력은 서로 다른 부하를 갖는 단점을 지니기 때문에 4비트 이상의 D/A 변환에 거의 사용되지 않는다. [그림 9-30]의 왼쪽에 4비트의 디지털값을 아날로그량으로 변환하기 위한 가산형 D/A 변환기가 보여졌다. 1레벨 입력 전압이 V_r일 때 출력값 V_o는 디지털값 b_i에 의존하여 다음과 같이 주어진다

$$V_o = -\frac{R_F}{R}\left(\frac{b_1}{1} + \frac{b_2}{2} + \frac{b_3}{4} + \frac{b_4}{8}\right)V_r$$

❷ **사다리형(R-2R형) :** R, $2R$ 두 종류의 저항과 연산 증폭기를 사용하여 구성한 D/A 변환기로 고정도를 만들 수 있다. 저가로 많이 사용되는 내셔날세미컨덕터 사의 DAC08 시리즈 D/A 변환기가 사다리형의 대표적인 예이다. [그림 9-30]의 오른쪽에 4비트의 디지털값을 아날로그량으로 변환하기 위한 사다리형 D/A 변환기가 보여졌다. 1레벨 입력 전압이 V_r일 때 출력값 V_o는 디지털값 b_i에 의존하여 다음과 같이 주어진다.

$$V_o = \left(\frac{b_1}{2} + \frac{b_2}{4} + \frac{b_3}{8} + \frac{b_4}{16}\right)V_r$$

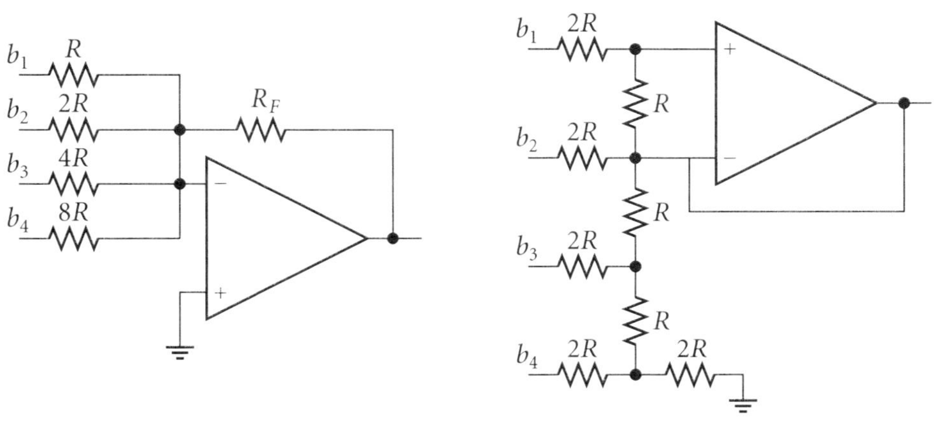

그림 9-30 • D/A 변환기의 종류. 가산형(왼쪽)과 사다리형(오른쪽)

3.1 DAC 0800소개

- **특징:** 8비트 분해능, 넓은 범위의 전원(4.5 ~ 18 V), TTL이나 CMOS와 직접 연결 가능, 100 nsec의 변환 시간, 저전력 소비(5 V에서 33 mW)
- **핀배치 :** 1번(VLC : 논리 임계값 제어핀으로 보통 GND에 연결한다.), 2번(/IOUT : 전류 출력핀), 3번(V− : −전원 단자), 4번(IOUT : 전류 출력핀), 5-12번(D7-D0 입력 단자) 13번(V+ : +전원단자), 14번(VREF+ : 최대 출력 전압), 15번(VREF− : 최저 출력 전압), 16번(COMP : 보정용 단자로 콘덴서를 통해 V−에 연결)

실험 9-6 | 톱니파 발생

PORTD.0에 연결된 누름 스위치가 눌리면 톱니파가 발생한다.

회로도

[그림 9-31]의 회로를 구현하고 DAC_CON을 [그림 4-4]의 C_CON에 연결한다. 또한 [그림 4-6]의 회로를 [그림 4-4]의 D_CON에 연결한다. SW1을 누르면서 실험한다.

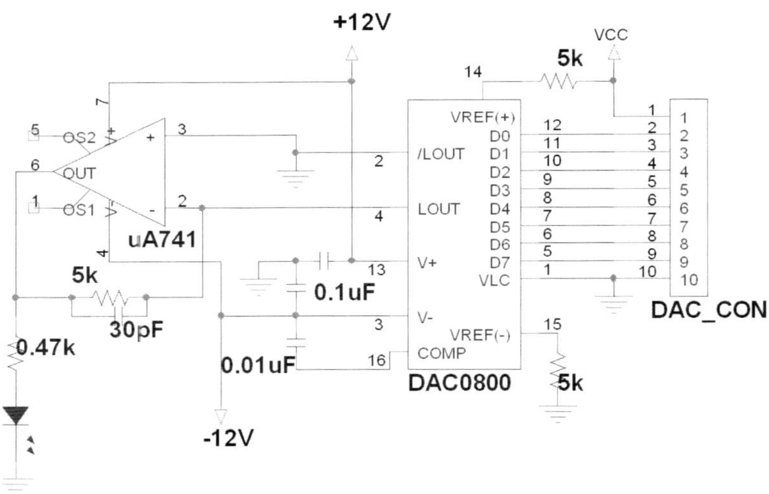

그림 9-31 • D/A 변환 실험 회로도

프로그램 예

```
#include <mega128.h>
#include <delay.h>
void main(void)
{
   unsigned char i=0xff;
```

```
    DDRC = 0xff;                       // PORTC를 출력으로
    loop:
    while(PIND.0 == 1);                // PORTD.0가 눌릴 때까지 대기
    delay_ms(50);                      // 50msec 시간 지연
    if(PIND.0 == 1) goto loop;         // 눌림이 50msec 동안 지속 안되면 무효 다시 키 입력을 받는다.
    while(PIND.0 !=1);                 // PORTD.0가 해제될 때까지 대기
    for(;;i--)
    {
       PORTC = i;
       delay_ms(1);
    }
}
```

하드웨어 예

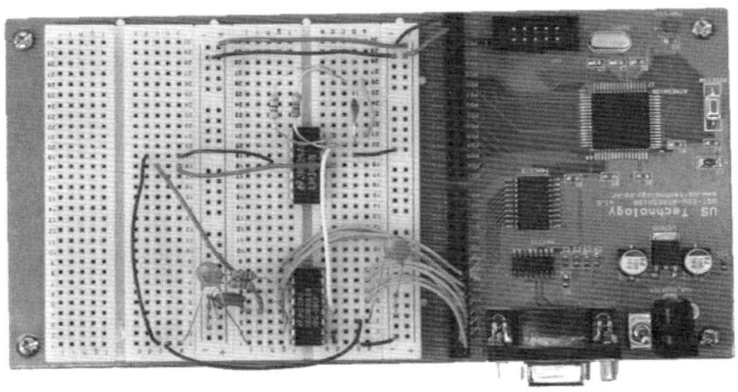

그림 9-32 • D/A 변환 실험 하드웨어 예

파형 측정 결과

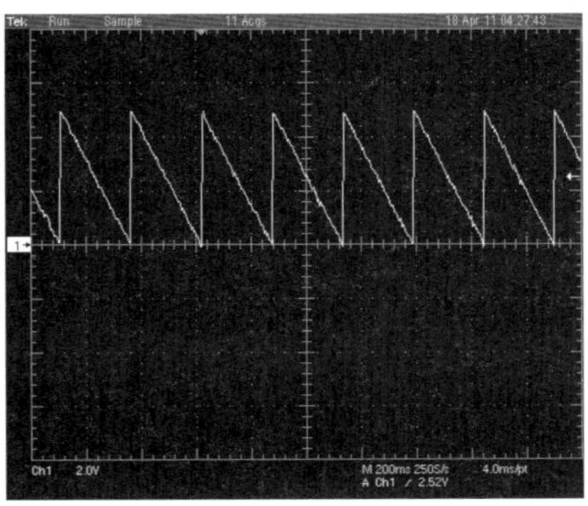

그림 9-33 • 톱니파 발생 측정의 예

실험 9-7 | 사인파의 발생

PORTD.0에 연결된 누름 스위치가 눌리면 사인파가 발생한다.

유의점

삼각 함수와 관련된 명령을 사용하지 않고 사인값을 100등분하여 구하고 표로 만들어 롬에 저장시켜 놓고 사용한다.

회로도

[실험 9-6]과 같음

프로그램 예

```
#include <mega128.h>
#include <delay.h>

flash unsigned char sin_tbl[ ] = {128, 136, 144, 151, 159, 167, 175,
182, 189, 196, 203, 209, 215, 221, 226,249, 247, 243, 240, 236, 231,
226, 221, 215, 209, 203, 196, 189, 182, 175, 167, 159, 151, 144, 136,
127, 119, 111, 104, 96, 88, 80, 73, 66, 59, 52, 46, 40, 34, 29, 24, 19,
15, 12, 8, 6, 4, 2, 1, 0, 0, 0, 1, 2, 4, 6, 8, 12, 15, 19, 24, 29, 34,
40, 46, 52, 59, 66, 73, 80, 88, 96, 104, 111, 119 };

void main(void)
{
  unsigned char i=0;
  DDRC = 0xff;                        // PORTC 를 출력으로
  loop:
  while(PIND.0 == 1);                 // PORTD.0가 눌릴 때까지 대기
  delay_ms(50);                       // 50msec 시간 지연
  if(PIND.0 == 1) goto loop;          /* 눌림이 50msec 동안 지속 안되면 무효,
                                         다시 키 입력을 받는다. */
  while(PIND.0 !=1);                  // PORTD.0가 해제될 때까지 대기
  for(;;){
  PORTC = sin_tbl[i];
  delay_ms(20);
  if(i<=98) i++;
  else i=0;
  }
}
```

파형 측정 결과

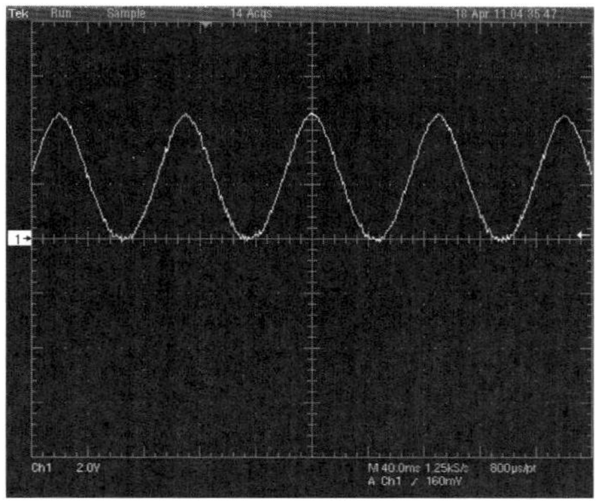

그림 9-34 • 사인파 발생 측정의 예

연습문제

1. AD 변화 과정을 4개의 단계로 나누었을 때 4단계를 순서대로 나열하면?

2. 양자화 단계의 개수가 많을 경우의 장점과 단점에 대하여 각각 설명하라.

3. 다음 AD 변환기 설명 중 옳지 않은 것을 모두 골라라.

a. AD 변환기는 적분 방식과 비교 방식으로 크게 나뉘어 질 수 있다.

b. 비교 방식은 적분 방식에 비해 저속으로 변환이 이루어지는데 축차 비교, 추종 비교, 병렬 비교형이 있다.

c. 전압 주파수 변환형은 샘플링된 입력 신호에 비례하는 반복 주파수 펄스를 발생시키고 카운터로 계수하여 A/D 변환한다.

d. 병렬 비교형은 샘플링 회로, D/A 변환기, 연속근사 레지스터, 비교기로 구성되어 있다.

4. 다음 ATmega128의 ADC 특징 중 맞는 것을 모두 골라라.

a. 10비트 8채널(PF0 ~ 7, 핀 번호 61 ~ 54)의 축차 비교형 단극성 변환기 제공

b. 7채널의 차동 입력 변환기로 사용 가능

c. 10배 또는 2000배의 증폭률을 가진 2채널의 차동 입력 변환 기능 제공

d. 0 ~ Vref 범위의 전압을 입력으로 가질 수 있다. 차동의 경우 −Vref ~ Vref까지 가능하다. 기준 전압 Vref는 VCC를 초과할 수 없다.

e. 변환 완료 인터럽트가 제공되지 않아 완료 시 ADCSRA 레지스터의 ADIF 플랙을 사용자가 세트해 주어야 함.

f. 13 ~ 260 usec의 변환 시간을 사용자가 설정할 수 있다.

5. ADC를 사용함에 있어 외부의 AVCC 단자(64번 핀)로 입력된 전압을 기준 전압으로 사용하기 위해 세트해야 하는 레지스터와 비트는 무엇인가(해당 비트 세트 방법도 기재 한다)?

6. ATmega128의 ADC의 동작 모드에는 두 가지가 있다. 각각 무엇인가?

7. ADC 동작에 있어 잡음 제거 방법으로 옳지 않은 것을 모두 골라라.

a. 아날로그 입력 신호선을 최대한 길게 한다.

b. AVCC 단자에는 디지털 전원 VCC를 LC 필터로 안정화시켜 인가한다.

c. AD변환 후 나머지 PA7 ~ 0중에서 디지탈 입출력 포트로 사용하는 포트의 값을 스위칭하지 않는다.

d. ADC noise reduction 모드를 이용하면 매우 안정적인 변환을 이룰 수 있다.

8. 아날로그 비교기의 기능과 입력 신호를 선택할 수 있고 동작 상태를 알아 낼 수 있는 레지스터는?

9. 디지털-아날로그 변환기는 크게 두 가지로 나눈다. 각각 무엇인가?

10. 다음 설명하는 DAC 0800의 특징으로 옳지 않은 것을 모두 골라라.

a. 16비트 분해능.

b. 넓은 범위의 전원(4.5 ~ 220 V), TTL이나 CMOS와 직접 연결 불가능.

c. 100 nsec의 변환 시간.

d. 저전력 소비(5 V에서 33 mW).

CHAPTER 10

모터 실험

학습목차

학습개요

앞서 많은 실험들을 통하여 AVR의 내부 기능 및 그 활용을 익혔다. 10장에서 부터는 AVR에 외부 모듈 및 센서를 연결하여 AVR을 통한 제어법을 익힌다. 10장에서는 스텝 모터와 직류 모터의 구동에 관하여 실험한다. 또한 스텝 모터와 직류 모터를 구동하기 위한 모터 드라이버 설계 및 활용을 익힌다.

1 스텝 모터 개요

1.1 특징

- 모터의 총회전각은 입력 펄스수의 총수에 비례한다.
- 모터의 속도는 1초당 입력 펄스수(펄스레이트)에 비례(보통 수십 kpps 정도가 사용됨)한다.
- 기동, 정지, 회전 방향 변경, 변속이 쉽고 응답 특성도 양호하다.
- 높은 유지 토크를 내어 특정 위치에 정지할 수 있고 기동 정지 응답 특성이 양호하여 서보 모터로 사용 가능하다.
- 1 스텝당 각도 오차가 5 % 이내이며 회전각의 오차가 누적되지 않는다.
- 회전각 검출이 필요 없어 제어기가 간단하고 가격이 상대적으로 저렴하다.
- 직류 모터에서와 같이 브러쉬 교환 등 보수를 필요로 하지 않아 유지보수가 쉽고 부품수가 적어 신뢰성이 높다.
- 진동, 공진이 발생하기 쉽고 관성이 있는 부하에 약하다.
- 모터가 정지할 때 흔들이와 같이 진동하면서 정지. 진동음이 큰 경우도 종종 발생한다.
- 펄스레이트가 모터의 고유 진동수의 정수분의 1일 때 큰 진동이 발생한다.
- 통상 100 pps 이하에서 공진이 발생하는 경우가 많고 탈조 등의 현상이 발생한다.
- 고속운전 시 모터 인덕턴스의 영향으로 권선에 충분한 전류가 흐르지 않아 토크가 저하하고 탈조하기 쉽다.

1.2 종류

고정자 권선에 따른 종류

고정자에 있는 독립된 권선의 개수에 따라 2상, 3상, 4상 등의 모터가 있고 2상은 저출력, 3상은 가변 릴럭턴스형 모터 4상은 고출력 장치에 적용된다.

구조에 따른 종류 :

❶ **영구자석형 :** 회전자가 영구자석으로 고정자에 감긴 코일에 전류를 흘리면 회전자가 전류가 흘러진 고정자와 정렬하면서 회전하게 됨. 보통 스텝각이 1.8, 7.5, 15, 30, 34, 90도이다.

❷ **가변 릴럭턴스형 :** 회전자가 연강 재질로 톱니바퀴 형태. 고정자 권선에 전류를 가하면 회

전자는 최소 자기저항을 갖도록 정렬하면서 회전하게 된다. 보통 스텝각이 7.5, 15도이다. 회전자의 관성이 작고 고속응답 특성이 우수하나 권선에 전류를 흘리지 않을 때 유지 토크가 0이다.

❸ **하이브리드형 :** 영구자석형의 높은 효율과 가변 릴럭턴스형의 작은 스텝각의 장점을 조합하여 회전자가 원통형의 영구자석 위에 톱니형의 규소강판이 적층되어 있다. 스텝각은 0.8, 1.8도임. 고정밀, 고출력 토크용이다.

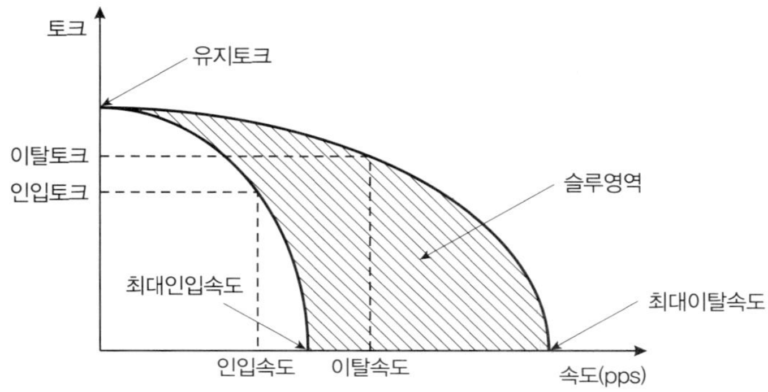

그림 10-1 • 스텝 모터의 토크 속도 특성

1.3 특성과 사양

[그림 10-1]에 스텝 모터의 속도와 토크의 관계가 보여졌다.

- **스텝각 :** 한 입력 펄스당 회전각
- **유지 토크(holding torque) :** 정지 상태에서 모터에 작용 가능한 최대 부하 토크
- **슬루 영역(slew range) :** 가감속 회전, 역회전, 정지, 기동이 펄스 입력에 동기 가능한 범위
- **최대 인입 속도 :** 무부하시 펄스 입력에 동기되어 기동 가능한 최대 입력 펄스수
- **최대 이탈 속도 :** 무부하시 입력 펄스에 동기되어 회전 가능한 최대 입력 펄스수

1.4 4상 스텝 모터의 결선 확인법

4상 스텝 모터의 경우 선이 6개 혹은 5개 나와 있다. 전원을 A-B-C-D 순서로 가하면 시계 방향으로 회전한다고 가정하고 선이 6개 나와 있다고 가정하자. 이럴 경우 결선들의 상은 아래에 따라 결정하면 된다.

❶ 먼저 Ground 공통선 G(G1,G2)를 찾기 위해 저항계를 사용하여 저항이 무한대가 아닌 짝들을 찾아낼 수 있을 것이다. 6개의 선이 나와있는 경우는 3개의 선들로 이루어진 짝들을 찾아 X짝, Y짝이라 하자. [그림 10-2]의 경우에는 (A, G1, C)와 (B, G1, D)짝을 찾을 수 있다.

❷ 먼저 X짝에서 저항계를 다시 이용하여 공통선을 찾고 다음 Y짝에서 공통선을 찾는다. [그림 10-2]에서 (A, G1, C) 짝의 경우 (A, C) 간의 저항은 (A, G1)와 (G1, C)간의 저항의 2배 정도가 될 것이다.

❸ Ground 공통선 G(G1, G2)를 연결하고 단계 ❶에서 찾은 X와 Y짝 중 X짝에서 공통선이 아닌 두 선을 Xa와 Xb라 하고 Y짝에서도 마찬가지로 Ya와 Yb라 하자. 먼저 Xa와 공통선 간에 정격 전원을 가해본다. 전원을 끊고 Ya와 공통선간에 정격 전원을 가하면 회전을 하게 되는데 시계 방향으로 회전하면 Xa는 A상, Xb는 C상, Ya는 B상, Yb는 D상으로 하면 된다. 반시계 방향으로 회전하면 Xa는 A상, Xb는 C상, Ya는 D상, Yb는 B상이다.

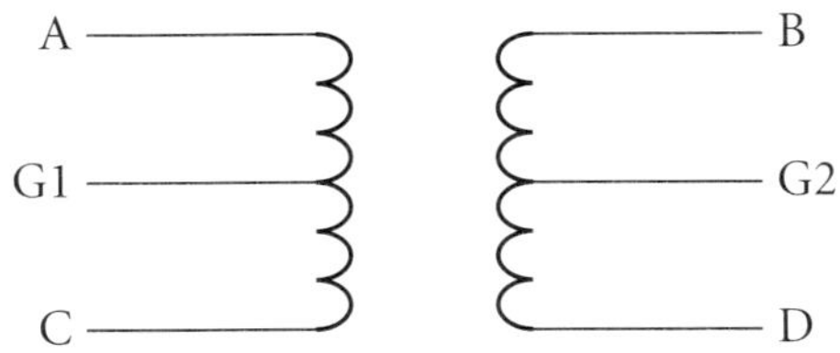

그림 10-2 • 4상 스텝 모터의 결선도

2 4상 스텝 모터의 구동 원리

2.1 1상 여자 방법

각 스위치를 닫아 각 상에 전류가 흐르면 S극이 회전축 방향으로 자화가 된다고 하자. 먼저 sw1을 닫으면 [그림10-3]의 왼쪽과 같이 되고 다음 sw1을 열고 sw2만 닫으면 회전자가 90도 회전하여 [그림 10-3]의 으른쪽과 같이된다. 마찬가지로 sw2를 열고 sw3만 닫으면 회전자가 90도 회전한다. 결국 A-B-C-D상 순서로 전류를 흘리면 모터가 회전함을 알 수 있다. 마찬가지로 D-C-B-A순서로 전류를 흘리면 모터가 반시계 방향으로 회전한다. 1개의 상만 전류를 흘려서(여자시켰는데) 회전시켜 1상 여자 방법이라 한다.

2.2 2상 여자 방법

sw1과 sw2만 닫혔다고 하자. 그러면 [그림 10-4]의 왼쪽과 같이 될 것이다. 다음 sw1이 열리고 sw2와 sw3가 닫혔다고 하자. 그러면 회전자는 90도 회전하여 [그림 10-4]의 오른쪽과 같이 된다. 마찬가지로 sw2가 열고 sw3와 sw4가 닫으면 회전자는 90도 회전하게 된다. 결국 AB-BC-CD-DA상 순서로 전류를 흘리면 모터가 회전함을 알 수 있다. 마찬가지로 AB-AD-DC-CB-BA 순서로 전류를 흘리면 모터가 반시계 방향으로 회전한다. 이처럼 2개의 상을 여자시켜 스텝 모터를 구동하는 방법을 2상 여자 방법이라 한다. 1상 여자에 비해 두배의 전력을 요하나 그 만큼 힘이 좋은 구동 방법이다

2.3 1-2상 여자 방법

처음에 sw1만 닫고 그 다음 sw1과 sw2만 닫고 그 다음은 sw1을 열고 sw2만 닫고 이렇게 A–AB–B–BC–C–CD–D–DA–... 식으로 여자하면 45도씩 회전하게 된다. 이처럼 1개의 상 그 다음은 2개의 상을 번갈아 여자시켜 스텝 모터를 구동하는 방법을 1-2상 여자 방법이라 한다. 여자 순서가 복잡해지나 회전 각도의 resolution을 증가시킬 수 있는 방법이다

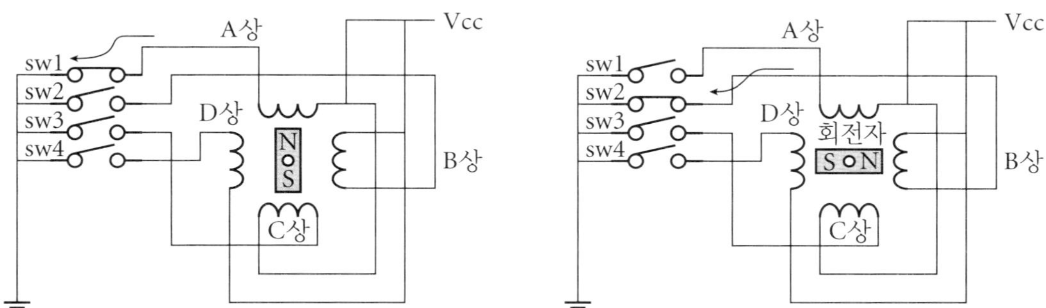

그림 10-3 ◦ 1상 여자 방법(왼쪽: sw1만 닫힌 경우, 오른쪽: sw2만 닫힌 경우)

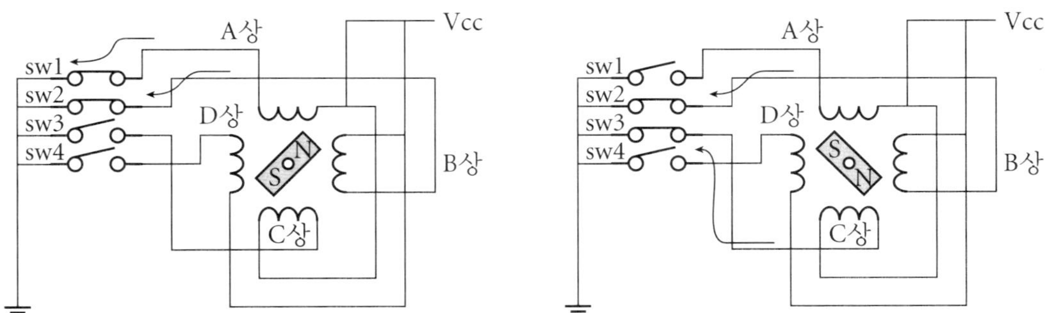

그림 10-4 ◦ 2상 여자 방법(왼쪽: sw1와 sw2만 닫힌 경우, 오른쪽: sw2, sw3만 닫힌 경우)

3 스텝 모터의 위치 제어법

스텝 모터는 여자를 A상에서 B상, B상에서 C상 이렇게 순서대로 함에 따라 스텝각이라 불리는 각도만큼씩 회전하게 되기 때문에 각도의 정밀도는 스텝각에 따라 의존하게 된다. 1상 여자나 2상 여자를 사용하여 구동하는 경우에는 스텝각이 그 정밀도의 한계가 되고 1-2상 여자의 경우에는 스텝각의 1/2가 위치 제어의 정밀도 한계가 된다. 원하는 각도만큼 회전시키기 위해서는 그 각도를 정밀도 한계로 나누어 얻어진 값과 가장 근사한 정수만큼 여자 순서를 바꾸어주면 원하는 각도만큼 회전시켜 회전자를 위치시킬 수 있다.

- **4상의 스텝 모터 1상 여자 방법 :** 4 bit 신호에 의해 시계 방향으로 스텝각의 n배만큼 회전시키는 경우를 생각해보자. 이를 위해 마이콤을 사용하여 sw1, sw2, sw3, sw4를 열고 닫는 여자 패턴을 생성시켜 제어하는 경우 다음과 같이 여자 패턴을 n번 만들어 출력 포트로 내보내 주면 될 것이다.

  10001000 → 01000100(1번) → 00100010(2번) → 00010001(3번) → .....(n번)

  sw1, sw2, sw3, sw4의 작동은 출력 포트값 중 하위 4 bit나 상위 4 bit 중 아무 신호를 사용하여 작동시키면 된다. 그리고 위의 패턴으로부터 시계 방향으로 n번 회전시킬 경우 시작값 10001000을 어떤 레지스터에 저장해서 출력하고 레지스터 값을 왼쪽으로 회전시켜서 어느 시간 간격 후에 출력시키고 또 레지스터 값을 왼쪽으로 회전시켜서 어느 시간 간격 후에 출력시키는 과정을 n번 반복 수행하는 식으로 마이콤 프로그램을 작성하면 된다. 반시계 방향의 경우는 오른쪽으로 레지스터 값을 회전시켜서 출력하면 된다.

- **2상 여자의 경우 :** 다음과 같은 여자 패턴을 사용한다.

  11001100 → 01100110(1번) → 00110011(2번) → 10011001(3번) → .....(n번)

- **1-2상 여자의 경우 :** 다음과 같이 여자 패턴을 발생시킨다. sw1, sw2, sw3, sw4의 작동은 출력 포트값 중 1,3,5,7번째 bit의 신호를 사용하여 작동시키면 된다. 위의 1-2상 여자 패턴으로부터 처음에는 sw1만 닫히고 그 다음은 sw1과 sw2가 닫히고 그 다음은 sw2만 닫히고 그 다음은 sw2와 sw3가 닫히도록 하는 식으로 신호가 발생됨을 확인할 수 있다.

  11100000 → 01110000(1번) → 00111000(2번) → 00011100(3번) → .....(n번)

4 스텝 모터의 속도 제어법

스텝 모터의 속도는 여자시키기 위해 각 상에 전원을 순서대로 끊고 연결시키는 간격에 따라 좌우된다. 즉 한 여자 패턴에서 다음 스텝각으로 회전시키기 위한 여자 패턴으로의 이동

시간 간격에 따라 좌우된다. 예로 1상 여자 방식으로 스텝 모터를 마이콤을 사용하여 스텝각의 n배만큼 회전시키는 경우 다음과 같은 신호들이 출력되고

10001000 → 01000100(1번) → 00100010(2번) → 00010001(3번) → .....(n번)

각 신호의 값들이 생성되어 출력되는 간격이 좁으면 회전 속도는 빠르고 간격이 넓으면 늦을 것이다. 만약 일정하다면 정속도 운전이 될 것이고 간격이 넓었다고 좁아지면 가속 운전이 되고 좁았다고 넓어지면 감속 운전이 될 것이다. 스텝 모터는 기계적인 한계로 인해 최저 속도와 최고 속도가 사양으로 주어지기 때문에 원하는 응용에 맞는 규격을 갖는 스텝 모터를 선정하고 이 한도 내에서 여자 간격을 줌으로써 안정적인 속도를 갖도록 제어할 수 있다.

5 스텝 모터의 가감속 제어 시 펄스레이트 결정법

가감속 제어를 위해서는 여자 패턴의 이동 시간 간격을 제어해야 하는 데 간격을 결정하는 법을 설명하겠다. 초기 속도 f_1, 최종 속도 f_N, 최종 속도에 도달에 필요한 스텝수 N이 주어졌고 [그림 10-5]와 같은 가속 패턴이 요구된다고 가정하자. 감속의 경우는 f_N과 f_1을 바꿔놓으면 된다.

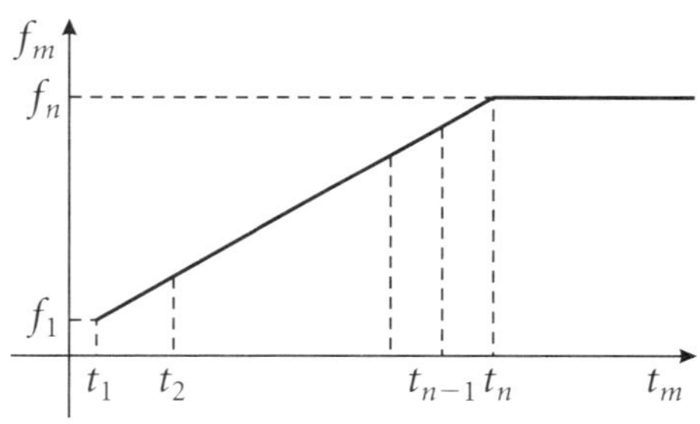

그림 10-5 • 스텝 모터의 가속 패턴

$$t_1 = \frac{1}{f_1},\ t_k - t_k - 1 = \frac{1}{f_k},\ f_k - f_1 = \frac{(f_N - f_1)}{(f_N - f_1)}(t_k - t_1),\ k = 2\ , \ldots,\ N$$

이 성립하고 각 시간 간격 마다 한 스텝씩 움직이는 것이므로 각각의 마름모의 면적은 1이 되어야 한다. 그러므로 다음의 수식이 성립한다.

$$2(k - 1) = (f_k + f_1)(t_k - t_1),\ \ 2(N - 1) = (f_1 + f_N)(t_N - t_1)$$

결국 다음의 수식을 얻을 수 있다.

$$f_k^2 - f_1^2 = \frac{(f_N^2 - f_1^2)(k-1)}{(N-1)}, \quad t_k - t_{k-1} = \frac{1}{\sqrt{f_1^2 = \frac{(f_N^2 - f_1^2)(k-1)}{(N-1)}}}$$

예로 최종 속도에 도달에 필요한 스텝수 $N = 10$으로 초기 속도와 최종 속도가 pps로 각각 $f_1 = 500$, $f_{10} = 1000$일 때 스텝 인덱스 k와 이에 따른 각 스텝에서의 속도와 시간 간격은 [표 10-1]과 같다.

표 10-1 • $f_1 = 500$, $f_{10} = 1000$일 때 k에 따른 속도

k	f_k(pps)	$t_k - t_{k-1}$(msec)	t_k(msec)
1	500.0	2.0000	2.0000
2	577.4	1.7321	3.7321
3	645.5	1.5491	5.2812
4	707.1	1.4142	6.6955
5	763.8	1.3093	8.0048
6	816.5	1.2247	9.2295
7	866.0	1.1547	10.3842
8	912.9	1.0954	11.4797
9	957.4	1.0445	12.5241
10	1000	1.0000	13.5241

6 모터 구동용 H 브리지 회로

[그림 10-6]에 보여진 회로는 H 브리지 회로로 여러 가지 모터를 구동하기 위해 쓰일 수 있다.

- **C3205Y와 A1273Y 쌍의 역할 :** 출력으로 유출입되는 전류의 흐름을 통제하는 on-off 스위치의 역할을 한다. IN1 입력이 1(5 V level)일 때 C3205Y은 off 상태, A1273Y는 on 상태로 되어 OUT1 출력이 GND에 연결되고, IN1 입력이 0(0 V level)일 때 C3205Y은 켜지고 A1273Y는 꺼져 OUT1 출력은 VCC에 연결된다. 그래서 부하를 OUT1과 OUT2 사이에 연결하고 IN1에 1레벨을 입력시키고 IN2에 0레벨을 입력시키면 부하에는 전류가 OUT2 측에서 흘러들어가 OUT1 측으로 흘러 나가게 된다. 2SD560(파워 TR : npn)과 2SB601 쌍으로 혹은 BDX53C(npn)과 BDX54C 쌍으로 대체 가능하다.
- **(0.5옴[1 W], 2SC1815Y)과 (0.5옴[1 W], 2SA1015Y)의 역할 :** 출력으로 유출(유입)되는 전류가 어느 한도를 넘으면 2SC1815Y(혹은 2SA1015Y)가 도통이 되고 C3205Y(혹은 A1273Y)이 꺼지게 되어 출력으로 유출(유입)되는 전류를 제한한다. 주어진 회로도에서는

1.2 A(= 0.6 V/0.5옴)가 한도가 된다. 저항값을 조정함으로써 출력쪽으로의 유출입 전류 상한값을 설정할 수 있다.

- **FR105의 역할 :** 스위치 역할을 하는 C3205Y(혹은 A1273Y)가 손상되는 것을 방지하는 환류 다이오드의 역할은 한다. 이들 트랜지스터가 켜져있다가 갑자기 꺼지게 되면 출력의 부하가 인덕턴스 성분을 갖는 모타의 경우 부하 전류가 급격히 변화할 수 없는 상황에서 전류가 흐를 곳이 없어 트랜지스터를 파괴하고 흐를 소지가 있다. 이 때 다이오드 FR105가 전류의 통로를 마련해준다.

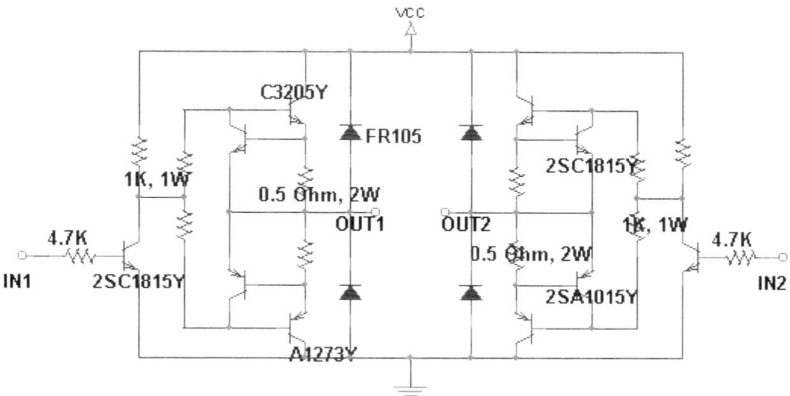

그림 10-6 • 다목적 H브리지 회로의 예

7 모터 구동용 IC L298의 개요

- **특징 :** A와 B 두 개의 H브리지 회로 내장, 회로가 간단하고 부피가 적음, 최대 전류 2.5 A, 평균 전류 0.2 ~ 0.25 A, 2000 ~ 4000 pps 구동이 가능. 환류 다이오드를 외부에서 달아 주어야 함.

- **핀배치 :** 8번(GND), 6번(ENA : A 브리지 회로의 인에블 단자로 1레벨이면 동작 허용), 5번(IN1 : A 브리지 회로의 입력1), 2번(OUT1 : A 브리지 회로의 출력1), 7번(IN2 : A 브리지 회로의 입력2), 3번(OUT1 : A 브리지 회로의 출력2), 10번(IN3 : B 브리지 회로의 입력1), 11번(ENB : B 브리지 회로의 인에블 단자로 1레벨이면 동작 허용), 13번(OUT3 : B 브리지 회로의 출력1), 12번(IN4 : B 브리지 회로의 입력2), 14번(OUT4 : B 브리지 회로의 출력2), 4번(VS : 모터측 전원으로 마이컴측 전원보다 2.5 V이상 커야 함, GND와 사이에 100 nF 콘덴서를 필히 연결해야 함), 9번(VSS : 마이컴측 전원단자. GND와 사이에 100 nF 콘덴서를 필히 연결해야 함), 1번(ISENA : A 브리지 회로에 흐르는 부하 전류를 측정하기 위해

GND와 사이에 저항을 삽입하기 위한 단자, 과부하 전류 차단용 제어 회로나 PWM 제어에 활용 가능), 15번(ISENB)

- **동작방법 :** IN1 = 1레벨, IN2 = 0레벨, ENA = 1레벨 시 A 브리지 회로가 동작하고 OUT1에서 전류가 흘러나와 OUT2쪽으로 전류가 흘러들어간다. IN1 = 0레벨, IN2 = 1레벨, ENA = 1레벨 시 A 브리지 회로가 동작하고 OUT2에서 전류가 흘러나와 OUT1쪽으로 전류가 흘러들어간다. IN1 = IN2이며 ENA = 1레벨 시 급속하게 정지되고 ENA = 0레벨 시 입력에 관계없이 천천히 정지한다. B 브리지 회로도 마찬가지이다. 결국 ENx를 1레벨로 고정시키고 INx 입력을 조정하여 모터의 정지, 운전, 회전 방향을 제어할 수도 있고, INx를 어느 한방향으로 전류가 흘러들어가게 고정시키고 ENx를 조정하여 회전 방향은 일정하게 놓고 모터의 정지와 운전만을 제어할 수도 있고, ENx와 INx를 모두 조정하여 모터의 정지, 운전, 회전 방향을 제어할 수도 있다.

실험 10-1 | 스텝 모터의 정속 제어

PORTD.0에 연결된 스위치가 홀수번 눌리면 포트C에 연결된 스텝 모터를 500 pps로 스텝 모터를 회전시킨다. 짝수번 눌리면 정지한다.

유의점

500pps로 회전시키기 위해서는 2 msec마다 여자 패턴을 바꾸어 주어야 한다. 타이머0의 노말 모드를 이용하여 2msec 마다 인터럽트를 발생시키고 여자 패턴을 바꾸어준다. 1상 여자로 한다고 가정한다. [그림 10-7]의 회로에서는 ENx를 1레벨에 고정시켰음에 유의해서 작성해야 한다.

회로도

[그림 10-7]의 회로를 구현하고 L_CON을 [그림 4-4]의 C_CON에 연결한다. [그림 10-7]의 MOTOR_CON을 모터측 전원과 A, B, C, D 상과 GND에 연결한다. ISENx 단자를 GND에 직접 연결하여 부하 전류의 궤환을 하지 않는다. [그림 4-6]의 SW_CON을 [그림 4-4]의 D_CON에 연결한다. 또한 [그림 4-6]의 SW1를 누르면서 실험한다.

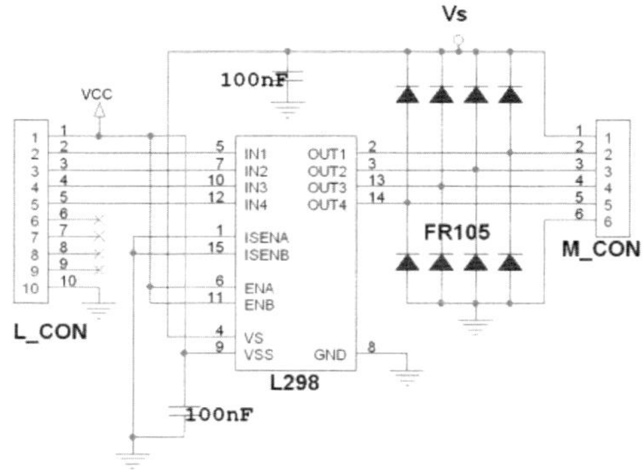

그림 10-7 • 모터 실험 회로도

프로그램 예

```
#include <mega128.h>
unsigned int cnt0;
unsigned char led=0x88, onoff=1;

interrupt [2] void exint0(void)
{
  if(onoff == 0) onoff = 1; else onoff = 0;
}
interrupt [17] void timerint0(void)
{
  if(onoff == 0) if( ++cnt0 == 2 )
  {  cnt0 = 0; led >>= 1; if(led == 0x08) led=0x88; }
  PORTC = led;
  TCNT0 = 6;         // 재정의 1msec = 64*(256-6)/16, 시뮬레이션할 때는 조절할 필요가 있음
}
void main(void)
{
  DDRC = 0xff;       // 포트C를 출력으로
  DDRD = 0x00;       // 포트D를 입력으로 디폴트 입력으로 설정되어 있으므로 필요하지는 않음
  SREG.7 = 1;        // 인터럽트 전체 허용
  EIMSK |= 0x01;     // INT0 개별 허용
  EICRA |= 3;        // 상승 에지 트리거
  TIMSK |= 1;        // 타이머0 오버플로 인터럽트 개별 허용
  TCCR0 |= 4;        // 분주비를 64로 설정,             시뮬레이션할 때는 조절할 필요가 있음
  TCNT0 = 6;         // 1msec = 64*(256-6)/16,          시뮬레이션할 때는 조절할 필요가 있음
  for(;;);
}
```

하드웨어 예

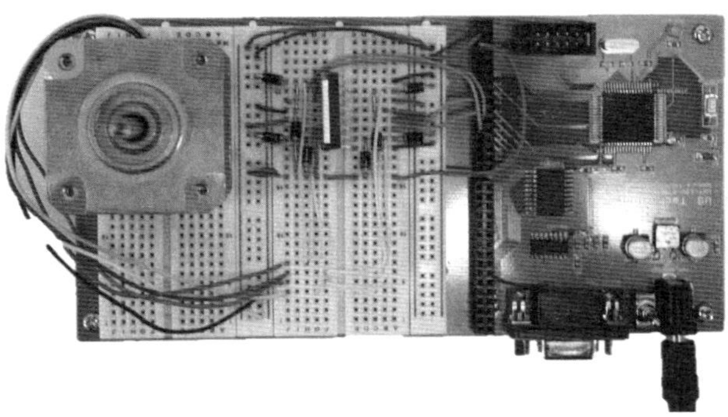

그림 10-8 • 모터 실험의 하드웨어의 예 (KST-42 금일 모터 사용)

과제

타이머1 ~ 3을 이용하여 작성해보자.

실험 10-2 | 스텝 모터의 속도 제어

PORTD.0에 연결된 스위치가 홀수번 눌리면 포트C에 연결된 스텝 모터를 500 pps로 스텝 모터를 회전시킨다. 짝수번 눌리면 정지한다. PORTD.1에 연결된 스위치가 눌리면 속도가 증가하고 PORTD.2에 연결된 스위치가 눌리면 감속된다.

유의점

500 pps로 회전시키기 위해서는 2 msec 마다 여자 패턴을 바꾸어 주어야 한다. 타이머0의 노말 모드를 이용하여 인터럽트를 발생시키고 여자 패턴을 바꾸어준다. 1상 여자로 한다고 가정한다. 외부 인터럽트를 사용하여 가감속을 제어한다.

회로도

[실험 10-1]과 같음

프로그램 예

```
#include <mega128.h>
unsigned int cnt, delaytime, step, delaymax, delaymin;
unsigned char led=0x88, onoff=1;
interrupt [2] void exint0(void)
{
  if(onoff == 0) onoff = 1; else onoff = 0;
}
interrupt [3] void exint1(void)
{
  if( delaytime + step <= delaymax ) delaytime += step;
}
interrupt [4] void exint2(void)
{
  if( delaytime - step >= delaymin ) delaytime -= step;
}
interrupt [17] void timerint0(void)
{
  if(onoff == 0) if( cnt-- == 1 )
  { cnt = delaytime; led >>= 1; if(led == 0x08) led=0x88; }
  TCNT0 = 231;    // 재정의 1msec = 64*(256-6)/16, 시뮬레이션할 때는 조절할 필요가 있음
  PORTC = led;
}
void main(void)
{
```

```
    DDRC = 0xff;                             // 포트C를 출력으로
    PORTC = led;
    SREG |= 0x80;                            // 인터럽트 전체 허용
    EIMSK |= 0b00000111;                     // INT0, 1,2 개별 허용
    EICRA |= 0x3f;                           // INT0, 1,2 상승 에지 트리거
    TIMSK |= 1;                              // 타이머0 오버플로 인터럽트 개별 허용
    TCCR0 |= 4;                              // 분주비를 64로 설정
    TCNT0 = 231;                             // 64*(256-231)/16=100usec = 0.1msec
    delaytime = 20; cnt = delaytime;         /* 점멸 주기를 20*0.0001 = 2msec로 초기화 */
    delaymax = 40; delaymin = 1;             /* 점멸 회전 주기의 최대, 최소값을 4m,
                                                0.1m초로 초기화 */
    step = 2;                                /* 주기 변경 폭을 10으로 초기화 */
    while(1);
}
```

과제

최소 200 pps 최대 2000 pps 사이에서 작동하도록 프로그램을 변경해보자.

실험 10-3 | 스텝 모터의 가감속 제어

PORTD.0에 연결된 스위치가 한번 눌리면 포트C에 연결된 스텝 모터를 500pps에서 1000pps로 10 단계에 걸쳐 가속시켜 그 이후에 1000pps로 운전하고 또 눌리면 반대로 감속시켜 정지시킨다.

유의점

[표 10-1]에 주어진 $t_k - t_{k-1}$를 프로그램 메모리에 저장시키고 이를 불러와서 사용한다.

회로도

[실험 10-1]과 같음

프로그램 예

```
#include <mega128.h>
#include <delay.h>
unsigned char led=0x88, status, vtblidx;
unsigned int vtbl[ ] = {2000,1732,1549,1414,1309,1225,1155,1095,1045,1000};
unsigned int cnt, cvt;

interrupt [17] void timerint0(void)
{
    if(cnt++ >= cvt)
    {
        cnt = 0;
        if(status !=0)
```

```
    { if(vtblidx<=8) vtblidx++; led >>= 1; if(led == 0x08) led=0x88; }
    else
    {
      if(vtblidx>0)
      { vtblidx--; led >>= 1; if(led == 0x08) led=0x88; }
    }
  }
  TCNT0 = 240;                          /* 재정의 1 usec = 1*(256-240)/16,
                                           16 MHz와 분주비 1 사용 시*/
  PORTC = led;
}

void main(void)
{
  DDRC = 0xff;                          // 포트C를 출력으로
  PORTC = led;
  SREG |= 0x80;                         // 인터럽트 전체 허용
  TIMSK |= 1;                           // 타이머0 오버플로 인터럽트 개별 허용
  TCCR0 |= 1;                           // 분주비를 1로 설정
  TCNT0 = 240;
  for(;;)
  {
    loop: while(PIND.0 == 1);           /* PORTD.0가 눌릴때까지 대기 */
    delay_ms(50);                       /* 50 msec 시간지연 */
    if(PIND.0 == 1) goto loop;          /* 눌림이 50 msec 동안 지속 안되면 무효 다시
                                           키 입력을 받는다 */
    while(PIND.0 !=1);                  /* PORTD.0가 해제될 때까지 대기 */
    cvt = vtbl[vtblidx];
    status = ~status;
  }
}
```

과제

최소 200 pps 최대 2000 pps 사이에서 작동하도록 프로그램을 변경해보자.

8 직류 모터 개요

8.1 특징

- 기동 토크가 크고 입력 전압에 비례하는 회전 속도를 얻을 수 있다.
- 토크에 대하여 회전 속도는 반비례하는 특성을 갖고 있다.
- 입력전류에 대하여 출력 토크가 직선적이며 출력 효율도 양호하며 가격이 저렴하다.
- 양호한 토크-속도, 토크-전류 특성으로 광범위한 속도 제어와 여러 다양한 제어 방법의 적용이 가능하다.
- 직류 모터는 높은 회전력, 광범위한 속도 제어 능력, 휴대 용이, 속도 회전력 특성 양호, 여러 다양한 제어 방법 적용 가능 등의 특성 때문에 로봇, 카셋트 테이프, 하드디스크, 기계 공구 등 광범위하게 사용되고 있다.
- 브러시와 정류자의 기계식 접점 때문에 소음과 노이즈, 먼지가 많이 발생하며 브러시등을 교환해주어야 하기 때문에 유지보수가 스텝 모터에 비해 쉽지 않다(브리시리스 직류 모터는 제외).

8.2 직류 모터의 구동 원리

[그림 10-9]의 왼쪽 그림에서 만약 AB 단자에 +Vcc를 걸면 플레밍의 왼손 법칙에 의해 A 단자측 도선은 아래쪽으로 힘이 작용하고 B 단자측 도선은 위쪽으로 힘이 작용하여 aa′축에 대하여 반시계 방향으로 회전력이 발생한다. 만약 도선을 여러 개로 하여 aa′회전축으로 회전 가능한 원통에 방사상으로 배치하여 고정시킨 [그림 10-9]의 오른쪽과 같은 경우 bb′의 좌측 도선은 지면으로 흘러 들어가는 방향으로 전류를 흘리고 bb′의 우측 도선은 지면에서 흘러 나오는 방향으로 전류를 흘리면 aa′축을 중심으로 하여 반시계 방향으로 회전력이 발생하여 도선이 고정된 원통은 반시계 방향으로 회전할 수 있다. 어떤 장치를 사용하여 bb′의 좌측에 위치하는 도선은 항상 지면으로 흘러 들어가게 전류를 주고 bb′의 우측에 위치하는 도선은 항상 지면에서 흘러 나오게 전류를 주면 계속적으로 원통을 회전하게 할 수 있다.

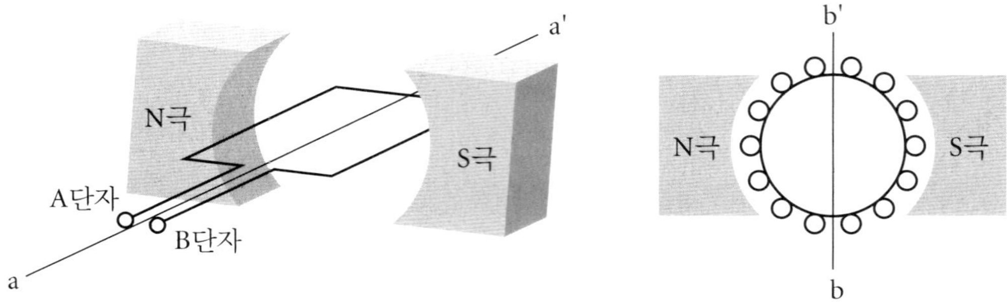

그림 10-9 • 직류 모터의 구동 원리

8.3 직류 모터 구조

[그림 10-9]에 보여진 것과 구조가 유사하여 영구자석으로 이루어진 고정자가 있고 도선이 감긴 원통형의 회전자가 있으며 회전자의 도선에 흐르는 전류의 방향을 bb′축의 좌측 또는 우측에 위치하는지 따라 일정한 방향으로 흘러 들어가게 하는 정류자와 브러시라는 장치로 구성되어 있다. 회전자가 영구자석으로 이루어지고 고정자에 도선을 감은 형태의 직류 모터도 있다.

실험 10-4 | 직류 모터의 속도 제어 1

PORTD.0에 연결된 스위치가 홀수번 눌리면 C포트에 연결된 직류 모터를 회전시킨다. 짝수번 눌리면 정지한다. PORTD.1에 연결된 스위치가 눌리면 속도가 증가하고 PORTD.2에 연결된 스위치가 눌리면 감속된다.

유의점

타이머0의 노말 모드를 이용하여 인터럽트를 발생시켜 출력을 온오프시킨다. 외부 인터럽트를 사용하여 온오프의 듀티비를 조절하여 가감속을 제어한다.

회로도

[그림 10-7]의 회로를 구현하고 L_CON을 [그림 4-4]의 C_CON에 연결한다. [그림 10-7]의 MOTOR_CON의 2번을 모터측 A단자에 GND를 모터측 B단자에 연결한다. ISENx 단자를 GND에 직접 연결하여 부하 전류의 궤환을 하지 않는다. [그림 4-6]의 SW_CON을 [그림 4-4]의 D_CON에 연결한다. 또한 [그림 4-6]의 SW1 ~ 3을 누르면서 실험한다.

프로그램 예

```
#include <mega128.h>
unsigned int cnt, step=1, delaymax=10, delaymin=1, speed=5;
unsigned char onoff=1;
interrupt [2] void exint0(void)
```

```
{
  if(onoff == 0) onoff = 1; else onoff = 0;
}
interrupt [3] void exint1(void)
{
  if( speed + step < delaymax ) speed += step;
}
interrupt [4] void exint2(void)
{
  if( speed - step >= delaymin ) speed -= step;
}
interrupt [17] void timerint0(void)
{
  if(onoff == 0)
  {
    if( cnt-- == 0 ) cnt = delaymax;
    if(speed <= cnt ) PORTC.0 = 1;
    else PORTC.0 = 0;
  }
  else PORTC.0 = 0;
  TCNT0 = 6;       // 재정의 1 msec = 64*(256-6)/16, 시뮬레이션할 때는 조절할 필요가 있음
}
void main(void)
{
  DDRC = 0xff;                               // 포트C를 출력으로
  PORTC = 0x00;
  SREG |= 0x80;                              // 인터럽트 전체 허용
  EIMSK |= 0b00000111;                       // INT0, 1, 2 개별 허용
  EICRA |= 0x3f;                             // INT0, 1, 2 상승 에지 트리거
  TIMSK |= 1;                                // 타이머0 오버플로 인터럽트 개별 허용
  TCCR0 |= 4;                                // 분주비를 64로 설정
  TCNT0 = 6;                                 // 64*(256-6)/16 = 1000 usec = 1 msec
  while(1);
}
```

과제

타이머0 대신 타이머1 ~ 3을 사용해서 작성해보자.

실험 10-5 직류 모터의 속도 제어 2

타이머3의 PWM 모드를 이용해서 직류 모터의 속도를 제어한다. PORTD.0에 연결된 스위치가 눌리면 속도가 감소하고 PORTD.2에 연결된 스위치가 눌리면 증가된다.

유의점

타이머3의 출력비교 모드를 이용하여 PWM 신호를 발생시켜 출력을 온오프시킨다. 외부 인터럽트를 사용하여 온오프의 듀티비를 조절하여 가감속을 제어한다.

회로도

[실험 10-4]와 같음

프로그램 예

```
#include <mega128.h>
unsigned int step=50;
interrupt [2] void exint0(void)
{
  unsigned int ocr3a;
  ocr3a = 256*OCR3AH+OCR3AL;
  if( ocr3a > step )
  {
    ocr3a -= step;
    OCR3AH = ocr3a/256;
    OCR3AL = ocr3a%256;
  }
}
interrupt [3] void exint1(void)
{
  unsigned int ocr3a;
  ocr3a = 256*OCR3AH+OCR3AL;
  if( ocr3a < 0xffff - step )
  {
    ocr3a += step;
    OCR3AH = ocr3a/256;
    OCR3AL = ocr3a%256;
  }
}
void main(void)
{
  DDRE.3 = 1;                         // 포트E bit4를 출력으로
  SREG |= 0x80;                       // 인터럽트 전체 허용
  EIMSK |= 0b00000111;                // INT0, 1, 2 개별 허용
  EICRA |= 0x3f;                      // INT0, 1, 2 상승 에지 트리거
```

```
    TCCR3B  |= 2;                          // 분주비를 8로 설정
    TCCR3A  |=2;                           // 타이머3 PC PWM 모드 14로 설정
    TCCR3B  |= 0x10;                       // 타이머3 PC PWM 모드 14로 설정
    TCCR3A  |= 0x80;                       // 출력비교 모드 설정
    OCR3AH = 0x7f;
    OCR3AL = 0xff;
    ICR3H = 0xff;
    ICR3L = 0xff;
    for(;;);
}
```

과제

타이머0 대신 타이머1 ~ 3을 사용해서 작성해보자.

연습문제

1. 스텝 모터의 특성을 설명한 것에서 틀린 것을 모두 골라라.

a. 모터의 총회전각은 입력 펄스수의 총수에 비례한다.

b. 모터의 속도는 1초당 입력 펄스수(펄스레이트)에 비례(보통 수십 kpps 정도가 사용됨) 한다.

c. 기동, 정지, 회전 방향 변경, 변속이 쉽고 응답 특성도 양호하다.

d. 특정 위치에 정지할 수 있고 기동 정지 응답 특성이 양호하나 높은 유지 토크를 내지는 못해 서보모터로 사용하는 것은 적절하지 않다.

e. 1 스텝당 각도 오차가 5 % 이내이며 회전각의 오차가 누적되지 않는다.

f. 회전각 검출이 필요 없어 제어기가 간단하고 가격이 상대적으로 저렴하다.

a. 직류 모터처럼 브러쉬 교환 등 보수를 필요로 하여 유지보수가 쉽지는 않으나 부품수가 적어 신뢰성이 높다.

g. 진동, 공진이 발생하는 경우는 드물지만 관성이 있는 부하에 약하다.

h. 모터가 정지할 때 흔들이와 같이 진동하면서 정지. 진동음이 큰 경우도 종종 발생한다.

i. 펄스레이트가 모터의 고유 진동수의 정수분의 1일 때 큰 진동이 발생한다.

j. 통상 100 pps 이하에서 공진이 발생하는 경우가 많고 탈조 등의 현상이 발생한다.

k. 극저속 운전시 모터 인덕턴스의 영향으로 권선에 충분한 전류가 흐르지 않아 토크가 저하하고 탈조하기 쉽다.

l. 고정자에 있는 독립된 권선의 개수에 따라 2상, 3상, 4상 등의 모터로 분류 가능하고 2상은 저출력, 3상은 가변 릴럭턴스형 모터 4상은 고출력 장치에 적용된다.

2. 스텝 모터의 구조에 따른 종류와 특성에 대하여 설명하라.

3. 스텝 모터의 특성을 규정하는 유지 토크에 대하여 설명하여라.

4. 스텝 모터의 특성을 규정하는 스텝각에 대하여 설명하여라.

5. 스텝 모터의 특성을 규정하는 슬루 영역에 대하여 설명하라.

6. 스텝 모터의 특성을 규정하는 최대 인입 속도에 대하여 설명하라.

7. 스텝 모터의 특성을 규정하는 최대 이탈 속도에 대하여 설명하라.

8. 직류 모터의 특성을 설명한 것에서 틀린 것을 모두 골라라.
   a. 기동 토크가 크고 입력 전압에 반비례하는 회전 속도를 얻을 수 있다.
   b. 토크에 대하여 회전 속도는 비례하는 특성을 갖고 있다.
   c. 입력 전류에 대하여 출력 토크가 직선적이며 출력 효율도 양호하며 가격이 저렴하다.
   d. 양호한 토크-속도, 토크-전류 특성으로 광범위한 속도 제어와 여러 다양한 제어 방법의 적용이 가능하다.
   e. 직류 모터는 높은 회전력, 광범위한 속도 제어 능력, 휴대 용이, 속도 회전력 특성 양호, 여러 다양한 제어 방법 적용 가능 등의 특성 때문에 로봇, 카셋트 테이프, 하드디스크, 기계 공구 등 광범위하게 사용되고 있다.
   f. 브러시와 정류자의 기계식 접점때문에 소음과 노이즈, 먼지가 많이 발생하며 브러시 등을 교환해주어야 하기 때문에 유지보수가 스텝 모터에 비해 쉽지 않다(브리시리스 직류 모터는 제외).

CHAPTER 11 응용 실험

학습목차

1. | 초음파 센서
2. | 가속도 센서
3. | RFID 리더기
4. | 온도 센서

연습문제

학습개요

11장에서는 센서 및 모듈 실험을 하겠다. 이 책에서 사용된 센서 및 모듈은 인터넷이나 상점에서 쉽게 구할 수 있는 것들을 사용하였다. 초음파 센서, 가속도 센서, RFID 리더기, 온도 센서들을 이번 장에서 다룰 것이며 해당 센서에 대하여 간략히 설명한 후 실험을 통하여 사용법을 배우겠다.

1 초음파 센서

1.1 초음파 센서의 개요

초음파 센서는 인간의 가청 주파수 이상의 높은 주파수의 소리를 발생(송파)하여, 소리를 출력하고 수파기에서 신호를 받는 센서를 일컫는다.

우리는 최근 자동차에서 많이 쓰이는 차간 거리를 확보하며 크루즈를 하는 기능과 자동 주차 시스템 등 을 쉽게 볼 수 있다. 여기서 쓰이는 장치가 바로 초음파 센서로서 고체, 생체, 수중, 기체 네 가지 상태에서 모두 응용이 가능하다. 풍향계, 물탱크의 수위 감시계, 가습기, 소나(SONAR), 의료 음파 영상, 보안 알람, 비파괴 검사 등 다양한 산업 분야에 사용되고 있다.

1.2 특징과 종류

초음파 센서의 특징

- 긴 검출 거리를 갖는다.
- 검출 대상물에 제약이 따른다.
- 바람과 온도의 영향을 받는다.
- 응답 속도가 지연된다.

초음파 센서 종류 및 특성

1) 투과형 초음파 센서

❶ 검출 원리

송신, 수신 전용의 2개 진동자가 각각 기능을 갖으며, 송파기에서 초음파를 보내 공기 중에 전파하고 수파기에서 수파한 것으로서 물체의 유무를 검출한다.

❷ 특징

- 형상, 색상, 표면 상태 등의 영향을 전혀 받지 않기 때문에 음향적 검출 방법 가운데 가장 안정적이며 신뢰도가 우수하다.
- 초음파 센서 중 가장 긴 검출 거리를 갖는다.
- 송파기에서 수파기까지의 모든 범위를 검출 범위로 갖는다.

❸ 사용방법

송신기와 수신기의 상호 방향을 맞춘 후 음축 조정 후 신호를 벗어나지 않으면 고정시킨다.

2) 반사형 초음파 센서

❶ 검출 원리

검출하는 물체에서의 반사파 유무 또는 반사파를 수파하기까지의 시간을 검출하여 물체의 유무 및 위치를 판별할 수 있다.

❷ 특징

- 검출 거리가 비교적 길다.
- 투과형에 비교하여 응답 시간이 다소 늦는다.
- 지향성을 지니고 있다(사전에 지향각을 알아두어야 한다. 보통 200 kHz 부근에서의 지향 각도는 ±8 DEG이다).
- 공기 온도에 영향을 받으며, 일반적으로 −10 ~ 50 °C 에서 ±10 %정도, 온도 보상 회로가 부착된 것은 2 ~ 3 % 오차가 있다.

❸ 사용 방법

지향각 분석 후 사용한다.

1.3 SRF-04

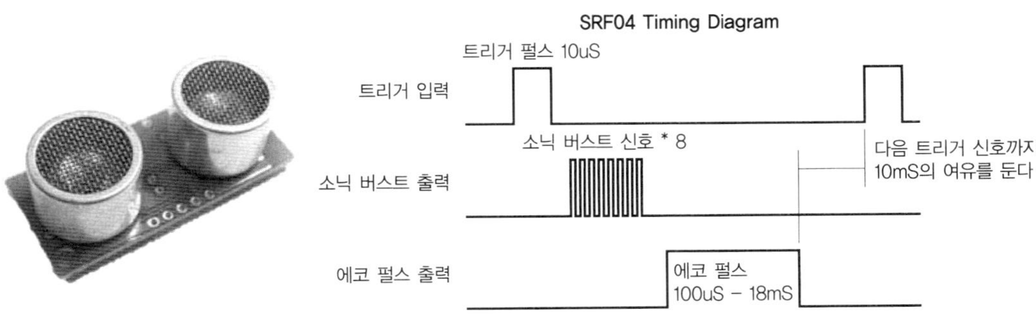

그림 11-1 • SRF-04의 사진 및 타이밍도

- **타입 :** 반사형 초음파 센서
- **주파수 :** 40 KHz
- **초음파 송신부 :** N1076
- **초음파 수신부 :** N1081
- **I/O 포트 수 :** 2개의 디지털 PIN(output, input 각 1개)
- **최소 범위 :** 약 3 cm
- **최대 범위 :** 약 3 m
- **감도 :** 반경 3 cm at > 2 m
- **입력 트리거 :** 10 uS Min. TTL 레벨의 펄스
- **입력 전압 :** DC 5 V
- **소요 전류 :** 30 mA (최대 50 mA)

SFR-04 사용 방법

[그림 11-1]의 타이밍 다이어그램을 참조하는데 트리거 신호는 최소 10 us 이상으로 보내져야 한다. 또한 이 트리거 신호는 주기적으로 초음파를 송신하여야 한다. 초음파가 8 clk으로 나가게 되고, 초음파 발생 직후 에코펄스는 high 상태가 된다. 이후 장애물에 부딪힌 반사파를 수신하면 바로 에코펄스가 low 상태가 되며 에코펄스가 high에서 low로 전환되는 시간을 계산하여 거리를 측정한다.

초음파 속도[m/s] : $V[m/s] = 331.5 + 0.6T$ **(T = 현재 온도)**

측정 거리[m] : $H[m] = \frac{V[m/s] \times t}{2}$ **(t = 시간)**

실험 11-1 | 초음파센서 모듈 실험

초음파센서 SRF-04 모듈을 활용하여 거리를 측정 하고 LCD display에 그 값을 표시한다.

유의점

초음파는 온도에 따라 직진성이 달라지기에, 온도는 22도로 가정하고 진행한다.

회로도

[그림 11-2] 회로도를 구현하고 E_CON을 [그림 4-4]의 E_CON에 연결하고, [그림 7-7]의 LCD_CON을 [그림 4-4]의 C_CON에 연결한다.

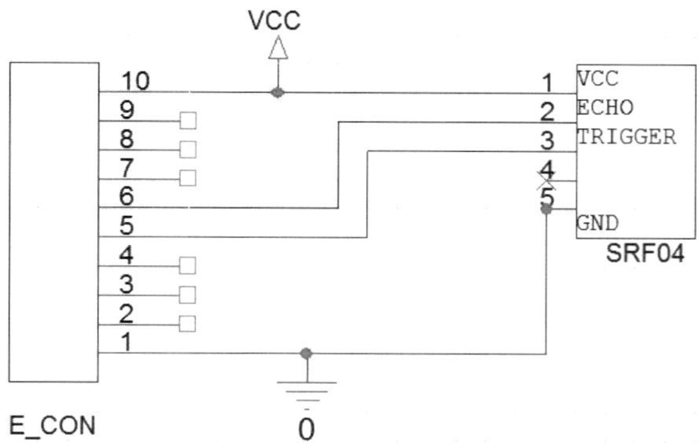

그림 11-2 • 초음파 센서 SRF04의 회로도

프로그램 예

```
#include <mega128.h>
#include <delay.h>
#include <stdio.h>
#include "lcdchoi.h"

// 거리 계산 관련 함수
void DST_Display(void);                    // 거리 표시
void trigger_pulse();                      // 트리거 펄스 출력
void calculate();                          // 좌측 거리 계산 함수
void set_init();                           // I/O 포트, 타이머/카운터, A/D 변환 초기 설정

unsigned int temperature = 22;             // 실내 상온 22도 설정
unsigned char toggle1=0;                   // 초음파 수신 여부 확인 플래그
unsigned int cnt =0;                       // 50us 타이머/카운터 인터럽트 걸린 횟수
unsigned int dis1=0;                       // 측정 거리값
unsigned int N100=0, N10=0, N1=0, buf=0;   // 거리 자릿수 계산에 필요한 변수

void main(void)
{
  set_init();                              // 초기 설정
  lcd_init();                              // 텍스트 lcd 모듈 초기화

  TIMSK = 0x01;                            // 타이머0 오버플로 인터럽트 허용
  while(1)
  {
    DST_Display();                         // 측정 거리 표시
    trigger_pulse();                       // 트리거 펄스 출력
```

```
    delay_ms(10);
  }
}

// 초기 설정
void set_init()
{
  DDRC = 0xff;                        // LCD 출력을 위한 출력
  DDRE = 0xef;                        /* PORTE.4 입력 설정(PE4 : 에코 입력)
                                         그외 출력 설정 트리거 출력 */
                                      // (PE3 : 트리거 펄스 출력)
  delay_ms(50);                       // wait for system stabilization

  // 타이머 카운터 설정, 1/16us*8분주 *(256-156) = 50us
  TIMSK = 0x00;                       // 인터럽트 일단 정지
  TCCR0 = 0x00;                       // clk/8분주
  TCNT0 = 156;                        // 타이머 카운터 레지스터 초기값


  //외부 인터럽트 설정
  EIMSK = 0b00010000;                 // 외부 인터럽트 4 인에이블
  EICRB = 0b00000001;                 /* 외부 인터럽트 4: 논리적 변화가 있을때 = 01
                                         (에코 펄스 감지 위해) */
  SREG = 0x80;                        // 전역 인터럽트 인터럽트 비트 1셋
}

// 트리거 펄스 출력
void trigger_pulse()
{
  PORTE.3 = 1;                        // 트리거 펄스 High
  delay_us(10);                       // 10us 지연
  PORTE.3 = 0;                        // 트리거 펄스 low
}

// 현재 거리 표시
void DST_Display(void)
{
  lcd_ln11();
  lcd_str("ULTRA SONIC EXAM");
  lcd_ln21();                         // lcd 2번째 줄로 커서 이동

  N100 = dis1/100;                    // 100자리 계산
```

```
    buf = dis1%100;
    N10 = buf/10;                           // 10자리 계산
    N1 = buf%10;                            // 1자리 계산

    lcd_str("DISTANCE: ");
    lcd_dat('0'+N100);                      // 100자리 표시
    lcd_dat('0'+N10);                       // 10자리 표시
    lcd_dat('0'+N1);                        // 1자리 표시
    lcd_str("CM");
}

// 에코 신호 HIGH, LOW 검출
interrupt[EXT_INT4] void echo_toggle(void)
{
    if(toggle1 == 0)
    {
     TCCR0 = 0x02;                          // 8분주 선택
     toggle1 = 1;
    }
    else                                    // 초음파 수신됨
    {
     TCCR0 = 0x00;                          // 타이머 차단
     toggle1 = 0;
     calculate();                           // 계산
    }
}

// 거리 계산
void calculate()                            // 좌측 계산식
{
    // 계산식 - cm단위
    dis1 = ((331.5+(0.6*temperature))*100)*(50*0.000001)*cnt;
    dis1 = dis1 / 2;                        // 거리 = 왕복 거리 /2
    cnt=0;                                  // 타이머/카운터0 50us 인터럽트 걸린 횟수 리셋
}

// (1/16)us * 8분주 * (256-156) = 50us
interrupt[TIM0_OVF] void echo_time(void)
{
    TCNT0 = 156;                            // 타이머/카운터0 레지스터 50us 주기 재설정
    cnt++;                                  // 인터럽트 걸린 횟수 +1
}
```

하드웨어 예

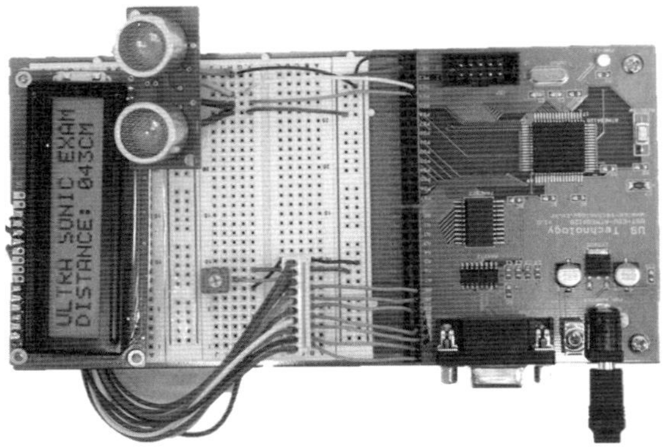

그림 11-3 • 초음파 센서 SRF04를 이용한 실험 하드웨어 예

2 가속도 센서

2.1 myAccel3LV02 의 개요

myAccel3LV02 ST 사에서 출시한 LIS3LV02DQ 센서를 보다 편리하게 실험할 수 있도록 주변 회로와 필요한 결선을 100 mil 간격의 헤더핀으로 연결한 Withrobot(http://withrobot.com) 사의 소형 가속도 센서 보드이다. myAccel3LV02 가속도 센서는 내부에 12비트 아날로그-디지털 변환 장치를 내장하고 있어 별도의 AD 변환이 필요 없이 디지털 값이 출력된다. 디지털로 변환된 값은 SPI 또는 I2C 인터페이스를 통해 마이크로 컨트롤러와 연결할 수 있다. 센서의 로이즈 레벨이 기존의 3축 가속도에 비해 대폭 감소하여 보다 정밀한 측정을 할 수 있다. 또한 기능상의 특징은 다음과 같다.

- 한 개의 센서 보드에서 3측 가속도 측정
- 12비트 ADC를 내장하여 디지털 값을 출력
- SPI 또는 I2C 디지털 인터페이스
- 측정 범위는 2 g 또는 6 g 중에 하나를 선택
- 출력 rate에 따른 내장 digital low-pass filter
- 자유 낙하 감지 인터럽트 발생 / 이동 방향 검출
- −40도에서 +85도까지의 넓은 동작 온도 범위

- 2.16 ~ 3.6 V의 동작 전압과 1.8 V IO 호환
- 가로, 세로 1.5 cm의 초소형 크기

[표 11-1]은 myAccel3LV02 가속도 센서의 핀구성을 나타내었다.

표 11-1 • myAccel3LV02 가속도 센서의 핀 구성

핀 번호	핀 이름	설 명	
J1-1	VDD	센서의 동작 전압 입력 (2.16 ~ 3.6V)	
J1-2	VDD_IO	디지털 인터페이스 동작 전압 인력 (1.71V ~ VDD)	
J1-3	RDY/INT	Interrupt / Data Ready 출력 신호	
J1-4	GND	접지 신호	
J2-1	CS	SPI Chip Select (CS)	
J2-2	SCL/SPC	SPI Clock (SPC)	I2C clock (SCL)
J2-3	SDA/SDI/SDO	SPI data in (SDI)	I2C Serial data (SDA)
J2-4	SDO	SPI data out (SDO)	

J1핀은 전원 및 접지에 사용되는 핀이고 J2핀은 SPI 또는 I2C에 사용된다.

2.2 myAcell3LV02의 동작

myAccel3LV02는 I2C와 SPI 통신 방식을 지원한다. I2C의 쓰기 및 읽기 동작은 [그림 11-4]와 같다. 시작 조건 및 정지 조건과 같은 구성은 해당 매뉴얼을 참조하라. [그림 11-5]는 SPI 통신 방식의 쓰기 및 읽기 동작을 나타내었다. CS가 low인 상태에서 SPC선으로 클럭을 주고 SDI에서는 Data을 전송하고 SDP에서는 Data를 읽게 되어 있다. 다른 동작들에 관해서는 해당 매뉴얼을 참조하라.

Master	ST	SAD + W		SUB		DATA		SP
Slave			SAK		SAK		SAK	

Master	ST	SAD + W		SUB		SR	SAD + R			NMAK	SP
Slave			SAK		SAK			SAK	DATA		

그림 11-4 • 가속도 센서 myAccel3LV02의 I2C 쓰기(위) 및 읽기(아래) 형식

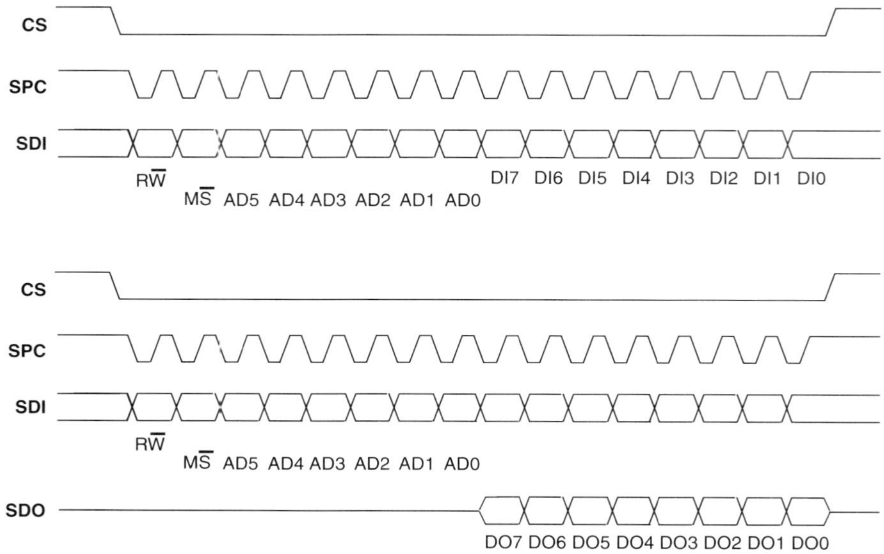

그림 11-5 • 가속도 센서 myAccel3LV02의 SPI 쓰기(위) 및 읽기(아래) 형식

AVR을 이용한 myAccel3LV02와의 I2C 및 SPI 통신 예제 및 메뉴얼을 제조 회사의 웹사이트에서 구할 수 있으니 참조하기 바랍니다.

실험 11-2 | 가속도 센서 모듈 실험

가속도 센서 모듈 myAccel3LV02를 이용하여 가속도를 구하고 LCD display에 그 값을 표시한다.

회로도

[그림 11-6]의 회로도를 구현하고 [그림 7-7]의 LCD_CON을 [그림 4-4]의 C_CON에 연결한다.

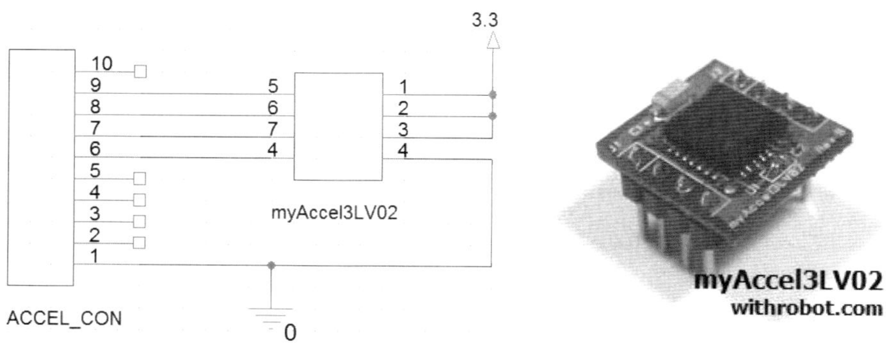

그림 11-6 • 가속도 센서 myAccel3LV02의 회로도 및 사진

프로그램 예

```
#include <mega128.h>
#include <delay.h>
#include "lcdchoi.h"

#define AXIS_X      0
#define AXIS_Y      1
#define AXIS_Z      2

#define CTRL_REG1  (0x0020)
#define CTRL_REG2  (0x0021)
#define STATUS_REG (0x0027)
#define OUTX_L     (0x0028)
#define OUTX_H     (0x0029)
#define OUTY_L     (0x002a)
#define OUTY_H     (0x002b)
#define OUTZ_L     (0x002c)
#define OUTZ_H     (0x002d)

void SPI_Init(void)
{
  DDRB = 0x07;
  PORTB.0 = 1;
  SPCR = 0x51;
  SPSR = 0x00;
}

// myAccel3LV02의 특정 레지스터에서 데이터를 읽어옴
unsigned char Accel_ReadReg(unsigned char reg)
{
  unsigned char ret = 0;
  PORTB.0 = 0;

  SPDR = 0x80|reg;            // register address를 송신. Read일 경우 최상의 비트는 High
  while(!(SPSR & 0x80));      // 송신 완료될 때까지 대기.
  ret = SPDR;                 // 수신된 데이터를 저장. 이 데이터는 더미 데이터 이다.

  SPDR = 0;                   // 더미 데이터를 송신.
  while(!(SPSR & 0x80));      // 송신 완료될 때까지 대기.
  ret = SPDR;                 // 수신된 data byte를 저장.

  PORTB.0 = 1;
```

```
  return ret;
}

// myAccel3LV02의 특정 레지스터에 데이터를 기록
void Accel_WriteReg(unsigned char reg, unsigned char data)
{
  PORTB.0 = 0;

  SPDR = reg;               // register address를 송신.
  while(!(SPSR & 0x80));    // 송신 완료될 때까지 대기.

  SPDR = data;              // data 송신.
  while(!(SPSR & 0x80));    // 송신 완료될 때까지 대기.

  PORTB.0 = 1;
}

// myAccel3LV02의 각축의 가속도값을 읽어옴
void GetAccelValue(unsigned char Axis, unsigned short *data)
{
  unsigned char ret;

  while(1)
  {
    ret = Accel_ReadReg(STATUS_REG);
    if ((ret & 0x8) != 0)break;
  }

  switch(Axis)
  {
    case AXIS_X:

      *data = Accel_ReadReg(OUTX_L);
      *data |= Accel_ReadReg(OUTX_H)<<8;
      break;

    case AXIS_Y:
      *data = Accel_ReadReg(OUTY_L);
      *data |= Accel_ReadReg(OUTY_H)<<8;
      break;

    case AXIS_Z:
      *data = Accel_ReadReg(OUTZ_L);
      *data |= (Accel_ReadReg(OUTZ_H)<<8);
```

```
            break;

        default:
            *data = 0;
            break;
    }
}

void main(void)
{
    unsigned short data;

    SPI_Init();                             // SPI 모듈 초기화.
    Accel_WriteReg(CTRL_REG1, 0xC7);        /* Power on, enable all axis,
                                               self test off */

    lcd_init();

    for(;;)
    {
        lcd_ln11();
        lcd_str("X:");
        GetAccelValue(AXIS_X, &data);
        data = data&0x0fff;
        lcd_dat('0'+(data/1000));
        lcd_dat('0'+(data%1000)/100);
        lcd_dat('0'+((data%1000)%100)/10);
        lcd_dat('0'+((data%1000)%100)%10);
        lcd_ln21();
        lcd_str("Y:");
        GetAccelValue(AXIS_X, &data);
        data = data&0x0fff;
        lcd_dat('0'+(data/1000));
        lcd_dat('0'+(data%1000)/100);
        lcd_dat('0'+((data%1000)%100)/10);
        lcd_dat('0'+((data%1000)%100)%10);
        lcd_str(" Z:");
        GetAccelValue(AXIS_X, &data);
        data = data&0x0fff;
        lcd_dat('0'+(data/1000));
        lcd_dat('0'+(data%1000)/100);
        lcd_dat('0'+((data%1000)%100)/10);
        lcd_dat('0'+((data%1000)%100)%10);
        delay_ms(1);
```

```
    }
}
```

하드웨어 예

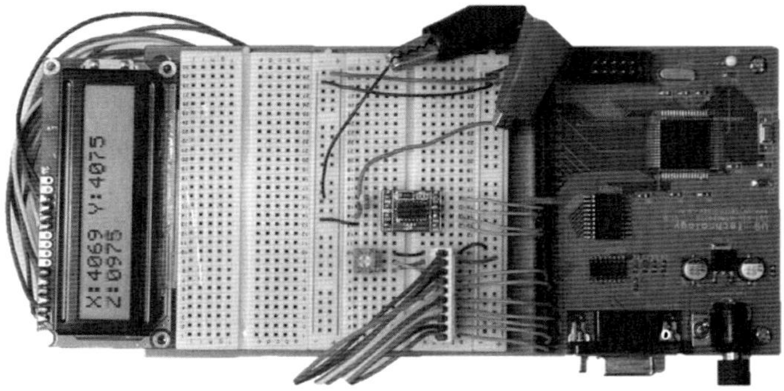

그림 11-7 • 가속도 센서 myAccel3LV02를 이용한 실험 하드웨어 예

3 RFID 리더기

3.1 RFID의 개요

RFID(Radio Frequency Identification)은 비접촉식(Contectless)방식으로 정보가 저장된 초소형 칩(IC 칩)을 무선 주파수를 통하여 원거리 데이터 통신을 한다. RFID는 판독 및 해독 기능을 하는 판독기(Reader)와 정보를 제공하는 태그(Tag)로 구성되어 있다. 리더는 안테나, RF 회로부, 변복조 회로부, Micro Processor로 구성되는데 Micro Processor의 운영 프로그램에 의해 RFID 시스템을 제어하게 된다. 통신에 사용되는 주파수에 따라 리더기를 분류할 수 있는데 그 내용은 [표 11-2]와 같다.

표 11-2 • 사용 주파수에 따른 RFID Reader의 분류

주파수		방식	사용처
125/134 Khz	LF	ISO 18000-2	공장 공정 관리, 동물 인식
13.56 Mhz	HF	ISO 18000-3	교통 카드, 출입 카드, 신분증
433 Mhz	UHF	ISO 18000-7	컨테이너 관리(Active)
860 ~ 930 Mhz	UHF	ISO 18000-6	문류 관리, 도서 관리
2.45 Ghz	UHF(microwave)	ISO 18000-4	컨테이너 관리(Passive)
5.8 Ghz	SHF	ISO 18000-5	ITS

태그는 리더로부터 전송된 에너지 및 암호 신호를 받아 데이터를 송수신하게 된다. TAG는 크게 다음과 같이 세가지로 나눌 수가 있다.

- **Active Tag :** 태크 자체에 전원이 포함되어 있어 장거리까지 통신이 가능. 배터리 수명 및 크기가 문제가 됨
- **Passive Tag :** 리더로부터 전원을 공급받는다. 장거리 통신에 불편함
- **SAW(Surface Acoustic Wave) Tag :** 내부에 수정자가 무선 주파수를 수신하면서 일정 방향으로 형상이 변하게 되면 전력을 발생시킬 수 있다. Active Tag와 Passive Tag의 중간 정도 거리의 통신이 가능

3.2 RFID reader 모듈

이 책에서는 RFID reader 모듈을 사용하였다. 사용된 RFID reader 모듈은 Firmsys 사의 FS-IR205S를 사용하였다. FS-IR205S는 HF 주파수를 사용하였으며 통신 범위는 100 mm로 타입은 ISO 15693, ISO 14443A를 지원한다. FS-IR205S는 내부에 UART를 지원함으로 별도의 추가 장치 없이 바로 AVR과 통신이 가능한다. [그림 11-8]은 FS-IR205S에 구성을 나타내었다. AVR과 RFID reader 통신을 위하여 프로토콜이 규정되어 있는데, 프로토콜 매뉴얼은 Firmsys 사에서 다운로드받을 수 있다.

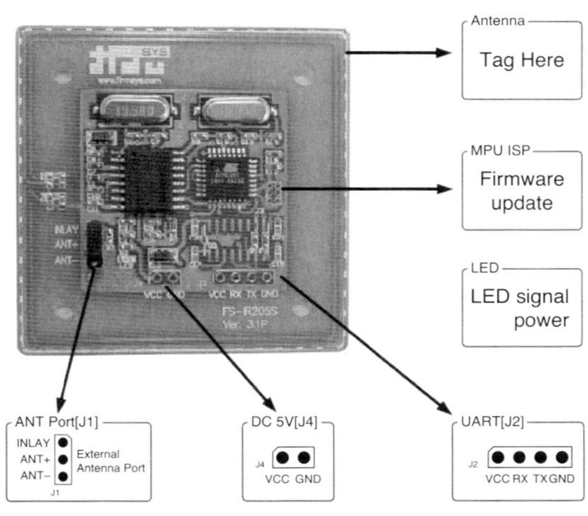

그림 11-8 • 실험에 사용된 RFID reader 모듈 (FS-IR205S)

실험 11-3 | RFID 모듈 실험

RS232 통신을 이용하여 RFID 모듈의 데이터를 송수신하고 그 데이터를 LCD display에 표시한다.

회로도

[그림 8-29]의 회로도를 구현하고 [그림 11-8]의 UART 단자에 연결한다.추가적으로 [그림 7-7]의 LCD_CON을 [그림 4-4]의 C_CON에 연결한다.

프로그램 예

```
#include <mega128.h>
#include <delay.h>
#include "lcdchoi.h"

int power_off[4]      = {0x04,0x00,0x8B,0xFF};        // RFID 모듈 전원 오프
int power_on[4]       = {0x04,0x00,0x8A,0xFF};        // RFID 모듈 전원 온
int ready_2_read[4]   = {0x04,0x00,0x82,0xFF};        // 태그 인식 준비
int read_reder_reg[4] = {0x04,0x00,0x80,0xFF};        // RFID 모듈 정보 읽기
int reset_2_ready[4]  = {0x04,0x02,0x26,0xFF};        // 준비 리셋
int read_2_inven[5]   = {0x05,0x26,0x01,0x00,0xFF};   // 태그 읽기

void serial_init(void)
{
  delay_ms(10);
  DDRE = 0xfe;
  UBRR0H = 0;
  UBRR0L = 103;                         // baud rate 9600
  UCSR0A = 0;                           // 비동기 모드
  UCSR0B = 0x18;                        // usart 통신 enable,
  UCSR1C = 0x06;                        // no parity, 1 stop bit, 8 data bit
}

void putch(unsigned char ch)            // 한 개의 문자를 송신한다.
{
  while((UCSR0A & 0x20) == 0); UDR0 = ch;
  UCSR0A |= 0x20;
}

void putstrf(flash unsigned char *str) // 문자열을 송신한다.
{
  unsigned int i=0;
  for(;str[i] != 0; i++) putch(str[i]);
}
```

```
unsigned int getch(void)
{
   while((UCSR0A & 0x80) == 0); UCSR0A |= 0x80; return(UDR0);
}

void rfid_init()
{
   unsigned int data_buf=0x00;
   unsigned int i;

   for(i=0;i<4;i++) { putch(power_off[i]); }
   for(data_buf=0x00;data_buf<0xff;)
   {
      data_buf = getch();
      if(data_buf<10) lcd_dat('0'+data_buf);
      else lcd_dat('0'+data_buf+7);
   }

   for(i=0;i<4;i++) { putch(power_on[i]); }
   for(data_buf=0x00;data_buf<0xff;)
   {
      data_buf = getch();
      if(data_buf<10) lcd_dat('0'+data_buf);
      else lcd_dat('0'+data_buf+7);
   }

   for(i=0;i<4;i++) { putch(ready_2_read[i]); }
   for(data_buf=0x00;data_buf<0xff;)
   {
      data_buf = getch();
      if(data_buf<10) lcd_dat('0'+data_buf);
      else lcd_dat('0'+data_buf+7);
   }

   for(i=0;i<4;i++) { putch(read_reder_reg[i]); }
   for(data_buf=0x00;data_buf<0xff;)
   {
      data_buf = getch();
      if(data_buf<10) lcd_dat('0'+data_buf);
      else lcd_dat('0'+data_buf+7);
   }
}
```

```
void rfid_reset()
{
  unsigned int data_buf=0x00;
  unsigned int i;

  for(i=0;i<4;i++) { putch(ready_2_read[i]); }
  for(data_buf=0x00;data_buf<0xff;)
  {
    data_buf = getch();
    if(data_buf<10) lcd_dat('0'+data_buf);
    else lcd_dat('0'+data_buf+7);
  }
}

void rfid_check()
{
  unsigned int data_buf=0x00;
  unsigned int i;
  for(i=0;i<5;i++) { putch(read_2_inven[i]); }
  for(data_buf=0x00;data_buf<0xff;)
  {
    data_buf = getch();
    if(data_buf<10) lcd_dat('0'+data_buf);
    else lcd_dat('0'+data_buf+7);
  }
}

void main(void)
{
  serial_init();

  lcd_init();

  lcd_ln11();
  lcd_str("RFID EXAM");

  rfid_init();
  for(;;)
  {
    lcd_ln21();
    lcd_str("ID:");
```

```
        rfid_check();
    }
}
```

하드웨어 예

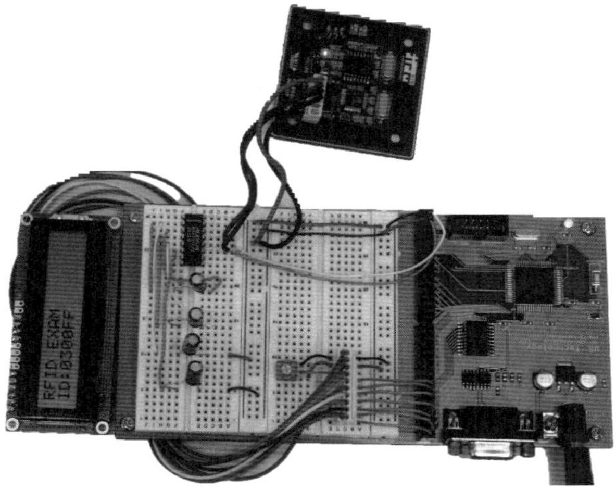

그림 11-9 • RFID 모듈 실험의 하드웨어 예

4 온도 센서

4.1 DS1620의 개요

DS1620은 Maxim 사의 디지털 온도 센서로 그 특징은 다음과 같다.

- 별도의 외부 회로가 필요 없음.
- 2.7 ~ 5.5 V의 인력 전압 요구.
- +125 ~ −55 까지의 온도를 0.5 씩 측정할 수 있음.
- 온도는 9비트 값으로 측정.
- 온도를 디지털 값으로 변환시 최대 1초 소모.
- 자동 온도 조절기(Thermostate)의 설정은 사용자가 직접 정의하고 비휘발성임.
- DATA는 3-선 시리얼 인터페이스(CLK, DQ, $\overline{RST}$)를 사용하여 읽고 쓸 수 있음.

[그림 11-10]은 DS1620의 핀 구성에 대하여 나타내었다.

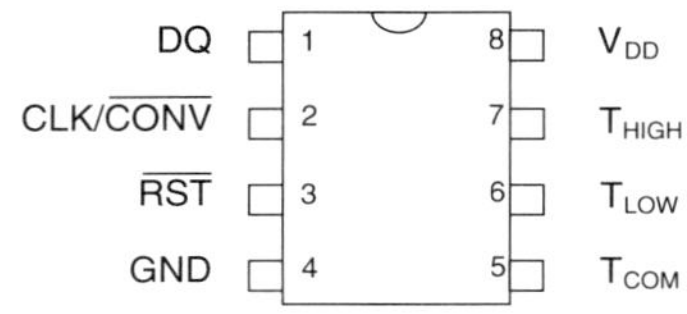

그림 11-10 • DS1620의 핀 구성 (출처:Maxim)

- **DQ :** 데이터 입력 및 출력
- **CLK/$\overline{CONV}$:** 클럭 입력 및 Stand-alone 변환의 입력
- **$\overline{RST}$:** Reset 입력
- **GND :** 접지
- **T_{HIGH} :** High Temperature Trigger(사용자 지정 온도보다 높을 시 high 출력)
- **T_{LOW} :** Low Temperature Trigger(사용자 지정 온도보다 낮을 시 high 출력)
- **T_{COM} :** High/Low Combination Trigger(사용자 지정 온도보다 높을 시 high 출력, 사용자 지정 온도보다 낮을 시 리셋)
- **V_{DD} :** 전원 공급 (2.7 ~ 5.5 V)

4.2 DS1620의 동작

DS1620은 DQ, CLK, $\overline{RST}$ 선을 사용하여 통신한다. $\overline{RST}$는 통신의 시작과 끝을 알리고 CLK 선을 통하여 클럭을 공급하고 DQ를 통하여 프로토콜 및 데이터를 쓰고 읽는다. [그림 11-11]는 데이터 읽기의 타이밍도를 나타내었고 [그림 11-12]는 데이터 쓰기의 타이밍도를 나타내었다. 그림에서 보이는 것처럼 모든 데이터 통신은 우선 $\overline{RST}$이 high로 설정하여 초기화 한다. 리셋 이후 CLK의 하강 에지가 먼저 오고 상승 에지가 그 다음에 온다. $\overline{RST}$를 하이로 하여 통신 시작을 알린 후 DQ선을 통하여 프로토콜 및 데이터를 전송하는데 프로토콜과 데이터는 CLK가 low 상태에서 입력하고 high 상태로 변할 때까지 유지시켜야 한다. 프로토콜 전송 후 데이터를 전송하는데 데이터는 LSB부터 전송된다. 데이터 전송이 끝난 후 $\overline{RST}$를 로우로 설정하고 데이터 통신을 마친다.

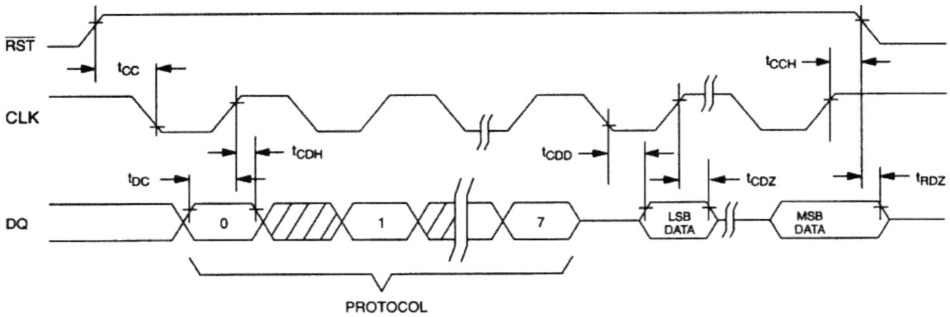

그림 11-11 • 데이터 읽기 타이밍도 (출처:Maxim)

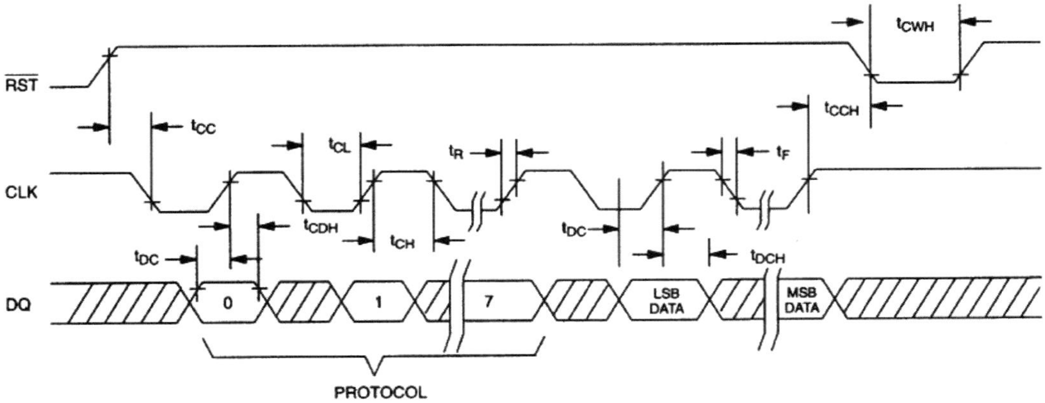

그림 11-12 • 데이터 쓰기 타이밍도 (출처:Maxim)

4.3 DS1620의 제어

DS1620의 동작 및 상태 레지스터의 구성은 [그림 11-13]과 같다.

DONE	THF	TLF	NVB	1	0	CPU	1SHOT

그림 11-13 • 동작 및 상태 레지스터

- **DONE :** 변환 완료 시 1, 변환 중 0으로 세트.
- **THF(Temperature High Flag) :** 측정 온도가 TH 레지스터의 값보다 크거나 같으며 1로 세트.
- **TLF(Temperature Low Flag) :** 측정 온도가 TL 레지스터의 값보다 낮거나 같으며 1로 세트.

- **NVB(NonVolatile memory Busy flag) :** NVB = 1 이면 EEPROM 라이트 진행 중. 라이트는 10 ms 소모.
- **CPU :** CPU = 0이고 RST가 low이면, CLK/CONV핀은 변환 시작 제어핀으로 사용. CPU = 1이면 3선 통신 상태로 사용 및 CLK/CONV를 클럭으로 사용

  CPU = 0이면 Stan-alone 모드로 동작하는데 이 경우 DS1620은 자동 온도 조절 장치(thermost)로 사용됨.

  이 경우 TH, TL 레지스터의 값을 사용하여 측정 온도가 TH보다 같거나 높으면 T_{HIGH}로 high 출력, 측정 온도가 TL보다 같거나 낮으면 T_{LOW}로 high출력, 측정 온도가 TH를 초과하면 T_{COM}은 high, 측정 온도가 TL보다 작으면 low로 세트

  CPU = 1이면 DQ, RST, CLK/CONV르 사용하여 3선 통신으로 사용됨.
- **1SHOT :** 1SHOT = 1 이면 한 번만 온도 변화 수행. 1SHOPT = 0이면 연속적으로 온도 변환 시행

[그림 11-14]는 3선 통신에서 사용되는 명령어 세트이다.

INSTRUCTION	DESCRIPTION	PROTOCOL	3-WIRE BUS DATA AFTER ISSUING PROTOCOL	NOTES
TEMPERATURE CONVERSION COMMANDS				
Read Temperature	Reads last converted temperature value from temperature register.	AAh	<read data>	
Read Counter	Reads value of count remaining from counter.	A0h	<read data>	
Read Slope	Reads value of the slope accumulator.	A9h	<read data>	
Start Convert T	Initiates temperature conversion.	EEh	Idle1	
Stop Convert T	Halts temperature conversion.	22h	Idle1	
THERMOSTAT COMMANDS				
Write TH	Writes high temperature limit value into TH register.	01h	<write data>	2
Write TL	Writes low temperature limit value into TL register.	02h	<write data>	2
Read TH	Reads stored value of high temperature limit from TH register.	A1h	<read data>	2
Read TL	Reads stored value of low temperature limit from TL register.	A2h	<read data>	2
Write Config	Writes configuration data to configuration register.	0Ch	<write data>	2
Read Config	Reads configuration data from configuration register.	ACh	<read data>	2

그림 11-14 • DS1620 명령 세트 (출처:Maxim)

- **Read Temperature :** 온도 레지스터의 내용을 읽는다. 이 명령 다음 9사이클 동안 내용이 출력됨. 온도는 [그림 11-15]와 같이 최하위 비트는 0.5 단위를 나타내고 최상위 비트는 부호를 나타냄.

TEMP	DIGITAL OUTPUT (Binary)	DIGITAL OUTPUT (Hex)
+125 ˚C	011111010	00FA
+25 ˚C	000110010	0032h
+1/2 ˚C	000000001	0001h
+0 ˚C	000000000	0000h
−1/2 ˚C	111111111	01FFh
−25 ˚C	111001110	01CEh
−55 ˚C	110010010	0192h

그림 11-15 • 온도와 데이터의 관계 (출처:Maxim)

- **Read Counter :** 카운터 바이트의 내용을 읽는다. 이 명령 다음 9사이클 동안 내용이 출력됨.
- **Read Slope :** 슬로프 카운터 바이트의 내용을 읽는다. 이 명령 다음 9사이클 동안 내용이 출력됨.
- **Start Convert T :** 온도 변환 시작.
- **Stop Convert T :** 온도 변환 종료.
- **Write TH :** TH를 TH 레지스터에 쓴다. 이 명령 다음 9사이클 동안 내용을 입력.
- **Write TL :** TL를 TL 레지스터에 쓴다. 이 명령 다음 9사이클 동안 내용을 입력.
- **Read TH :** TH 레지스터 값을 읽는다. 이 명령 다음 9사이클 동안 내용이 출력.
- **Read TL :** TL 레지스터의 값을 읽는다. 이 명령 다음 9사이클 동안 내용이 출력.
- **Write Config :** Configuration 레지스터의 명령을 쓴다. 다음 8사이클 동안 이 레지스터의 내용을 입력.
- **Read Config :** Configuration 레지스터를 읽는다. 다음 8사이클 동안 이 레지스터의 내용이 출력.

실험 11-4 | DS1620을 이용한 온도 측정 실험

DS1620의 1SHOT 모드를 이용하여 온도값을 측정하고 그 값을 LCD display를 통하여 출력한다.

회로도

[그림 11-16]의 회로도를 구현하고 DS_CON을 [그림 4-4]의 D_CON에 연결한다. [그림 7-7]의 LCD_CON을 [그림 4-4]의 C_CON에 연결한다.

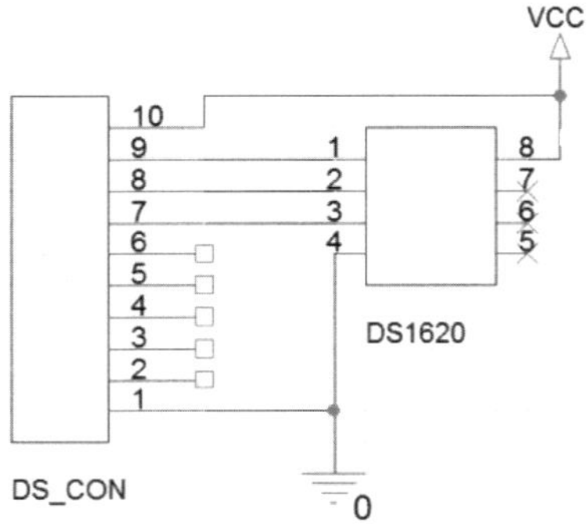

그림 11-16 • DS1620의 회로도

프로그램 예

```
#include <mega128.h>
#include <delay.h>
#include "lcdchoi.h"

#define DQ  PORTD.2
#define CLK PORTD.1
#define RST PORTD.0

void write_data(unsigned int data_buf) // 데이트를 쓰기 위함 함수
{
  unsigned int i=0;
  DDRD = 0x07;
  for(i=0;i<8;++i)
  {
  CLK = 0;
  delay_us(1);
  if(data_buf & 0x01) DQ = 1;
  else DQ = 0;
  CLK = 1;
  delay_us(1);
  data_buf >>= 1;
  }
}

unsigned int read_data()                    // 데이터를 읽기 위함 함수
{
  unsigned int i=0;
  unsigned int data_buf;
```

```
    unsigned int temp_buf;

    data_buf = 0x00;

    DDRD = 0x03;
    for(i=0;i<8;i++)

    {
      CLK = 0;
      delay_us(1);
      temp_buf = (PIND & 0x06) << 5;
      CLK = 1;
      delay_us(1);
      data_buf >>=1;
      data_buf |= temp_buf;
    }
    DDRD = 0x07;
    return data_buf;
}

void DS1620_init()
{
    unsigned data_buf;
    RST = 0;
    RST = 1;
    write_data(0xAC);                    // 구성 데이터 읽음
    data_buf=read_data();
    RST = 0;

    if((data_buf&0x03) != 0x03)
    {
      RST=1;
      write_data(0x0c);                  // 구성 데이터 쓰기
      write_data(0x03);                  // 3선 통신, 1SHOT MODE
      RST=0;
    }

    RST=1;
    write_data(0x22);                    // 온도 변환 멈춤
    RST=0;
}
```

```
void DS1620_conver_start()
{
  unsigned data_buf;

  RST = 1;
  write_data(0xEE);                        // 온도 변환 시작
  RST = 0;

  do
  {
    RST = 1;
    write_data(0xAC);                      // 구성 데이터 읽기
    data_buf = read_data();
    RST = 0;
  }
  while((data_buf&0x80) != 0x80);
}

signed char DS1620_result(signed char data_buf)
{
  RST = 1;
  write_data(0xAA);                        // 온도 읽기
  data_buf = read_data();
  RST = 0;
  data_buf = data_buf/2;                   // 부호 생략, 소수점 생략
  return data_buf;
}

void main(void)
{
  signed char result=0;

  DDRD = 0x07;

  lcd_init();
  DS1620_init();

  lcd_ln11();
  lcd_str("TEMPERATURE");

  for(;;)
  {
```

```
    DS1620_conver_start();
    delay_ms(500);
    result = DS1620_result(result);

    lcd_ln21();
    lcd_str("Result:");
    lcd_dat('0'+result/100);
    lcd_dat('0'+(result%100/10));
    lcd_dat('0'+(result%100%10));
  }
}
```

하드웨어 예

그림 11-17 • DS1620의 하드웨어 예

연습문제

1. 초음파 센서의 특징으로 옳은 것을 모두 골라라.

a. 긴 검출 거리를 갖는다.

b. 검출 대상물의 종류와 대상에 제약이 있다.

c. 바람과 온도의 영향을 받지 않는다.

d. 응답 속도의 지연이 있다.

2. 음향적 검출 방법 가운데 가장 안정적이며 신뢰도가 우수한 방식의 초음파 센서는?

3. 반사형 초음파센서의 검출 원리를 설명하라.

4. SRF-04 모듈에서의 초음파 속도와 거리 측정 공식을 적으시오.

5. 가속도 센서 myAccel3LV02의 기능상 특징으로 옳은 것을 모두 고르시오.

a. 한 개의 센서 보드에서 3축 가속도 측정

b. 8비트 ADC를 내장하여 디지털 값을 출력

c. SPI 단독 디지털 인터페이스

d. 측정범위는 2 g 고정 선택

e. 출력 rate에 따른 내장 digital low-pass filter

f. 이동 방향 검출 가능, 자유 낙하 검출 불가

g. −40 ~ +85도까지의 넓은 동작 온도 범위

h. 5.16 ~ 12.6 V의 동작 전압과 1.8 V IO 호환

i. 가로, 세로 1.5 cm의 초소형 크기

6. 비접촉식(Contectless)방식으로 정보가 저장된 초소형 칩(IC칩)을 무선 주파수를 통하여 원거리 데이터 통신을 하는 통신 방식은 무엇인가?

7. RFID 태그는 리더로부터 전송된 에너지 및 암호 신호를 받아 데이터를 송수신하게 된다. TAG의 세 가지 방식에 대한 설명 중 옳지 않은 것을 고르시오.

a. **Active Tag :** 태크 자체에 전원이 포함되어 있어 장거리까지 통신이 가능. 배터리 수명 및 크기가 문제가 됨

b. **Passive Tag :** 리더로부터 전원을 공급 받는다. 장거리 통신에 유리하다.

c. **SAW(Surface Acoustic Wave) Tag :** 내부에 수정자가 무선 주파수를 수신하면서 일정 방향으로 형상이 변하게 되면 전력을 발생시킬 수 있다. Active Tg 와 Passive Tag의 중간 정도 거리의 통신이 가능

8. 디지털 온도 센서 DS1620의 특징으로 옳지 않은 것을 모두 고르시오.

a. 별도의 외부 회로가 필요 없음.

b. 2.7 ~ 5.5 V의 인력 전압 요구.

c. +125 ~ −55 까지의 온도를 0.5 씩 측정할 수 있음.

d. 온도는 7비트 값으로 측정.

e. 온도를 디지털 값으로 변환 시 최대 1초 소모.

f. 자동 온도 조절기(Thermostate)의 설정은 사용자가 직접 정의하고 휘발성임.

g. DATA는 3-선 시리얼 인터페이스(CLK, DQ)를 사용하여 읽기만 가능하다.

9. 측정 온도가 TH 레지스터의 값보다 크거나 같으며 1로 세트되는 해당 레지스터 비트는 무엇인가?

찾아보기

최한호
서울대학교 제어계측 공학과 학사
한국과학기술원 전기및전자공학과 석사
한국과학기술원 전기및전자공학과 박사
현 동국대학교 전자전기공학부 교수

서계원
동국대학교 전자전기공학부 학사
현 동국대학교 CIS Lab 연구원

김재경
동국대학교 전자전기공학부 학사
현 동국대학교 CIS Lab 연구원

한번에 이해되는 AVR ATmega128 마이크로컨트롤러

인 쇄 2011년 8월 8일 초판 1쇄
발 행 2013년 2월 19일 초판 2쇄

저 자 최한호, 서계원, 김재경
발 행 인 채희만
출판기획 안성일
영 업 박세현, 박지인
편집진행 이승훈
관 리 최은정
북디자인 가인커뮤니케이션(070-8861-0525)
발 행 처 **INFINITYBOOKS**
주 소 서울특별시 마포구 서교동 460-35

대표전화 02)302-8441
팩 스 02)6085-0777

Homepage www.infinitybooks.co.kr
E-mail helloworld@infinitybooks.co.kr

I S B N 978-89-92649-63-6
등록번호 제313-2010-241호
판매정가 **25,000원**